GROSSES WÖRTERBUCH POLITIK

GRUNDWISSEN VON A–Z

Compact Verlag

Text: Christoph Wanko, Alexander Zollondz
Chefredaktion: Evelyn Boos
Redaktion: Iris Glahn
Fachredaktion: Claudia Hillebrand
Produktion: Wolfram Friedrich
Umschlaggestaltung: Inga Koch

ISBN 3-8174-7474-1
7174741

Besuchen Sie uns im Internet: www.compactverlag.de

Vorwort

Das „Große Wörterbuch Politik“ ist eine umfassende, schnelle und zuverlässige Informationsquelle rund um das Thema Politik. Mit ca. 3.000 Stichwörtern stellt dieses übersichtliche Nachschlagewerk die wesentlichen Begriffe aus allen grundlegenden Bereichen der Politik vor, wie beispielsweise Internationale Politik, Politische Theorie und Politische Systeme. Die Begriffe wurden von Fachleuten ausgewählt und leicht verständlich erklärt. Bei der Auswahl der Stichwörter wurden zudem aktuelle Entwicklungen und ihre Hintergründe berücksichtigt.

Besonders interessante und umfangreiche Themenkomplexe sind in Form von übersichtlich gestalteten Informationsseiten dargeboten. Diese erläutern zum einen bedeutende internationale Organisationen, wie die Europäische Union, die Vereinten Nationen und den Nordatlantikpakt. Zum anderen erklären sie grundlegende Begriffe, wie beispielsweise Deutscher Bundestag, Gesetzgebungsprozess und Wahlsystem. Schließlich stellen Sie auch besonders wichtige Informationen auf einen Blick zusammen, wie beispielsweise die Bundesländer und Ministerien der BR Dtl., die Bundesländer Österreichs sowie die Kantone der Schweiz. Grafiken unterstützen die Verständlichkeit.

Durch die allgemein verständliche Sprache eignet sich das Wörterbuch Politik als Nachschlagewerk sowohl für den politisch interessierten Laien ohne Vorkenntnisse als auch für Schüler oder Studierende des Faches Politik.

Ein anwenderfreundliches Verweissystem zeigt an, welche Begriffe in Form von eigenen Einträgen dargestellt sind, und macht auf verwandte Themen und weiterführende Erklärungen aufmerksam.

A

Abberufung (Recall). Verfahren der Entlassung oder Abwahl eines Amtsinhabers vor Ende seiner →Amtsperiode, meist die Rückberufung eines diplomatischen Vertreters durch den Entsendestaat.

ABC-Waffen. Sammelbegriff für atomare, bakteriologische und chemische Waffen, die das Gegenstück zu den sog. konventionellen Waffen bilden. Die BR Dtl. hat sich 1954 in den →Pariser Verträgen verpflichtet, A. weder herzustellen noch zu verwenden.

Abdankung. Niederlegung eines öffentlichen →Amtes, insbesondere der Verzicht eines Staatsoberhaupts auf seine Stellung im Staat. Bei einem Monarchen bedeutet dies Thronverzicht.

Abgaben. Alle finanziellen Leistungen, die der →Staat vom →Bürger zur Deckung des allgemeinen öffentlichen Bedarfs fordert. Dazu gehören v. a. →Steuern, Zölle, Verwaltungsgebühren und Beiträge zur Sozialversicherung.

Abgeordnetenhaus. 1. Allgemein eine durch parlamentarische Vertreter repräsentierte Volksvertretung. 2. Im Besonderen die Bezeichnung für das →Parlament in Westberlin (1950–90), seit der Einheit Deutschlands für das Parlament von Gesamtberlin.

Abgeordneter. In →repräsentativen Demokratien Mitglied eines →Parlaments, das für eine →Legislaturperiode vom →Volk gewählt wird. →Mandat.

Abhängigkeit. 1. Allgemein das Angewiesensein auf Personen, Institutionen oder Kollektive bzw. Sachen, Vorgänge oder Leistungen. 2. In den internationalen Beziehungen (→Internationale Politik) Bezeichnung für die A. eines Landes von einem anderen Land, einer Gruppe von Ländern oder politisch-ökonomischen Kräftekonstellationen.

Abrüstung. Reduzierung bzw. Abschaffung der Waffenbestände und des militärischen Personals eines Staates mit dem Ziel, zwischenstaatliche Gewalt (→Krieg) zu mindern und →Frieden zu sichern. Erste Abrüstungsversuche durch den Völkerbund (1932/33) und auf den Haager Friedenskonferenzen (1899, 1907) scheiterten ebenso wie der Vertrag über allgemeine und vollständige A. (1963/64). Erfolgreicher verliefen die Verhandlungen auf dem Gebiet der Rüstungsbeschränkung (z. B. Mutual Balanced Forces Reductions, MBFR), die sich in den Abschlüssen der folgenden Verträge zeigte: über das Teilverbot von Kernwaffen zu

Lande, im Wasser und in der Luft (1963), über die Entmilitarisierung des Weltraums (1967), über die Nichtverbreitung von Kernwaffen (1968), über die Entmilitarisierung des Meeresbodens (1970), über das Verbot biologischer Waffen (1974), über das Verbot der Entwicklung, Produktion, Lagerung und Anwendung chemischer Waffen (1993), über ein Verbot von Kernwaffentests (1996) und über das Verbot des Einsatzes, der Lagerung, der Herstellung und der Weitergabe von Antipersonenminen (1997). Im Zuge des Ost-West-Konflikts kamen folgende bilaterale Verträge zwischen den USA und der UdSSR zu Stande: über die Begrenzung der Zahl von Raketenabwehrsystemen (ABM-Verträge 1972), über die Begrenzung strategischer Waffen (SALT I 1972 und SALT II 1979), über die Beseitigung der Mittelstreckenraketen (INF-Vertrag 1987), über die Begrenzung unterirdischer Kernwaffenversuche (1974, Verifikationsprotokoll 1990), über unterirdische nukleare Sprengungen für friedliche Zwecke (1976, Ergänzungsprotokoll 1990), über die Reduzierung und Begrenzung der strategischen Angriffswaffen (START-Vertrag 1991, 1993), über die Beschränkung der konventionellen Streitkräfte in Europa (1990), insbesondere die Verringerung der Mannschaftsstärke der Armeen und der →Bundeswehr, sowie der im August 1994 abgeschlossene Abzug der Truppen Russlands aus Ostdeutschland und der Vertrag über die Verringerung der Zahl der Gefechtsköpfe der Interkontinentalraketen binnen zehn Jahren um zwei Drittel (2002). Auf der einen Seite bietet sich durch A. der Vorteil, Rüstungsausgaben einzusparen. Auf der anderen Seite kann es zu Folgeprobleme kommen, wie z. B. zu schwerwiegenden Umstellungsproblemen für Staaten mit intensiver Rüstungsindustrie. Insgesamt lässt sich beobachten, dass die globalen Abrüstungsbemühungen stagnieren; Fortschritte werden z. B. durch die Entwicklung von Kernwaffen durch Indien, Pakistan und Nordkorea erschwert.

Abschiebung. In der Ausländerpolitik die zwangsweise Entfernung eines unerwünschten Ausländers aus dem Staatsgebiet. Die behördliche Durchsetzung leitet die Ausländerbehörde ein, wenn keine Aufenthaltsberechtigung oder -erlaubnis (mehr) vorhanden, eine freiwillige Ausreise nicht gesichert oder die öffentliche Sicherheit bedroht ist. Nach dem Ausländergesetz (AuslG) der BR Dtl. darf eine Abschiebung nicht erfolgen, wenn der Abgeschobene in einen Staat geschickt werden soll, in dem er aufgrund seiner Rasse, Religion oder politischen Überzeugung verfolgt wird.

Abschöpfung. Einfuhrabgabe auf Importe, um außenwirtschaftliche Zielsetzungen zu verwirklichen, insbesondere um einzelne Unternehmen oder Unternehmenszweige vor ausländischer Konkurrenz abzuschirmen.

Abschreckung. 1. Allgemein in der →Internationalen Politik alle politischen und militärischen Maßnahmen mit dem Ziel, gegnerische Staaten von einem Angriff (→Angriffskrieg) abzuhalten durch die Drohung, einen solchen mit unannehmbaren Schaden zu vergelten. 2. Im Besonderen ein strategisches Mittel der →NATO im →Kalten Krieg, das durch die Aufrüstung atomarer Waffen ein „Gleichgewicht des Schreckens" gegenüber dem →Warschauer Pakt hergestellt hat.

Absolute Mehrheit. Mehrheit in einer Abstimmung, die über die Hälfte der abgegebenen Stimmen erhält. →Mehrheit.

Absolutismus (lat. *absolutus* = losgelöst). Herrschaftsform, in der die Staatsgewalt uneingeschränkt (ohne die heutige →Gewaltenteilung) durch einen Monarchen ausgeübt wird. →Konstitutionalismus.

Abstimmung. Mittel der gemeinsamen Willensbildung einer Personengruppe, eines Gremiums oder einer Versammmlung, um über Anträge oder Vorschläge zu entscheiden. Die Rechtskräftigkeit der Entscheidung ist in der Geschäftsordnung festgelegt. Beschlüsse können mit einfacher, qualifizierter, absoluter oder einstimmiger →Mehrheit gefasst werden. Eine Abstimmung kann geheim (durch Stimmzettel oder Ballotage) oder offen (durch Handheben, Namensnennung, →Hammelsprung) erfolgen.

Abwertung. Fachausdruck aus der Währungspolitik für einen Vorgang, durch den der Außenwert einer Währung gesenkt wird, um die internationale Wettbewerbsfähigkeit zu erhöhen (z. B. aufgrund der dadurch verbilligten Exporte und verteuerten Importe).

Abwicklung. Im Zuge der →Wiedervereinigung übernommene Verantwortung der BR Dtl. gegenüber der →DDR, die sich v. a. in der vorgenommenen Privatisierung und Sanierung von Betrieben und in der Ablösung von Altschulden zeigt. Grundsätzliche Entscheidungsbefugnis über die A. von Unternehmen etc. hat das jeweilige neue →Bundesland, in dem sich die jeweilige Einrichtung befindet.

Abtreibung →Schwangerschaftsabbruch.

Adel (von ahd. *Adal* = Geschlecht, Abstammung). Gesellschaftlicher →Stand mit bestimmten politischen, sozialen und rechtlichen Privilegien, basierend auf Besitz, Geburt oder Leistung. Die Sonderrechte des

Adels, wie z. B. Steuerfreiheit, wurden in Deutschland mit der Weimarer Reichsverfassung abgeschafft.

Administration →Verwaltung.

Afghanistankrieg. Bezeichnung für den afghanischen (Bürgerkrieg zwischen 1979–89 sowie für die →Intervention der USA und ihrer verbündeten Mächte in Afghanistan nach den Terroranschlägen (→Terrorismus) vom 11. September 2001. Zum ersten A. kam es, als die Säkularisierungsversuche und Landreformen der kommunistisch (→Kommunismus) orientierten Partei Demokratische Volkspartei Afghanistan (DVPA) scheiterten und der Widerstand der ländlichen, islamisch geprägten Gruppe der Mudschaheddin zusammen mit den Großgrundbesitzern, die durch die Landreform ihre →Macht verloren hätten, anwuchs. Gegen die Mudschaheddin intervenierte (→Intervention) die Sowjetunion, die im Dezember 1979 in Afghanistan einmarschierte. Die bisherige →Regierung wurde gestürzt und mit B. Karmal ein neuer moskautreuer →Präsident eingesetzt. Die Mudschaheddin, zu denen auch die Taliban zählten, wurden vom CIA und der USA unterstützt. Insofern stand der erste A. auch im Zeichen des →Kalten Krieges, da die beiden Supermächte Sowjetunion und USA um die Einflusssphäre im Fernen Osten kämpften. Nach Verhandlungen im Jahre 1987 zog die Sowjetunion ihre Truppen 1988 und 1989 ab. Doch der Bürgerkrieg zwischen den Rebellengruppen wurde auch ohne die Intervention der →Großmächte weiter geführt. Die radikalislamischen Taliban konnten ab 1995 den größten Teil Afghanistans unter ihre Kontrolle bringen. Sie unterdrückten die afghanische →Bevölkerung durch die fundamentalistische Auslegung (→Fundamentalismus) von religiösen Vorschriften, die zur rigorosen Einschränkung von politischen, persönlichen und kulturellen →Freiheiten führte und deren Nichtbeachtung z. T. mit dem Tode bestraft wurde. Darüber hinaus galt Afghanistan als Ausbildungs- und Rückzugsort für radikalislamische Terroristen, insbesondere für die Gruppe der Al-Qaida und ihren Anführer O. Bin Laden. Nach den terroristischen Anschlägen auf New York und Washington am 11. September 2001, die der Al-Qaida angelastet wurden, begannen die USA und Großbritannien am 7.10.2001 die sog. Operation Enduring Freedom, die sich gegen die Stellungen der Terrororganisation und gegen die Taliban in Afghanistan richteten. Den Taliban wurde nicht nur die Duldung von Terroristen vorgeworfen, sondern auch die Verquickung mit ihnen. Massive Luftangriffe und die militärische Unterstützung der gegen die Taliban gerichteten Nordallianz führten schließlich zum Sturz des Talibanregimes. Auch gegen die Al-Qaida wurde gezielt vorgegangen; allerdings blieb die Suche nach Bin Laden bis heute (2005) erfolglos. Gefangen genommene Taliban- bzw. Al-Qaida-Kämpfer wurden von den USA auf den Militärstützpunkt Guantanamo Bay auf Kuba gebracht; ihnen wurde die Anerkennung als Kriegsgefangene von Seiten der USA verweigert. Die von den →Vereinten Nationen veranlasste Afghanistankonferenz auf dem Petersberg bei Bonn 2001 konnte die Bildung einer Übergangsregierung und einer internationalen Schutztruppe, der International Security Assistance Force (ISAF), durchsetzen. Eine Loya Jirga (Große Ratsversammlung) bestätigte die Übergangsregierung 2002. Die politische Lage in Afghanistan ist aber auch im Jahr 2005 aufgrund von ethnischen Spannungen, Auseinandersetzungen zwischen rivalisierenden regionalen Machthabern (engl. warlords) und der begrenzten Macht der Regierung weiterhin angespannt.

Afrikanischer Nationalkongress (engl. *African National Congress,* ANC). 1912 aus dem South African Native National Congress hervorgegangene Befreiungsbewegung, die die Interessen der Schwarzafrikaner während der Apartheid in Südafrika vertrat. Nach dem Verbot des ANC 1960 entstand die militante Organisation Sperr der Nation (Umkhonto we Sizwe) unter der Führung von Nelson Mandela, der 1964 wegen Planung bewaffneten Kampfes zu lebenslanger Haft verurteilt wurde. Nach seiner Haftentlassung 1990 und der Aufhebung des Verbots des ANC wurde Mandela 1991 zum Präsidenten des ANC gewählt. Als der ANC die freien Wahlen 1994 gewann, wählte man ihn zum ersten schwarzen Präsidenten Südafrikas. Sein Amt als ANC-Vorsitzender übergab er 1997 an Thabi Mbeki weiter, der 1999 auch die Führung des Staates Südafrika übernahm.

Agenda 2000. Aktions- und Reformprogramm der →Europäischen Kommission zur Förderung der Gemeinschaftspolitik und zur Festlegung eines Finanzrahmens (2000–06) für die zukünftige →EU-Erweiterung. Die A. wurde auf dem →Europäischen Rat am 26.3.1999 in Berlin beschlossen. Ziele sind u. a. eine Reform der →Agrarpolitik, verbunden mit einem verstärkten Zufluss von Direktsubventionen an die Bauern sowie eine Neuregelung der →Strukturpolitik, d. h. ein effizienterer Einsatz der Strukturfonds, um die Haushaltsmittel den tatsächlich bedürftigen Regionen zufließen zu lassen.

Agenda 2010. Reformprogramm der rot-grünen →Bundesregierung von 2003 mit dem Ziel, das Wirtschaftswachstum und die Beschäftigungsrate zu erhöhen. Es beinhaltet u. a. die Einschränkung sozialer Leistungen, Lockerung beim Kündigungsschutz und Zusammenlegung von Arbeitslosenhilfe und Sozialhilfe. Die A. wurde im →Vermittlungsausschuss von →Bundestag und →Bundesrat verabschiedet.

Aggression (von lat. *aggressio* = Angriff). Völkerrechtlicher Begriff, der den gewaltsamen Angriff auf einen oder mehrere Staaten bezeichnet. Nach dem Völkerrecht ist die Verteidigung als Reaktion auf eine A. zulässig (Notwehr), die A. selbst ist dagegen völkerrechtlich nicht gerechtfertigt.

Agitprop. Zusammensetzung der Wörter Agitation und Propaganda. In kommunistischen Staaten (→Kommunismus) die angewandten Mittel, um das sozialistische Bewusstsein in der Bevölkerung zu wecken und zu stärken. A. bedient sich dabei massenwirksamen Mitteln populärer Kunst.

Agrarpolitik. Alle staatlichen Maßnahmen, die die Land-, Forst- und Fischwirtschaft sowie den Natur- und Umweltschutz betreffen. Ziele der A. sind die Produktivitätssteigerung der Agrarwirtschaft, angemessene Lebenserhaltung für die in der Landwirtschaft tätigen Personen, Stabilisierung der Märkte, Versorgungssicherheit und angemessene Verbraucherpreise. Die Landwirtschaft erhält, besonders in der →EU, umfangreiche staatliche Förderung und wird gegen ausländische Konkurrenz geschützt. Dennoch nahm der gesamtwirtschaftliche Beitrag der Landwirtschaft in allen Industrieländern ab.

Agrarstaat. Staat, dessen Wirtschaft überwiegend landwirtschaftlich organisiert ist und in dem die meisten Menschen in der Landwirtschaft tätig sind. Industrie und Dienstleistungen sind nur schwach ausgebildet.

Aide-Mémoire (frz. = Gedächtnishilfe). In der →Diplomatie eine zusammenfassende schriftliche Überlieferung eines Gesprächs.

Akklamation (von lat. *acclamare* = zurufen). →Wahl per Zuruf oder Beifall. Die A. wird nur in kleinen Gremien oder für die →Abstimmung einzelner Kandidaten eingesetzt, da sie im größeren Rahmen nicht abbilden kann, wer die →Mehrheiten auf sich zieht.

Akkreditierung (von frz. *accréditer* = beglaubigen). Vorgang, bei dem ein diplomatischer Vertreter eines Landes sein Beglaubigungsschreiben (Akkreditiv) an das Staatsoberhaupt desjenigen Landes übergibt, in dem er tätig sein wird. →Diplomatie.

Akkulturation. Übernahme von Bestandteilen fremder Kulturen in die eigene Kultur, besonders Wertvorstellungen, Namen, Verhaltensweisen und Institutionen.

Akkumulation (von lat. *accumulare* = anhäufen, sammeln). Wirtschaftstheoretischer Begriff für den fortschreitenden Prozess der Anhäufung, Wiedereinsetzung und Verwertung von Kapital. Die A. von Kapital führt durch den Einsatz von mehr Arbeitern, Maschinen oder neuen Produktionsmethoden zu dem charakteristischen Wirtschaftswachstum des →Kapitalismus und zu einer Konzentration des Kapitals.

AKP-Staaten. Gruppe der 77 Staaten im afrikanischen, karibischen und pazifischen Raum, die mit der → EU durch das Lomé-Abkommen verbunden ist. Ziel ist es, diesen Staaten Vorteile beim Handel zu bieten, d. h. Entwicklungshilfe, zinsbegünstigte Darlehen, Technologietransfer und Ausbau der Infrastruktur.

Aktionseinheit. Von kommunistischen Parteien angestrebte Kooperation mit nicht kommunistischen Parteien oder Organisationen, die zeitlich oder sachlich begrenzt ist.

Aktives Wahlrecht →Wahlrecht.

Aktuelle Stunde. Einstündige Diskussion im Deutschen →Bundestag über ein Thema von „allgemeinem, aktuellem Interesse".

Alimentationsprinzip. Aus dem Berufsbeamtentum stammender Grundsatz, der den Dienstherren verpflichtet, sich um seine →Beamten und dessen Familien auch im Ruhestand zu kümmern.

Alleinvertretungspolitik. Zur Zeit des geteilten →Deutschlands der Anspruch der BR Dtl., in der Außenpolitik die alleinige legitime Vertretung von Deutschland zu sein. Ziel dieser 1955 in der Hallstein-Doktrin formulierten Politik war es, Drittstaaten von der Aufnahme diplomatischer Beziehungen zur DDR abzuhalten.

Allgemeines Zoll- und Handelsabkommen (GATT). 1947 von 23 Staaten unterzeichnetes Abkommen zur grundlegenden Neugestaltung des Außenhandels. Bis 1994 waren 128 Staaten Mitglieder dem GATT beigetreten. Wichtigstes Ziel des multilateralen Abkommens war die →Liberalisierung des Welthandels durch die Beseitigung von Zöllen und Handelsbeschränkungen. Die zentralen Prinzipien waren die Meistbegünstigung (bestimmte Handelsvorteile mussten allen Vertragspartnern eingeräumt werden) und die Reziprozität (Gegenseitigkeit). Das GATT bildete eine Sonderorganisation der →UN und hatte ihren Sitz Genf. Am 1.1.1995 wurde das GATT durch die →World Trade Organization (WTO) ersetzt; die Vereinbarungen des Abkommens wurden in den institutionellen Rahmen der WTO übernommen.

Allianz (von lat. *alligare* = verbinden). Zusammenschluss von →Staaten mit dem Ziel, gemeinsame außenpolitische Interessen zu verfolgen.

Alliierte. Staaten, die ein gemeinsames Interesse verfolgen und sich deshalb förmlich zu einer →Allianz verbunden haben. Als A. werden insbesonders die Kriegsgegner der Deutschen im Ersten Weltkrieg (Frankreich, Großbritannien, Nordirland, Russland, Italien) bzw. im Zweiten Weltkrieg (Frankreich, Großbritannien, Nordirland, Sowjetunion, Kanada, Australien) bezeichnet. Als A. gelten auch die Mitglieder der →NATO.

Allparteienregierung. →Regierung, an der alle im →Parlament vertretenen →Parteien beteiligt sind und die besonders in Krisenzeiten gebildet wird, z. B. bei →Krieg, schweren Wirtschaftskrisen, Hungersnot oder Naturkatastrophen.

Alter. Bezeichnung für die verschiedenen Lebensaltersstufen und ihren entsprechenden Altersstatus (Kind, Jugendlicher, Erwachsener, Greis) sowie auch für die Phase des späten Erwachsenendaseins im Lebenszyklus. Je nach Kultur und technologisch-wirtschaftlichen Umständen werden den bestimmten Altersphasen verschiedene Rollen und Gestaltungen der Lebensumstände (Schule, Beruf, Eheschließung, Austritt aus dem Berufsleben etc.) zugeschrieben. V. a. in den Industrieländern wächst der Anteil der älteren Bevölkerung wegen ansteigender Lebenserwartung und sinkender Geburtenrate.

Alternative Bewegung. Selbstbezeichnung der lose organisierten Gruppierungen, die seit den 1970er-Jahren in Westeuropa und Nordamerika entstehen. Sie richten sich gegen die Entwicklungstendenzen der modernen →Industriegesellschaft mit dem Ziel, andere politische, kulturelle und soziale Formen des Zusammenlebens in einer Alternativkultur umzusetzen.

Alternierendes Parteiensystem. Parteiensystem in demokratisch organisierten Gesellschaften, das sich im Wechsel von verschiedenen Parteien an der Regierungsmacht zeigt, d. h., Regierungs- und Oppositionsparteien wechseln sich in gewisser Regelmäßigkeit ab.

Altersrente →Rentenversicherung.

Ältestenrat. 1. Allgemein ein Gremium des →Parlaments auf Landes- und Bundesebene zur Planung und Koordination. 2. Der A. des Deutschen →Bundestages ist das Lenkungsgremium, das den →Bundespräsidenten in der Ausführung seiner Geschäfte unterstützt. Ihm gehören der →Bundestagspräsident, seine Stellvertreter sowie 23 Vertreter der →Fraktionen des Bundestags entsprechend ihrer Stärke im Parlament an.

Altlasten. Oberbegriff für schwere Umweltverschmutzungen, die eine Verunreinigung des Bodens oder des Grundwassers durch Schad- und

Giftstoffe aufweisen und meist in alten, nicht mehr genutzten Industrie- und Mülldeponiestandorten zu finden sind. Für die Entsorgung der A. ist der Erzeuger verantwortlich. Ist dieser nicht erreichbar, geht die Verantwortung an den Grundstückseigentümer, Pächter oder Mieter über.

Amendment (engl. = Änderung). 1. Allgemein die Änderung oder Ergänzung eines →Gesetzes. 2. In den USA ein verfassungsänderndes Gesetz, das der ursprünglichen und unveränderten Konstitution (→Verfassung) angehängt wird.

Amnestie (von griech. *amnestia* = vergessen, vergeben). Straferlass für einzelne Personen oder Gruppen durch einen staatsrechtlichen Akt. A. wird in Deutschland durch ein →Gesetz erlassen.

Amnesty International (AI oder ai). 1961 in London gegründete Hilfsorganisation, die sich weltweit gegen Menschenrechtsverstöße wendet. AI betreut Menschen, die aus religiösen, politischen oder weltanschaulichen Gründen in Haft sind, verfolgt, bestraft oder mit dem Tode bedroht werden. Dabei setzt sich die →internationale Organisation u. a. für die Freilassung von politischen Gefangenen, für faire Gerichtsverfahren sowie gegen Folter und Todesstrafe ein. Der Sitz des internationalen Sekretariats ist London, der deutsche Sitz Bonn. 1977 erhielt AI den Friedensnobelpreis.

Ampelkoalition. In der BR Dtl. Begriff für eine Koalition aus →SPD (rot), →FDP (gelb) und →Bündnis 90/Die Grünen (grün), da die traditionellen Farben dieser Parteien denen einer Ampel entsprechen.

Amsterdamer Vertrag. Weiterentwicklung des Vertrags über die →EU (→Maastrichter Vertrag), die am 2.10.1997 von den Staats- und Regierungschefs der EU unterzeichnet wurde und am 1.5.1999 in Kraft trat. Wesentliche inhaltliche Schwerpunkte sind die Ausweitung der Befugnisse des →Europäischen Parlaments, verstärkte Zusammenarbeit in der Justiz und Innenpolitik (Abschaffung von Grenzkontrollen, Stärkung der inneren Sicherheit durch verstärkte gemeinsame Verbrechensbekämpfung), Entwicklung einer gemeinsamen Außen- und Sicherheitspolitik (→ GASP) und die genauere Festlegung der Voraussetzungen für einen Beitritt zur EU.

Amt. 1. Öffentliche Behörde mit speziellem Aufgabengebiet (z. B. Sozialamt). 2. Gesamtheit der Aufgaben, Rechte und Pflichten eines Amtsträgers, die er im Dienst anderer und für einen bestimmten Zeitraum oder auf Dauer erfüllt. Zu unterscheiden sind öffentliche und private Ämter, je nachdem ob Geschäfte öffentlicher oder privater Einrichtungen getätigt werden. Ein öffentliches A. wird in der BR Dtl. vor allem von →Bund, →Ländern und →Gemeinden vergeben. Vor Amtsantritt schwört der Träger des A. einen Amtseid (Diensteid). Ein besonderes A. ist das Ehrenamt, das freiwillig und ohne Bezahlung durchgeführt wird.

Ämterhäufung. Vereinigung mehrerer →Ämter in Politik, Wirtschaft oder Gesellschaft in einer Person. Die Ä. ist wegen möglicher Interessenkonflikte politisch bedenklich und daher oft unzulässig.

Ämterpatronage. Besetzung von →Ämtern, die nicht nach Eignung des Bewerbers erfolgt, sondern nach finanziellen oder parteipolitischen Interessen (Günstlings- oder Vetternwirtschaft).

Ämterrotation. Periodische Neubesetzung öffentlicher Ämter. Mit der Ä. sollen Machtkonzentration, Verkrustung und Korruption verhindert werden.

Amtseid. Verfassungsmäßiger Schwur, der nach Art. 56 GG bei Antritt eines Amtsinhabers geleistet wird und die gewissenhafte Erfüllung der mit dem →Amt verbundenen Aufgaben und Pflichten beinhaltet.

Amtsenthebung (engl. *impeachment*). Entlassung eines Amtsinhabers aus einem öffentlichen →Amt vor Ende der →Amtsperiode.

Amtsgericht. In der BR Dtl. die erste Instanz der Rechtssprechung in Fragen des Strafrechts und des Zivilrechts. Die übergeordneten Instanzen sind die →Land- und Oberlandgerichte sowie der →Bundesgerichtshof.

Amtshilfe. Gegenseitige Unterstützung von →Behörden bei der Erfüllung ihrer Aufgaben. Nach Art. 35 GG sind Behörden des →Bundes und der →Länder zur A. verpflichtet.

Amtsperiode. Festgelegter Zeitraum, für den ein öffentliches →Amt einer Person übertragen wird.

Anarchie (von griech. *anarchia* = Gesetzlosigkeit). Zustand der Gesetz- oder Herrschaftslosigkeit. →Anarchismus.

Anarchismus. Politische →Ideologie, die sich seit Beginn des 19. Jh. entwickelte und in der zweiten Hälfte des Jh. ihren Höhepunkt erreichte. Ziel des A. ist es, jede →Herrschaft von Menschen über Menschen sowie gesetzliche Ordnungen abzuschaffen und ein autoritätsloses Zusammenleben nach den Grundsätzen der →Freiheit, →Selbstbestimmung und Selbstverwaltung zu ermöglichen. Damit geht er weit über die Forderungen des →Liberalismus („Freiheit vom Staat“) hinaus, indem er die Aufhebung des Staates überhaupt anstrebt. Es wird unterschieden zwischen dem individualistischen (M. Stirner), kollektivistischen (P.-J. Proudhon), revolutionären (M. A. Bakuin) und kommunistischen (Fürst Kropotkin) A.

Anarchosyndikalismus. Bezeichnung für den Zusammenschluss von →Anarchismus und →Syndikalismus zu einer sozialrevolutionären Arbeiterbewegung vor allem in den romanischen Ländern.

ANC →Afrikanischer Nationalkongress.

Anciennitätsprinzip. Rangfolge, die nicht nach Leistung, sondern aufgrund des Lebens- oder Dienstalters festgelegt wird, wie z. B. bei →Beamten.

Anerkennung. Ausdruck für die völkerrechtliche Akzeptanz eines politischen Systems als staatliches Gebilde durch einen anderen Staat.

Anfrage. Mittel der Parlamentsmitglieder, um die Regierungspolitik zu kontrollieren und sich zu informieren. In der Geschäftsordnung des →Bundestages wird zwischen kleiner und großer A. unterschieden.

Angebotsorientierte Wirtschaftspolitik. Wirtschaftspolitisches Konzept zur Steigerung der Investitionstätigkeit, um damit das wirtschaftliche Wachstum anzuregen und Massenarbeitslosigkeit zu bekämpfen. Dieses Ziel soll durch Senkung der →Steuern, Minderung der Staatsausgaben und Deregulierung erreicht werden.

Angestelltenversicherung →Rentenversicherung.

Angestellter. Arbeitnehmer, der heute nur noch schwer von dem →Arbeiter und →Beamten abgegrenzt werden kann. Früher unterschieden sich die A. von den Arbeitern durch bessere Schulausbildung, mehrjährige Berufsausbildung, Kündigungsschutz, eigene Rentenversicherung und höheres soziales Prestige. Heutzutage sind ihre einzigen Privilegien Tarifverträge und Betriebsvereinbarungen. Ihr berufliches Spektrum reicht von an- und ungelernten Kräften bis hin zu Spitzenpositionen in der Wirtschaft.

Angriffskrieg. Bewaffneter Angriff eines →Staates auf einen anderen Staat, ohne dass ein Verteidigungsfall vorliegt. Im 19. Jh. war der A. noch legitimes Mittel der Politik zwischen souveränen Staaten. Seit dem ersten Weltkrieg sind A. völkerrechtlich unzulässig. →Krieg; →Aggression.

Anhörung (engl. *hearing*). Vorgang der öffentlichen Anhörung von Sachverständigen zur Meinungsbildung. Sie ist Mittel der Informationsbeschaffung für die Parlamentsausschüsse im →Bundestag.

Annexion (Annektierung). Gewaltsame Aneignung fremden Staatsgebietes. Die A. ist völkerrechtlich verboten, kann aber von dem betroffenen →Staat nachträglich anerkannt und damit legalisiert werden.

Anomie. Sozialwissenschaftlicher Ausdruck für den krisenhaften Zustand einer Gesellschaft, in dem ehemals verbindliche Werte und

Normen ihre frühere Bindungskraft verlieren.

Anstalten des öffentlichen Rechts. Verwaltungseinrichtungen zur Erfüllung öffentlicher Aufgaben, die von Nichtmitgliedern genutzt werden (im Gegensatz zu →Körperschaften des öffentlichen Rechts). Es werden drei Arten von A. d. ö. R. unterschieden: Vollrechtsfähigen Anstalten haben das Recht auf Selbstverwaltung und eine eigene Satzungsgewalt (z. B. →Bundesanstalt für Arbeit); Teilrechtsfähige Anstalten sind gegenüber Dritten, nicht aber gegenüber dem Träger vermögensrechtlich selbstständig (z. B. Deutsche Bundesbahn); Nichtrechtsfähige Anstalten sind nur organisatorisch selbstständig (z. B. Schulen, Bibliotheken, Krankenhäuser).

Antagonismus (von griech. *antagonisma* = Gegensatz, Widerstreit). Grundlegender, unversöhnlicher Gegensatz. In der marxistischen Lehre (→Marxismus) der Konflikt zwischen den gesellschaftlichen Klassen →Bourgeoisie und →Proletariat.

Anti-Atom-Bewegung. In den 1970er-Jahren in westlichen →Industriestaaten entstandene Bewegung, die sich gegen die militärische und zivile Gewinnung und Nutzung von Kernenergie ausspricht.

Antifaschismus. Sammelbezeichnung für die unterschiedlichen Gegnerschaften zu →Faschismus und →Nationalsozialismus. Ursprünglich der Name für die →Opposition gegen den ital. Faschismus, später auch für den Widerstand gegen den →Nationalsozialismus und andere faschistische →Regime. Nach dem →Zweiten Weltkrieg wurde der Ausdruck wesentlicher Teil der politischen Zielsetzung sozialistischer Staaten und außerdem zur Rechtfertigung des Bündnisses mit bürgerlichen Parteien in der Volksfront genutzt. In der →DDR wurde A. als ideologischer Begriff (→Ideologie) verwendet; so wurde die Berliner Mauer als antifaschistischer Schutzwall bezeichnet.

Antikommunismus. Sammelbezeichnung für eine Haltung, die sich gegen alle kommunistischen und marxististisch-leninistischen Strömungen, Parteien und Staaten richtet. Durch die Teilung →Deutschlands und die kommunistische Herrschaft in der →DDR sowie die sowjetische Vormachtsstellung in Osteuropa wurde der A. in der BR Dtl. und Mitteleuropa zu einer einflussreichen politischen Größe, die innerhalb des Ost-West-Konflikts eine radikale Frontstellung gegen den →Kommunismus einnahm. Im Zuge der Entspannungspolitik, spätestens seit dem Zusammebruch der sozialistischen Staaten in Mitteleuropa in den 1980er- und 1990er-Jahren, hat die Bedeutung des A. stark abgenommen.

Antisemitismus. Feindschaft, Hass, der sich nicht gegen alle semitischen Völker, sondern allein gegen die Juden richtet. Schon im Mittelalter führte der religiös begründete A. zur sozialen Abgeschlossenheit der jüdischen Bevölkerung sowie zu bestimmten gesetzlichen Auflagen und Berufsverboten. Antijüdische Legenden (Brunnenvergiftung) und Anschuldigen (Profitgier) lösten gewaltsame Ausschreitungen gegen die Juden (→Pogrom) aus. In der zweiten Hälfte des 19. Jh. erhielt der A. einen starken Auftrieb. Die Judenfeindlichkeit wurde rassistisch begründet, d. h. die Minderwertigkeit der jüdischen Rasse betont, außerdem wurden sie für gesellschaftliche Missstände verantwortlich gemacht (Sündenbocktheorie). Seinen Höhepunkt fand der A. in der Vernichtung von ca. 6 Millionen Juden im →Nationalsozialismus, was ungefähr einem Drittel der jüdischen Weltbevölkerung und zwei Drittel der europäischen Juden entsprach. Nach dem Zweiten Weltkrieg wurde der A. in den meisten westlichen Ländern geächtet, doch ist auch dort weiterhin ein gewisses Potenzial für A. gegeben.

Antizyklische Wirtschaftspolitik. Theorien der A. W. gehen davon aus, dass die Wirtschaftsentwicklung zyklisch verläuft, d. h., dass Krise und Aufschwung sich in regelmäßigen Abständen ablösen. Der Staat soll mit einer gegenläufigen Wirtschaftspolitik diesen Kreislauf verhindern, indem er in einer Aufschwungphase die Konjunktur zu bremsen versucht, angesichts einer sich abzeichnenden Krise hingegen die wirtschaftliche Entwicklung durch eigene Investitionen fördert.

Apartheid (afrikaans = Trennung). Politik der Rassentrennung, die sich in der politischen, gesellschaftlichen, kulturellen und räumlichen Trennung von Schwarzen und Weißen in Südafrika manifestierte. Die A. hatte das Ziel, die politische, ökonomische und soziale Vorherrschaft der weißen Minderheit aufrecht zu erhalten. Sie zeigte sich u. a. in der Abschiebung der schwarzen Bevölkerung in Townships bzw. Homelands, im Verbot von Mischehen und in der Trennung von öffentlichen Einrichtungen (z. B. Schulen, Verkehrsmittel). Die seit 1990 zu Stande gekommenen Gespräche zwischen der Regierung unter Staatspräsident F.W. de Clerk und dem →ANC unter N. Mandela leiteten das Ende der A. ein. 1994 trat eine neue →Verfassung in Kraft, die die Abschaffung der A. und das Wahlrecht für Schwarze beinhaltet. In der folgenden ersten demokratischen Wahl Südafrikas erlangte der ANC die Mehrheit, und N. Mandela wurde der erste schwarze, in freien demokratischen Wahlen gewählte Präsident Südafrikas.

APEC →Asiatisch-Pazifische Wirtschaftliche Zusammenarbeit.

APO →Außerparlamentarische Opposition.

Arabische Liga. 1945 in Kairo gegründeter Verbund arabischer Staaten. Grundlegende Ziele sind die politische, militärische, wirtschaftliche und kulturelle Zusammenarbeit sowie die Beilegung innerarabischer Konflikte.

Arbeit. Bewusste, geplante und auf einen Zweck gerichtete Tätigkeit mit dem Ziel, die materiellen und geistigen Bedürfnisse des Menschen zu befriedigen.

Arbeiter. →Arbeitnehmer, der gegen Lohn seine Arbeitskraft verausgabt, überwiegend durch körperliche Tätigkeiten. Es wird zwischen gelernten A. (mit abgeschlossener Berufsaubildung), Facharbeitern und ungelernten Arbeitern unterschieden. →Angestellter.

Arbeiterbewegung. Soziale und politische Bestrebungen der Arbeiter- bzw. Arbeitnehmerschaft, die sich in Arbeitervereinen, Gewerkschaften, Genossenschaften und politischen (meist sozialdemokratischen) Parteien organisiert, mit dem Ziel, ihre Stellung in Wirtschaft, Staat und Politik zu stärken. Aufgekommen ist die A. durch die →Industrialisierung und den dadurch entstandenen Überschuss an Arbeitskräften, die Verarmung von bestimmten Bevölkerungskreisen und die Rechtlosigkeit des →Proletariats. Es werden die revolutionistische und die reformistische A. unterschieden. Erstere wurde von K. Marx und F. Engels geprägt und besteht in der grundsätzlichen Ablehnung des →Kapitalismus und dem Umsturz der gesellschaftlichen Verhältnisse. Letztere, ausgestaltet von F. Lasalle und E. Bernstein, sieht eine evolutionäre Veränderung der Verhältnisse vor. Heute hat die A. einen festen Platz in Wirtschaft, Gesellschaft und Politik.

Arbeiterklasse. Klasse der Arbeiterschaft (→Proletariat), die nach der marxistisch-leninistischen (→Marxismus-Leninismus) Theorie aus ausgebeuteten und entfremdeten Lohnarbeitern besteht und in der kapitalistischen (→Kapitalismus) Gesellschaft im unversöhnlichen Gegensatz zur besitzenden Klasse der →Bourgeoisie steht. Als Subjekt der →Revolution ist sie zur Umwälzung des bürgerlich-kapitalistischen Systems bestimmt.

Arbeitgeber. Jede natürliche oder juristische Person, die einen →Arbeitnehmer beschäftigt und für dessen Arbeitsleistung den vertraglich vereinbarten Lohn zahlt.

Arbeitgeberverbände. Freiwillige Zusammenschlüsse der →Arbeitgeber mit fachlicher und regionaler Untergliederung. Spitzenverband in der BR Dtl. ist die Bundesvereinigung der deutschen Arbeitgeber e.V. (BDA). Hauptaufgabe der A. ist es, die Interessen der Arbeitgeber im Bereich der Sozialpolitik (Tarif- und Lohnverhandlungen) v. a. gegenüber den Interessenverbänden der →Arbeitnehmer zu unterstützen.

Arbeitnehmer. Angestellte in Privatwirtschaft und öffentlichem Dienst, die mit einem Arbeitgeber in einem vertraglich festgelegten Arbeitsverhältnis stehen. A. leisten weisungsgebundene Arbeit und erhalten regelmäßigen Lohn.

Arbeitsförderung. Alle Maßnahmen der Arbeitsmarktpolitik wie z. B. Berufsberatung, Arbeitsvermittlung, Weiterbildung und Umschulung, für die die →Bundesagentur für Arbeit zuständig ist.

Arbeitsgemeinschaft der öffentlich-rechtlichen Rundfunkanstalten der Bundesrepublik Deutschland (ARD). 1950 gegründete, föderalistisch (→Föderalismus) organisierte Arbeitsgemeinschaft der öffentlich-rechtlichen Rundfunkanstalten Deutschlands. Die ARD besteht aus neun Landesrundfunkanstalten: Bayerischer Rundfunk (BR), Hessischer Rundfunk (HR), Mitteldeutscher Rundfunk (MDR), Norddeutscher Rundfunk (NDR), Radio Bremen (RB), Rundfunk Berlin-Brandenburg (RBB), Saarländischer Rundfunk (SR), Südwestrundfunk (SWR), Westdeutscher Rundfunk (WDR). Ziele sind die Wahrnehmung gemeinsamer Interessen, die Wahrung eines hohen Maßes an politischer Neutralität und die Aufteilung der Medienmacht auf Zentralstaat und Gliedstaaten. Die ARD ist in Intendanz (Geschäftsführung, Verantwortung für das Programm), Verwaltungsrat (Aufsicht der Geschäftsführung) und Rundfunkrat (Wahl der Geschäftsführung, Überwachung des Programms, Kontrolle des Budgets) unterteilt.

Arbeitsgerichtsbarkeit. Regelung von Rechtsstreitigkeiten, die zwischen →Arbeitgeber und →Arbeitnehmer bzw. zwischen Arbeitnehmern untereinander stattfinden oder tarifrechtliche und betriebsverfassungsrechtliche Streitigkeiten auf Grundlage des Arbeitsgerichtsgesetzes (ArbGG) betreffen. Die A. ist dreistufig aufgebaut: Arbeitsgericht (zuständig für Arbeitssachen im ersten Rechtszug), Landesarbeitsgericht (zuständig für Beschwerde und Berufung) und Bundesarbeitsgericht (zuständig für Revisions- und Rechtsbeschwerden).

Arbeitskampf. Konflikt zwischen →Arbeitnehmern und →Arbeitgebern über Arbeitsbedingungen und Löhne, bei dem eine der beiden Parteien dazu gezwungen werden soll, durch bestimmte Maßnahmen (→Streik, Aussperrung, →Boykott) entsprechende Forderungen zu akzeptieren. Aufgrund der →Koalitionsfreiheit ist der A. in der BR Dtl. legal, davon ausgeschlossen sind allerdings die Blockade und der Dienst nach Vorschrift. Abhilfe wird durch Vereinbarungen zwischen den Parteien, u. U. auch durch Hinzuziehung eines Schlichters oder Vermittlers geschaffen.

Arbeitslosengeld →Arbeitslosenversicherung.

Arbeitslosengeld II →Arbeitslosenversicherung.

Arbeitslosenhilfe →Arbeitslosenversicherung.

Arbeitslosenversicherung. 1927 entstandene öffentliche Körperschaft, die einzelne Personen gegen das Risiko der Arbeitslosigkeit versichert. Träger der A. ist die Bundesagentur für Arbeit mit Sitz in Nürnberg. Alle Arbeiter und Arbeitnehmer sind pflichtversichert (außer →Beamte, Selbstständige und unbeständig Beschäftigte). Finanziert wird die A. je zur Hälfte von →Arbeitnehmer und →Arbeitgeber mit je 3,25 % des Bruttoarbeitsentgelts bis zur Beitragsbemessungsgrenze sowie durch Bundeszuschüsse. Durch die Zahlung von Beiträgen hat der Versicherte Anspruch auf Leistungen wie Arbeitslosengeld, Arbeitslosenhilfe und Kurzarbeitergeld. Außerdem werden Maßnahmen zur Erhaltung und Schaffung von Arbeitsplätzen, berufliche Ausbildungen, Fortbildungen und Umschulungen finanziert. Anspruch auf Arbeitslosengeld haben diejenigen Versicherten, die in den letzten drei Jahren vor Beginn ihrer Arbeitslosigkeit mindestens 360 Tage beitragspflichtig waren. Versicherte, die bis zu 45 Jahre alt sind erhalten 60 % bzw. 67 % des vorherigen Nettoarbeitsentgelts für ein Jahr, ältere für bis zu 32 Monate. Diejenigen Versicherten, deren Anspruch auf Arbeitslosengeld abgelaufen ist, erhalten Arbeitslosenhilfe. Diese beträgt bis zu 50 % bzw. 57 % des vorherigen Nettoarbeitsentgelts. Das Arbeitslosengeld II bedeutet eine Umstrukturierung der Leistungen entsprechend der Reformvorschläge der Hartz-Kommission seit 1.1.2005. Arbeitslosenhilfe und Sozialhilfe werden auf Niveau der Sozialhilfe zusammengelegt und vom Bund steuerfinanziert. Außerdem bestehen härtere Bedingungen für die Zumutbarkeit einer neuen Arbeit (Hartz IV).

Arbeitslosigkeit. Zustand vorübergehender Beschäftigungslosigkeit von →Arbeitnehmern, der entweder durch Kündigung oder durch Mangel an Arbeitsplätzen bedingt ist. Man unterscheidet verschiedene Ursachen für A.: Die konjunkturelle A. entsteht durch eine zu schwache Nachfrage der Arbeitskräfte durch konjunkturelle Schwankungen in der Wirtschaft. Die strukturelle A. ist durch ein dauerhaftes Ungleichgewicht zwischen Angebot und Nachfrage der Arbeitskräfte bedingt. Die saisonale A. hat ihre Quelle in der schwankenden Wirtschaftstätigkeit im Jahreszeitenverlauf. Die friktionelle A. kommt durch eine Neudefinition von Arbeitsverhältnissen, z. B. durch einen Arbeitsplatzwechsel, zu Stande. Die technologische A. entsteht, wenn Maschinen menschliche Arbeitskraft ersetzen. Die →Bundesregierung ist durch das →Stabilitätsgesetz verpflichtet, die A. möglichst gering zu halten, diesbezügliche Maßnahmen finden im Rahmen der Konjunktur-, Struktur- und Beschäftigungspolitik statt. Bei Eintreten der A. stellt sie außerdem staatliche Fürsorgemaßnahmen (→Arbeitslosenversicherung) bereit. Für die Vermittlung von Arbeitskräften, Weiterbildungen und Umschulungen etc. ist die →Bundesanstalt für Arbeit zuständig. Die amtliche Statistik führt die abhängigen Erwerbspersonen im arbeitsfähigen Alter auf, die arbeitswillig und beim Arbeitsamt als erwerbslos registriert sind. Die gesamtwirtschaftliche Größenordnung der A. wird durch die Kennziffer der Unterbeschäftigung, (Arbeitslosenquote) angegeben.

Arbeitsmarkt. Bereich des →Marktes, auf dem das Angebot an Arbeitskräften und die Nachfrage nach Arbeit zusammentreffen.

Arbeitsmarktpolitik. Staatliche Maßnahmen, die die Beziehung zwischen Angebot und Nachfrage auf dem Arbeitsmarkt beeinflussen mit dem Ziel konjunkturelle oder strukturelle gesamtwirtschaftliche Ungleichgewichte (z. B. Arbeitslosigkeit) zu verhindern oder zu verringern. Träger ist die →Bundesanstalt für Arbeit sowie auch die Haushalte von →Bund, →Ländern und →Gemeinden, die →Bundesbank, →Gewerkschaften und Unternehmen. Passive A. richtet sich gegen die Folgen der →Arbeitslosigkeit (→Arbeitslosenversicherung). Aktive A. soll sozialpolitisch stabilisierende Leistungen darbieten, z. B. durch die Verringerung der Arbeitslosenquote. In der BR Dtl. zeigt sich die aktive A. besonders in einer prozyklischen Steuerung des Angebots, d. h. in wirtschaftlichen Krisen wird das Arbeitsangebot an die schrumpfende Nachfrage angepasst, z. B. durch Frühverrentung.

Arbeitsproduktivität. Maßangabe, die das Verhältnis von Arbeitsaufwand zu Arbeitsertrag angibt. Die A. ist ein Maß für die wirtschaftliche Ergiebigkeit einer Leistung.

Arbeitsrecht. Im späten 19. Jh. entstandenes Recht, das die Beziehung zwischen den abhängigen →Arbeitnehmern zu ihren →Arbeitgebern regelt. Das A. dient dem Schutz der Arbeitnehmer und beinhaltet außerdem ihre Möglichkeit, an Entscheidungen teilzuhaben. Man unterscheidet das individuelle und das kollektive A: Das individuelle A. regelt die rechtlichen Beziehungen zwischen einzelnen Arbeitnehmern und Arbeitgebern (z. B. hinsichtlich der Arbeitsbedingungen); Das kollektive A. regelt die rechtlichen Beziehungen zwischen einer Gruppe von Arbeitnehmern (z. B. →Gewerkschaften) und einer Gruppe von Arbeitgebern (z. B. Unternehmerverbände). Auch das in der → Arbeitsgerichtsbarkeit geregelte Recht der Arbeitsstreitigkeiten ist im A. enthalten.

Arbeitsschutz. Anfang des 19. Jh. im Zuge der →Industrialisierung entstandene Maßnahmen gegen die Gefährdung des Menschen bei Ausübung seiner →Arbeit, die heute Teil der staatlichen, verbandlichen und betrieblichen →Sozialpolitik sind. Sie beinhalten u. a. die Regelung der Arbeitszeit, den Kündigungsschutz, den Schutz für Kinder, Behinderte und werdende Mütter sowie die Prävention von Arbeitsunfällen und Berufskrankheiten. Für die Kontrolle der Einhaltung der Maßnahmen sind die Gewerbeaufsichtsämter zuständig.

ARD →Arbeitsgemeinschaft der öffentlich rechtlichen Rundfunkanstalten der Bundesrepublik Deutschland.

Aristokratie (griech. = Herrschaft der Besten). Regierungsform, bei der eine bevorzugte Minderheit (→Adel) die Staatsgewalt innehat. Dieser Anspruch gründet sich auf Geburt, Reichtum sowie auf kriegerische oder politische Tüchtigkeit.

Armut. Lebenssituation, in der das Existenzminimum von einzelnen Personen oder Gruppen nicht gesichert ist. Absolute Armut bedeutet die direkte Bedrohung der Existenz durch Mangel an Nahrung, Unterkunft, Bildungseinrichtungen, Arbeitsplätzen oder medizinischer Betreuung. Relative Armut besteht im Vergleich der Wohlstandsverhältnisse: Als Arm gilt derjenige, der weniger als 50 % des durchschnittlichen Haushaltsnettoeinkommens zur Verfügung hat. Der subjektiven A. liegt das Gefühl des Mangels an Mitteln zur Bedürfnisbefriedigung zu Grunde. Besonders in den →Entwicklungsländern stellt die A. ein großes Problem dar, aber auch die Industrieländer sind nicht vor A. gefeiht. So leben in der BR Dtl. nicht nur Obdachlose und Nichtsesshafte in A., sondern auch Rentner oder Empfänger der Arbeitslosen- bzw. Sozialhilfe (neue Armut).

Ärzteverbände. Zusammenschlüsse der Ärzte mit verbindlicher Mitgliedschaft (Ärztekammern, kassenärztliche Vereinigungen) oder auf freiwilliger Basis (Hartmannbund, Marburger Bund), die in der BR Dtl. großen Einfluss auf die →Gesundheitspolitik haben. Ziel ist die gemeinsame Interessenvertretung der Ärzte gegenüber den Krankenkassen, der Öffentlichkeit und der Regierung.

ASEAN →Vereinigung Südostasiatischer Staaten.

Asiatisch-pazifische Wirtschaftliche Zusammenarbeit (engl. *Asia-Pacific Economic Cooperation*, APEC). Zusammenschluss von 21 Staaten des asiatisch-pazifischen Raumes. Mitgliedsstaaten sind u. a. Thailand, Japan, China, USA, Kanada und Australien. Ziel ist die Förderung wirtschaftlicher Entwicklung und Integration u. a. durch den Abbau von Handelshemmnissen und die Schaffung einer Freihandelszone bis zum Jahr 2020.

Assimilation (lat. = das Ähnlichmachen). Prozess und Resultat der Angleichung von Personengruppen an andere Gruppen, v. a. in der Ausrichtung von Werten und Normen.

Assoziierung. Form der Anbindung eines Staates an eine Gemeinschaft oder ein Staatenbündnis, ohne dass dieser den Status einer Vollmitgliedschaft erlangt.

Asylrecht. Politisch verfolgten Ausländern wird in einem Zufluchtsstaat Schutz vor Auslieferung und →Abschiebung gewährt. Im Völkerrecht ist die Gewährung von Asyl durch das Genfer Abkommen über die Rechtstellung von Flüchtlingen gesichert. In der BR Dtl. ist das Bundesamt für die Anerkennung ausländischer Flüchtlinge für Asylanträge zuständig. Nach Art. 16a GG besitzen politisch Verfolgte einen Anspruch auf Asyl, den sie auch juristisch einklagen können. Auf dieses Recht kann sich aber nach Art. 16a II GG nicht berufen, wer aus Mitgliedsstaaten der →EU oder anderen verfolgungssicheren Drittstaat einreist. Personen, die asylberechtigt sind, erhalten eine unbefristete Aufenthaltserlaubnis. Asylbewerber, deren Antrag abgelehnt wird, müssen ausreisen, ansonsten droht Abschiebung.

Atlantikcharta. Grundsatzerklärung über Selbstbestimmungsrecht, →Friedenssicherung und wirtschaftliche Zusammenarbeit, die 1941 von dem amerik. Präsidenten F. D. Roosevelt (USA) und dem brit. Premierminister W. Churchill (GB) auf dem brit. Schlachtschiff Prince of Wales im Nordatlantik unterzeichnet wurde. 1942 traten weitere Staaten hinzu, u. a. die Sowjetunion. Prinzipien und Ziele der A. gingen 1945 in die Gründungscharta der →Vereinten Nationen ein.

Atomares Patt. Nukleares Gleichgewicht zwischen den beiden Großmächten USA und der ehemaligen UdSSR seit Mitte der 1960er-Jahre. Dieses „Gleichgewicht des Schreckens" beinhaltet die Drohung, einen Angriff mit einem Gegenschlag zu vergelten, der einen unannehmbaren Schaden mit sich führt. Ziel ist, dass auf einen solchen Angriff von vornherein verzichtet wird.

Atomausstieg. Abkehr von der Nutzung der Kernenergie und Stilllegung aller Kernkraftwerke. Mit dem sog. Energiekonsens (Vereinbarung zur geordneten Beendigung der Kernenergienutzung), den die →Bundesregierung und die Energieversorgungsunternehmen (EVU) (vertreten durch die Energiekonzerne HEW, EnBW, E.ON und RWE) am 11.6.2001 unterzeichnet haben, wurde für jedes einzelne Kernkraftwerk eine Strommenge festgelegt, die künftig noch produziert werden darf. Basis ist eine Regellaufzeit von 32 Kalenderjahren nach Abzug der bisherigen Laufzeit. Sobald diese Menge erreicht ist, ist das Kernkraftwerk stillzulegen. Für die restliche Nutzungsdauer gewährleistet die Bundesregierung den ungestörten Betrieb wie auch deren Entsorgung. Ab dem 1.7.2005 ist die Endlagerung nur noch auf dem direkten Weg möglich, ein Transport zur Wiederaufbereitung ist nicht vorgesehen.

Atommächte. Staaten, die über Atomwaffen verfügen. Dazu gehören die USA (1945), Russland (1994), Großbritannien (19952), Frankreich (1960), China (1964), Israel (vermutlich seit 1967), Indien (1974) und Pakistan (1998). Länder wie Nord-Korea oder Iran besitzen nach eigenen Angaben ebenfalls Atomwaffen. Die BR Dtl. hat auf die Herstellung und Verwendung von Atomwaffen in den →Pariser Verträgen (1954) verzichtet und diesen Verzicht im →Zwei-plus-vier-Vertrag (1990) bestätigt.

Atomwaffensperrvertrag. Kernwaffensperrvertrag über die Nichtverbreitung atomarer Waffen, der von den →Atommächten USA, UdSSR und Großbritannien am 1.7.1968 unterzeichnet wurde und am 5.3.1970 in Kraft trat. Die BR Dtl. unterzeichnete den Vertrag 1969, Frankreich und die Volksrepublik China traten erst 1992 bei. Mittlerweile haben den A. 189 Staaten unterzeichnet. Staaten wie Indien, Pakistan, Israel oder Nordkorea gehören nicht dazu. Ausgenommen aus dem A. ist die Erzeugung und Verwendung von Kernenergie zu zivilen Zwecken. Die Einhaltung des A. wird von der Internationalen Atom-Energieorganisation mit Sitz in Wien kontrolliert.

Aufklärung. Bezeichnung für eine geistesgeschichtliche Epoche im 17./18. Jh., auch Zeitalter der A. genannt. Wesentlich für diese Epoche ist der Prozess der →Säkularisierung und damit die Einleitung der Moderne. Dogmatischer kirchlicher Glaube wird kritisch hinterfragt, genauso wie absolutistische (→Absolutismus) Staats- und Gesellschaftslehren. Der deutsche Philosoph I. Kant nannte diesen Säkularisierungsprozess „den Ausgang des Menschen aus seiner selbstverschuldeten Unmündigkeit“.

Die mit der A. verbundene Rationalisierung der Weltordnung in der Denkweise des Menschen führte zum Durchbruch der Wissenschaften, zur Fortschrittsgläubigkeit und Bildungsbeflissenheit sowie zum Glauben an die natürliche →Gleichheit und →Freiheit aller Menschen und damit zur →Französischen Revolution. Getragen wurde die A. durch die aufkommende Schicht des →Bürgertums.

Aufrüstung. Vergrößerung der Waffenbestände eines Staates, oft im Zuge des Wettrüstens mit dem Ziel der →Abschreckung eines Gegners.

Aufwertung. Währungspolitische Maßnahme zur Erhöhung des Außenwerts einer Währung. Dadurch werden Importe verbilligt und Exporte verteuert. Die A. erfolgt in der BR Dtl. durch die Zusammenarbeit von →Bundesregierung und →Bundesbank. →Abwertung.

Ausbeutung. Nach der marxistischen Theorie (→Marxismus) die Benutzung fremder →Arbeit durch die Produktionsmittelbesitzer (Kapitalisten). Nach Marx ist in der kapitalistischen Wirtschaftsepoche jedes Arbeitsverhältnis ein Ausbeutungsverhältnis, da der Wert der geleisteten Arbeit den Wert der Entlohnung übersteigt (→Mehrwert). Der Überschuss wird von den Produktionsmittelbesitzern für den eigenen Konsum oder für betriebliche Investitionen genutzt. Der Grund für A. liegt im Privateigentum an Produktionsmitteln, das es ermöglicht, auf dem →Arbeitsmarkt die Ware Arbeitskraft zu kaufen. Die Arbeitskraft besitzt keine eigenen Produktionsmittel und ist daher auf den Einsatz durch die Produktionsmittelbesitzer angewiesen.

Ausbildungsförderung. Alle staatlichen Maßnahmen, durch die finanziell schlechter gestellten Personen eine Ausbildung ermöglicht werden soll (in Berücksichtigung der Einkommensverhältnisse des Einzelnen und dessen Eltern). Auf Antrag wird die A. für den Besuch von allgemein- und weiterbildenden Schulen sowie für Fach- und Hochschulen gewährt und erfolgt als Zuschuss und Staatsdarlehen. Die A. wird durch das →Bundesausbildungsförderungsgesetz (BAföG) geregelt.

Ausbürgerung. Aberkennung einer →Staatsangehörigkeit gegen den Willen des Betroffenen. Im →Nationalsozialismus kam es zur kollektiven A. der Juden. Auch die →DDR griff zum Mittel der A., v. a. gegen Oppositionelle. Im Gegensatz zur kollektiven A. betrifft die individuelle A. nicht eine gesamte Bevölkerungsgruppe, sondern nur einzelne Personen. Gemäß Art. 16 I 1 GG ist die Ausbürgerung in der BR Dtl. grundsätzlich verboten.

Ausländer. In der BR Dtl. alle Personen, die nicht Deutsche im Sinne des Art. 116 GG sind. Aufenthalts- und Niederlassungsrechte sind im Ausländergesetz (AuslG), im Gesetz über Einreise und Aufenthalt von Staatsangehörigen der Mitgliedstaaten der →EU sowie in verschiedenen zwischenstaatlichen Abkommen geregelt. Eine Aufenthaltsgenehmigung für Einreise und Aufenthalt ist Pflicht. Hierbei wird zwischen der Aufenthaltserlaubnis (allgemeines Aufenthaltsrecht ohne Zweckbindung), der Aufenthaltsbewilligung (begrenztes Aufenthaltsrecht, maximal zwei Jahre) und der Aufenthaltsberechtigung (Daueraufenthaltsrecht) und der Aufenthaltsbefugnis (für politisch verfolgte Personen) unterschieden. A., die gegen die Gesetze des Aufenthaltslandes verstoßen, können des Landes vewiesen werden (→ Ausweisung, → Abschiebung).

Ausländerpolitik. Alle staatlichen Maßnahmen, die darauf gerichtet sind, die rechtliche, politische und soziale Stellung der →Ausländer verbindlich zu regeln. Ziele der A. sind v. a. die Steuerung von Migrationsströmen und die Erleichterung der →Integration.

Auslieferung. Form der Rechtshilfe, bei der eine Person an einen ausländischen Staat zum Zweck der juristischen Verfolgung (Strafverfolgung, Strafvollstreckung) übergeben wird. Pflicht zur A. besteht nur, wenn mit einem Staat ein Auslieferungsvertrag besteht. In der BR Dtl. ist die A. nach dem Internationalen Rechtshilfe-Gesetz (IRG) geregelt. Danach ist eine A. nur zulässig, wenn die strafrechtliche Handlung auch in dem ausliefernden Land strafbar ist. Eine A. ist nicht zulässig, wenn eine politisch motivierte Tat vorliegt (kein Tötungsdelikt) und die Gefahr besteht, dass die A. einer Person mit einer Verfolgung verbunden ist oder die Todesstrafe droht. Nach Art. 16 GG ist die A. von Deutschen an das Ausland i. d. R. verboten.

Ausnahmezustand (Notstand; früher auch Belagerungszustand, Kriegszustand). Ausdruck für eine Ausnahmesituation (v. a. durch →Krieg und Katastrophen ausgelöst), in der besondere Maßnahmen nötig sind, um die staatliche Ordnung aufrecht zu erhalten oder wiederherzustellen. Ob und in welchem Ausmaß bestimmte Staatsorgane wie →Regierung, →Polizei und →Militär Verfassungsrechte vorübergehend außer Kraft setzen können, ist meist durch die →Verfassung selbst geregelt (→ Notstandsgesetzgebung).

Ausschuss (Kommission). Arbeitsgruppe, die aus einer Auswahl an Mitgliedern einer Institution besteht und von dieser gewählt wird. Der A. soll Aufgaben erledigen, die das größere Organ in seiner Gesamtheit nicht wahrnehmen kann. Im →Parlament gibt es z. B. A., die einen wesentlichen Teil der parlamentarischen Arbeit besorgen (z. B. die Beratung von Gesetzesentwürfen) und deren Ergebnisse dem →Plenum zur →Abstimmung vorgelegt werden. Mit besonderen Aufgaben sind die Sonderausschüsse betraut.

Ausschuss der Regionen. Auf der Grundlage des →Maastrichter Vertrages gebildete Einrichtung der →EU mit beratender Funktion, in der Vertreter kommunaler und regionaler Gebietskörperschaften der EU sitzen. Ziel ist die Beteiligung der Regionen an Meinungs- und Entscheidungsprozessen.

Außenhandel. Allgemein der gesamte Handelsverkehr von Waren, Dienstleistungen und Kapital zwischen einer Volkswirtschaft und der Außenwelt. Im Besonderen der grenzüberschreitende Handel von Waren. Aufgrund der verschiedenen Produktionsfaktoren (Boden, →Arbeit, Kapital) der verschiedenen Volkswirtschaften sind Spezialisierungen bezüglich bestimmter Waren entstanden. Die Folge ist,dass es wirtschaftlich zuträglicher ist, Güter, die im Inland günstig produziert werden können, zu exportieren und dafür Güter, die im Inland teuer hergestellt werden müssten, zu importieren.

Außenhandelspolitik. Alle staatlichen Bestrebungen, die darauf gerichtet sind, die grenzüberschreitende Einfuhr und Ausfuhr von Gütern verbindlich zu regeln. Die A. ist Teil der →Außenwirtschaftspolitik. In der BR Dtl. ist das Bundesministerium für Wirtschaft zuständig. Der größte Interessenverband in der BR Dtl. ist der Bundesverband des Deutschen Groß- und Außenhandels.

Außenministerium. →Ministerium eines Staates, das für die →Außenpolitik zuständig ist. Das A. der BR Dtl. ist das →Auswärtige Amt mit Sitz in Berlin. Leiter ist der Bundesminister des Auswärtigen.

Außenpolitik. Bereich der politischen Beziehungen, der die Interessenvertretung der →Regierung eines Landes gegenüber anderen Ländern und →internationalen Organisationen übernimmt. Zur A. gehören u. a. →Diplomatie, Verträge und Bündnisse, aber auch die Androhung und der Einsatz militärischer Gewalt. Die geografische Lage, Größe, strategische Position und innenpolitische Lage eines Landes bestimmen im Wesentlichen die A. Die A. wird von den dafür zuständigen Staatsorganen, internationalen und supranationalen Organisationen sowie →Nichtregierungsorganisationen getragen. In der BR Dtl. ist die →Bundesregierung für die A. verantwortlich, vertreten durch den Bundesminister des Auswärtigen und das →Auswärtige Amt.

Außenwirtschaftliches Gleichgewicht (Zahlungsbilanzgleichgewicht). Gesamtwirtschaftliches Ziel, die Zahlungs- und Leistungsbilanz gegenüber dem Ausland auszugleichen. Neben Geldwertstabilität, Vollbeschäftigung und Wirtschaftswachstum ist das a. G. eines der vier Ziele der deutschen →Wirtschaftspolitik. →Stabilitätsgesetz.

Außenwirtschaftspolitik. Staatliche Maßnahmen zur Regelung von grenzüberschreitenden zwischenstaatlichen wirtschaftlichen Transaktionen. In der BR Dtl. ist das Bundesministerium für Wirtschaft zuständig. Die Mittel der A. sind v. a. Handelsverträge, Handelsabkommen, Zölle, Wechselpolitik, Ausgleichsabgaben oder Subventionen. Die A. wird von der Weltwirtschaftslage, aber auch der wirtschaftlichen Ausrichtung eines Staates (→Freihandel, Protektionismus, →Autarkie) beeinflusst.

Außerparlamentarische Opposition (APO). Linksgerichtete studentische Protestbewegung in der zweiten Hälfte der 1960er-Jahre. In der Zeit der Großen Koalition aus CDU/ CSU und SPD sah sich die APO als Ausgleich für das Fehlen einer wirksamen →Opposition. Insbesondere richtete sich der Protest gegen die →Notstandsgesetzgebung, die Pressekonzentration und die Hochschulreform. Die APO wurde von der US-amerikanischen Bewegung gegen den Vietnamkrieg beeinflusst und im Wesentlichen vom Sozialistischen Deutschen Studentenbund (SDS) getragen. Ihren Höhepunkt erreichte sie 1968, als es zu schweren Unruhen, Massenstreiks und Straßenkämpfen kam.

Aussiedler. Nach dem Bundesvertriebenengesetz (BVFG) deutsche Staats- und/oder Volkszugehörige, die nach Abschluss der allgemeinen Vertreibungsmaßnahmen (insbesonders zwischen 1945 und 1949) ihren Wohnsitz in den früheren deutschen Ostgebieten oder den Staaten Osteuropas (Albanien, Bulgarien, China, Danzig, Estland, das ehemalige Jugoslawien etc.) verlassen haben und vor 1993 auf dem Wege des Aufnahmeverfahrens der BR Dtl. zuzogen. Die A. werden nach In-Kraft-Treten des Kriegsfolgenbereinigungsgesetzes von 1993 als Spätaussiedler bezeichnet und seit einer Änderung dieses Gesetzes 2000 ist ihr Zuzug auf jährlich 100 000 Personen beschränkt.

Aussperrung. Mittel im →Arbeitskampf, das dem →Arbeitgeber ermöglicht, Arbeitnehmer vorübergehend von ihrer →Arbeit zu suspendieren und gleichzeitig die Lohnfortzahlung zu verweigern. In der Regel gilt die A. nur für die Dauer des Arbeitskampfes. In der BR Dtl. ist die A. nur dann zulässig, wenn sie als Reaktion auf einen →Streik erfolgt.

Auswanderung (Emigration). Das freiwillige oder zwangsweise Verlassen eines Staates aus religiösen, politischen, rassischen oder wirtschaftlichen Gründen und die damit verbundene Niederlassung auf anderem Staatsgebiet. →Immigration.

Auswärtiges Amt →Bundesministerien der BR Dtl.

Ausweisung. Amtliche Aufforderung an einen Ausländer, das →Staatsgebiet der BR Dtl. zu verlassen. Die A. ist nur unter bestimmten Bedingungen zulässig, wie z. B. bei Gefährdung der Sicherheit oder bei Verstoß gegen Vorschriften des Steuerrechts. Bei Nichtbefolgung der A. erfolgt die →Abschiebung.

Autarkie (griech. = Selbstgenügsamkeit). Unabhängigkeit bzw. Selbstständigkeit eines Staates gegenüber anderen Staaten, insbesondere in wirtschaftlicher Hinsicht.

Autokratie (griech. = Selbstherrschaft). Herrschaftsform, bei der ein Monarch (→Monarchie) die uneingeschränkte Macht auf sich vereinigt und keiner Kontrolle unterlegen ist. Beispiele für Autokraten waren der oströmisch-byzantinische Kaiser und der russische Zar.

Autonomie (von griech. *autónomos* = nach eigenen Gesetzen lebend) 1. Befugnis von Individuen oder Gruppen, bestimmte Angelegenheiten in weitgehender Selbstbestimmung zu übernehmen. 2. Recht zur Selbstverwaltung von öffentlich-rechtlichen Körperschaften (Hochschule, Schule) und die Möglichkeit von Interessensverbänden, bestimmte Belange ihrer Organisation kraft Aufstellung und Kontrolle eigener Rechtsnormen zu regeln (→Tarifautonomie der →Gewerkschaften und →Arbeitgeberverbände). 3. Rechtlich festgelegte Selbstverwaltung eines Gebietes oder einer Bevölkerungsgruppe innerhalb eines Staates, insbesondere zum Schutz von Minoritäten.

Autoritäres Regime (autoritärer Staat). Form der Herrschaft, bei der die Staatsgewalt uneingeschränkt in der Hand einer einzelnen Person oder einer →Partei liegt. Das A. R. kennzeichnet sich durch die Selbsternennung der Führerschaft und einen begrenzten Pluralismus. →Monarchien, Präsidialdiktaturen, Militärregime oder bestimmte Einparteiensysteme können A. R. sein. →Regime.

Autorität (von lat. *auctoritas* = Geltung, Ansehen). Ansehen, Geltung und Einfluss einer Person, einer Gruppe, eines →Amtes oder einer Institution. Kennzeichnend ist die rechtmäßige Anerkennung des Einflussverhältnis durch die Zustimmung der Beteiligten. Begründet kann die A. wie folgt sein: durch herausragende Eigenschaften, Sachkunde oder das Ansehen, das ein Amt dem Inhaber verleiht.

B

Baden-Württemberg →Bundesländer der BR Dtl.

Balkanisierung. Bezeichnung für den Zerfall und die Aufsplitterung eines Staats- oder Herrschaftsgebietes. Der Begriff entstand im 20. Jh., als sich nach der Auflösung des Osmanischen Reiches viele kleine neue Staaten bildeten; später bezog er sich auch auf die Entstehung kleinerer Staaten auf dem Territorium des ehemaligen Österreich-Ungarn.

Balkankonflikt. Bezeichnung für eine Serie von Konflikten im ehemaligen →Nationalitätenstaat Jugoslawien, der sich infolge des B. auflöste und in Teilrepubliken zerfiel. Diese Konflikte forderten insgesamt ca. 350 000 Todesopfer. Der B. wurde im Wesentlichen durch ökonomische Verteilungsprobleme des Landes und durch die starken ethno-nationalisischen (→Ethnozentrismus; →Nationalismus) Strömungen innerhalb der verschiedenen Völker Jugoslawiens verursacht. Die Verteilungsprobleme verstärkten sich in den 1980er-Jahren, als die reicheren Republiken Slowenien und Kroatien die zentralstaatliche Verteilung kritisierten, da sie sich ausgebeutet fühlten. Der Zerfall des →Ostblocks und das Ende des →Kalten Krieges verstärkten den Drang zur Unabhängigkeit einzelner Teilrepubliken und damit den Zerfall Jugoslawiens. Im Zuge freier Wahlen 1989/1990 konnten sich in Jugoslawien überwiegend nationalistische Parteien behaupten. 1990 stellte Slowenien seine Zahlungen an den →Zentralstaat ein. 1991 erklärten sich Slowenien und Kroatien für staatlich unabhängig, was zu Kämpfen zwischen Slowenien und der jugoslawischen Volksarmee führte. Die jugoslawische Volksarmee stand unter der serbischen Vormachtstellung, deren Ziel es war, ein Großserbien zu schaffen. Nachdem auch Kroatien und Bosnien-Herzegowina 1992 ihre Unabhängigkeit erklärten, weiteten sich die gewaltsamen Auseinandersetzungen auch auf deren Gebiete aus. Um sich gegen die jugoslawische Armee zu rüsten, hatten sich in den Teilrepubliken längst eigenständige Kampfverbände entwickelt. Aufgrund unterschiedlicher Vorstellungen und Ziele hinsichtlich der staatlichen Zukunft und Zugehörigkeit der Gebiete kämpften bosnische Serben, bosnische Kroaten und Muslime mit teilweise brutalen Mitteln gegeneinander. Es kam zu sog. →ethnischen Säuberungen und immensen Flüchtlingsbewegungen in der Region. Erst nach Luftschlägen der →NATO gegen serbische Stellungen und intensiven internationalen Verhandlungsbemühungen konnten Bosnien und Herzegowina wie auch Kroatien 1995 durch das Abkommen von Dayton endgültig befriedet werden.

Bandwagon-Effekt (engl. = „Wagen mit Musikkapelle"; Mitläufereffekt). 1. In der Wahlforschung drückt der Begriff B.-E. den Willen zur Anpassung an vorherrschende Meinungen und Verhaltensweisen der →Mehrheit aus. Mittels des B.-E. lässt sich u. a. erklären, wie sich die Ergebnisse von veröffentlichten Wahlumfragen zugunsten des prognostizierten Wahlsiegers auswirken. 2. Unter wirtschaftlichen Gesichtspunkten ist der B.-E. der Ausdruck für die Bereitschaft, sich den Kaufentscheidungen anderer Konsumenten anzuschließen. Er kann daher eine Erklärungsmöglichkeit für die steigende Nachfrage nach einem Produkt sein.

Bannmeile. Schutzbereich, in dem bestimmte Tätigkeiten verboten sind. Im Mittelalter der Umkreis von einer Meile um einen Ort herum, in dem kein Fremder Handel oder ein Gewerbe treiben durfte. In der BR Dtl. wird unter einer B. der Bereich um Gebäude der obersten Verfassungsorgane verstanden, in dem seit dem Bannmeilen-Gesetz von 1955 Versammlungen, →Demonstrationen und Umzüge verboten sind. 1999 wurde die B. in Berlin mit dem Gesetz zur Neuregelung des Schutzes von Verfassungsorganen des Bundes abgeschafft. Damit wurde die großflächige B. der Bonner Republik durch einen kleineren sog. befriedeten Bezirk ersetzt, der räumlich und sachlich begrenzt ist sowie sich auf den notwendigen Schutz des Parlaments beschränkt.

Basis-Überbau-Theorie. Lehrsatz aus der marxistischen Gesellschaftstheorie (→Marxismus), der die Entwicklungsgesetze einer Gesellschaft darstellt. Das gesellschaftliche Sein ist demnach durch die Basis bestimmt, die wiederum durch die Produktionsverhältnisse repräsentiert wird. Der Überbau, das Bewusstsein, bezeichnet die politische, rechtliche, religiöse und kulturelle Ordnung einer Gesellschaft. Nach der B.-Ü.-T. bestimmt das Sein das Bewusstsein, d. h., die Produktionsweise des materiellen Lebens bedingt geistige Prozesse. Demzufolge ziehen Veränderungen der menschlichen Arbeitskraft und der Rechts-, Eigentums- und Herrschaftsverhältnisse auch einen Wandel sozialer, politischer und geistiger Werte in einer Gesellschaft nach sich. Es wird davon ausgegangen, dass es zu Widersprüchen zwischen Basis und Überbau kommt und die Entwicklung einer Gesellschaft durch die Auflösung dieses Widerspruchs vorangetrieben wird.

Basisdemokratie. Form der politischen Mitbestimmung innerhalb einer demokratischen Staatsordnung, bei der die politisch relevanten Fragen an der Basis, d. h. mit sämtlichen Mitgliedern einer Gruppierung (→Partei, →Bürgerinitiative), diskutiert und entschieden werden. Alle vermittelnden Instanzen zwischen der Basis und den zentralen Entscheidungsgremien sind an diese Entscheidung gebunden. →Demokratie.

Bauernverband →Deutscher Bauernverband e.V.

Bayern →Bundesländer der BR Dtl.

BBU →Bundesverband Bürgerinitiativen Umweltschutz e.V.

BDA →Bundesvereinigung der Deutschen Arbeitgeberverbände.

BDI →Bundesverband der Deutschen Industrie.

Beamte. Amtsträger, die in einem Dienst- und Treueverhältnis zum →Staat (Bund, Länder, Gemeinden, öffentlich-rechtlichen Körperschaften) stehen und denen die Ausübung öffentlicher Aufgaben obliegt. Die gesetzlichen Regelungen, die den besonderen Status der B. betreffen, finden sich in den „hergebrachten Grundsätzen des Berufsbeamtentums“ (Art. 33 V GG) sowie in den Beamtengesetzen von Bund und Ländern. Das Dienstverhältnis entsteht bei B. nicht durch einen Arbeitsvertrag, sondern durch Ernennung. B. dürfen nur Deutsche oder Staatsangehörige aus EU-Staaten werden. Aus dem Beamtenstatus ergeben sich spezielle Verpflichtungen: Verfassungstreue, Beschränkungen des politischen Engagements, unparteiische und uneigennützige Amtsführung, Wahrung von Amtsgeheimnissen und der Verzicht auf das Streikrecht. Neben diesen besonderen Pflichten haben B. aber auch besondere Rechte wie die Besoldung, die prinzipielle Unkündbarkeit, den Anspruch auf besondere Fürsorge des Dienstherrn und einen Anspruch auf lebenslange Versorgung, der sich auch auf die nächsten Angehörigen erstreckt.

Befreiungsbewegung. Widerstandsbewegung, die sich gegen eine diktatorische Regierung wendet, separatistische Ziele (die Errichtung eines Teilstaates auf dem Gesamtstaat) verfolgt, gegen wirtschaftliche und soziale Unterdrückung kämpft oder die Ablösung einer Kolonialherrschaft (→Kolonialismus) zum Ziel hat. Als typische Ausdrucksformen einer B. gelten dabei gewaltloser Widerstand (z. B. →Ziviler Ungehorsam), der verdeckte Kampf (→Guerilla) oder der offene Befreiungskrieg.

Begnadigung. Bezeichnung für den vollständigen oder teilweisen Verzicht eines →Staates auf die Vollstreckung einer Strafe im Einzelfall; d. h., die Regierung kann ausnahmsweise Straf- oder Dienststrafurteile aufheben. I. d. R. ist die B. ein Recht des Staatsoberhauptes; in der BR Dtl. fällt sie in den Aufgabenbereich des →Bundespräsidenten (Art. 60 II GG). Das Aussprechen einer Begnadigung ist kein Akt der Rechtsprechung. →Amnestie.

Behörde. Allgemeine Bezeichnung für eine Stelle, die Aufgaben der öffentlichen Verwaltung der Kommunen und des Staates erfüllt (Amtsstelle). Die Verwaltungsbehörden des Bundes, der Länder und der Gemeinden sind einander über- bzw. untergeordnet. Nach ihrer Position unterscheidet man Unter-, Mittel- und Zentralbehörden. Die jeweils übergeordnete Instanz ist aufsichts- und weisungsbefugt. Nach ihrer internen Struktur unterscheidet man Kollegialbehörden und monokratische B.: In Kollegialbehörden sind mehrere gleichberechtigte Organverwalter für einen Bereich zuständig; Monokratische B. sind hierarchisch aufgebaut und haben nur einen Behördenchef an der Spitze. Die Leiter der untergeordneten Abteilungen und Referate sind den Weisungen ihres Vorgesetzten unterstellt. →Bund, →Länder und Kommunen sind rechtliche Träger der B.

Beitragsbemessungsgrenze. Begriff aus der Sozialpolitik für die Höchstgrenze des Bruttoeinkommens, bis zu der Pflichtbeiträge zur gesetzlichen Rentenversicherung, Krankenversicherung sowie der Arbeitslosenversicherung entrichtet werden müssen. Eine niedrige B. verringert die Sozialabgaben der Arbeitnehmer, deren Einkommen über dieser Grenze liegt, eine hohe B. führt zu einer größeren Umverteilung innerhalb der Arbeitnehmerschaft.

Bekenntnisschulen. Schulform, bei der Schüler und Lehrer die gleiche Konfessionszugehörigkeit haben und der gesamte Unterricht im Sinne der jeweiligen Religion gestaltet ist. Seit Ende der 1960er-Jahre sind B. in der BR Dtl. eher die Ausnahme, sie wurden weitestgehend durch Gemeinschaftsschulen ersetzt. → Schule.

Belagerungszustand →Ausnahmezustand.

Belgien →Europäische Länder.

Berlin →Bundesländer der BR Dtl.

Berufliche Bildung (Berufsbildung). Nach dem Berufsbildungsgesetz (BBiG) die Berufsausbildungsvorbereitung, die Berufsausbildung, die berufliche Fortbildung und die berufliche Umschulung. Die B. B. ist in der BR. Dtl. als duales System konzipiert, d. h., die Berufsausbildung findet sowohl in den Betrieben als auch in öffentlichen Berufsschulen statt. Während in den Betrieben der Schwerpunkt auf der praktischen Ausbildung liegt, wird das theoretische Fachwissen in den Berufsschulen vermittelt. Grundlage für die

Durchführung der Ausbildung sind die sog. Ausbildungsordnungen der jeweiligen Berufe.

Berufsbeamtentum →Beamte.

Berufsfreiheit →Berufswahlfreiheit.

Berufsverbot. Die durch ein gerichtliches Verfahren eingeleitete, untersagte Ausübung eines Berufes von bestimmter oder währender Dauer. Das B. wird entweder strafrechtlich nach §§ 61 und 70 StGB oder durch Berufs- und Ehrengerichte wegen schweren Verstoßes gegen Berufspflichten verhängt. Umgangssprachlich bezeichnet das B. auch die Nichtanstellung von Extremisten im öffentlichen Dienst aufgrund verfassungsfeindlicher Aktivitäten (→Extremistenbeschluss).

Berufswahlfreiheit (Berufsfreiheit). Nach Art. 12 I GG garantiertes →Bürgerrecht, seinen Beruf, seinen Arbeitsplatz und seine Ausbildungsstätte frei zu wählen bzw. auszuüben. Die freie Berufsausübung kann allerdings durch →Gesetze eingeschränkt sein, sofern dies im Sinne des Allgemeinwohls zweckmäßig ist. Die Freiheit der Berufswahl darf nur beschränkt werden, wenn es zum Schutz besonders wichtiger Gemeinschaftsgüter zwingend erforderlich ist. Die B. hat sich aus der Gewerbefreiheit entwickelt.

Berufung. 1. Rechtsmittel gegen Urteile, die in erster Instanz von Gerichten ausgesprochen wurden. Berufungsgerichte werden dazu aufgerufen, den Vorgang bezüglich der Tatsachen und der dafür notwendigen Rechtsfragen (→Revision) erneut zu prüfen. 2. Prozess in der Politik, in dem eine Person von einem hierarchisch höheren Amtsinhaber für ein bestimmtes Amt berufen (und nicht gewählt) wird.

Besatzung. Bezeichnung für die militärischen Einheiten (Besatzungsmacht), die das Gebiet eines anderen →Staates einnehmen und es politisch und militärisch befehligen. Die Bewohner eines Besatzungsgebietes sind dem Besatzungsrecht unterworfen. Völkerrechtlich wird eine Besatzungsmacht i. d. R. jedoch nicht zur legalen Exekutive dieses besetzen Gebietes.

Besatzungsstatut. Am 21.9.1949 in Kraft getretene Regelung des Besatzungsrechts, mit der die Besatzungsmächte USA, Großbritannien und Frankreich der BR Dtl. die eingeschränkte Staatsgewalt übertrugen. Das B. ersetzte das bis dahin herrschende Militärregime. Die oberste staatliche Gewalt blieb weiterhin bei den Besatzungsmächten. Dazu zählten u. a. der Vorrang des Besatzungsrechts vor dem innerdeutschen Recht sowie Vorbehaltsrechte in der Außenpolitik. Änderungen des GG bedurften der Zustimmung der Besatzungsbehörden. Das B. verlor seine Gültigkeit 1955 im Rahmen der →Pariser

Verträge durch das In-Kraft-Treten des→ Deutschlandvertrages.

Besatzungszone. Von militärischen Einheiten besetztes Gebiet eines Staates, in dem die Staatsgewalt von Besatzungsmächten ausgeübt wird. Nach dem Ersten Weltkrieg wurden Teile des deutschen Staatsgebietes durch französische Truppen (Besetzung des Rheinlandes und des Saarlandes) zu B. Nach dem Zweiten Weltkrieg wurden Deutschland und Österreich in mehrere B. unterteilt, die jeweils einer der vier Siegermächte unterstellt waren.

Beschäftigungspolitik →Arbeitsmarktpolitik.

Besitzeinkommen →Einkommen.

Betriebsrat. Organ zur Interessenvertretung der →Arbeitnehmer und zur Sicherstellung der betrieblichen Mitbestimmung in privatwirtschaftlichen Betrieben. In öffentlichen Betrieben wählen die Arbeitnehmer einen Personalrat. Das Betriebsverfassungsgesetz schreibt die Bildung eines B. bei einer Betriebsgröße von mindestens fünf →Arbeitnehmern vor; die Anzahl der Mitglieder richtet sich wiederum nach der Größe des Betriebs. Der B. hat Informations-, Beratungs-, Mitwirkungs- und Mitbestimmungsrechte in personellen, wirtschaftlichen und sozialen Fragen. Er soll nach dem Betriebsverfassungsgesetz § 2 Abs. 1 „unter Beachtung der geltenden Tarifverträge vertrauensvoll und im Zusammenwirken mit den im Betrieb vertretenen →Gewerkschaften und Arbeitgebervereinigungen zum Wohl der Arbeitnehmer und des Betriebs zusammenarbeiten“.

Betriebsverfassung. Verfassungsrechtlich und gesetzlich verankerte Rechtsordnung, welche die Arbeitsbeziehungen auf betrieblicher Ebene in privatwirtschaftlichen Unternehmen regelt. Die B. ist in der BR Dtl. im Betriebsverfassungsgesetz festgelegt, das 1952 verabschiedet, 1972 geändert und 2001 schließlich grundlegend reformiert wurde.

Bevölkerung. Alle Personen ohne Ansehen ihrer →Staatsangehörigkeit, die in einem bestimmten Gebiet leben. Die →Demographie untersucht die B. unter statistischen Gesichtspunkten. Wesentlichen Einfluss auf die Struktur einer B. nehmen Geburtenrate, Sterblichkeit und Zu- bzw. Abwanderung. In der BR Dtl. wird damit gerechnet, dass es infolge von sinkenden Geburtenzahlen zu einem langfristigen Bevölkerungsrückgang und einer zunehmenden Überalterung der Gesellschaft kommt.

Bevölkerungspolitik. Bezeichnung für Maßnahmen und Regelungen eines Staates, die die Entwicklung der Bevölkerungsstruktur steuern sollen. Ziele der B. sind v. a., die Geburtenzahlen zu kontrollieren (quantitative B.) und für eine ausgewogene Zusammensetzung einer Bevölkerung (qualitative B.) zu sorgen. Instrumente der B. sind familien- und gesundheitspolitische Regelungen wie z. B. das Kinder- und Wohnungsgeld.

Bezugsgruppe. Soziale Gruppe, mit deren Normen, Wertmaßstäben und Verhaltensweisen sich eine Person oder Gruppe identifiziert. Ein Individuum übernimmt weitgehend die Rollenerwartungen einer oder mehrerer B.

BGB →Bürgerliches Gesetzbuch.

Bildungspolitik. Alle auf die Gestaltung und den Erhalt des Bildungswesens zielenden politischen Aktivitäten. B. umfasst sämtliche Maßnahmen in den Bereichen allgemeine Schulen, Berufs- und Hochschulen, außerschulische Bildung und Ausbildungsförderung. Nach dem GG ist die B. hauptsächlich Sache der Länder, wodurch es zu Unterschieden in den Schulsystemen kommt. Über regelmäßige Kultusministerkonferenzen wird versucht, diese Unterschiede auszugleichen (z. B. Dauer der Schulferien, Aufteilung des Schuljahres). Des Weiteren gibt es die →Bund-Länder-Kommission für Bildungsplanung und Forschungsförderung (BLK), ein ständiges Gesprächsforum, das Bund und Länder in Fragen der Bildungsplanung und Forschungsförderung berät. Durch die finanzielle Mitwirkung an der Hochschulbaufinanzierung sind die Eingriffsmöglichkeiten des Bundes, an der B. mitzuwirken, gestiegen. Ein Schwerpunkt der B. ist die Erhöhung der Bildungschancen, v. a. für jene gesellschaftlichen Gruppen, die nicht proportional zu ihrem Anteil an der Gesamtbevölkerung an höheren Schulen und Hochschulen vertreten sind (z. B. durch Steuerung des Zugangs zu einzelnen Schulformen). Im Rahmen der Herstellung von Bildungsgerechtigkeit werden sozial Benachteilige, Migranten und Personen mit schulischen Defiziten besonders unterstützt. Alphabetisierungsarbeit und die Förderung von Hochschulabsolventen mit Einwanderungshintergrund zielen ebenfalls auf die Erhöhung der Chancengleichheit ab.

Bill of Rights (engl. = Urkunde der Rechte). 1. Die durch die Glorious Revolution von 1688 errungene und 1689 in Kraft getretene Verfassungsurkunde, die die Rechte des englischen →Parlaments bestätigte und somit zu einem grundlegenden Baustein für die Entwicklung des Parlamentarismus in Großbritannien wurde. Die B. o. R. war gegen →Absolutismus und Katholizismus gerichtet und machte die Steuererhebung, den Unterhalt eines stehenden Heeres in Friedenszeiten sowie den Erlass und die Aufhebung von Gesetzen von der Zustimmung des Parlaments abhängig. Darüber hinaus ist auch die parlamentarische Redefreiheit garantiert. 2. Bezeichnung für die zehn Zusatzartikel (engl. amendments), die der US-Verfassung 1791 hinzugefügt wurden. Sie enthalten wichtige →Grund- und →Menschenrechte.

Biopolitik. Uneinheitlich definierter Begriff für einen Bereich der Politik, der das Ziel hat, die Zusammenhänge zwischen den biotechnologischen Entwicklungen und den Grundfragen des Lebens und der Ethik zu klären. Aufgrund der rasenden Fortschritte im Bereich der Biotechnologien und der Brisanz der Thematik hat sich die B. zu einem der umstrittensten Problemfelder der nationalen und internationalen Politik entwickelt. Zu den Feldern, mit denen sich die B. beschäftigt, zählen u. a. Embryonenschutz und -forschung, Pränatal- und Präimplantationsdiagnostik, Gentechnik, und -forschung, therapeutisches Klonen sowie embryonale Stammzellenforschung. In der BR Dtl. beschäftigten sich verschiedene Gremien mit biopolitischen Themen (z. B. der Nationale Ethikrat, die →Enquête-Kommission „Recht und Ethik in der modernen Medizin", Ethikkommissionen der Länder, Kirchen). Ziel ist es, Antworten auf Fragen nach Beginn, Ende, Wert, Würde und Schutz des menschlichen Lebens zu finden und dann die Vereinbarkeit mit den Möglichkeiten der modernen Biotechnologie zu klären.

Bizone. Bezeichnung für das 1947 in Deutschland entstandene Gebiet, das aus dem Zusammenschluss der US-amerik. und brit. Besatzungszone bestand. Durch den Beitritt Frankreichs im Jahre 1948 wurde die B. zur →Trizone.

Blauhelme. UN-Friedenstruppen, die sich aus den militärischen Kontingenten mehrerer Mitgliedstaaten der →Vereinten Nationen zusammensetzen. Auf Ersuchen des UN-Sicherheitsrats werden sie freiwillig zur Verfügung gestellt und sollen zur Wahrung des Weltfriedens und der internationalen Sicherheit beitragen. In der Praxis bedeutet dies die Überwachung von Friedensabkommen oder die militärische Absicherung von →humanitären Interventionen. Zu den wichtigsten Einsätzen der B., deren Bezeichnung auf die Farbe ihrer Helme zurückgeht, gehören u. a. der Nahost-Konflikt sowie die militärischen Konflikte im ehemaligen Jugoslawien. Eine Entscheidung des →Bundesverfassungsgerichts aus dem Jahr 1994 erklärte die Teilnahme von Bundeswehrsoldaten (→Bundeswehr) an UN-Blauhelmeinsätzen für rechtens.

Block der Heimatvertriebenen und Entrechteten (BHE). 1950 im Bundesland Schleswig-Holstein gegründete Interessenvertretungspartei (→Partei) von Vertriebenen und Flüchtlingen aus den ehemaligen deutschen Ostgebieten sowie anderer Kriegsgeschädigter, die nach 1945 in den westlichen Teil Deutschlands zurückströmten. Nach Erfolgen bei den Landtags- und Kommunalwahlen erweiterte die Partei ihren Aktionsradius auf ganz Deutschland und konnte unter dem Namen Gesamtdeutscher Block/Bund der Heimatvertriebenen und Entrechteten (GB/BHE) bei den →Bundestagswahlen 1953 5,9 % der Stimmen erringen. Seit 1961 Zusammenschluss mit der →Deutschen Partei (DP) zur Gesamtdeutschen Partei (GDP), die allerdings bei den Bundestagswahlen 1961 an der →Fünfprozentklausel scheiterte.

Blockade (von engl. *blockade* = (Hafen-)Sperre). In den internationalen Beziehungen die Absperrung eines Hafens, einer Stadt, eines Gebietes oder eines →Staates von der Außenwelt (z. B. 1948/49 Westberlin durch die UdSSR). Die B. wird gewöhnlich durch militärische Mittel aufrechterhalten und v. a. im →Krieg angewendet. Sie dient als Druckmittel, um politische, wirtschaftliche und militärische Ziele durchzusetzen.

Blockfreie Staaten (Blockfreie). Bezeichnung für eine Gruppe von Staaten, die sich 1961 während des Ost-West-Konflikts zusammenschlossen und sich weder zur westlichen Welt noch zum kommunistischen Ostblock zugehörig fühlten. Die politische Neutralität bildete daher die Basis des Zusammenschlusses. Ziele der B. waren v. a. die Durchsetzung des Rechts auf Selbstbestimmung, die Ablehnung von Bündnissystemen, die friedliche Koexistenz und die Gleichberechtigung aller Staaten. Seit dem Ende des Kalten Krieges hat die Bedeutung der blockfreien Bewegung abgenommen und setzt sich heute insbesondere für eine gerechte wirtschaftliche Entwicklung ein.

Blockparteien. Bezeichnung für →Parteien in einem Blocksystem, d. h. einem Parteiensystem, in dem alle Parteien und Massenorganisationen unter Führung der kommunistischen Partei zu einem Block zusammengefasst sind (→Kommunismus). Die Verteilung der Parlamentssitze auf die einzelnen Blockparteien erfolgte über eine →Einheitsliste. Durch die völlige Unterordnung der B. unter die kommunistische Partei war parlamentarische Oppositionsarbeit praktisch unmöglich.

BND →Bundesnachrichtendienst.

Bolschewismus (von russ. *bolsche* = mehr). Bezeichnung für die von W. I. Lenin geprägte Lehre des →Marxismus-Leninismus, die zur Doktrin der →KPdSU wurde. Der Begriff entwickelte sich aus der Spaltung der Sozialdemokratischen Arbeiterpartei in Russland im Jahre 1903. Dort setzte sich eine radikale Mehrheit um Lenin (Bolschewiki) gegen eine gemäßigte Minderheit (Menschewiki) durch. Lenins Theorie, die zur wesentlichen Praxis aller kommunistischen Parteien anderer Staaten wurde (→Kommunismus), geht im Gegensatz zum klassischen →historischen Materialismus davon aus, dass es berufsrevolutionärer Parteimitglieder bedürfe, die als Vorhut die →Arbeiterklasse zunächst zur →Revolution, dann zur Diktatur des →Proletariats und schließlich zur klassenlosen kommunistischen Gesellschaft führen.

Bonapartismus. Bezeichnung für ein autoritäre Regierungsform oder einen politischen Führungsstil, der sich an die politische →Herrschaft der Kaiser Napoleon I und v. a. Napoleon III anlehnt. Kern des B. ist die wirtschaftliche Stärkung des Bürgertums (→Bourgeoisie), während gleichzeitig die autoritäre Herrschaft des Kaisers unangetastet bleibt.

Botschafter. Höchster diplomatischer Gesandter eines →Staates, der als Vertreter eines Staatsoberhauptes im Ausland direktes Vortragsrecht besitzt. Als B. vertritt er die Interessen seines Heimatlandes im Ausland, pflegt die diplomatischen Beziehungen zum Gastland und hilft Staatsbürgern seines Landes, die sich im entsprechenden Ausland aufhalten, bei Problemen. Als hoher diplomatischer Vertreter genießt er →Immunität. →Diplomatie.

Bourgeoisie (von frz. *bourgeois* = Bürger). Bürgertum. 1. Ausdruck für den sog. dritten Stand neben →Adel und Klerus im Mittelalter. In der →Französischen Revolution kämpfte die B. um politische Gleichberechtigung. 2. Im Marxismus-Leninismus und im modernen Sprachgebrauch verwendete Bezeichnung für die herrschende, besitzende und ausbeutende Klasse der kapitalistischen Gesellschaft.

Boykott. Wirtschaftliche, soziale oder politische Zwangsmaßnahme, bei der ein Verhältnis zu Personen, Institutionen oder Nationen teilweise oder ganz abgebrochen wird, um eine bestimmte Reaktion des Boykottierten zu erwirken. Ein B. kann sich z. B. in wirtschaftlichen Sanktionen gegen Staaten, einer Abgrenzung gegenüber Personengruppen oder in der Ächtung von Unternehmen zeigen, die damit vom Warenhandel ausgeschlossen werden.

Brandenburg →Bundesländer der BR Dtl.

Bremen →Bundesländer der BR Dtl.

Breschnew-Doktrin. Außenpolitischer Grundsatz, der auf den ehemaligen Generalsekretär des Zentralkomitees der →KPdSU, L. Breschnew, zurückgeht. Der B.-D. zufolge verfügten die ehemals sozialistischen Staaten Osteuropas nur über beschränkte Souveränität. Deshalb stünde den Staaten des →Warschauer

Paktes ein Interventionsrecht zu, falls der →Sozialismus gefährdet sei. Mithilfe der B.-D. sollte der Einmarsch der Truppen des Warschauer Paktes 1968 in die Tschechoslowakei nachträglich legitimiert werden. Erst die Reformpolitik von M. Gorbatschow setzte die B. gegen Ende der 1980er-Jahre außer Kraft.

Brief-, Post- und Fernmeldegeheimnis. Nach Art. 10 I GG ist das Fernmeldegeheimnis in der BR Dtl. ein verfassungsrechtlich geschütztes →Grundrecht, welches das Öffnen von Briefen und sonstigen Postsendungen durch unbefugte Personen untersagt. Das Fernmeldegeheimnis bezieht sich auch auf den Schutz von Inhalten der Telekommunikation (Fernschreib-, Fernsprech-, Funk- und Telegrafennachrichten). Allerdings ist eine Einschränkung durch →Gesetze unter bestimmten Voraussetzungen möglich (Art. 10 II GG), nämlich wenn eine Gefahr für die →freiheitlich demokratische Grundordnung der BR Dtl. oder den Bestand des →Bundes oder →Landes besteht (→Lauschangriff).

Bruttoinlandsprodukt (BIP). Summe aller von einer Volkswirtschaft produzierten Güter- und Dienstleistungswerte, die innerhalb eines Jahres in einem Land erbracht worden sind. Im Rahmen der Volkswirtschaftlichen Gesamtrechnung (VGR) wird das BIP neben anderen volkswirtschaftlichen Maßen (Volkseinkommen, Nettoinlandsprodukt) berechnet, um die wirtschaftliche Leistung eines Landes zu bestimmen. Das BIP wird unterschiedlich ermittelt: Nach der Entstehungsrechnung geht man vom Output aus, d. h. von der in einer Volkswirtschaft produzierten Gütermenge, und zieht anschließend den Wert der Vorleistungen ab (Güter, die im Herstellungsjahr wieder in die Produktion einfließen). Nach der Verwendungsrechnung ergibt sich das BIP aus den Ausgaben für Konsum und Investitionen (auch des Staates) sowie den Exportausgaben, von denen die Importausgaben abgezogen werden. Das Nettoinlandsprodukt errechnet sich, indem man vom BIP die Abschreibungen abzieht.

Bruttosozialprodukt (BSP). Teil der Volkswirtschaftlichen Gesamtrechnung (VGR) sowie Gütemaß zur Bestimmung der wirtschaftlichen Leistung eines Landes. Das BSP ist der in Geldeinheit ausgedrückte Wert aller Güter und Dienstleistungen, die einen Marktpreis haben, und in einer Volkswirtschaft während einer bestimmten Zeit (meist auf ein Jahr bezogen) verbraucht, investiert und exportiert werden. Davon werden die Importe dieses Zeitraums abgezogen. Das sog. Volkseinkommen (Nettosozialprodukt zu Faktorkosten) lässt sich berechnen, in dem die im BSP enthaltenen staatlichen Abschreibungen und indirekten →Steuern abgezogen und die staatlichen Subventionen dazugeschrieben werden. Die amtliche Bezeichnung des BSP ist seit 1999 Bruttonationaleinkommen. →Bruttoinlandsprodukt.

Budget (von franz. *budget* = Haushalt). Öffentlicher Haushaltsplan, auch Etat genannt, in dem alle für einen Rechnungszeitraum geplanten finanziellen Transfers (Einnahmen und Ausgaben) aufgeführt sind.

Bulletin (frz. = Bericht). Regelmäßig erscheinende amtliche Veröffentlichung bzw. Bekanntmachung. In der BR Dtl. gibt z. B. das →Presse- und Informationsamt der Bundesregierung das Bulletin der Bundesregierung heraus.

Bund-Länder-Kommission für Bildungsplanung und Forschungsförderung (BLK). 1970 entstandene Kommission, die durch ein Verwaltungsabkommen zwischen →Bund und →Ländern zu Stande gekommen ist und das Ziel hat, dem Bund ein stärkeres Mitspracherecht in Belangen der Bildungsplanung und Forschungsförderung gegenüber den Ländern einzuräumen. Gesetzliche Grundlage ist eine Änderung des GG vom 1.1.1970 (Art. 91b GG). Der BLK gehören acht Vertreter der →Bundesregierung sowie je ein Vertreter der 16 Landesregierungen an, bei Fragen der Forschungsförderung je zwei Vertreter.

Bund. 1. Vereinigung von Personen, Institutionen oder Staaten. 2. Bezeichnung für den Zentralstaat und seine Organe im Gegensatz zu den Ländern oder Gliedstaaten. → Föderalismus.

Bundesagentur für Arbeit (BA). Selbstständige Bundesbehörde und Körperschaft des öffentlichen Rechts mit Sitz in Nürnberg, die rechtlich dem Bundesministerium für Wirtschaft und Arbeit untergeordnet ist. Bis 2004 trug die BA den Namen Bundesanstalt für Arbeit. Zentrale Aufgaben der BA sind u. a. Arbeits- und Berufsberatung, Arbeitsvermittlung, Arbeitsmarkt- und Berufsforschung, Verwaltung und Zahlung von Leistungen der Arbeitslosenversicherung, Arbeitsförderungsmaßnahmen, Berufsausbildungsförderung und Fortbildungsmaßnahmen. Die Aufgaben der BA werden an die lokalen Agenturen für Arbeit (früher: Arbeitsämter) weitergegeben und dort ausgeführt. →Arbeitslosigkeit; →Arbeitslosenhilfe.

Bundesamt für Verfassungsschutz →Nachrichtendienste.

Bundesanstalt für Arbeit →Bundesagentur für Arteit.

Bundesanstalt für vereinigungsbedingte Sonderausgaben (BvS). Seit Ende 2003 aufgelöste Nachfolgeorganisation der Treuhandanstalt. Die BvS übernahm die Verwaltung und Kontrolle von Reprivatisierungen, die im Rahmen der Abwicklung des volkseigenen Vermögens der →DDR anfielen. Das verbliebene Vermögen wird vom Bundesministerium der Finanzen oder von externen Organisationen abgewickelt.

Bundesanzeiger. Neben dem →Bundesgesetzblatt das Organ für Veröffentlichungen des Bundesministeriums der Justiz. Abgedruckt werden Einträge zur Bundesgesetzgebung, Verwaltungsvorschriften, Bekanntmachungen, Verordnungen und andere Nachrichten der Bundesministerien und -behörden. Für bestimmte Bekanntmachungen (wie z. B. Handelsregistereintragungen, Satzungsänderungen, Jahresabschlüsse) ist eine Veröffentlichung im B. gesetzlich vorgeschrieben.

Bundesarbeitsgericht (BAG). In der BR Dtl. ist das BAG der Oberste Gerichtshof des →Bundes im Bereich der →Arbeitsgerichtsbarkeit. Es hat seinen Sitz in Kassel.

Bundesaufsicht. Die Kontrollgewalt des →Bundes über die einzelnen →Bundesländer. Ziel der B. ist es, die Umsetzung von Bundesrecht auf Länderebene sicherzustellen. In der BR Dtl. hat die Regierung gemäß Art. 84 GG das Recht und die Pflicht zu kontrollieren, ob in den Bundesländern die Bundesgesetze gesetzmäßig ausgeführt werden. Die →Bundesregierung kann zu diesem Zwecke Beauftragte zu den obersten Landesbehörden oder den nachgeordneten Landesbehörden entsenden. Im Fall der Bundesauftragsverwaltung umfasst die B. auch die Prüfung der Zweckmäßigkeit (Art. 85 IV GG).

Bundesausbildungsförderung →Ausbildungsförderung.

Bundesbank →Deutsche Bundesbank.

Bundesbeauftragter für die Unterlagen des Staatssicherheitsdienstes der ehemaligen DDR. Bezeichnung für die zum Bundesinnenministerium gehörende →Bundesbehörde, welche die Unterlagen des →Staatssicherheitsdienstes (Stasi) der ehemaligen →DDR archiviert, sichert und aufarbeitet (Akten, Karteikarten, Filme, Tondokumente, Mikrofiches) und sie gegebenenfalls anderen Institutionen unter Berücksichtigung besonderer gesetzlicher Regelungen zur Verfügung stellt. Die Behörde soll sicherstellen, dass jeder Betroffene auf Antrag Einsicht in seine Stasiakte bekommen kann. Die am 3.10.1990 mit der Deutschen Einheit gegründete Behörde wurde nach ihrem ersten Leiter (J. Gauck) umgangssprachlich auch als Gauck-Behörde bezeichnet. Seit dem Jahr 2000 wird sie von Marianne Birthler geleitet und seitdem auch Birthler-Behörde genannt.

Bundesbehörde. Bezeichnung für eine →Behörde des →Bundes im Unterschied zu den Behörden der →Länder. Die Verwaltung und Ausführung von Bundesgesetzen ist in der föderalen Ordnung (→Föderalismus) der BR. Dtl. i. d. R. Aufgabe der Länder. B. sind daher nur für spezielle Bereiche zuständig wie z. B. für den Auswärtigen Dienst oder die Bundesfinanz- und die Arbeitsverwaltung. Unterschieden werden die obersten B. (z. B. →Bundesministerien und →Bundeskartellamt), die Bundesoberbehörden (die meisten Bundesämter wie z. B. das →Bundeskriminalamt) sowie die Mittel- und Unterbehörden (v. a. im Bereich des →Auswärtigen Amtes, der →Bundeswehr, der Finanzen, der Bundesverkehrswege und der Post).

Bundesfinanzhof (BFH). Oberster Gerichtshof im Bereich der Finanzgerichtsbarkeit der BR Dtl. mit Sitz in München. Er ist v. a. Revisions- und Beschwerdeinstanz gegen Urteile anderer Gerichte.

Bundesflagge. Staatsflagge eines →Bundesstaats oder →Nationalflagge. In der BR Dtl. hat die B. entsprechend Art. 22 GG die Farben schwarz-rot-gold.

Bundesgebiet. Bezeichnung für das gesamte →Staatsgebiet eines →Bundesstaates, d. h., das B. setzt sich aus den Gebieten der Gliedstaaten zusammen. Das B. der BR Dtl. umfasst Baden-Württemberg, Bayern, Berlin, Bremen, Hamburg, Hessen, Niedersachsen, Nordrhein-Westfalen, Rheinland-Pfalz, Saarland, Schleswig-Holstein und seit dem Beitritt der →DDR zur BR Dtl. (3.10.1990) auch Brandenburg, Mecklenburg-Vorpommern, Sachsen, Sachsen-Anhalt und Thüringen.

Bundesgerichtshof (BGH). Oberstes ordentliches Gericht in der BR Dtl. und damit letzte Revisionsinstanz in Zivil- und Strafverfahren mit Sitz in Karlsruhe. Hauptaufgaben des BGH sind die Wahrung der Rechtseinheit und die Fortbildung des Rechts.

Bundesgesetzblatt (BGBl.). Vom Bundesministerium der Justiz veröffentlichtes Verkündigungsblatt der BR Dtl. Im B. werden Bundesgesetze (Art. 82 GG), Rechtsverordnungen sowie Urteile des →Bundesverfassungsgerichts publiziert. Ein B. wird auch in Österreich publiziert.

Bundesgrenzschutz (BGS). Sonderpolizei des →Bundes, die dem Bundesministerium des Inneren unterstellt ist. Der B. besteht seit 1951 und ist entsprechend seinem Namen in erster Linie für den Schutz der Grenzen bzw. des Grenzgebiets zuständig. Zu den Aufgaben des B. zählen nach der Reform des Gesetzes über den B. die Sicherung von Grenzen, Flughäfen und Bahnhöfen, der Schutz der →Bundesministerien und -organe, die Abwehr von Gefahren im Notstands- und Verteidigungsfall, Unterstützung im Ausland (z. B. bei Naturkatastrophen) sowie die Mitwirkung bei polizeilichen Maßnahmen im

Rahmen von →UN oder →EU. Der B. hat ca. 40000 Beschäftigte.

Bundeshaushalt. Das →Budget eines →Bundesstaates. In der BR Dtl. der vom →Deutschen Bundestag erlassene →Haushaltsplan für einen bestimmten Zeitraum (→Haushaltsjahr). Im B. werden Einnahmen und Ausgaben nach Ressorts gegliedert einander gegenübergestellt. Da der Haushaltsplan den voraussichtlichen Finanzbedarf bilanziert, stellt er nur eine mögliche Prognose dar. Zu Haushaltslöchern kommt es, wenn laufende Ausgaben nicht mit entsprechenden Einnahmen abgeglichen werden können.

Bundeskabinett →Bundesregierung.

Bundeskanzler. In Deutschland und Österreich der Regierungschef, in der Schweiz der Leiter der Bundeskanzlei. In der BR Dtl. wird der B. vom →Bundestag auf Vorschlag des →Bundespräsidenten für die Dauer einer →Legislaturperiode (vier Jahre) mit →absoluter Mehrheit gewählt. Seine Ernennung und Vereidigung findet durch den Bundespräsidenten statt. Die Amtszeit des B. endet i. d. R. mit dem Zusammentritt eines neuen Bundestages oder aber durch Rücktritt, Tod sowie nach einem erfolgreichen →konstruktiven Misstrauensvotum. Der B. legt zu Beginn seiner Amtszeit in Absprache mit seiner →Partei bzw. dem Koalitionspartner die Zahl und den Zuschnitt der →Bundesministerien im Einzelnen fest und schlägt die jeweiligen →Minister vor. Nach Art. 65 GG steht dem B. die sog. Richtlinienkompetenz zu, d. h., er bestimmt die Leitlinien der Regierungspolitik und übernimmt die politische Verantwortung dafür gegenüber dem Bundestag. Der B. leitet die Geschäfte der →Bundesregierung, dabei stehen ihm das →Bundeskanzleramt, das →Presse- und Informationsamt der Bundesregierung und der →Bundesnachrichtendienst zur Seite. Im Verteidigungsfall geht die Befehls- und Kommandogewalt über die →Bundeswehr auf den B. über. Aufgrund der starken Stellung des B. im politischen System der BR. Dtl. spricht man auch von einer Kanzlerdemokratie. In Österreich besitzt der B. keine Richtlinienkompetenz, schlägt aber die Zusammensetzung der Regierung vor. In der Schweiz ist der B. für die Kanzleigeschäfte bei der Bundesversammlung und beim Bundesrat zuständig.

Bundeskanzleramt. In der BR Dtl. und in Österreich die oberste Bundesbehörde zur Planung, Steuerung und internen Abstimmung der Regierungspolitik. Das B. ist dem →Bundeskanzler unterstellt und wird von einem Bundesminister für besondere Aufgaben bzw. einem Staatssekretär geleitet. Zentrale Aufgabe des B. ist es, die verschiedenen →Ministerien miteinander zu vernetzen und den

Bundeskanzler umfassend über deren Tätigkeit zu informieren, um ihm die Koordination der Regierungspolitik zu ermöglichen.

Bundeskartellamt. →Bundesbehörde mit Sitz in Berlin, die dem Bundesministerium für Wirtschaft und Arbeit zugeordnet ist. Zentrale Aufgabe ist die Sicherung der Wettbewerbsregeln (Durchsetzung des Kartellverbots, Durchführung der Fusionskontrolle, Ausübung der Missbrauchsaufsicht über marktbeherrschende Unternehmen; seit dem 1.1.1999 Schutz von Bietern bei der Vergabe öffentlicher Aufträge). Um seine Aufgaben durchzusetzen, kann das B. Zusammenschlüsse verbieten, missbräuchliche Verhaltensweisen untersagen, Auflagen erteilen und Geldbußen verhängen. Im Rahmen des gemeinsamen Marktes der EU-Mitgliedstaaten sind mittlerweile wichtige Aufgaben des B. auf die →Europäische Kommission übergegangen.

Bundeskriminalamt (BKA). Bundesoberbehörde mit Sitz in Wiesbaden, die dem Bundesministerium des Inneren zugeordnet ist und die Aufgabe hat, die länderübergreifende Verbrechensbekämpfung zu koordinieren. Das B. ist darüber hinaus für die polizeiliche Zusammenarbeit mit dem Ausland zuständig.

Bundesland. Teilstaaten, die sich in einem föderalistischen (→Föderalismus) →Bundesstaat verfassungsmäßig zusammengeschlossen haben. Die BR Dtl. hat 16 B. Die Landesregierungen entsenden Vertreter in den →Bundesrat. Jedes B. hat eine Landesverfassung und bildet aus seinem Länderparlament seine Landesregierung. B. haben Kulturhoheit, Polizeigewalt und die Möglichkeit der konkurrierenden Gesetzgebung. Chef der Landesregierung ist der Ministerpräsident, in Berlin der Regierende Bürgermeister, in Hamburg und Bremen der Erste Bürgermeister oder Senatspräsident.

Bundesländer der BR Dtl. Siehe Seite 46.

Bundesministerium. Oberste Verwaltungsbehörde eines Bundesstaates mit einem festen Aufgabenbereich (Ressort). Zahl und Zuschnitt der B. werden vom →Bundeskanzler zu Beginn einer →Legislaturperiode festgelegt. Zu den klassischen B. gehören dabei das Auswärtige Amt, das Bundesministerium des Inneren sowie die Ministerien für Finanzen, Justiz und Verteidigung. Von den modernen B. spielt heute v. a. das Bundesministerium für Wirtschaft und Arbeit eine besonders wichtige Rolle. Die Leitung obliegt einem Bundesminister (→Minister) der jeweils amtierenden →Bundesregierung, dem ein bzw. zwei Staatssekretäre zur Erfüllung seiner Aufgaben zur Seite stehen. Die B. sind in Abteilungen, Unterabtei-

Bundesländer der BR Dtl.

Baden-Württemberg. Fläche: 35 752 km^2; Einwohner (2005): 10,7 Mio.; Bruttoinlandsprodukt (2004): 319,4 Mrd. EUR; Hauptstadt: Stuttgart.

Geschichte: B.-W. entstand nach dem Ende des Zweiten Weltkriegs aus den Ländern Württemberg-Baden, Württemberg-Hohenzollern und Baden. Für das neue Bundesland stimmten in der Volksabstimmung vom 16.12.1951 69,7 %. Mit der Verkündung des Überleitungsgesetzes vom 25.4.1952 begann die staatliche Existenz des Bundeslandes. Am 7.6.1970 wurde die Bildung des Landes durch eine Volksabstimmung im badischen Landesteil endgültig bestätigt. Die CDU ist seit 1972 stärkste Partei im Landtag.

Verfassung: Nach der Verfassung vom 11.11.1953 übt der Landtag (128 Abgeordnete, für fünf Jahre gewählt) die gesetzgebende Gewalt aus. Er wählt den Ministerpräsidenten, der die Regierung beruft. Volksbegehren und Volksbescheid sind in der Verfassung vorgesehen. Der Staatsgerichtshof ist das Verfassungsgericht des Landes B.-W.

Verwaltung: Das Bundesland B.-W. ist eingeteilt in vier Regierungsbezirke (Stuttgart, Karlsruhe, Freiburg, Tübingen), 12 Regionen (mit je einem Regionalverband) sowie 35 Landkreise und neun Stadtkreise. Bürgermeister werden auf acht Jahre, Gemeinderäte auf fünf Jahre gewählt. Die Gemeindeordnung beinhaltet das Recht auf Volksbegehren und Volksentscheid.

Bayern. Fläche: 70 549 km^2; Einwohner (2005): 12,4 Mio.; Bruttoinlandsprodukt (2004): 385,2 Mrd. EUR; Hauptstadt: München.

Geschichte: Ursprünglich aus dem besiedelten Gebiet dreier Stämme (Baiern, Franken und Schwaben) ab dem 6. Jh. entstanden, regierte ab 1180 das Wittelsbacher Geschlecht das Herzogtum bis 1918. 1806 wurde B. zum Königreich erhoben, 1871 erfolgte der Beitritt zum Deutschen Reich. Im Zuge der Novemberrevolution wurde die Monarchie abgeschafft; B. wurde am 8.11.1918 zum Freistaat. Nach der amerikanischen Besatzungszeit wird B. 1949 zum Bundesland. Die CSU ist seit 1946 stärkste Fraktion im Landtag.

Verfassung: Seit dem 1.1.2000 existiert ein parlamentarisches Einkammersystem. Der Landtag ist nach der Verfassung vom 2.12.1946 die

gesetzgebende Gewalt. Er besteht aus 180 Abgeordneten, die für fünf Jahre gewählt werden. Das Parlament wählt den Ministerpräsidenten, der die Regierung beruft. Volksentscheide sind in der Verfassung vorgesehen. Über staatsrechtlich strittige Fragen entscheidet der Verfassungsgerichtshof als oberstes bayerisches Gericht.
Verwaltung: B. ist in sieben Regierungsbezirke eingeteilt (Oberbayern, Niederbayern, Oberpfalz, Oberfranken, Mittelfranken, Unterfranken, Schwaben), die sich in 71 Landkreise, 25 kreisfreie Städte und 2056 Gemeinden unterteilen.

Berlin. Fläche: 892 km^2; Einwohner (2005): 3,4 Mio.; Bruttoinlandsprodukt (2004): 77,9 Mrd. EUR. B. ist gleichzeitig Stadtstaat und Bundesland sowie Hauptstadt und größte Stadt Deutschlands.
Geschichte: B., entstanden aus den mittelalterlichen Städten Kölln und B., wurde im Zuge weiterer Eingemeindungen Hauptstadt des Preußischen Reiches (1701) und nach darauf folgenden Eingemeindungen Hauptstadt des neu gegründeten Deutschen Reiches (1871). B. blieb unter nationalsozialistischer Herrschaft weiterhin Hauptstadt und wurde 1945, nach seiner Besetzung durch die Rote Armee, in vier Besatzungszonen aufgeteilt. Frankreich, Großbritannien und die USA kontrollierten die westlichen Sektoren der Stadt, der Osten B. wurde zur sowjetischen Besatzungszone. Aufgrund zunehmender politischer Differenzen kündigte die Sowjetunion ihre Mitarbeit in der gemeinsamen Verwaltungseinheit, der Alliierten Kommandatur. Mit der Berlin-Blockade 1948/1949 versuchte die Sowjetunion erfolglos, den Westteil B. aus der Verbindung mit den westlichen Besatzungszonen zu lösen, worauf die Alliierten mit einer gemeinsamen Luftbrücke antworteten. Mit der Gründung der DDR im Osten und der BR Dtl. im Westen verschärfte sich der Konflikt um B. Die DDR erklärte B. widerrechtlich zur Hauptstadt der DDR. Der Kalte Krieg spitzte sich zu und es kam zu massiven Flüchtlingsströmen aus der DDR, die den Bau der Berliner Mauer am 13.8.1961 zur Folge hatten. Am 9.11.1989 wurde die Berliner Mauer infolge des innenpolitischen Drucks durch die ostdeutsche Bevölkerung geöffnet. Ein Jahr später wurde im Einigungsvertrag die Wiedervereinigung der ehemals getrennten Teile Deutschlands vereinbart. Durch den Beschluss des Bundestages vom

20.6.1991 und des Bundesrates vom 27.9.1996 einigte man sich, Parlament und Regierung von Bonn nach Berlin zu verlegen. Seit 1994 sitzt der Bundespräsident in B., seit 1999 der Deutsche Bundestag und die Bundesregierung sowie seit 2000 der Bundesrat.

Verfassung: Das Berliner Abgeordnetenhaus, die Legislative, übt ihre gesetzgebende Gewalt mit mindestens 130 (derzeit 141) Mitgliedern aus, die für fünf Jahre gewählt werden. Die Exekutive wird durch die Landesregierung, den Senat von Berlin, mit dem Regierenden Bürgermeister an der Spitze und maximal zehn weiteren Mitgliedern (Bürgermeister und Senatoren) gebildet.

Verwaltung: Die Anzahl der Stadtbezirke wurde mit dem Gebietsreformgesetz vom 10.6.1998 zum 10.1.2001 von 23 auf 12 reduziert. In jedem Bezirk gibt es eine auf fünf Jahre gewählte Bezirksverordnetenversammlung mit 55 Bezirksverordneten, die die Mitglieder des Bezirksamtes (Bürgermeister und Stadträte) wählen. Sie unterstehen der Dienstaufsicht des Regierenden Bürgermeisters.

Brandenburg. Fläche: 29 480 km^2; Einwohner (2004): 2,6 Mio.; Bruttoinlandsprodukt (2004): 45,0 Mrd. EUR; Hauptstadt: Potsdam.

Geschichte: Die ehemalige preußische Provinz B. musste nach 1945 das Gebiet Neumark östlich der Oder an Polen abtreten. Nach der Auflösung der Provinz Mark Brandenburg 1947 gehörte das Land ab 1949 zur DDR. Durch die Verwaltungsreform der DDR wurde es drei Jahre später in die Bezirke Neubrandenburg, Cottbus, Frankfurt (Oder) und Potsdam aufgeteilt. Nach der Wiedervereinigung, am 3.10.1990, erfolgte seine Neugründung. Eine Vereinigung der beiden Bundesländer Berlin und Brandenburg wurde am 5.5.1996 von der Brandenburger Bevölkerung per Volksentscheid abgelehnt.

Verfassung: Der Landtag wird für fünf Jahre gewählt, besteht aus 88 Abgeordneten und übt die gesetzgebende Gewalt aus. Er stimmt über den Ministerpräsidenten ab, der wiederum seine Minister bestimmt und gegebenenfalls entlässt. Volksbegehren und Volksentscheid sind in der Verfassung festgelegt.

Verwaltung: B. besteht seit der Gebietsreform von 1993 aus vier kreisfreien Städten und 14 Landkreisen.

Bremen. Fläche: 404 km²; Einwohner (2004): 664 000; Bruttoinlandsprodukt (2004): 23,6 Mrd. EUR. B. ist gleichzeitig Freie Hansestadt, Stadtstaat und kleinstes deutsches Bundesland, das aus der Freien Hansestadt Bremen und Bremerhaven besteht.
Geschichte: Mit der Auflösung des Heiligen Römischen Reiches Deutscher Nation 1806 wurde B. unabhängig und zur Freien Hansestadt. Seit 1815 gehörte sie zum Deutschen Bund. 1827 wurde Bremerhaven an der Wesermündung gegründet und Teil des Stadtverbundes. 1945 wurde B. amerikanisches Besatzungsgebiet; seit 1949 ist es deutsches Bundesland (B. und Bremerhaven). In der B. Bürgerschaft war die SPD stets Regierungspartei.
Verfassung: Legislative ist die Bürgerschaft. Sie besteht aus 83 Abgeordneten, 67 davon werden in B. gewählt, 16 in Bremerhaven. 66 Bremer Abgeordneten bilden zugleich die Stadtbürgerschaft. Die Bürgerschaft wird alle vier Jahre gewählt. Aus ihr geht der Senat und die Regierung hervor. Bürgermeister ist der Präsident des Senats. Er ist damit auch Regierungschef. Ein vom Senat ebenfalls zu wählender Zweiter Bürgermeister ist sein Stellvertreter.
Verwaltung: B. ist in fünf Stadtbezirke und 23 Stadtteile aufgeteilt. Bremerhaven teilt sich in Nord- und Süd-Bremerhaven, die sich wiederum in neun Stadtteile aufgliedern. Seit 1947 besteht in Bremerhaven eine eigene Stadtverfassung, die verwaltungstechnische Aufgaben regelt. Die dafür zuständige Behörde ist der Magistrat.

Hamburg. Fläche: 755 km²; Einwohner (2004): 1,7 Mio.; Bruttoinlandsprodukt (2004): 78,8 Mrd. EUR. H. ist gleichzeitig Freie Hansestadt, Stadtstaat und Bundesland.
Geschichte: Die Gründung geht auf die Hammaburg zurück, aus der sich die Stadt Anfang des 9. Jh. entwickelte. H. wurde aufgrund seiner günstigen Lage zwischen Nord- und Ostsee sowie seiner Anbindung an die Nordsee durch die Elbe schnell zu einer wichtigen Handelsstadt. Innerhalb der Hanse nahm H. eine wichtige Rolle ein. H. wurde 1510 Reichsstadt. 1806 erlangte H. mit dem Ende des Heiligen Römischen Reichs Deutscher Nation die volle Souveränität und nannte sich seitdem Freie Hansestadt. 1871 erfolgte die Angliederung an das Deutsche Reich.

Nach 1945 gehörte H. zur britischen Besatzungszone und seit 1949 schließlich zur BR Dtl.

Verfassung: Die Bürgerschaft wird aus 121 Abgeordneten gebildet und alle vier Jahre gewählt. Sie wählt den Ersten Bürgermeister, der seinen Stellvertreter, den Zweiten Bürgermeister, und acht bis zehn Senatoren beruft. Sie bilden zusammen mit dem Ersten und Zweiten Bürgermeister die Regierung, den sog. Senat, der durch die Bürgerschaft bestätigt werden muss. Die Bürgerschaft ist Landesparlament und Gemeindeorgan. Gegen Gesetze der Bürgerschaft kann der Senat ein Veto einlegen, das jedoch von der Bürgerschaft überstimmt werden kann.

Verwaltung: H. ist in sieben Stadtbezirke unterteilt, die sich wiederum in insgesamt 104 Stadtteile aufgliedern. In jedem Bezirk gibt es ein Bezirksamt, das für die örtlichen Verwaltungsaufgaben zuständig ist.

Hessen. Fläche 21 114 km²; Einwohner (2004): 6,1 Mio.; Bruttoinlandsprodukt (2004): 195,2 Mrd. EUR; Hauptstadt: Wiesbaden.

Geschichte: Hessen ist am 19.9.1945 von der amerikanischen Besatzungsmacht unter dem Namen Großhessen gegründet worden. Dabei wurde H. aus dem Volksstaat H. und der preußischen Provinz Hessen-Nassau gebildet.

Verfassung: Die Legislative übt der Landtag aus (110 Sitze), der bis 2003 für vier Jahre und seitdem für fünf Jahre gewählt wird. Die Exekutive setzt sich aus der Landesregierung zusammen, die aus den Ministern und Ministerpräsidenten besteht. Der Landtag wählt den Ministerpräsidenten, der die Minister beruft. Die Judikative liegt beim Hessischen Staatsgerichtshof und weiteren Gerichtshöfen des Landes. Volksbegehren und Volksentscheide für die Bevölkerung werden durch die Verfassung eingeräumt.

Verwaltung: H. ist in die Regierungsbezirke Kassel, Darmstadt und Giessen unterteilt, die sich wiederum in 21 Landkreise mit 426 Städten und Gemeinden sowie fünf kreisfreie Städte aufteilen.

Mecklenburg-Vorpommern. Fläche: 23 174 km² ; Einwohner (2004): 1,7 Mio.; Bruttoinlandsprodukt (2004): 29,8 Mrd. EUR; Hauptstadt: Schwerin.

Geschichte: Mecklenburg und Pommern erlangten erstmals im Zuge der Novemberrevolution 1918 →Souveränität. 1945 wurden die beiden Teile als eine geografische Einheit unter dem Namen M.-V. innerhalb der Sowjetischen →Besatzungszone zusammengefasst. Ab 1949 war das Gebiet des heutigen M.-V. Teil der →DDR und ging in den Bezirken Neubrandenburg, Rostock und Schwerin auf. Seit der Wiedervereinigung 1990 gehört das Land zur BR Dtl., hat den Status eines Bundeslandes und führt wieder den Namen M.-V.
Verfassung: Die →Verfassung trat 1993 in Kraft und sieht vor, dass die →Legislative beim →Landtag liegt. Er wird besetzt von 71 →Abgeordneten, die auf vier Jahre gewählt werden. Die →Exekutive wird vom Ministerpräsidenten und seiner Landesregierung gebildet. Diese neue Verfassung M.-V. orientiert sich an der Verfassung →Schleswig-Holsteins.
Verwaltung: Bei einer Kreisgebietsreform 1994 wurden aus ehemals 31 →Landkreisen 12 neue Landkreise gebildet. Hinzu kommen die sechs →kreisfreien Städte: Greifswald, Neubrandenburg, Rostock, Schwerin, Stralsund und Wismar, die ihren Status behielten. Die aktuelle Landesregierung plant eine weitere Zusammenlegung auf vier bis fünf Landkreise bis 2008.

Niedersachsen. Fläche 47 618 km^2; Einwohner (2004): 8 Mio.; Bruttoinlandsprodukt (2004): 184,9 Mrd. EUR; Hauptstadt: Hannover.
Geschichte: N. entstand als Bundesland nach dem Zweiten Weltkrieg in der britischen →Besatzungszone. Es wurde 1947 aus den ehemaligen Gebieten des Königreichs Hannover, des Großherzogtums Oldenburg, des Herzogtums Braunschweig und des Fürstentums Schaumburg-Lippe gebildet. Der Name N. greift auf den Namen des Stamms der Sachsen zurück. Der Zusatz „Nieder-“ sollte zur Unterscheidung von den mitteldeutschen Fürstentümern dienen (→Sachsen). Die Politik der Nachkriegsjahre war v. a. durch die →Integration der starken Gruppe der →Vertriebenen gekennzeichnet. In den 1950er-Jahre machte ihr Anteil teilweise ein Drittel der Gesamtbevölkerung aus.
Verfassung: 1993 wurde die vorläufige →Verfassung durch eine neue abgelöst. Die →Legislative liegt demnach beim Landtag mit 183 →Abgeordneten, die auf fünf Jahre gewählt werden. Eine Besonderheit der

Verfassung ist, dass das →Parlament nicht nur dem Ministerpräsidenten als Kopf der →Exekutive, sondern der gesamten Landesregierung das Vertrauen aussprechen muss.
Verwaltung: Niedersachsen ist in 38 →Landkreise gegliedert; neun Städte sind kreisfrei (→kreisfreie Stadt). Die vier ehemaligen Regierungsbezirke (Braunschweig, Hannover, Lüneburg und Weser-Ems) wurden Ende 2004 aufgelöst.

Nordrhein-Westfalen. Fläche 34 083 km²; Einwohner (2003): 18,07 Mio.; Bruttoinlandsprodukt (2004): 481,4 Mrd. EUR; Hauptstadt: Düsseldorf.
Geschichte: 1946 wurde das Land N.-W. aus den ehemals preußischen Provinzen Westfalen und dem Norden der Rheinprovinz von der brit. Militärregierung gebildet. 1947 wurde der Freistaat Lippe-Detmold an das Land angegliedert.
Verfassung: Die →Legislative ist nach der Landesverfassung von 1950 der →Landtag; aus ihm geht der Ministerpräsident hervor. Die →Legislaturperiode ist 1969 von vier auf fünf Jahre verlängert worden. Der Landtag in N.-W. wählt nicht nur den Ministerpräsidenten, sondern auch die Mitglieder des Landesrechnungshofes sowie vier der sieben →Richter des Verfassungsgerichtshofes (→Verfassungsgericht). Die →Verfassung betont die Elemente der →direkten Demokratie (Volksbegehren und -entscheid). Sie geben den →Bürgern die Möglichkeit, vom Landtag erlassene →Gesetze zu verändern bzw. neue zu initiieren. Im →Bundesrat hat N.-W. sechs Stimmen, genau wie die anderen großen Bundesländer. Gemessen an der Bevölkerungszahl ist das Land damit im Vergleich mit den anderen Bundesländern stark unterrepräsentiert.
Verwaltung: N.-W. besteht aus fünf Regierungsbezirken (Düsseldorf, Köln, Münster, Detmold, Arnsberg). Sie sind in 31 →Kreise unterteilt, zudem gibt es 23 →kreisfreie Städte.

Rheinland-Pfalz. Fläche 19 847 km²; Einwohner (2003): 4 Mio.; Bruttoinlandsprodukt (2004): 95,4 Mrd. EUR; Hauptstadt: Mainz.
Geschichte: R.-P. wurde 1946 weitestgehend aus den ehemaligen Gebieten der bayrischen Pfalz und dem Regierungsbezirk Rheinhessen durch Verordnung der französischen Militärregierung gegründet. 1956 ergaben

→Volksbegehren in den früheren Regierungsbezirken Koblenz, Trier, Montabaur, Rheinhessen und der Pfalz den Wunsch nach Angliederung an die angrenzenden Bundesländer Nordrhein-Westfalen, Hessen bzw. Bayern und Baden-Württemberg. Allerdings wurden die notwendigen →Volksentscheide fast 20 Jahre lang verzögert. 1975 wurde in keiner der Regionen nochmals eine →Mehrheit für eine Umgliederung erreicht.
Verfassung: Durch →Volksabstimmung wurde die →Verfassung des Landes R.-P. 1947 angenommen. Der →Landtag ist das oberste →Organ der politischen Willensbildung. In ihm sind 101 →Abgeordnete vertreten, die auf fünf Jahre gewählt sind. Die →Exekutive wird von der Landesregierung gebildet. Volksentscheide sind in der Verfassung vorgesehen.
Verwaltung: Bis 1999 bestand R.-P. aus drei Regierungsbezirken (Koblenz, Trier und Rheinhessen-Pfalz). 2000 wurden sie in die Aufsichts- und Dienstleistungsdirektion sowie die Struktur- und Genehmigungsdirektionen Nord und Süd umgewandelt. Im Unterschied zu den Regierungsbezirken sind die Direktionen nach unterschiedlichen Aufgaben unterteilt und sie sind für das gesamte Bundesland zuständig.

Saarland. 2 568 Fläche km^2; Einwohner (2004): 1,07 Mio.; Bruttoinlandsprodukt (2004): 26,1 Mrd. EUR; Hauptstadt: Saarbrücken.
Geschichte: Das S. war lange Zeit geprägt durch seine Lage an der Grenze zwischen Frankreich und der BR Dtl. In seiner Geschichte stand es zeitweise unter dem Einfluss beider Länder. Im 20. Jh. wurde es jeweils nach den beiden →Weltkriegen von Frankreich besetzt, jedoch beide Male nach →Volksabstimmungen wieder Deutschland zugeschlagen. Seit 1957 ist es ein Bundesland der BR Dtl.
Verfassung: Die →Verfassung des S. wurde 1947 verabschiedet. Ab 1954 galt das sog. Saarstatut, das Frankreich und die BR Dtl. ausgehandelt hatten und das die Europäisierung des S. vorsah. Es wurde jedoch 1955 durch Volksabstimmung von der →Bevölkerung abgelehnt. Eine Verfassungsrevision 1956 tilgte alle Bestimmungen, die auf ein eventuelles Protektoratsverhältnis zu Frankreich hinwiesen. Der Landtag des S. besteht aus 51 →Abgeordneten. Er ist das Gesetzgebungsorgan des Landes. Die Verfassung sieht →Volksbegehren und →Volksentscheid als direktdemokratisches Mittel der Politik vor.

Verwaltung: Das S. ist in fünf →Landkreise gegliedert (Merzig-Wadern, Neunkrichen, Saarlouis, Saarpflaz-Kreis, St. Wendel), hinzu kommt der Stadtverband Saarbrücken.

Sachsen. Fläche 18 413 km²; Einwohner (2004): 4,29 Mio.; Bruttoinlandsprodukt (2004): 79,8 Mrd. EUR; Hauptstadt: Dresden.
Geschichte: Nach der Auflösung des Königreichs S. und der Abdankung des sächsischen Königs entstand 1918 der Freistaat S. Von den Arbeiter- und Soldatenräten wurde er als →Republik proklamiert. 1920 folgte eine →Verfassung, die den Status als →Freistaat innerhalb der Weimarer Republik festigen sollte. Nach dem Zweiten Weltkrieg wurde das Land S. aufgelöst und das Gebiet Teil der →DDR. Nach der Wiedervereinigung wurde S. 1990 als Freistaat wieder eingerichtet.
Verfassung: S. gab sich 1992 eine Verfassung, die durch einen weiten Katalog an →Staatszielen und einer breiten Formulierung der →Grundrechte auffällt. Der sächsische →Landtag (120 Mitglieder, für fünf Jahre gewählt) ist das gesetzgebende →Organ. Die →Politik bestimmt der Ministerpräsident. →Volksbegehren und →Volksentscheid sind möglich.
Verwaltung: S. ist in drei Regierungsbezirke gegliedert (Dresden, Chemnitz, Leipzig). In diesen befinden sich 22 →Landkreise und sieben →kreisfreie Städte.

Sachsen-Anhalt. Fläche 20 445 km²; Einwohner (2004): 2,49 Mio.; Bruttoinlandsprodukt (2004): 45,8 Mrd. EUR; Hauptstadt: Magdeburg.
Geschichte: Unter sowjetischer Besatzung wurden 1945 die ehemals preußischen Provinzen Magdeburg und Halle-Merseburg sowie das Land Anhalt und Teile Braunschweigs zur Provinz Sachsen zusammengefasst; diese wurde 1946 zur Provinz S.-A. und 1947 zum Land S.-A. Im Rahmen der Verwaltungsreform in der →DDR wurde das Land 1952 aufgelöst und in die Bezirke Halle und Magdeburg unterteilt. Nach der Wiedervereinigung wurde das Land 1990 neu gebildet.
Verfassung: 1992 gab sich S.-A. eine neue Landesverfassung. Der sachsen-anhaltinische Landtag hat 115 Mitglieder und ist das gesetzgebende →Organ. In der →Verfassung sind direktdemokratische Elemente (→Direkte Demokratie) verankert.

Verwaltung: Bis 2003 bestand S.-A. aus drei Regierungsbezirken (Dessau, Halle und Magdeburg); sie wurden 2004 aufgelöst. Ihre Arbeit übernahm das Landesverwaltungsamt in Halle. In S.-A. gibt es 21 →Landkreise; drei Städte haben den Status einer →kreisfreien Stadt.

Schleswig-Holstein. Fläche 15 763 km²; Einwohner (2003): 2,82 Mio.; Bruttoinlandsprodukt (2004): 66,5 Mrd. EUR; Hauptstadt: Kiel.
Geschichte: Das Land S.-H. wurde 1946 von der britischen Militärregierung gebildet. Ehemals war es preußische Provinz.
Verfassung: Die erste Landesverfassung (1949) wurde 1990 weitgehend reformiert und vom →Landtag einstimmig angenommen. Der Landtag ist gesetzgebendes →Organ, der Ministerpräsident ist →Regierungschef. Eine Besonderheit im →Parteiensystem von S.-H. stellt der Südschleswigsche Wählerverband (SSW) dar. Er repräsentiert die dänische →Minderheit in S.-H. Für ihn gilt die →Fünfprozentklausel nicht, er ist auf jeden Fall mit einem →Abgeordneten im Landtag vertreten.
Verwaltung: S.-H. ist in elf →Kreise unterteilt und hat vier →kreisfreie Städte.

Thüringen. Fläche 16 171 km²; Einwohner (2004): 2,35 Mio.; Bruttoinlandsprodukt (2004): 42,3 Mrd. EUR; Hauptstadt: Erfurt.
Geschichte: Während der Weimarer Republik entstand T. zum ersten Mal als geografische und politische Einheit – und zwar aus einem Zusammenschluss von acht thüringischen Kleinstaaten. Nach dem Zweiten Weltkrieg war es Teil der sowjetischen →Besatzungszone; 1949 wurde T. Land der →DDR. Ab 1952 (→Gebietsreform) wurde T. in die drei Bezirke Gera, Suhl und Erfurt aufgeteilt. 1990 wurde T. schießlich zu einem Bundesland der BR Dtl.
Verfassung: Nach der Wiedervereinigung bekam T. eine neue Verfassung. Sie wurde 1994 durch →Volksentscheid angenommen. In ihr ist das Prinzip der →Volkssouveränität verankert. Der thüringische →Landtag (88 Mitglieder) ist Gesetzgebungsorgan und wird auf fünf Jahre gewählt.
Verwaltung: Seit der Kreisreform 1994 ist der Freistaat Thüringen in 17 →Landkreise unterteilt. Es gibt außerdem sechs →kreisfreie Städte (Eisenach, Erfurt, Gera, Jena, Suhl und Weimar).

lungen und Referate aufgeteilt und erarbeiten innerhalb der ihnen zugewiesenen Aufgabenbereiche Gesetzesvorschläge, Verordnungen und Verwaltungsvorschriften. →Ministerien der BR Dtl.

Bundesministerium der Finanzen →Ministerien der BR Dtl.

Bundesministerium der Justiz →Ministerien der BR Dtl.

Bundesministerium der Verteidigung →Ministerien der BR Dtl.

Bundesministerium des Auswärtigen →Ministerien der BR Dtl.

Bundesministerium für Bildung und Forschung →Ministerien der BR Dtl.

Bundesministerium für Familie, Senioren, Frauen und Jugend →Ministerien der BR Dtl.

Bundesministerium für Gesundheit und soziale Sicherung →Ministerien der BR Dtl.

Bundesministerium für Umwelt, Naturschutz und Reaktorsicherheit →Ministerien der BR Dtl.

Bundesministerium für Verbraucherschutz, Ernährung und Landwirtschaft →Ministerien der BR Dtl.

Bundesministerium für Verkehr, Bau und Wohnungswesen →Ministerien der BR Dtl.

Bundesministerium für Wirtschaft und Arbeit →Ministerien der BR Dtl.

Bundesministerium für wirtschaftliche Zusammenarbeit und Entwicklung →Ministerien der BR Dtl.

Bundesministerium des Innern →Ministerien der BR Dtl.

Bundesnachrichtendienst →Nachrichtendienst.

Bundespräsident. Bezeichnung für das Staatsoberhaupt in Deutschland, Österreich und in der Schweiz. Der B. wird in der BR Dtl. von der →Bundesversammlung gewählt und darf nur einmal wieder gewählt werden. Die Amtszeit beträgt fünf Jahre. B. kann jeder Deutsche werden, der das →Wahlrecht besitzt und das 40. Lebensjahr überschritten hat. (Art. 54 GG). Der B. ist der höchste Repräsentant der BR Dtl. nach innen und nach außen. Zu seinen Aufgaben als Staatsoberhaupt gehören u. a. die völkerrechtliche Vertretung der BR Dtl., die Beglaubigung der diplomatischen Vertreter und die Unterzeichnung von Staatsverträgen. Dem B. obliegt des Weiteren der Vorschlag für die Wahl des →Bundeskanzlers (Art. 63 GG), die Ernennung und Entlassung des Bundeskanzlers (Art. 63, 67 GG) und der Bundesminister (Art. 64 GG), die Auflösung des →Bundestages (Art. 63 IV 3 GG, Art. 68 GG), die Ausfertigung (Unterzeichnung) und Verkündung von →Gesetzen (Art. 82 GG), die Ernennung und Entlassung der Bundesrichter, der höheren Bundesbeamten und der Offiziere (Art. 60 I GG) sowie das Begnadigungsrecht für den →Bund (Art. 60 II GG). Die Rechte und Pflichten des B. sind in der BR Dtl. weitestgehend notarieller bzw. repräsentativer Art, nachdem die starke Stellung des Reichspräsidenten in der Weimarer Republik zu einem massiven Missbrauch der politischen Kompetenzen geführt hatte. Amtsverlust droht dem B., wenn er einer vorsätzlichen Verletzung des →Grundgesetzes oder eines anderen Bundesgesetzes schuldig wird. Auf Antrag des Bundestages oder des →Bundesrates kann der B. dann vor dem →Bundesverfassungsgericht angeklagt und seines Amtes enthoben werden (Art. 61 GG).

Bundespräsidialamt. Oberste Bundesbehörde, die den →Bundespräsidenten bei der Ausführung seiner Aufgaben unterstützt. Der Chef der Behörde ist gemäß § 23 der Geschäftsordnung der Bundesregierung befugt, an den Sitzungen der →Bundesregierung teilzunehmen, sofern der →Bundeskanzler die Teilnahme nicht auf die Bundesminister beschränkt. Das B. ist in verschiedene Sekretariate unterteilt, die den →Bundespräsidenten in allen Fragen seiner Amtsführung beraten, ihn in seinen Aufgaben unterstützen und Informationen über Beschlüsse und Vorhaben der Bundesregierung sammeln.

Bundesrat. Verfassungsorgan in der BR Dtl., durch das die Regierungen der →Länder gemäß Art. 50 GG an der Gesetzgebung und Verwaltung des →Bundes und in Angelegenheiten der →Europäischen Union mitwirken. Der B. setzt sich aus Mitgliedern der 16 Länderregierungen zusammen und ist dadurch gekennzeichnet, dass es keine →Legislaturperioden gibt und die parteipolitische Zusammensetzung sich mit jeder Landtagswahl ändert. Derzeit umfasst der B. 69 Mitglieder, die in ihrer Stimmenabgabe an die Weisungen der jeweiligen Landesregierung gebunden sind. Außerdem müssen die Stimmen eines Landes einheitlich abgegeben werden. Alle Bundesländer haben mindestens drei Stimmen, bei mehr als 2 Mio. Einwohnern vier, bei mehr als 6 Mio. Einwohnern fünf und bei mehr als 7 Mio. Einwohnern sechs Stimmen. Den Vorsitz des B. führt der Präsident. Dieses →Amt wird von einem →Ministerpräsidenten der Länder bekleidet und turnusmäßig besetzt. Der Bundesratspräsident ist zugleich der erste Stellvertreter des →Bundespräsidenten. An der Gesetzgebung auf Bundesebene wirkt der B. aktiv mit. Zu den vom →Bundestag an ihn weitergeleiteten Gesetzesvorlagen der →Bundesregierung bezieht der B. inhaltlich Stellung bzw. schlägt Änderungen vor. →Gesetze, die die Interessen der Länder berühren, bedürfen dabei grundsätzlich der Zustimmung des B. (→Zustimmungsgesetz). Gleiches gilt für Verfassungsänderungen. Des Weiteren kann der B. Einspruch gegen nicht zustimmungspflichtige Gesetze erheben, dieser kann allerdings vom Bundestag überstimmt werden (→Einspruchsgesetz). Bei Meinungsverschiedenheiten bezüglich Gesetzesvorlagen zwischen B. und Bundestag kann der B. den →Vermittlungsausschuss anrufen. Der B. hat zudem selbst das Recht Gesetze vorzuschlagen. Bestimmte Rechtsverordnungen und die Länder betreffende Verwaltungsvorschriften bedürfen ebenfalls der Zustimmung des B. Obwohl der B. im GG grundsätzlich als politische Interessenvertretung der Länder konzipiert ist, wird er aufgrund parteipolitischer Instrumentalisierung oft als ein Mittel der →Opposition eingesetzt. In Österreich bildet der B. die zweite Kammer im Gesetzgebungsverfahren, in der Schweiz ist er das oberste leitende und vollziehende Regierungsorgan.

Bundesrechnungshof. Rechnungsprüfstelle des →Bundes mit Sitz in Bonn. Oberste →Bundesbehörde, die gegenüber der →Bundesregierung selbstständig und als unabhängiges Organ der Finanzkontrolle nur dem →Gesetz unterworfen ist. In ihren Aufgabenbereich fallen die Kontrolle der Wirtschaftlichkeit sowie der Recht- und Ordnungsmäßigkeit der Haushaltsführung des Bundes bzw. all seiner Organe. Die Ergebnisse werden in einem Rechnungsprüfungsbericht jährlich veröffentlicht. In den →Ländern übernehmen die Landesrechnungshöfe die entsprechenden Aufgaben.

Bundesregierung. Die exekutive Gewalt auf der höchsten politischen Ebene in einem →Bundesstaat, die den Rang eines Verfassungsorgans einnimmt. Die B. der BR Dtl. wird aus dem Bundeskabinett gebildet, das sich wiederum aus dem →Bundeskanzler und den →Bundesministern (Art. 62 GG) zusammensetzt. Zahl und Zuschnitt der →Ministerien werden vom Bundeskanzler festgelegt. Er gibt auch im Rahmen seiner Richtlinienkompetenz (Art. 65 GG) die Ausrichtung der Regierungspolitik vor und übernimmt die Verantwortung vor dem →Parlament. Entsprechend dieser Richtlinien leiten die Minister ihre Zuständigkeitsbereiche nach dem Ressortprinzip, d. h. selbstständig und in Eigenverantwortung. Bei Sachfragen von allgemeiner politischer Bedeutung oder bei Streit zwischen den Bundesministern entscheiden Kanzler und Regierung zusammen mit Mehrheitsbeschluss (Kollegial- oder Kabinettsprinzip). Zu den Aufgaben der B. gehört v. a. die Steuerung der gesamten innen- und außenpolitischen Staatstätigkeit, die aber mit Vorgaben von →internationalen Organisationen (z. B. →EU), anderen Verfassungsorganen (z. B. →Bundesrat, →Bundesverfassungsgericht) oder eines →Koalitionsvertrages in Einklang zu bringen ist. Als Mittel stehen der B. dabei insbesondere das Recht der →Gesetzesinitiative sowie der Erlass von Rechtsverordnungen und Verwaltungsvorschriften zur Verfügung.

Bundesrepublik Deutschland →Deutschland.

Bundessozialgericht (BSG). Oberstes Bundesgericht der Sozialgerichtsbarkeit mit Sitz in Kassel, das eines der fünf obersten Gerichtshöfe in der BR Dtl. darstellt.

Bundesstaat. Bezeichnung für den Zusammenschluss mehrerer Einzelstaaten (auch →Gliedstaaten, →Länder, →Bundesländer oder →Kantone genannt) zu einem übergeordneten Gesamtstaat (im Gegensatz zum →Einheitsstaat). Nach dem föderalistischen Ordnungsprinzip (→Föderalismus) der BR Dtl. sind die Gliedstaaten in bestimmten Bereichen unabhängig, geben aber einen Teil ihrer Gesetzgebungs- und Gestaltungskompetenzen an eine übergeordnete Instanz, den →Bund, ab. Durch Organe wie den deutschen →Bundesrat verfügen die Einzelstaaten aber auch auf dieser übergeordneten Ebene über politische Mitsprache- bzw. Mitgestaltungsmöglichkeiten. In der BR. Dtl. ist der bundesstaatliche Aufbau und die Mitwirkung der Länder an der Gesetzgebung auf Bundesebene in der →Verfassung festgeschrieben.

Bundestag →Deutscher Bundestag.

Bundestagswahl. →Wahl des →Deutschen Bundestags (→Parlament), die im Normalfall alle vier Jahre stattfindet. Nach Art. 38 GG sind die Wahlen allgemein, unmittelbar, frei, gleich und geheim. Wahlberechtigt (aktives Wahlrecht) und wählbar (passives Wahlrecht) sind alle Deutschen, die das 18. Lebensjahr vollendet haben. Der Bundestag wird nach den Prinzipien der →Personalisierten Verhältniswahl gewählt. Mit der →Erststimme wählt man einen Direktkandidaten in einem →Wahlkreis. Ein →Mandat (→Direktmandat) für den Bundestag erlangt derjenige, der die meisten Stimmen auf seine Person vereinigen kann (relative Mehrheitswahl). Mit der Zweitstimme wird eine →Partei und die Anzahl ihrer Sitze im Bundestag gewählt (Verhältniswahl). Die für eine Partei kandidierenden Personen werden über eine →Landesliste zusammengestellt. Die Mandatsverteilung wird nach dem →Hare-Niemeyer-Verfahren durchgeführt. Aufgrund der Sperrklausel sind allerdings nur jene Parteien im Bundestag vertreten, die mindestens fünf Prozent der Zweitstimmen (Fünfprozentklausel) oder mindestens drei Direktmandate errungen haben. Zu den sog. →Überhangmandaten kann es kommen, wenn eine Partei mehr Direktmandate gewonnen hat, als ihr nach dem Zweitstimmenanteil zustehen. Da aber jeder Gewinner der Direktmandate ein fester Sitz im Bundestag bekommt, muss die Partei zusätzliche Mandate erhalten.

Bundesverband Bürgerinitiativen Umweltschutz e. V. (BBU). 1972 gegründeter überparteilicher Zusammenschluss von Bürgerinitiativen mit Sitz in Bonn. Der BBU engagiert sich in der Umweltpolitik (u. a. im Bereich Atomenergie, regenerative Energien, Wasser, Verkehr, Abfall, Klima/Luftverschmutzung, Gentechnik, Ökoaudit, Innenraumschadstoffe, Gesundheit, Waldsterben) und setzt sich dafür ein, dass soziale und ökologische Belange eine stärkere Berücksichtigung in der Wirtschaft finden. Er ist in Landesvorstände und regionale Gruppen (Arbeitskreise, Mitgliedsinitiativen) aufgeteilt.

Bundesverband der Deutschen Arbeitgeberverbände →Arbeitgeberverbände.

Bundesverband der Deutschen Industrie (BDI). 1949 gegründeter Spitzenverband der deutschen Industrie mit Sitz in Berlin, der sich z. Z. aus 35 industriellen Branchenverbänden zusammensetzt. Er vertritt die wirtschaftspolitischen Interessen der Industrie gegenüber →Parlament, →Regierung, politischen →Parteien, gesellschaftlichen Gruppen und der →Europäischen Union. Er engagiert sich in vielen →internationalen Organisationen (z. B. in dem Dachverband der europäischen Industrie- und Arbeitgeberverbände UNICE).

Bundesverfassungsgericht (BVerfG). Höchstes bundesdeutsches Gericht mit dem Rang eines Verfassungsorgans (Sitz: Karlsruhe). Das B. wacht über die Einhaltung der Verfassungsvorschriften und gilt als Hüter der →freiheitlich demokratischen Grundordnung in der BR. Dtl. Es wird allerdings nur auf Antrag tätig. Zu den Aufgaben des B. zählt der Schutz der →Grundrechte der →Bürger, die bei deren Verletzung →Verfassungsbeschwerde beim B. einreichen können. Das B. kontrolliert auf Antrag eines Gerichts, der →Bundesregierung, einer Landesregierung oder einem Drittel der Mitglieder des →Bundestages, ob →Gesetze des →Bundes bzw. der →Länder mit dem →Grundgesetz in Einklang stehen (Normenkontrolle). Eine Anrufung des B. kann auch bei Rechtsstreitigkeiten zwischen Verfassungsorganen oder Bund und Ländern erfolgen (Organstreitigkeit). Ebenso ist das B. für Wahlprüfungsbeschwerden, die Verwirkung von Grundrechten, Parteiverbote sowie die kommunale Verfassungsbeschwerde von Gemeinden zuständig. Die Entscheidungen des B. sind für alle Organe des Bundes und der Länder rechtlich absolut verbindlich und können nicht mehr angefochten werden. Das B. setzt sich aus zwei Senaten mit jeweils acht Richtern zusammen. Diese Richter werden je zur Hälfte vom Bundestag und vom →Bundesrat mit Zweidrittelmehrheit gewählt. Eine Wiederwahl ist ausgeschlossen, um die Unabhängigkeit der Richter zu gewährleisten. Des Weiteren besteht Inkompatibilität, d. h. die Richter dürfen nicht zugleich Mitglieder von Bundes- bzw. Landesregierungen oder Bundesrat sein, noch dürfen sie dem Bundes- bzw. einem Landtag angehören.

Bundesversammlung. Organ zur Wahl des →Bundespräsidenten. Die B. setzt sich nach Art. 54 I GG aus allen →Abgeordneten des →Deutschen Bundestages sowie einer gleichen Anzahl von Mitgliedern, die von den Länderparlamenten auf Grundlage der →Verhältniswahl gewählt werden, zusammen.

Bundesverwaltung. Bezeichnung für die →Behörden und Einrichtungen des →Bundes (im Gegensatz zu den Landesverwaltungen). In der BR. Dtl. fällt die Verwaltung v. a. in den Aufgabenbereich der einzelnen Bundesländer (→Föderalismus). Deshalb sind die Zuständigkeiten der B. gemäß Art. 87–89 GG auf spezielle Bereiche beschränkt (Auswärtiger Dienst, Wehrverwaltung, →Bundesgrenzschutz, Bundesfinanzverwaltung).

Bundesverwaltungsgericht (BVerwG). Oberstes Bundesgericht in Verwaltungsstreitbarkeiten. Es besteht aus fünf Senaten mit je fünf auf Lebenszeit gewählten Richtern. Das B. richtet einen Großen Senat (sechs Richter und ein Präsident) ein, der die Einheitlichkeit der Rechtssprechung sichert.

Bundeswappen. Das Symbol eines →Bundesstaates. In der BR Dtl. ist das B. der schwarze Adler auf goldenem Grund (Bundesadler).

Bundeswehr. Bezeichnung für die militärischen Streitkräfte der BR Dtl. Die B. setzt sich aus einem zivilen Teil (Bundeswehrverwaltung) und einem militärischen Teil (Heer, Marine, Luftwaffe, Sanitätsdienst, Streitkräftebasis, Reserve) zusammen, wobei letzterer aus Wehrpflichtigen (→Wehrpflicht) sowie Zeit- und Berufssoldaten besteht. Die B. ist Teil der →Exekutive der Bundesregierung und dem Bundesminister der Verteidigung unterstellt. Nach Art. 65a GG hat er die Befehls- und Kommandogewalt über die Streitkräfte. Im Verteidigungsfall geht sie auf den →Bundeskanzler über. Höchstes militärisches Amt in der B. ist die Position des Generalinspekteurs. Über den →Wehrbeauftragten des Deutschen Bundestages soll die parlamentarische Kontrolle der B. und der Grundrechtsschutz für die Soldaten sichergestellt werden.

Kernaufgabe der B. sind die Landesverteidigung sowie der Schutz Deutschlands und seiner Bürger. Im Rahmen der internationalen Konfliktbewältigung von →NATO, →EU oder →UN beteiligt sich die B. seit Beginn der 1990er-Jahre verstärkt an multinationalen Friedensmissionen (z. B. als →Blauhelme) und leistet damit einen Beitrag zur weltweiten Sicherheit. Des Weiteren kann die B. zur Bewältigung von Katastrophen und Notfällen sowie für humanitäre Aktionen eingesetzt werden. Im Zuge der Beendigung des Ost-West-Konflikts wurde die Truppenstärke der Soldaten sowie die Anzahl der Beamten und Angestellten in der Zivilverwaltung stark reduziert. →Militär.

Bundeszentrale für politische Bildung. Nichtrechtsfähige Bundesanstalt, die dem Bundesinnenministerium untersteht (Sitz: Bonn). Nach dem entsprechenden Erlass vom 24.6.1992 hat sie die Aufgabe, das Verständnis für Politik zu fördern, das Demokratiebewusstsein zu festigen und die Bereitschaft der →Bürger, sich politisch zu engagieren, zu stärken. Die B. verfolgt ihre Aufgaben über Maßnahmen der politischen Bildungs- und Öffentlichkeitsarbeit (Publikationen, Veranstaltungen etc.). Sie wird von einem 22-köpfigen Kuratorium des →Deutschen Bundestages kontrolliert, das die politische Ausgewogenheit und den Erfolg der Bildungsarbeit sicherstellt.

Bundeszwang. Nach Art. 37 GG das Recht der →Bundesregierung, ein →Bundesland, das seinen Bundespflichten nicht nachkommt, mit Zustimmung des →Bundesrates zur Erfüllung seiner Pflichten zu zwingen. Im Rahmen des B. kann die Bundesregierung dazu befugt sein, direkte Weisungen an Landsregierungen und Landesbehörden (z. B. →Polizei) zu erteilen.

Bündnis 90/Die Grünen. Partei der BR Dtl., die aus dem Zusammenschluss der ostdeutschen Partei Bündnis 90 und der westdeutschen Partei Die Grünen im Jahr 1993 entstanden ist. Die am 13.1.1980 in Karlsruhe gegründete →Partei Die Grünen hat ihren Ursprung in den Neuen Sozialen Bewegungen der 1970er-Jahre, die sich außerhalb der parlamentarischen Vertretung als →Bürgerinitiativen formierten. 1983 gelang den Grünen der Sprung in den →Bundestag mit 5,6 % Stimmen und 27 →Abgeordneten. Die ursprünglichen Schwerpunkte der Partei waren beim Einzug der Grünen in den Bundestag noch weitgehend politisches Neuland auf der Agenda, wie z. B. Umweltpolitik, Sozial- und Friedenspolitik, Dritte Welt- und Emanzipationspolitik. Organisatorisch fühlt sich die Partei stark der Idee der →Basisdemokratie verbunden. Bereits in den

1980er-Jahren kam es innerhalb der Partei zu Auseinandersetzungen zwischen dem realpolitischen (Realos) und dem dogmatisch pazifistischen/ökologischen Flügel (Fundis). Im Osten der BR Dtl. entstand nach der →Wiedervereinigung das Bündnis 90, das sich aus den DDR-Bürgerrechtsbewegungen Neues Forum, Demokratie jetzt sowie der Initiative für Frieden und Menschenrechte zusammenschloss. 1993 fusionierte das Bündnis 90 mit den Grünen zu einer Bundespartei. Seit den →Bundestagswahlen vom 27.9.1998 ist die Partei in einer Koalition mit der →SPD erstmals an der →Bundesregierung beteiligt.

Bündnis für Arbeit. Eine seit dem Regierungswechsel von 1998 geschaffene Einrichtung zur Zusammenarbeit zwischen →Bundesregierung, → Gewerkschaften und den →Arbeitgeberverbänden. Zielsetzung ist der Abbau von →Arbeitslosigkeit, Sicherung von bestehender Arbeit und Entwicklung neuer Beschäftigungsmöglichkeiten sowie Verbesserung der Wettbewerbsfähigkeit deutscher Unternehmen.

Bürger. Staatsangehöriger eines Landes mit verfassungsrechtlich festgelegten Rechten (→Bürgerrechte) und Pflichten. Ursprünglich Ausdruck für Personen der führenden Schicht im alten Rom und in der griechischen Polis. Die Bezeichnung B. stand dort für eine besondere politische Aktivität. Im Mittelalter die Bewohner einer Burg, schließlich einer Stadt. Das Anrecht des Titels bedingte Immobilienbesitz und berechtigte zur Ausübung von Gewerbe und Handel sowie zur Wahrnehmung politischer Rechte. Seit der →Industrialisierung ist der B. v. a. eine ökonomisch definierte Schicht (→ Bourgeoisie), abgegrenzt von →Adel, Klerus, Arbeiter- und Bauernschaft. Durch die Französische Revolution entwickelte sich der moderne Begriff des zur →Wahl berechtigten Staatsbürgers (citoyen).

Bürgerbeauftragter (Ombudsmann). Unabhängiger Beauftragter eines Parlaments, der sich v. a. um die rechtlichen Belange der Bürger kümmert. In der BR Dtl. tritt er als Wehrbeauftragter, Datenschutzbeauftragter oder rheinland-pfälzischer B. auf.

Bürgerbegehren. Instrument, mit dem Bürger auf kommunaler Ebene einen Antrag auf →Bürgerentscheid stellen können (→direkte Demokratie). Der Antrag, der an die Stadt oder Gemeinde eines Bundeslandes gerichtet wird, muss dabei von einer bestimmten Anzahl von Wahlberechtigten unterschrieben werden. Die Möglichkeit des B. hat sich fast in allen Bundesländern (außer Berlin) durchgesetzt.

Bürgerentscheid. Möglichkeit der →Volksabstimmung (→direkte Demokratie) über Sachfragen auf kommunaler Ebene. Zur Durchführung eines B. kommt es entweder nach einem erfolgreichen →Bürgerbegehren oder Mehrheitsbeschluss eines Städte- oder Gemeinderates.

Bürgerinitiative. Bezeichnung für eine Interessengemeinschaft von →Bürgern, die sich außerhalb von parlamentarischen Institutionen, →Parteien und Verbänden für die Erreichung bestimmter politischer Aufgaben und Ziele engagiert. B. sind i. d. R. basisdemokratisch (→Basisdemokratie) organisiert und mit den unterschiedlichsten Problemfeldern befasst (u. a. →Energiepolitik, Umwelt- und Landschaftsschutz, Verkehrs- und Städtebaupolitik). Dabei setzen B. in erster Linie auf Informations-, Presse- und Lobbyarbeit sowie öffentlichkeitswirksame Aktionen wie z. B. →Demonstrationen. In der BR Dtl. entwickelten sich die B. seit Beginn der 1970er-Jahre v. a. im Zuge der Antiatomkraftbewegung.

Bürgerkrieg. Bewaffneter Konflikt, der zwischen verschiedenen Gruppen eines Staates ausgefochten wird. Gekämpft wird um die Aufteilung des Staatsgebiets und die Verteilung der Regierungsgewalt.

Bürgerliche Gesellschaft. 1. Gesellschaft, die in einem politischen Gemeinwesen zusammengefasst ist. 2. Seit dem 18. Jh. eine Gesellschaftsform, in der das →Bürgertum nach der Befreiung von der staatlichen Bevormundung strebt. 3. In der marxistischen Theorie (→Marxismus) ist die b. G. nur eine Übergangsphase der kapitalistischen Gesellschaft, in der das Bürgertum als herrschende →Klasse gilt. Sie löst die Feudalgesellschaft ab und wird selbst durch den →Klassenkampf mit dem →Proletariat in eine sozialistische Gesellschaft aufgehen.

Bürgerliche Parteien. Bezeichnung für die aus dem Bürgertum hervorgegangenen liberalen und konservativen →Parteien im Gegensatz zu Parteien der Arbeiterschaft. In Deutschland zählen →CDU, →CSU und →FDP zu den großen b. P.

Bürgerlicher Ungehorsam →Ziviler Ungehorsam.

Bürgerliches Gesetzbuch (BGB). Am 1.1.1900 in Kraft getretenes deutsches Gesetzbuch, das die Normen des Privatrechts zum Gegenstand hat. Im Gegensatz zum →Öffentlichen Recht bezieht sich das Privatrecht auf die Regelung des allgemeinen Rechtsverkehrs von →Bürgern untereinander. Das BGB ist in fünf Bücher aufgeteilt (Allgemeiner Teil, Schuldrecht, Sachenrecht, Familienrecht, Erbrecht).

Bürgermeister. Stadt- oder Gemeindeoberhaupt, das von den →Bürgern oder vom →Stadtrat gewählt wird. Kommunalverfassungen regeln die rechtliche Stellung und den Aufgabenbereich eines B. In größeren Städten gibt es auch B. für spezielle Aufgabengebiete, die einem Oberbürgermeister unterstellt sind. In den Stadtstaaten haben die jeweiligen B. die gleichen Funktionen wie die →Ministerpräsidenten der Bundesländer.

Bürgermeisterverfassung →Gemeindeverfassung.

Bürgerrechte. Die gesetzlichen Rechte jedes Staatsangehörigen, die im Gegensatz zu den →Menschenrechten nur den Staatsbürgern eines Landes zustehen. Dabei handelt es sich meist um politische Teilhabe- und Mitgestaltungsrechte. Dazu zählen in der BR Dtl. v. a. das →Wahlrecht (Art. 38 GG) und das Recht, öffentliche Ämter zu bekleiden (Art. 33 II GG). Außerdem umfassen die B. das Recht auf Versammlungsfreiheit (Art. 8 GG), Vereinigungsfreiheit (Art. 9 GG), Freizügigkeit im Bundesgebiet (Art. 11 GG) und Berufsfreiheit (Art. 12 I GG).

Bürgerrechtsbewegung (engl. *Civil Rights Movement*). 1. Soziale Bewegung, die für die Durchsetzung von →Menschen- und →Bürgerrechten in Ländern eintritt, in denen soziale Gruppen aufgrund ihrer Religion, Hautfarbe oder politischen Überzeugung diskriminiert (→Diskriminierung), unterdrückt oder ausgegrenzt werden oder in denen die →Grundrechte wegen einer autoritären oder diktatorischen Regierung außer Kraft gesetzt sind. 2. Das US-amerikanische Civil Rights Movement um M. L. King, das sich für die Rechte der Afroamerikaner einsetzte und gegen rassistische Unterdrückung kämpfte.

Bürgerschaft. 1. Gesamtheit der →Bürger eines Staates oder einer Gemeinde. 2. Bezeichnung für die Landesparlamente in den beiden Stadtstaaten Hamburg und Bremen.

Bürgertum. Gesellschaftsschicht, die v. a. im 19. Jh. Als politische Kraft die soziale Ordnung der →Staaten prägte. Heute ist das B. als Gesamtheit der Angehörigen des Mittelstands von den anderen Gesellschaftsschichten nur schwer abzugrenzen.

Bürokratie (von frz. *bureau* = Schreibstube und griech. *kratia* = Herrschaft). In der Politikwissenschaft v. a. die Bezeichnung für die Verwaltung eines →Staates, die in allen politischen Systemen zu finden ist. Charakteristisch für die B. ist die Über- und Unterordnung von Instanzen (Hierarchie), die genaue Abgrenzung von Tätigkeiten, Befehlsgewalten, Aufgaben und Kompetenzen sowie die schriftliche Fixierung aller Vorgänge durch Aktenführung und Sicherung des Datenbestandes. Ausführende sind hauptberufliche →Beamte.

C

Cäsarismus. Regierungsstil, bei dem die Zuordnung der Herrschaftsbefugnisse an die römischen Cäsare erinnert. Formell bleibt das Volk Träger der Staatsgewalt, faktisch wird deren Ausübung jedoch an einen Alleinherrscher übergeben, häufig mit diktatorischer (→Diktatur) Machtposition.

Caudillo (span. = Anführer). Allgemein Bezeichnung für einen politischen oder militärischen Machthaber in Spanien und Südamerika. Im 20. Jh. offizieller Titel des spanischen Diktators B. F. Franco (→Faschismus).

CDU →Christlich Demokratische Union Deutschlands.

Chancengleichheit. Sozialpolitische Forderung, die unabhängig von Geschlecht und sozialer Herkunft gleiche politische, berufliche und wirtschaftliche Chancen für alle Bürger schaffen will. Durch die Herstellung gleicher Ausgangsbedingungen sollen soziale Benachteiligungen überwunden werden (z. B. in der →Bildungspolitik). →Gerechtigkeit.

Charta. 1. Schriftstück, Urkunde. 2. Verfassungsurkunde (→Verfassung), Staatsgrundgesetz. 3. Bezeichnung für die Satzungen →internationaler Organisationen, z. B. Charta der →Vereinten Nationen.

Chauvinismus (von franz. *chauvinisme*). Im politischen Sinne extreme und übersteigerte Form des →Nationalismus bzw. →Patriotismus.

Christlich Demokratische Union Deutschlands (CDU). Politisch überkonfessionelle, gemäßigt konservative →Volkspartei, die sich 1945 in Berlin und Köln gegründet hat. Bis zum Zusammenschluss der CDU-Landesverbände auf Bundesebene im Jahre 1950 war sie zunächst regional organisiert. Seit 1949 bildet die CDU eine Fraktionsgemeinschaft mit der →CSU im →Bundestag (CDU/CSU). 1990 vereinigte sich die West- mit der Ost-CDU, die im politischen System der DDR als →Blockpartei bis 1989 keine unabhängige Politik betreiben konnte. Im Bundestag war die CDU von 1949–69 und von 1982–98 führende Regierungspartei und stellte mit K. Adenauer, L. Erhard, K. G. Kiesinger und H. Kohl den jeweiligen →Bundeskanzler. Programmatisch orientiert an der →christlichen Gesellschaftslehre, sind →Freiheit, →Solidarität und →Gerechtigkeit die Grundwerte des politischen Selbstverständnisses der CDU. Als →Volkspartei will sie demokratische, christliche und konservative Kräfte bündeln. Grundsatzentscheidungen der CDU unter Bundeskanzler Adenauer (1949–63), wie das Bekenntnis zur Sozialen Marktwirtschaft, die Eingliederung in das westliche Bündnissystem und das Vorantreiben der europäischen Einigung, beeinflussten die politische Entwicklung der BR Dtl maßgeblich. 1990 setzte die CDU unter Bundeskanzler Kohl (1982–98) die rasche Herbeiführung der deutschen Einheit durch.

Christlich-Soziale Union (CSU). 1945 in Bayern gegründete politisch überkonfessionelle, christlich-konservative →Partei, die sich ausschließlich in Bayern zur Wahl stellt. Seit 1949 bildet sie mit ihrer Schwesterpartei, der →CDU, eine Fraktionsgemeinschaft im →Bundestag. Die Abgeordneten der CSU bilden die CSU-Landesgruppe. Programmatisch richtet sie ihre Politik nach den selben christlichen und sozialen Grundsätzen aus wie die CDU, vertritt aber zugleich eine stärker föderalistische Position. Weitere politische Leitideen der CSU sind der freiheitliche →Rechtsstaat, die →soziale Marktwirtschaft und die Prinzipien der Selbstverantwortung, →Solidarität und Subsidiarität. Zwischen 1946–54 und seit 1957 stellt die CSU die bayerische Landesregierung und den →Ministerpräsidenten und verfügt dabei seit 1962 durchgehend über eine →absolute Mehrheit im →Landtag. Auf Bundesebene war die CSU von 1949–69 und von 1982–98 gemeinsam mit der CDU Regierungspartei. Das politische Profil der Partei wurde insbesondere vom langjährigen Parteivorsitzenden (1961–88) und Ministerpräsidenten (1978–88) F. J. Strauß geprägt.

Christlichdemokratische Volkspartei der Schweiz (CVP). Schweizerische Partei, die vorwiegend den katholischen Bevölkerungsteil präsentiert. 1912 unter dem Namen Schweizerische Konservative Volkspartei gegründet, benannte sich die Partei 1957 in Konservativ-Christlichsoziale Volkspartei um und firmiert sei 1970 offiziell unter dem heutigen Namen.

Christliche Soziallehre. Sammelbezeichnung für gesellschaftlich-ethische Positionen aus katholischer Soziallehre und evangelischer Sozialethik. Die katholische Soziallehre ergibt sich aus kirchlichen Lehrschriften und betont die Prinzipien Personalität, →Solidarität und Subsidiarität (→Subsidiaritätsprinzip). Die evangelische Sozialethik bezieht sich v. a. auf die gesellschaftlich relevanten Aussagen im Evangelium. Die Soziallehren der katholischen bzw. evangelischen Kirche bilden zugleich den theoretischen Hintergrund für die Arbeit der christlichen →Wohlfahrtsverbände.

Cohabitation (frz. = Beisammenleben). Bezeichnung für die politische Zusammenarbeit in parlamentarischen Regierungssystemen, in denen der Staatspräsident einer anderen politschen Partei angehört als der →Premierminister und die →Regierung.

COMECON →Rat für gegenseitige Wirtschaftshilfe.

Common Law (engl. = (all)gemeines Recht). 1. Das englisch-amerikanische Recht überhaupt. 2. (Britisches) Gewohnheitsrecht, das ungeschrieben und meist überliefert ist. Es wird daher häufig auf das sog. Case Law (Fallrecht) zurückgegriffen, d. h., ähnliche Rechtsfälle werden in die Urteilsfindung mit einbezogen.

Commonwealth (engl. = Gemeinwohl). 1. Allgemein englischer Ausdruck für einen freiwilligen Staatenbund unäbhängiger Staaten. 2. Im Besonderen das Commonwealth of Nations, das aus dem britischen Kolonialreich (British Empire) hervorging und das gesamte britische Königsreich und dessen ehemalige Kolonien (→Kolonialismus) umfasst. Die Staaten des C. sind unabhängig und genießen innerhalb des →Bundes den gleichen Status. Die britische Königin wird als symbolisches Oberhaupt des C. akzeptiert. Jährliche Konferenzen der derzeit ca. 50 selbständigen Mitgliedstaaten dienen zur Koordination politischer und wirtschaftlicher Fragen.

Conservative Party (Tories). Konservative Partei Englands; bereits seit 1679 als Tories im englischen →Parlament präsent und seit 1912 offiziell als C. P. bezeichnet. Im 20. Jh. bestimmte sie das politische Geschehen im britischen Zweiparteiensystem maßgeblich und stellte die meisten Regierungsführer. Seit der Amtszeit von Premierministerin M. Thatcher (1979–90) vertritt die C. P. neben rechtskonservativen Ordnungsvorstellungen zunehmend wirtschaftsliberale und europaskeptische Positionen.

Containment (engl. = Eindämmung). Bezeichnung für die sicherheitspolitische Strategie der USA zwischen 1947–58, die sich mittels finanzieller und wirtschaftlicher Unterstützung bestimmter Länder sowie militärischer Bündnisse gegen den sich vermeintlich ausbreitenden Weltkommunismus bzw. die Sowjetunion richtete. Die Strategie wurde von G. F. Kennan entwickelt und durch die →Truman-Doktrin und den →Marshallplan in die politische Praxis überführt. Die Methode des C. wurde zugunsten der aggressiveren Methode des Roll-Back (engl. = zurückdrängen) unter dem US-amerikanischen Außenminister J. F. Dulles modifiziert.

CSU →Christlich-Soziale Union.

CVP →Christlichdemokratische Volkspartei der Schweiz.

D

D'Hondtsches Höchstzahlverfahren. Nach dem belgischen Mathematiker V. d'Hondt benanntes Verfahren zur Umrechnung von Stimmen in →Mandate bei einer →Verhältniswahl. Die Stimmzahlen der einzelnen →Parteien werden jeweils durch eine Reihe fortlaufender Zahlen geteilt (1, 2, 3, … n). Die nach Größe geordneten Ergebnisse (Quotienten) entsprechen der Reihenfolge, in der die Sitze auf die Parteien verteilt werden. Das Auszählverfahren tendiert dazu, Parteien mit kleinen Stimmanteilen zu benachteiligen. 1985 wurde es auf Bundesebene durch das →Hare-Niemeyer-Verfahren ersetzt. Bei Kommunalwahlen ist es weiterhin gebräuchlich.

DAG →Deutsche Angestellten-Gewerkschaft.

Dänemark →Europäische Länder.

Daseinsvorsorge. Bezeichnung für Dienstleistungen sozialer, kultureller und wirtschaftlicher Art, die überwiegend vom →Staat für die →Bürger erbracht werden (Strom, Gas, Wasser, Volkshochschule, öffentliche Bibliotheken etc.). Traditionell sorgte die staatliche Verwaltung für die Bereitstellung dieser öffentlichen Leistungen und Güter, heutzutage werden sie in zunehmendem Maße auf privatrechtlich-organisierte Unternehmen übertragen.

Datenschutz. Schutz personenbezogener Daten vor Missbrauch und unzulässiger Weitergabe. Aus dem Persönlichkeitsrecht der Art. 1 u. 2 GG ergibt sich das Recht auf informationelle Selbstbestimmung, d. h., jeder →Bürger soll selbst über Verwendung und Weitergabe von sach- und persönlichkeitsbezogenen Informationen entscheiden können. Staatliche Stellen dürfen daher persönliche Daten nur erfassen, sofern dies zur Erfüllung ihrer Aufgaben notwendig ist. Gesetzlich verankert ist der D. im Bundesdatenschutzgesetz vom 20.12.1990. Die Einhaltung dieser Bestimmungen wird vom Bundesbeauftragten für den Datenschutz (BfD) sowie den entsprechenden Beauftragten in den Bundesländern überwacht.

DDR →Deutsche Demokratische Republik.

Deficit-Spending (engl. = Defizitfinanzierung). →Antizyklische Wirtschaftspolitik, bei der der →Staat durch Kreditaufnahme Schulden macht (Defizit), um in Zeiten wirtschaftlichen Abschwungs die Nachfrage anzukurbeln.

Deflation (von lat. *deflare* = abblasen, wegblasen). Volkswirtschaftlicher

Ausdruck, der den Anstieg des Geldwertes im Vergleich zum Warenwert bezeichnet. Es kommt zu einem Rückgang der Preise für Waren und Dienstleistungen aufgrund eines erhöhten gesamtwirtschaftlichen Angebot an Gütern. D. geht häufig mit hoher →Arbeitslosigkeit einher →Inflation.

Dekolonisation →Entkolonisation.

Demagoge (griech. = Volksführer). Ursprünglich neutral besetzter Begriff für einen Volksführer, der durch herausragende Worte und Taten, sein Volk zu führen versteht. Im heutigen Sprachgebrauch abwertende Bezeichnung für einen politischen Führer, der durch Parolen, Lügen und verführerische Hetze die Manipulation der öffentlichen Meinung anstrebt, mit dem Ziel, politische Macht zu erringen.

Demission (von lat. *demittere* = herabschicken, fallen lassen). Freiwilliger oder erzwungener Rücktritt einer →Regierung bzw. eines Amtsinhabers vor Ablauf der →Amtsperiode.

Democratic Party. Liberal-fortschrittliche Volkspartei im Zweiparteiensystem der USA. Sie tritt v. a. für soziale Forderungen und die Rechte der schwächeren Schichten ein. Gegründet von T. Jefferson. Im 20. Jh. stellte die D. P. bedeutende Präsidenten wie F. D. Roosevelt, H. S. Truman, J. F. Kennedy, L. B. Johnson, J. Carter und B. Clinton. →Republican Patry

Demografie (Bevölkerungswissenschaft). Wissenschaft, die sich mit der →Bevölkerung beschäftigt und diese nach Alter, Geschlecht, Nationalität, Haushaltsstruktur, Schulbesuch, Einkommen, Geburten, Sterbefällen u. a. mittels empirischer Methoden untersucht. Mithilfe der ermittelten statistischen Daten kann die Struktur einer Bevölkerung erfasst und eine Prognose über mögliche Entwicklungslinien gemacht werden.

Demokratie (griech. = Herrschaft des Volkes). Regierungsform und Gesellschaftsordnung, die sich durch die →Freiheit und →Gleichheit aller Bürger auszeichnet und die sich durch den Willen des →Volkes als Träger der Staatsgewalt in regelmäßigen →Wahlen bildet. Die meisten demokratisch verfassten Staaten sind heute →Republiken, aber auch in →konstitutionellen Monarchien (z. B. Großbritannien) werden demokratische →Grundrechte verfassungsrechtlich geschützt. Kennzeichen der D. sind: 1. Freiheit der Person und die Achtung und Anerkennung der Würde des Menschen; 2. Gleichheit der Bürger vor dem →Gesetz; 3. →Gewaltenteilung; 4. allgemeine, freie und geheime Wahlen der Volksvertretung im regelmäßigen Turnus; 5. Volkssouveränität, d. h., Repräsentationsorgane müssen ihr politisches Handeln nach den Mehrheitswillen des Volkes ausrichten; 6. Rechtsstaatlichkeit (→Rechtsstaat). Unterschieden werden die →direkte D., die plebiszitäre D. (eine Spielart der direkten D., bei der das Volk per →Gesetzesinitiative und →Volksentscheid Einfluss auf konkrete politische Entscheidungen nehmen kann) und die →repräsentative D. Als Formen der repräsentativen D. gelten die →Parlamentarische D. und die Präsidentielle D. (→Präsidentielles Regierungssystem). Eine Mischform dieser beiden Ausprägungen der repräsentativen D. bildet das →semipräsidentielle Regierungssystem.

Demokratischer Zentralismus. Organisationsprinzip kommunistischer →Parteien und →Staaten (→Kommunismus). Die Organe sind hierarchisch-zentralistisch organisiert, d. h., Beschlüsse werden zentral von einem höher stehenden Organ an Nachgeordnete weitergeleitet und sind für diese verbindlich. Strenge Parteidisziplin und eine damit verbundene Anpassung der →Minderheit an die →Mehrheit sowie Rechenschaftspflicht der Parteiorgane sind ebenfalls kennzeichnend für den d. Z. Das Organisationsprinzip des d. Z. wurde von Lenin entwickelt und in der Folge von allen kommunistischen Parteien übernommen.

Demokratisierung. Prozess der Übernahme demokratischer Prinzipien in ein politisches System. Dabei werden v. a. Elemente der Selbstbestimmung und Mehrheitsentscheidung auf gesellschaftlicher und Verwaltungsebene eingeführt.

Demokratisierungswelle. Begriff der politischen Theorie, der von dem amerik. Politikwissenschaftler S. P. Huntington entwickelt wurde. Er bezeichnet Zeitabschnitte, in denen eine Zunahme demokratisch organisierter Gesellschaften zu verzeichnen ist. Nach Huntington sind dabei drei große Perioden zu unterscheiden: 1. Die erste Welle begann am Anfang des 19. Jh. und fand am Ende des Ersten Weltkriegs ihren Abschluss. In dieser Zeit hatten sich etwa 30 Staaten zu Demokratien entwickelt. 2. Die zweite Phase begann kurz nach dem Zweiten Weltkrieg und hielt bis zum Anfang der 1960er-Jahre an. Sie zeigte sich v. a. in der Demokratisierungspolitik, die die Alliierten gegenüber den Verliererstaaten anwendeten, und in der →Entkolonialisierung der 1950er- und 1960er-Jahre. 3. Die dritte Welle begann in den 1970er-Jahren und ist durch die Demokratisierung von Staaten in Süd-ost-Europa und Mittelamerika gekennzeichnet.

Demonstration (von lat. *demonstrare* = zeigen, beweisen). Form der öffentlichen Kundgebung. In den Verfassungen zahlreicher demokratischer Staaten ist das Recht enthalten, seine Überzeugung auf Versammlungen darzulegen (Demonstrationsfreiheit). Nach Art. 8 I GG besteht in der BR Dtl. grundsätzlich →Versammlungsfreiheit. Nach Art. 8 II GG kann dieses Recht nur durch andere →Gesetze eingeschränkt werden. So beschneidet Art. 18 GG das Demonstrationsrecht insofern, als der Missbrauch der Versammlungsfreiheit zum Kampf gegen die →freiheitlich demokratische Grundordnung zur Verwirkung des Demonstrationsrechts führen kann.

Demoskopie (von altgriech. *demos* = Volk und skopein = beobachten). Meinungsforschung, bei der ein repräsentativer Teil der →Bevölkerung nach Methoden der empirischen Sozialforschung ausgewählt und bezüglich bestimmter Einstellungen, Wünsche, Ansichten, Verhaltensweisen etc. befragt wird. Solche Befragungen werden persönlich, per Telefon oder per Fragebogen durchgeführt. Aufgrund der Auswahl eines repräsentativen Querschnitts der Bevölkerung lassen sich Aussagen über die Reaktion der Gesamtbevölkerung machen. Auch Wahlvorhersagen werden so ermittelt. Die D. wird in der Markt- und Wahlforschung eingesetzt.

Dependencia (span. = Abhängigkeit). Begriff aus der politischen Theorie zur Erklärung von Abhängigkeitsverhältnissen zwischen Industrie- und →Entwicklungsländern, der in den 1960er-Jahren v. a. von lateinamerikanischen Autoren entwickelt wurde. Die Unterentwicklung der Dritte-Welt-Staaten ist demnach kein Resultat natürlicher Entwicklung, sondern eine Folge der kapitalistischen Ausdehnung. Nach den Dependencia-Theorien profitiert das Zentrum von der Peripherie, d. h. die Industrieländer von den Entwicklungsländern, die sich ihrerseits in struktureller Abhängigkeit zu den Industriestaaten befinden. Zur Lösung des Entwicklungsproblems müsste sich die Peripherie aus der Abhängigkeit des Zentrums lösen und eine eigene autonome Entwicklung anstreben.

Deportation (von lat. *deportare* = wegbringen). Verbannung von Bevölkerungsgruppen, politischen Gegnern oder Schwerverbrechern in ein anderes Gebiet.

Deregulierung. Ausdruck für den Rückzug des →Staates aus wirtschaftlichen Prozessen oder für den Abbau marktregulierender Einrichtungen (→Gesetze, Institutionen, Vorschriften). Dahinter steht die Ansicht, dass wirtschaftliche Maßnahmen, die in den Marktmechanismus eingreifen, den natürlichen Wettbewerb zwischen Angebot und Nachfrage behindern (→Markt). Wirtschaftliche Freiheit soll neue Unternehmensspielräume eröffnen und die

Investitionstätigkeit anregen (→Angebotsorientierte Wirtschaftspolitik). Beispiele für D. sind Maßnahmen der Privatisierung. →Liberalisierung.

Designation (von lat. *designare* = bezeichnen). Ausdruck für die inoffizielle Bestätigung einer Person in einem →Amt, das der Vorgänger noch nicht abgegeben hat.

Despotie (griech. = Gewaltherrschaft, Willkürherrschaft). Absolute Herrschaft einer Person oder Gruppe von Personen, die allein, willkürlich und ohne kontrollierende Instanzen (wie z. B. →Parlament, →Opposition, →Parteien, Justiz) ihre Untertanen regieren. →Polizei und →Militär sind dem Machthaber zur Sicherung seiner uneingeschränkten Herrschaft unterworfen. D. ist i. d. R. mit einem extremen Personenkult um den Alleinherrscher verbunden.

Deutsche Angestelltengewerkschaft (DAG). Die DAG ist seit 2001 ein Teil von ver.di. →Gewerkschaft.

Deutsche Bahn AG (DB AG). Am 1.1.1994 gegründetes Nachfolgeunternehmen der Deutschen Bundesbahn und der Deutschen Reichsbahn der DDR mit Sitz in Berlin und Zentrale in Frankfurt am Main. Eigentümer der DB AG ist der →Bund. Die Geschäftsleitung hat der Vorstandsvorsitzende inne. Zum Aufgabenbereich der DB AG gehört die Verwaltung, Vermarktung und technische Betreuung des Schienennetzes sowie sämtliche Dienstleistungen zur Personen- und Transportbeförderung. Die Länge des Streckennetzes beträgt etwa 36000 km.

Deutsche Bundesbank. Am 26.7.1957 gegründete Nachfolgeorganisation der Bank Deutscher Länder und der Landeszentralbanken mit Sitz in Frankfurt am Main. Die zentralen Organe der D. B. sind das Direktorium, der Zentralbankrat und die Vorstände der Landeszentralbanken. Das Direktorium wird für mindestens zwei Jahre bzw. höchstens acht Jahre vom →Bundespräsidenten auf Vorschlag der Bundesregierung gewählt, wobei Anregungen des Zentralbankrates berücksichtigt werden. Mit der Einführung des →Euro übernahm die →Europäische Zentralbank im Rahmen des Europäischen Systems der Zentralbanken (ESZB) bedeutende Aufgaben der Geldpolitik, an denen die D. B. als nationale Zentralbank ebenfalls beteiligt ist. Dazu gehört z. B. die Sicherung der Preisstabilität in der BR Dtl., die Verwaltung der Währungsreserven der BR Dtl., die Abwicklung des Zahlungsverkehrs im Inland und mit dem Ausland sowie die Sicherung der Stabilität der Zahlungs- und Verrechnungssysteme. Des Weiteren obliegen ihr juristische, verwaltende und beratende Aufgaben, da sie u. a. Schlichtungsstelle für den Zahlungsverkehr ist bzw. Wirtschaftsstatistiken und Zahlungsbilanzen herausgibt bzw. die währungspolitische Beratung der Bundesregierung übernimmt. Die D. B. ist im →IWF und anderen internationalen Gremien vertreten.

Deutsche Demokratische Republik (DDR). Am 7.10.1949 auf dem Gebiet der sowjetischen Besatzungszone gegründetes →Regime, das mit der →Wiedervereinigung Deutschlands am 3.10.1990 endgültig aufgelöst wurde. Das Territorium der DDR umfasste die heutigen Bundesländer Brandenburg, Mecklenburg-Vorpommern, Sachsen, Sachsen-Anhalt und Thüringen. Es wurde über 14 Bezirke (mit Ostberlin 15) und entsprechende Volksvertretungen auf Kreis- und Gemeindeebene verwaltet. Die Fläche der DDR betrug ca. 108 000 km^2, auf der ca. 16,4 Mio. Einwohner lebten (Stand 1989). Hauptstadt und Regierungssitz war Berlin (Ost). Die Nationalflagge bestand aus den Farben Schwarz-Rot-Gold, auf denen das Wappen aus Hammer und Sichel abgebildet war. Herrschende Partei im politischen System der DDR war die →Sozialistische Einheitspartei Deutschlands (SED), die im Rahmen des →Demokratischen Zentralismus nach sowjetischem Muster regierte. Verfassungs- und gesetzgebende Instanz war die →Volkskammer. Die Volkskammer wurde über Einheitslisten der →Nationalen Front gewählt, die ausschließlich Parteien und Organisationen enthielten, die sich dem Führungsanspruch und den Zielen der SED untergeordnet hatten. Der Staatsrat und der Ministerrat waren lediglich der Form nach die wichtigsten Regierungsorgane der DDR, die faktische Regierungsgewalt hatte die SED inne. Da die DDR in parteipolitischer Hinsicht ein →Einparteiensystem auf Grundlage eines Blockparteiensystems (→Blockparteien) war, hatten Wahlen in der DDR keine Auswahlfunktion, sondern einen deklamatorischen Charakter.

Die Ideen und Prinzipien des sowjetischen →Kommunismus wurden von der SED für die DDR weitestgehend kritiklos übernommen und auf politischer, sozialer und wirtschaftlicher Ebene (→Planwirtschaft) umgesetzt. Der Beitritt zur →COMECON (29.9.1950) und die Gründung des →Warschauer Paktes (14.5.1955) verstärkten die politische Bindung an die Sowjetunion. Die Proteste der DDR-Bürger gegen das politische System wurden am 17.6.1953 von der sowjetischen Armee gewaltsam niedergeschlagen. Am 13.8.1961 wurde aufgrund der anhaltenden Abwanderung von DDR-Bürgern mit dem Bau der Berliner Mauer begonnen. Die im Zuge der →Perestroika und →Glasnost eingeleiteten Veränderungen in der Sowjetunion führten 1989 auch in der DDR zu massiven Protestbewegungen und neuen Flüchtlingsströmen. Der wachsende innenpolitische Druck führte zum Rücktritt der SED-Regierung und zur Öffnung der innerdeutschen Grenzen am 9.11.1989. Am 18.3.1990 gab es vorgezogene Neuwahlen. Gemäß dem Einigungsvertrag trat die DDR am 3.10.1990 der BR Dtl. bei. →Deutschland.

Deutsche Einheit →Wiedervereinigung

Deutsche Kommunistische Partei (DKP). Am 22.6.1968 in Frankfurt am Main gegründete →Partei, die als Nachfolgeorganisation der 1956 verbotenen →Kommunistischen Partei Deutschlands (KPD) gilt. Die DKP ist eine westdeutsche Partei, besaß aber enge Verbindungen zur →SED, die die DKP finanziell unterstützte. Die DKP strebt unter Berufung auf die Theorie des →Marxismus-Leninismus die Errichtung einer kommunistischen, klassenlosen Gesellschaft mit dem →Sozialismus als Übergangsstufe an. Nach 1989 hat die DKP zunehmend an Bedeutung verloren und ist weitestgehend zerfallen.

Deutsche Partei (DP). Im Jahr 1947 aus der Niedersächsischen Landespartei (NLP) hervorgegangene nationalkonservative Partei der BR Dtl. 1961 folgte der Zusammenschluss mit dem →Block der Heimatvertriebenen und Entrechteten (BHE) zur Gesamtdeutschen Partei (GP), 2003 der Zusammenschluss mit der Freiheitlichen Deutschen Volkspartei und die Umbenennung in Deutsche Partei – die Freiheitlichen.

Deutsche Post AG (DP AG). Aktiengesellschaft mit Sitz in Bonn, die 1995 im Zuge der Postreform aus der Deutschen Bundespost entstanden ist. Aus Postbank, Telekom und Post, die ehemals unter dem Dach der staatlichen Institution der Deutschen Bundespost vereinten waren, entstanden drei privatrechtliche Aktiengesellschaften. Der Bund behielt zunächst alle Aktien, private Anteilseigner wurden aber grundsätzlich zugelassen. Gleichzeitig wurde die Bundesanstalt für Post und Telekommunikation gegründet, die Kontroll- und Koordinationsaufgaben für den Bund übernahm. Seit 1999 gehört auch die Postbank AG zur DP AG. Im Jahr 2000 ging die DP AG an die Börse, im Jahr 2004 auch die Deutsche Postbank AG. Die DP AG hat den staatlichen Auftrag, die Bevölkerung flächendeckend mit Postdienstleistungen zu versorgen. Als Dienstleistungsunternehmen für Kommunikation, Transport und Logistik im Bereich des Postwesens steht die DP AG im Wettbewerb mit der Privaten Wirtschaft.

Deutsche Volksunion (DVU). Ursprünglich als Verein organisierte rechtsextreme Partei, die 1987 von dem Verleger Gerhard Frey gegründet wurde. Die DVU ist mit ca. 17000 Mitgliedern die größte rechtsextremistische Partei in der BR Dtl. Fremdenfeindliche, antisemitische und revanchistische Positionen prägen ihre Programmatik.

Deutscher Bauernverband e.V. (DBV). Landwirtschaftlicher Spitzenverband mit Sitz in Bonn, der in 18 Landesbauernverbände und weitere Kreisverbände untergliedert ist. Der DBV vertritt die Interessen der Bauern gegenüber Gesellschaft und Politik in wichtigen sozialen, politischen, rechtlichen und wirtschaftlichen Fragen. Weitere Aufgaben sind die Entwicklung und Erhaltung des ländlichen Raumes als Kultur-, Erholungs- und Wirtschaftsraum.

Deutscher Bundestag. Siehe Seite 77.

Deutscher Gewerkschaftsbund →Gewerkschaft.

Deutscher Industrie- und Handelstag (DIHT). Dachorganisation der 81 deutschen →Industrie- und Handelskammern (IHK). Der DIHT vertritt die deutsche Wirtschaft in Absprache mit den IHK gegenüber dem Staat, europäischen Institutionen sowie der Öffentlichkeit und fördert die Vernetzung der einzelnen IHK.

Deutscher Städtetag. 1905 in Berlin gegründeter kommunaler Spitzenverband, in dem kreisfreie und kreisangehörige Städte sowie Kommunal-, Regional-, und Fachverbände als außerordentliche Mitglieder zusammengeschlossen sind. Er setzt sich aktiv für die nach Art. 28 II GG garantierte kommunale Selbstverwaltung ein. In diesem Sinne vertritt der D. S. die Städte gegenüber staatlichen Institutionen (→Bundesregierung, →Bundesrat, →Bundestag) und der →Europäischen Union, berät und informiert Mitgliedsstädte über alle kommunal bedeutsamen Entwicklungen und fördert die Zusammenarbeit seiner Mitglieder.

Deutschland (amtliche Bezeichnung: Bundesrepublik Deutschland, BR Dtl.). Staat in Mitteleuropa mit einer Fläche von 357023 km² und 82,44 Mio. Einwohnern. Hauptstadt: Berlin. Seit der →Wiedervereinigung mit der ehemaligen DDR ist D. in 16 Bundesländer (Verwaltungseinheiten) gegliedert. Nach Art. 20 GG ist D. ein demokratischer und sozialer Bundesstaat. Sein Staatsgebiet ist in föderative Einheiten geteilt (Bundesländer), die wiederum in Regierungsbezirke, Landkreise, Städte und Gemeinden untergliedert sind. Das →Grundgesetz regelt die wesentlichen Prinzipien des politischen, kulturellen und gesellschaftlichen Lebens, es ist die →Verfassung Deutschlands. Nach Art. 20 II GG geht alle Staatsgewalt vom →Volke aus, das in D. durch →Wahlen und →Abstimmungen an der Gesetzgebung (→Legislative), Rechtsprechung (→Judi-

Funktionen und Aufgaben des Deutschen Bundestages

Der →Deutsche Bundestag in Berlin ist die gewählte Volksvertretung der BR Dtl. Er ist der zentrale Ort, an dem Regierungs- und Oppositionsparteien (→Partei) zusammenkommen, um politische Debatten auszutragen. Vorsitzender des Deutschen Bundestages ist der **Bundestagspräsident.** Er leitet die Bundestagssitzungen und die Bundestagsverwaltung, vertritt den Bundestag nach außen und nimmt alle Gesetzesentwürfe und Vorlagen entgegen. Ihm stehen auch das Hausrecht und die polizeiliche Gewalt im Bundestag zu. Das **Bundestagspräsidium** besteht aus dem Bundestagspräsidenten und seinen Stellvertretern. Es bearbeitet den Abschluss wichtiger Verträge und wirkt in Personalangelegenheiten der höheren →Verwaltung mit. Die Mitglieder des Deutschen Bundestages (MdB) ziehen als →Abgeordnete in den Bundestag ein. Sie bilden das →**Plenum des Deutschen Bundestages.** Die Wahl zum Deutschen Bundestag findet alle vier Jahre statt. 23 Volksvertreter aus dem Plenum der Abgeordneten bilden mit dem Bundestagspräsidium den →**Ältestenrat.** Die Zusammensetzung der Abgeordneten im Ältestenrat hängt von der Fraktionsstärke (→Fraktion) der Parteien ab, aus denen sie stammen. Der Ältestenrat unterstützt den Bundestagspräsidenten in seiner Arbeit.

Die politische Arbeit im Bundestag wird ganz wesentlich durch die **Fraktionen** bestimmt. Alle Abgeordneten sind von ihrer Fraktion abhängig, denn ohne ihre Unterstützung lassen sich kaum Erfolge in der politischen Arbeit erzielen. Eine besondere Stellung nehmen dabei die Fraktionsvorsitzenden und die Mitglieder der Fraktionsvorstände ein. Sie repräsentieren die Fraktion einer Partei und organisieren die sog. →Fraktionsdisziplin bei politischen →Abstimmungen: In der Regel sind die Fraktionsführer in der Lage, ein homogenes Abstimmungsverhalten ihrer Fraktion zu erreichen. Die Arbeit der Bundestagsfraktionen findet in Fraktionsführungsstäben, Arbeitskreisen und in der Fraktionssitzung statt. In den Arbeitskreisen diskutieren die parlamentarischen Vertreter über bestimmte politische Sachgebiete und legen sich auf eine politische Linie ihrer Fraktion fest, die für die Arbeit in den →Ausschüssen des Parlaments notwendig ist. Die Fraktionssitzung dient der Information und Diskussion über die politischen Leitlinien einer Fraktion. Die Fraktionslinie, die bei

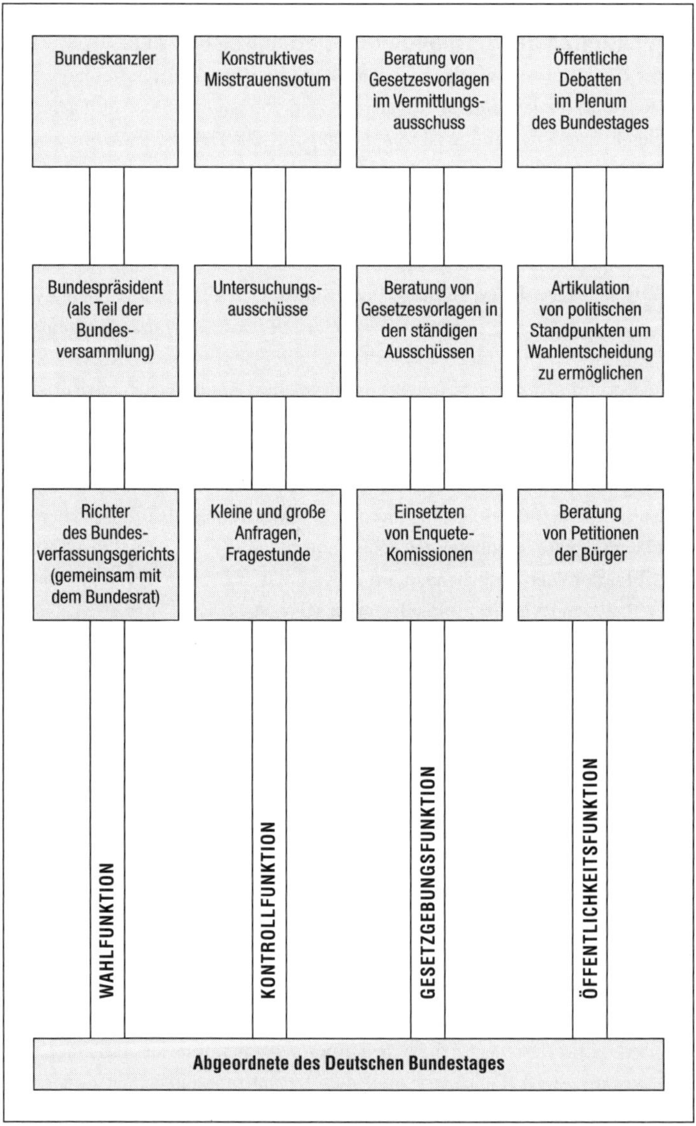

Funktionen und Aufgaben des Deutschen Bundestages

Entscheidungen wirksam wird oder werden soll, kann in den Fraktionssitzungen kritisch hinterfragt oder durch Vorschläge verändert werden.

Die **Wahl des →Bundeskanzlers** findet spätestens 30 Tage nach der →Bundestagswahl in der sog. konstituierenden Sitzung des Deutschen Bundestages statt. Der →Bundeskanzler wird vom →Bundespräsidenten vorgeschlagen und anschließend ernannt, wenn er die →Mehrheit der Stimmen des Deutschen Bundestages auf sich vereint. Dabei schlägt der Bundespräsident normalerweise den von der stärksten Partei aufgestellten Kanzlerkandidaten vor. Bei fehlender Mehrheit muss der Bundestag innerhalb von 14 Tagen auf Vorschlag aus dem Bundestag einen alternativen Vertreter mit →absoluter Mehrheit wählen. Nach Ablauf der Frist wird derjenige Kandidat gewählt, der die meisten Stimmen erhält. Bei absoluter Mehrheit muss der Bundespräsident den Kandidaten innerhalb von sieben Tagen zum Bundeskanzler ernennen. Bei →relativer Mehrheit kann der Bundestagspräsident den gewählten Vertreter zum Bundeskanzler ernennen oder den Bundestag auflösen.

Der Bundestag regelt die →Gesetze in einem speziellen Verfahren der **→Gesetzgebung.** Beschlossene Gesetze werden an den →Bundesrat weitergeleitet. Stößt das Gesetz dort auf Ablehnung, kann der Bundesrat innerhalb von drei Wochen den →Vermittlungsausschuss einberufen. Das Gremium, das zur Hälfte aus Vertretern des Bundestages und des Bundesrates besteht, hat dann die Aufgabe, einen →Kompromiss zu finden. Außerdem berät der Bundestag die Gesetzesvorlagen und beschließt den →Haushalt

Zur **Kontrolle der →Regierung** dienen die kleine und große →Anfrage und das →konstruktive Misstrauensvotum. Eine →Fragestunde räumt Abgeordneten die Möglichkeit ein, Fragen an die Bundesregierung zu stellen. In den ständigen Ausschüssen werden die Fragen, die im Bundestag debattiert werden, vorbereitet. Dabei kommen die Experten der jeweiligen Fraktionen zusammen, erläutern Gesetzesentwürfe und versuchen, etwaige Meinungsverschiedenheiten zwischen Regierung und →Opposition auszuräumen. Die Ausschüsse sind weit gehend analog zu den verschiedenen →Ministerien aufgeteilt. Als parlamentarische →Organe entspricht ihre Zusammensetzung der Fraktionsstärke der im Deutschen Bundestag vertretenen Parteien, die sich über Anzahl der Ausschussmitglieder und Aufgabengebiete verständigen müssen. Von der →Verfassung vorgeschriebene Ausschüsse sind der Auswärtige Ausschuss, der EU-Ausschuss, der Verteidigungsauschuss und der Petitionsausschuss. Die Arbeit findet in der Regel nicht öffentlich statt, für bestimmte Verhandlungsgegenstände kann der Ausschuss die →Öffentlichkeit jedoch zulassen. Zur parlamentarischen Kontrolle muss der Bundestag nach Art. 44 GG auf Antrag eines Viertels seiner Mitglieder einen →Untersuchungsausschuss einsetzen. Dieser dient der Klärung besonderer Sachfragen. Dazu können Zeugen und Sachverständige geladen und vernommen sowie →Gerichte und Verwaltungsbehörden angerufen und eine Ermittlung eingeleitet werden. Der Verteidigungsausschuss kann als Untersuchungsausschuss die →Streitkräfte der parlamentarischen Kontrolle unterziehen.

Zur Vorbereitung und Prüfung aller Sachverhalte für ein Gesetzgebungsverfahren muss der Bundestag auf Antrag eines Viertels seiner Mitglieder →**Enquete-Kommissionen** einrichten. Im Rahmen dieser Kommissionen kommen Abgeordnete der Fraktionen und Sachverständige zusammen und erarbeiten Berichte und Empfehlungen bis zum Ende der Wahlperiode, die dem Bundestag vorgelegt werden. Der nächste Bundestag kann dann aufgrund dieser Berichte entscheiden, ob die Enquete-Kommission ihre Arbeit fortsetzen soll. Sonderausschüsse werden vom Bundestag bei bestimmten Sachfragen einberufen und deren Mitgliederzahl vom Bundestag festgelegt. Des Weiteren hat der Bundestag das →Recht, Mitglieder der Regierung in den Bundestag zu rufen oder zu verlangen, dass ein Regierungsabgeordneter im Plenum oder Ausschuss bleibt.

Im Rahmen seiner **Öffentlichkeitsfunktion** hat der Bundestag die Aufgabe, aktuelle Themen zu diskutieren und diese transparent zu machen, damit sich jeder Bürger ausreichend informieren und eine Wahlentscheidung treffen kann. Nach Art. 17 GG besitzt darüber hinaus jedermann das sog. Petitionsrecht, d. h., jeder Bürger kann Bitten oder Beschwerden an den Bundestag richten (→Petition).

kative) und vollziehenden Gewalt (→Exekutive) beteiligt ist. Man unterscheidet Länder- und Bundesebene. Auf Länderebene besitzen Länderparlamente gesetzgebende Gewalt, ein gewählter →Ministerpräsident oder Bürgermeister (bei →Stadtstaaten) übernimmt leitende Funktion. Auf Bundesebene ist die Exekutive die →Bundesregierung, die sich aus dem →Bundeskanzler und seinen →Ministern zusammensetzt. Oberster Repräsentant D. ist der →Bundespräsident. Das vom Volk direkt gewählte parlamentarische Organ ist der →Bundestag, der mit dem →Bundesrat an der Gesetzgebung auf Bundesebene mitwirkt. Durch den Bundesrat können die Länder auch auf Bundesebene mitbestimmen. Bundes- und Länderbehörden sind für die Verwaltung zuständig. Die BR Dtl. wurde am 23.5.1949 auf dem Gebiet der Besatzungszonen der drei Westmächte (England, Frankreich, USA) gegründet. Vorausgegangen war eine Zuspitzung des Konflikts zwischen den westlichen Besatzungsmächten und den sowjetischen Besatzern der ostdeutschen Gebiete, die nach dem Ende des Zweiten Weltkriegs keine Grundlage mehr für eine gemeinsame Deutschlandpolitik fanden. Wichtige Schritte auf dem Weg zur Staatsgründung waren die Währungsreform im Juni 1948 und die Verabschiedung des →Grundgesetzes durch den →Parlamentarischen Rat am 8.5.1949. Die Frage der Wiedervereinigung wurde durch das Grundgesetz der BR Dtl. ausdrücklich offen gehalten, die politische und wirtschaftliche Spaltung Deutschlands in zwei Teile war faktisch jedoch mit der Gründung der DDR am 7.10.1949 vollzogen. Unter dem ersten Bundeskanzler K. Adenauer (1949–1963) gelang schnell ein umfassender wirtschaftlicher Wiederaufbau nach dem Prinzipien der →Sozialen Marktwirtschaft und die allmähliche Rückgewinnung von außenpolitischem Handlungsspielraum (→Deutschlandvertrag). Wichtige Schritte waren dabei v. a. die Integration in das westliche Bündnissystem mit dem Beitritt zur →NATO und der Unterzeichnung der →Pariser Verträge im Jahr 1955 sowie die Aussöhnung mit Frankreich, die sich zur Keimzelle des europäischen Einigungsprozesses entwickeln sollte. Nach der Regierungszeit von L. Erhard (1963–1966) bildete sich während der →Großen Koalition unter K. G. Kiesinger (1966–1969) die →Außerparlamentarische Opposition als Reaktion auf die →Notstandsgesetzgebung. Die Regierungszeit der folgenden sozial-liberalen Koalition unter W. Brandt (1969–1974) und H. Schmidt (1974–82) war innenpolitisch geprägt von gesellschaftspolitischem Wandel und politischer Radikalisierung (→Rote-Armee-Fraktion). Durch die Neuausrichtung der Ostpolitik kam es in Brandts Regierungszeit zu einer Annäherung zwischen den beiden Teilen D. 1982 löste H. Kohl nach einem →konstruktiven Misstrauensvotum Schmidt als Kanzler ab und blieb bis 1998 Regierungschef einer christlich-liberalen Koalition. Zu den Erfolgen seiner Amtszeit gehörte die rasche Herbeiführung der Wiedervereinigung nach dem Ende des Ost-West-Konflikts durch den Beitritt der DDR zur BR Dtl. am 3.10.1990 und die endgültige Wiedererlangung der vollständigen Souveränität (→Zwei-plus-Vier-Vertrag). Nach den Wahlen 1998 bildete sich eine Koalition aus SPD und Bündnis 90/Die Grünen mit G. Schröder als neuem Bundeskanzler. Unter Schröder wurden umfassende Reformen in den Bereichen der Arbeitsmarkt- und Sozialpolitik umgesetzt. →Europäische Länder.

Deutschlandvertrag. Am 26.5.1952 geschlossener „Vertrag über die Beziehungen zwischen der BR Dtl. und den drei Mächten“ Frankreich, Großbritannien und den USA, der das Ende der Besatzungsherrschaft der Großmächte kodifizierte und Deutschland die eingeschränkte Bestimmung über Innen- und Außenpolitik wiedergab (→Souveränität). Er trat erst am 5.5.1955 als Teil der →Pariser Verträge in Kraft. Im Hinblick auf die internationale Lage behielten sich die drei früheren Besatzungsmächte jedoch einige Rechte und Verantwortlichkeiten vor, die z. B. den Status von Berlin und Deutschland als Ganzem (inklusive der Wiedervereinigungsfrage), die Stationierung von Streitkräften und den Abschluss eines →Friedensvertrages betrafen. Erst der →Zwei-plus-vier-Vertrag von 1990 hob diese letzten Einschränkungen der vollen Souveränität durch den D. restlos auf.

Devisenbilanz. Teil der →Zahlungsbilanz, der alle Veränderungen der Geld- und Devisenreserven verbucht, einschließlich der Verbindlichkeiten der Zentralbank gegenüber ausländischen Währungsbehörden. Die D. wird von der Zentralbank erfasst und kann als Maß zur Berechnung des außenwirtschaftlichen Gleichgewichts herangezogen werden. Wenn die Bilanz aus Devisenzufluss (Eingang) und Devisenabfluss (Ausgang) bei Null liegt, ist solch ein Gleichgewichtszustand erreicht.

Dezentralisation. Vorgang der Übertragung von Aufgaben einer übergeordneten Einheit auf untergeordnete Einheiten, die selbstständig und unabhängig arbeiten. So übt z. B. der Staat Aufsichtsrechte aus, gibt aber wesentliche Kompetenzen an Gemeinden ab, die so eigenständige Entscheidungen treffen können.

DGB →Gewerkschaft.

Dialektik (von griech. *dialektiké téchne* = Kunst der Gesprächsführung). Methode der Philosophie, bei der vermeintlich unversöhnliche Gegensätze zu einer höheren Erkenntnis vereint werden. Bei Sokrates und Platon als eine Form der Gesprächsführung verstanden, wird die D. im Deutschen Idealismus von G. W. F. Hegel weiterentwickelt. Die D. ist hier nicht nur eine Form der Erkenntnisphilosophie, sondern die Struktur der Wirklichkeit selbst. Jeder Begriff (Thesis) enthält dabei bereits den entgegengesetzten Begriff seines Ausgangszustandes (Antithesis). Die Synthesis löst dabei in Form von Versöhnung die Gegensätze auf und vereint sie auf einer höheren Ebene der Erkenntnis. K. Marx und F. Engels übernehmen die Hegel'sche D. insofern, da sie bestimmte Wechselwirkungen in der Entwicklung der Gesellschaft als dialektisch bezeichnen (→Marxismus). →Historischer Materialismus.

Dialektischer Materialismus. Kernideologie (→Ideologie) des →Marxismus, die die →Dialektik von G. W. F. Hegel mit dem →historischen Materialismus von K. Marx und F. Engels zu verbinden sucht. Dabei wird die dialektische Bewegung in der Form Thesis-Antithesis-Synthesis von Hegel übernommen, seine Erklärung der objektiven Wirklichkeit, entstanden aus der Selbstwerdung des Geistes, aber durch die marxistische Dialektik des Widerspruchs zwischen Basis und Überbau ersetzt. Entsprechend bestimmen sich die Vorstellungen und das Bewusstsein der Menschen (Überbau) aus ihrem gesellschaftlichen Sein (Basis), d. h. den Produktionsverhältnissen.

Diäten (von lat. *dies* = Tag). 1. Allgemein Tagegelder zur Aufwandsentschädigung. 2. In der Politik die Aufwandsentschädigung an Abgeordnete in Bundes- oder Länderparlamenten, die die materielle Unabhängigkeit der Abgeordneten sichern soll. Die Abgeordnetenentschädigung war ursprünglich steuerfrei und ist seit 1977 steuerpflichtig. Der Anspruch auf D. ist in Art. 48 III GG festgehalten. Die Höhe der D. orientiert sich an den Bezügen eines Richters an einem obersten Gerichtshof des Bundes. Zusätzlich erhalten Abgeordnete eine monatliche steuerfreie Kostenpauschale für Mehraufwendungen, eine festgelegte Summe für Beschäftigung von persönlichen Mitarbeitern, Dienstreisenkostenerstattung, Altersversorgung und Beihilfen zur Krankenversicherung.

Dienstleistungen. Bezeichnung für berufliche Tätigkeiten, die sich nicht auf die Produktion von Gütern beziehen. Man unterscheidet materielle und persönlichen D. Materielle D.

gewähleisten die Nutzung bereits hergestellter Produkte (z. B. Transportleistungen, Instandhaltungen). Persönliche D. dienen der unmittelbaren Befriedigung menschlicher Bedürfnisse (z. B. die Arbeit eines Arztes oder eines Friseurs). D. gehören in der volkswirtschaftlichen Gesamtrechnung zum teritären Sektor.

Dienstleistungsgesellschaft. Ausdruck für eine hochentwickelte Gesellschaft, in der Dienstleistungen (tertiärer Sektor) zum bestimmenden Faktor für die Lebens- und Arbeitswelt einer Bevölkerung werden. Die durch enorme Produktivitätsschübe ausgelöste Entwicklung der Agrarwirtschaft (primärer Sektor) und Industrie (sekundärer Sektor) machte einen Teil der Beschäftigten überflüssig, die in den tertiären Sektor der Dienstleistungen (Verkauf, Transport, Logistik u. a.) abwanderten.

DIHT →Deutscher Industrie- und Handelstag.

Diktatur (von lat. *dictare* = vorsagen). Herrschafts- bzw. Staatsform, bei der die Ausübung staatlicher Gewalt in den Händen einer einzelnen Person oder Partei liegt. →Gewaltenteilung und -kontrolle oder Parteienkonkurrenz sind nicht gegeben. D. sind meist mit der Einschränkung oder der Abschaffung von →Grundrechten (z. B. Presse- und Meinungsfreiheit, →Menschenrechte, Wahlfreiheit) verbunden. Ebenso kennzeichnend für eine D. ist die Überwachung und Unterdrückung der Bevölkerung durch →Militär, →Polizei und Verwaltung.

Diktatur des Proletariats. Bezeichnung für die Herrschaft der Arbeiterklasse. Nach marxistischer (→Marxismus) Theorie ist die D. d. P. ein Übergangsstadium zur klassenlosen Gesellschaft. →Historischer Materialismus.

Diplomatie. Mittel der politischen Kommunikation zwischen →Staaten auf bilateraler oder multilateraler Ebene, das zur Vorbereitung von außenpolitischen Entscheidungen und deren friedlichen Umsetzung dient. Als Zeitalter der klassischen Diplomatie gelten das 17., 18., und 19. Jh., als die diplomatischen Vertreter der einzelnen Staaten im Ausland großen Einfluss auf die internationale Politik nahmen. Moderne Verkehrsmittel und Kommunikationstechniken führten im 20. Jh. zu einem Bedeutungsverlust dieser Form der D., da außenpolitische Verhandlungen zunehmend direkt von den betroffenen →Regierungen selbst übernommen werden konnten. In der BR Dtl. fällt die Diplomatie in den Aufgabenbereich des →Auswärtigen Amtes.

Direkte Aktion. Aktionsform der politischen Agitation wie Demonstration und Streik, bei der politische Ziele direkt, d. h. ohne Interessenvertreter, umgesetzt werden sollen.

Direkte Demokratie. Form der Volksherrschaft, bei der das →Volk unmittelbar an der politischen Machtausübung beteiligt ist. Entscheidungen des Volkes werden mittels bestimmter Abstimmungsformen (z. B. →Volksabstimmung, →Volksbegehren) herbeigeführt und können auch im Rahmen →repräsentativer Demokratien wie der BR Dtl. stattfinden (→Bürgerentscheid). Eine d. D. liegt z. B. in der Schweiz vor, so bedarf eine Änderung der →Verfassung der Zustimmung der schweizer Staatsbürger.

Direktmandat. →Mandat, das ein Wahlkandidat erhält, der bei einer →personalisierten Verhältniswahl in einem Stimmkreis die meisten →Erststimmen gewinnt. Das D. ermöglicht dem Kandidaten den direkten Einzug in ein →Parlament. →Bundestagswahl.

Direktorialregierung. Form der politischen Machtausübung, bei der ein Direktorium die Funktionen der →Regierung und des Staatoberhaupts in kollegialer Art und Weise übernimmt. Ein →Parlament wählt die gleichberechtigten Vertreter des Direktoriums, aus dessen Kreis in turnusmäßigen Wechsel das Staatsoberhaupt gestellt wird. In Europa ist die Schweiz heute das einzige Land mit einer D.

Dirigismus (lat. *dirigere* = lenken). Bezeichnung für ein hohes Maß an staatlicher Lenkung und Eingriffen in die Wirtschaft (u. a. Devisenbewirtschaftung, Lohn- und Preisstopp).

Diskontpolitik (von lat. *disconto* = abrechnen). Geldpolitisches Instrument, mit dem der →Diskontsatz gesteuert wird. Die Deutsche Bundesbank gewährt Kredite an Kreditinstitute durch den Ankauf von Wechseln oder die Beleihung von Wertpapieren. Dadurch wird der Liquiditätsspielraum der Banken, die Zusammensetzung der Kreditnachfrage und die Zinssätze an den Finanzmärkten beeinflusst. Die D. dient der Steuerung der Preisstabilität und der Konjunktur.

Diskontsatz. Zinssatz, der von der Deutschen Bundesbank zu Grunde gelegt wird und den sie beim Ankauf von Wechseln von Banken von der Wechselsumme abzieht.

Diskriminierung (von lat. *discriminatio* = Unterscheidung, Benachteiligung). Benachteiligung von Personen und Gruppen aufgrund von Alter, Herkunft, Aussehen, Religion, politischer Einstellung, Sprache, Geschlecht, Behinderung oder sexueller Orientierung. Häufig bezieht sie sich auf Minderheiten innerhalb eines Gemeinwesens. Im deutschen →Grundgesetz finden sich an mehreren Stellen Diskriminierungsverbote, insbesondere in Art. 3 III GG.

Dissident (von lat. *dissidere* = nicht übereinstimmen). 1. Ursprüngliche

Bezeichnung für Personen, die keiner offiziellen Staatsreligion angehören. 2. Im heutigen Sprachgebrauch v. a. ein Begriff für anders Denkende, d. h. Personen, die von der herrschenden Meinung abweichen und dies öffentlich zum Ausdruck bringen. 3. Bezeichnung für Regimegegner in China und den Staaten des ehemaligen Ostblocks.

Distributive Politik (von lat. *distributio* = Verteilung). Von T. Lowi geprägte Bezeichnung für eine Politik, die im Unterschied zur Umverteilung dadurch gekennzeichnet ist, dass sie sich ausschließlich auf die Verteilung von staatlichen Gütern oder Leistungen bezieht. Da der Staat das zu Verteilende heutzutage aber erst über Steuern beschaffen muss, spricht man auch von →Redistributiver Politik.

DKP →Deutsche Kommunistische Partei.

Dogmatismus (von griech. *Dogma* = Festsetzung, Lehrmeinung, Grundsatz). Bezeichnung für ein System von unbefragt übernommenen und nicht weiter begründeten Glaubenssätzen oder ideologischen Überzeugungen mit dem Anspruch auf absolute Gültigkeit. Diese Lehrsätze sind einer sachlichen oder kritischen Überprüfung entzogen.

Doyen (frz. von mittellat. *decanus*). Dienstältester diplomatischer Vertreter, der bei offiziellen Anlässen das diplomatische Korps seines Heimatlandes vertritt. →Diplomatie.

DP →Deutsche Partei.

Dreiklassenwahlrecht →Zensuswahlrecht.

Dritte Welt. Sammelbegriff für die wirtschaftlich unterentwickelten →Staaten in Afrika, Asien und Lateinamerika (→Entwicklungsländer). Während des Kalten Krieges Bezeichnung für diejenigen Staaten, die im Gegensatz zu den westlichen Ländern (der sog. Ersten Welt) und den Ostblockstaaten (der sog. Zweiten Welt) für Blockfreiheit einstanden (→Blockfreie Staaten).

Dritter Weg. Bezeichnung für ein politisch alternatives Konzept, das während der Konfrontation des kapitalistischen und kommunistischen Systems eine Kompromisslösung darstellen sollte. Seit dem Ende des Ost-West-Konflikts wird der Ausdruck auch für neue politische Modelle der Sozialdemokratie in Europa verwendet.

Drittes Reich. Bezeichnung für die nationalsozialistische Herrschaftsperiode von 1933–45. Durch die Verwendung des Begriffs sollte das nationalsozialistische Deutschland in eine Reihe mit dem Heiligen Römischen Reich Deutscher Nation (Erstes Reich) und dem Reich Otto v. Bismarcks (Zweites Reich) gestellt werden.

DVU →Deutsche Volksunion.

E

Effektivität (von lat. *effectivus* = wirksam, wirkungsvoll). Verhältnis zwischen tatsächlich erreichtem Ziel und vorher festgelegtem Ziel. Umso mehr ein Verhalten an das vorgegebene Ziel heranreicht, desto effektiver ist es.

Effizienz (von lat. *efficientia* = Wirksamkeit). Ausdruck für die Produktivität bzw. Wirtschaftlichkeit eines Verhaltens. Bei der Messung der E. werden die aufgebrachten Mittel gegen das erreichte Ziel (Nutzwert) aufgerechnet. E. liegt dann vor, wenn mit geringstem notwendigem Einsatz das Maximalziel erreicht wird.

EFTA →Europäische Freihandelsassoziation.

EG →Europäische Gemeinschaften.

EGKS→Europäische Gemeinschaft für Kohle und Stahl.

Ehrenamt. Öffentliches →Amt, das nicht entlohnt wird. E. sind zu einem großen Teil freiwillig (z. B. soziale Dienste, Arbeit in der Kirchengemeinde), können aber auch Bürgerpflicht sein (z. B. Schöffe vor Gericht). Nach dem Freiwilligensurvey 2004 des Bundesinnenministeriums für Familie, Senioren, Frauen und Jugend sind 36 % der deutschen Bevölkerung in einem E. oder anderweitig auf freiwilliger Basis tätig.

Eid. Persönliche Zusicherung der Wahrheit einer Aussage durch das Aufsagen eines Schwurs. →Verfassungseid; →Amt.

Eigentum. Bezeichnung für das Recht an einer Sache, mit der i. d. R. die freie Verfügung über das E. verbunden ist, wenn Dritte keine Rechte an dem E. besitzen oder keine →Gesetze damit verletzt werden. Das E. zählt zu den wichtigsten Grundwerten der Demokratie und wird in der BR Dtl. nach Art. 14 GG als →Grundrecht geschützt. Unter bestimmten Bedingungen ist allerdings eine Enteignung zum Wohle der Allgemeinheit gegen Entschädigung möglich (Art. 14 III GG). E. gilt auch als Machtressource.

Einbürgerung (Naturalisation). Verleihung der →Staatsangehörigkeit an einen →Ausländer.

Einfache Mehrheit →Mehrheit.

Eingriffsverwaltung. Bezeichnung für jenen Teil des hoheitlichen Verwaltungshandelns, der über gesetzliche Ge- und Verbote in →Freiheit, Rechte und →Eigentum des →Bürgers eingreift, v. a. in den Bereichen Polizei-, Gewerbe- und Steuerverwaltung. Die E. ist eine allgemeine Form der Gefahrenabwehr. Als Gegensatz gilt die →Leistungsverwaltung.

Einheitliche Europäische Akte (EEA). 1986 von den Außenministern der EU-Mitgliedstaaten unterzeichneter Vertrag, der wesentlich zur Entwicklung der →EU beitrug. Seine Hauptziele waren die Schaffung eines europäischen Binnenmarktes bis Ende 1992 sowie die Stärkung der Rolle des →Europäischen Parlaments und des →Ministerrats.

Einheitsfront. Taktik kommunistischer Parteien (→Kommunismus), mit politisch nahe stehenden Gruppierungen aus dem sozialistischen oder sozialdemokratischen Spektrum zusammenzuarbeiten (z. B. zur Bildung von →Einheitslisten bei Wahlen) und sie gegebenenfalls unter kommunistischer Führung auch organisatorisch zusammenzuführen.

Einheitsliste. Kandidatenliste bei Wahlen in Staaten, in denen keine funktionierende →Opposition zugelassen ist. Bei der Wahl gibt es nur die eine Liste, die der Wähler entweder als Ganze annehmen oder ablehnen kann. →Blockparteien.

Einheitsstaat. Staatsform, bei der die Zentralgewalt im Gegensatz zum →Staatenbund und →Bundesstaat direkt ausgeübt wird. Der zentrale E. besitzt eine Regierung, die allein für die Verwaltung des gesamten Staatsgebiets zuständig ist. In einem dezentralen E. übernehmen bestimmte →Organe in Selbstverwaltung staatliche Aufgaben und unterliegen dabei lediglich einer beschränkten Staatsaufsicht durch eine übergeordnete →Behörde. Im Gegensatz zum föderalistischen Staat (→Föderalismus) stehen den Organen aber keine Regierungs- oder Gesetzgebungskompetenzen zu.

Einigungsvertrag. Am 31.8.1990 zwischen der BR Dtl. und der DDR geschlossener Vertrag über die Herstellung der Einheit →Deutschlands. Der E. bildete die rechtliche Grundlage für die →Wiedervereinigung am 3.10.1990. Als Sitz der neuen Hauptstadt wurde Berlin festgelegt. In insgesamt neun Kapiteln regelt der E. u. a. Änderungen des →Grundgesetzes, Rechtsangleichungen, Übergangsbestimmungen der Verwaltung, Aufgabenstellungen der →Treuhandanstalt, die Organisation des Rundfunks, der Kultur, der Wissenschaft, der Bildung und des Sports. Ergänzt wird der E. durch den →Zwei-plus-vier-Vertrag.

Einkammersystem. Bezeichnung für ein Regierungssystem, in dem das Parlament aus nur einer →Kammer besteht. E. lassen sich v. a. in kleineren demokratischen Staaten wie Dänemark, Schweden, Finnland, Tschechien oder Israel finden, aber auch in allen deutschen Bundesländern. Das E. gilt als Gegensatz zum →Zweikammersystem, das in den meisten westlichen Demokratien üblich ist, wie auch in der BR Dtl. (→Bundestag; →Bundesrat).

Einkommen. Alle materiellen Leistungen, die einer Person, einem →Haushalt oder einer Organisation in einem bestimmten Zeitraum zufließen. Man unterscheidet zwischen dem Einkommen aus unselbstständiger Arbeit (Lohn, Gehalt), dem Gewinneinkommen aus Unternehmertätigkeit bzw. Selbstständigkeit und dem Besitzeinkommen aus Vermögen (Zinsen, Mieten). Daneben gibt es noch das abgeleitete Einkommen, das ohne wirtschaftliche Gegenleistung aus einem Übrertragungs- oder Transfereinkommen (Pensionen, Sozialtenten) besteht. Zusätzlich gibt es die Unterteilung in Nominaleinkommen und Realeinkommen: Das Nominaleinkommen ist das in Geldeinheiten ausgedrückte Einkommen; das Realeinkommen ist die Menge an Gütern und Leistungen, die man mit dem Nominaleinkommen kaufen kann. Beim Nettoeinkommen sind zu zahlende Sozialabgaben und Steuern schon abgezogen, das Bruttogehalt enthält diese noch.

Einkommenspolitik. Eingriff des →Staates in die Lohnentwicklung, meist um eine Inflation zu verhindern und eine stabile Konjunktur zu gewährleisten (→Stabilitätspolitik). Die E. kann auch als Verteilungspolitik korrigierend in die Einkommensstruktur einer Bevölkerung einwirken, z. B. indem sie höhere →Einkommen stärker belastet.

Einkommensteuer. Steuer, die vom Staat auf das Einkommen natürlicher Personen erhoben wird. Formen der Erhebung sind die Lohnsteuer, die Kapitalertragssteuer, der Zinsabschlag, die Bauabzugssteuer und die Aufsichtsratssteuer. Rechtliche Grundlage ist das Einkommensteuergesetz. →Steuern.

Einparteiensystem. Regierungssystem, in dem eine einzige →Partei die gesamte politische →Macht innehat. Andere Parteien können durchaus zugelassen sein, werden aber durch eine →Einheitsliste repräsentiert. Das E. ist meist Kennzeichen einer →Diktatur.

Einpeitscher (engl. *whip* = Einpeitscher). Parlamentarier des britischen →Unterhauses, der von seiner →Fraktion gewählt wird, um für die nötige Anwesenheit und das gewünschte Stimmverhalten der Fraktion bei →Abstimmungen zu sorgen.

Einspruchsgesetz. →Gesetz, das der →Bundestag auch ohne Zustimmung des →Bundesrates durchsetzen kann. Der Bundesrat kann zwar gemäß Art. 77 III GG ein aufschiebendes Veto einlegen, dieses kann aber vom Bundestag nach Art. 77 IV GG zurückgewiesen werden. Als Gegensatz zum E. gilt das →Zustimmungsgesetz.

Einstimmigkeitsprinzip. Prinzip, nach dem eine Zustimmung aller Beteiligten bei →Abstimmungen erforderlich ist. Heute wird es oft durch das Mehrheitsprinzip verdrängt. Bei Abstimmungen im Sicherheitsrat der →Vereinten Nationen und bei wichtigen Entscheidungen des →Europäischen Rates wird das E. allerdings weiterhin angewandt.

Einwanderung (Immigration). Einreise in ein anderes Land, verbunden mit der Absicht, sich dort dauerhaft niederzulassen. In der BR Dtl. setzen sich die Einwanderer heute v. a. aus →Arbeitnehmern aus dem Ausland, Asylbewerbern, Spätaussiedlern und illegalen Einwanderern zusammen. Insgesamt gelten die Bestimmungen des Ausländerrechts, bei Asylbewerbern das Asylrecht und bei Flüchtlingen die Genfer Konventionen. Ausländer aus EU-Mitgliedstaaten ist eine Niederlassungsfreiheit in allen Ländern der Gemeinschaft gegeben. Die meisten Staaten versuchen die E. ins eigene Land aus wirtschaftlichen, sozialen und politischen Gründen zu beschränken. Seit dem 1.1.2005 wird die E. in der BR Dtl. durch ein neues Zuwanderungsgesetz geregelt: Gesetz zur Steuerung und Begrenzung der Zuwanderung und zur Regelung des Aufenthalts und der Integration von Unionsbürgern und Ausländern. Mit diesem →Gesetz erkennt die →Bundesregierung den Status der BR Dtl. als Einwanderungsland an. Damit wird die E. nicht nur erleichtert, sondern auch zugleich gezielter steuerbar. Ein weiteres Instrument der Einwanderungspolitik ist die sog. →Green Card, die seit dem Jahr 2000 von IT-Fachkräften aus Nicht-EU Ländern beantragt werden kann und eine fünf Jahre gültige Aufenthaltsgenehmigung und Arbeitserlaubnis gewährt.

Einwohner. Bewohner einer →Gemeinde, eines →Kreises oder einer →Stadt, der bei der Einwohnermeldebehörde mit seinem Wohnsitz eingetragen ist.

Eiserner Vorhang (engl. *iron curtain*). Bezeichnung für die hauptsächlich ideologische Grenzlinie zwischen den kapitalistisch-marktorientierten Staaten des Westens unter Führung der USA und den Staaten mit realexistierendem Sozialismus unter Führung der UdSSR zur Zeit des →Kalten Krieges. Als politischer Begriff für die Abgrenzung des Ostblocks vom Westen wurde E. V. erstmals 1946 vom britischen Premierminister W. Churchill gebraucht. Mit dem Bau der Berliner Mauer im Jahre 1961 wurde diese Bezeichnung sogar noch verbildlicht. Mit dem Zusammenbruch der sozialistischen Staaten in Osteuropa und der Öffnung der Grenzen zwischen Ost und West in den Jahren 1989/90 wurde auch der E. V. endgültig abgebaut. Ursprünglich bezeichnet der Ausdruck eine Feuerschutzvorrichtung im Theater, die den Bühnen- vom Zuschauerraum trennt.

Elite (von lat. *eligere* = auswählen, auslesen). Führende, einflussreiche Gesellschaftsschicht in einem Staat (→Schicht). Unterschieden werden Machtelite, Geburtselite, Wertelite und Funktionselite. Die Machtelite beruht auf politischer, wirtschaftlicher oder militärischer Vorherrschaft. Die Geburtselite gründet sich auf die Standeszugehörigkeit. Die Wertelite stützt sich auf allgemein anerkannte persönliche Qualitäten, wie z. B. Bildung. Die Funktionselite zeichnet sich hingegen insbesondere oder gar ausschließlich durch ihre fachlichen Fähigkeiten und Leistungen aus. Frühere Elitetheorien gingen davon aus, dass Geburt und Begabung und somit die →Herrschaft der Elite sowie die Zugehörigkeit zu dieser privilegierten Gruppe naturgegeben und unveränderlich sind. Diese Eliten gelten als abgeschlossene Gruppen. Moderne Elitetheorien sind dagegen wertneutraler und betonen v. a. die Funktionselite, die in Demokratien bestimmte gesellschaftliche Funktionen aufrecht erhält. Ihre Mitglieder sind auswechsel- und abrufbar.

Elterliches Sorgerecht. Rechtsbegriff aus dem Familienrecht, der sowohl die Personensorge um das minderjährige Kind, als auch die Vermögenssorge umfasst. Die Personensorge beinhaltet u. a. die Aufsicht, Pflege und Erziehung sowie die Wahl von Schul- und Ausbildungsort. Vermögenssorge bezeichnet die Verwaltung des materiellen Besitzes des Kindes. In der BR Dtl. wird besonders der Pflichtcharakter des e. S. betont. Zuvorderst besteht sie Pflicht der Eltern, sich um die Pflege des Kindes in psychischer und physischer Hinsicht zu kümmern; sie besitzen aber auch das Recht dazu. Das e. S. steht der leiblichen Mutter zu; bei verheirateten Paaren beiden Elternteilen in gleichem Maße. Nach einer Scheidung erhalten meist beide Elternteile das Sorgerecht, es kann aber auch das alleinige Sorgerecht beantragt werden. Auch bei nichtehelichen Kindern kann das Sorgerecht auf Mutter und Vater gemeinsam übertragen werden.

Elternzeit (früher: Erziehungsurlaub). Diejenige Zeit, in der die Eltern von ihrem Arbeitsverhältnis unbezahlt freigestellt sind, aber Kündigungsschutz genießen. Die E. ist gesetzlich geregelt und kann sowohl von Müttern als auch von Vätern in Anspruch genommen werden. Ein Anspruch besteht bis zur Vollendung des dritten Lebensjahres des Kindes. Sie kann von den Elternteilen getrennt, aber auch zusammen genommen werden.

Emanzipation (von lat. *emancipatio* = Entlassung eines Sklaven oder Sohnes in die Selbstständigkeit). Bezeichnung für die Selbstbefreiung aus politischen, sozialen oder rechtlichen Abhängigkeits- bzw. Unterdrückungsverhältnissen. Mit E. ist immer auch ein Zugewinn an →Freiheit und Selbstbestimmung gemeint. In der Alltagssprache wird der Terminus meist für die E. der Frau (→Feminismus, →Frauenbewegung) gebraucht.

Embargo (von span. *embargar* = in Beschlag nehmen, versperren). Wirtschaftspolitische Maßnahme, mit der der Export von Gütern in und aus einem Land verhindert werden soll, um das Land zu isolieren. E. wird häufig als politisches Druckmittel in Kriegszeiten angewendet. →Sanktion.

Emigration (von lat. *emigrare* = ausziehen, auswandern) →Auswanderung.

Empirie (von griech. *embiria* = Erfahrung). Erfahrungen, die durch wissenschaftliche Methoden, d. h. durch Beobachtung, Messung und Experiment, gewonnen werden.

Empirisch-analytische Theorie. Theorie, die mithilfe geeigneter Methoden der empirischen Sozialforschung Erkenntnisse über die soziale Realität gewinnt. Mit Befragungen, Experimenten, Beobachtungen, Interviews etc. werden Gegebenheiten, Werte, Einstellungen und Verhaltensweisen messbar gemacht. Sie können damit als festgestellte Tatbestände einer weiteren Interpretation dienen, um Theorien über die soziale Wirklichkeit zu überprüfen bzw. zu verfeinern. Die Untersuchung soll unabhängig von der Person des Forschers sein, sich an Hypothesen orientieren sowie klar und präzise formuliert sein, damit die Ergebnisse überprüfbar sind. Als Gegensatz der e.-a. T. gilt die →normativ-ontologische Theorie.

Energiepolitik. Sämtliche politischen Maßnahmen eines →Staates, die Fragen der Bereitstellung, Verteilung und Verwendung von Energie betreffen. Die E. ist Teil der Struktur-, Wirtschafts-, Umwelt-und Technologiepolitik. E. umfasst rechtliche Regelungen für z. B. die Einrichtung und Belieferung von Strom und Gas, die Forschung auf dem Energiesektor und die Steuerung der Energieversorgung. Die Förderung der Kernenergie nach den Ölkrisen der 1970er-Jahre war ein wichtiger Bestandteil der E. Hauptziel der E. der rot-grünen →Bundesregierung in der BR Dtl. ist die Umsetzung des Kyoto-Protokolls, das eine Reduzierung der Treibhausgase in der Erdatmosphäre vorsieht. Außerdem soll über die nachhaltige Versorgung mit alternativen Energien wie Erdwärme, Sonnenenergie und Wind der Anteil erneuerbarer Energiequellen bis 2010 gegenüber 2000 verdoppelt werden (Erneuerbare-Energien-Gesetz, EEG). Die Reduzierung der Atomtransporte und die Beendigung der Atomkraftnutzung bis 2020 durch ein neues Atomgesetz sind ebenfalls erklärte Ziele der Bundesregierung.

Energiewirtschaft. Sämtliche Wirtschaftsbereiche, die sich mit der Erzeugung, Umwandlung und Verteilung von Energie befassen. Ziel ist es, den gesellschaftlichen und wirtschaftlichen Energiebedarf sicher zu stellen. In den 1970er- und 1980er-Jahren kamen vielfältige Auseinandersetzungen um die Nutzung von Atomenergie (Kernenergie) auf. Die rot-grüne Bundesregierung der BR Dtl. hat in den sog. Energiekonsensgesprächen ein Abkommen zum Ausstieg aus der Atomwirtschaft unterschrieben. Neben den wichtigsten Energiequellen Kohle und Erdöl werden alternative Energieversorgungsmöglichkeiten durch Wasser, Wind und Sonne immer bedeutender.

Enklave (von franz. *Enclaver* = umschließen). Teil eines fremden →Staates, der vom Territorium des eigenen Staates vollständig umschlossen wird. Es gelten meist besondere Zoll-, Währungs- und Zugangsbedingungen. →Exklave.

Enquete-Kommission (von frz. *enquête* = Untersuchung). Parlamentarische Kommission aus →Abgeordneten und Sachverständigen, die sich mit umfangreichen und bedeutenden Themenkomplexen wie z. B. der Gentechnologie, der Kernenergie oder einer Verfassungsreform beschäftigt. Sie wird vom Bundestag berufen und legt diesem nach Ende ihrer Arbeit einen Bericht vor, der zur Lösung der entsprechenden Fragestellungen beiträgt. →Untersuchungsausschuss.

Enteignung. Entzug des privaten →Eigentums durch die öffentliche Gewalt. Eine E. kann teilweise oder vollständig erfolgen. Nach Art. 14 III GG darf sie nur zum Wohle der Allgemeinheit und gemäß eines Gesetzes erfolgen, das Art und Ausmaß der Entschädigung regelt. In der BR Dtl. kann eine E. z. B. für die Durchführung von Straßenbauten vorgesehen werden.

Entfremdung (engl. *alienation*). Zentraler Begriff der Philosophie, Soziologie und →Politik, der von zahlreichen Theoretikern in unterschiedlicher Art und Weise interpretiert wird. Allgemein bezeichnet er den Vorgang oder Zustand der Trennung von jemand oder etwas. Seine bekannteste Verwendung in der Politikwissenschaft fand durch K. Marx (→Marxismus) in dessen Frühschriften statt. Marx beschreibt darin die E. des Arbeiters von seinen Arbeitsmitteln, seiner Arbeitswelt und seinen Arbeitsprodukten, die als notwendige Folge des Kapitalismus auch das Unvermögen des Menschen aufzeigt, sich in diesem Zustand selbst verwirklichen zu können.

Entgeltfortzahlung (Lohnfortzahlung). Gemäß dem Entgeltfortzahlungsgesetz wird der Arbeitslohn an gesetzlichen Feiertagen und im Falle einer Krankheit für sechs Wochen vom →Arbeitgeber fortgezahlt. Die Zahlung des Entgelts richtet sich nach der normalen Entlohnung, die der →Arbeitnehmer bekommen hätte, wenn kein Feiertag oder der Arbeitnehmer nicht krank gewesen wäre. Bei Krankmeldung besteht seitens des Arbeitsnehmers die Pflicht, sich beim Arbeitgeber krank zu melden und am vierten Tag der Krankheit eine Arbeitsunfähigkeitsbescheinigung vorzuweisen. Die E. ist in der BR Dtl. durch das inzwischen mehrmals geänderte Entgeltfortzahlungsgesetz vom 1.6.1994 geregelt.

Entkolonisation (auch Dekolonisation). Bezeichnung für die Beendigung kolonialer Herrschaftsausübung und die Entlassung der Kolonien (→Kolonialismus) in die politische und wirtschaftliche Unabhängigkeit. Der Prozess der E., der oftmals von gewaltsamen Auseinandersetzungen zwischen den Kolonialmächten und den Vertretern der Unabhängigkeitsbewegungen begleitet war, setzte in Asien und Afrika mit dem Ende des Zweiten Weltkriegs ein und war gegen Ende der 1970er-Jahre weitgehend beendet. Dennoch sind in den politischen und wirtschaftlichen Strukturen vieler ehemaliger Kolonien die Folgen des Kolonialismus bis zum heutigen Tag spürbar. Über kleine Kolonialgebiete verfügen nur noch die ehemaligen Kolonialmächte Großbritannien, Frankreich, Portugal und Niederlande.

Entmilitarisierung (Demilitarisierung). Begriff für den gezielten Abbau von militärischem Personal, Anlagen und Waffen (→Militär) in einem bestimmten Gebiet bzw. Staat. Eine E. wird durch Vertragsregelungen vereinbart und entweder durch gegenseitige Abmachungen vorgenommen oder einem Kriegsverlierern auferlegt. Die E. →Deutschlands nach dem Ende des Zweiten Weltkriegs war im →Potsdamer Abkommen vorgesehen. →Abrüstung.

Entnazifizierung. Maßnahmen der →Alliierten nach Ende des Zweiten Weltkriegs zur Ausschaltung von nationalsozialistischen (→Nationalsozialismus) Personen aus Politik, Wirtschaft und Gesellschaft sowie die Beseitigung entsprechender Organisationen und Gesetze. Betroffene Personen hatten mit Sanktionen wie z. B. Freiheitsstrafe, Vermögenseinziehung, Amtsverlust oder Arbeitsverbot zu rechnen. Die E. wurde von den Großmächten in ihren →Besatzungszonen mit unterschiedlicher Konsequenz umgesetzt. Im Rahmen der E. wurden ehemalige Amtsträger des NS-Regimes auch gerichtlich zur Verantwortung gezogen. Vor dem Internationalen Militärgerichtshof in Nürnberg wurden während der sog. Nürnberger Prozesse vom 14.11.1945 bis zum 1.10.1946 24 Hauptkriegsverbrecher sowie zahlreiche weitere führende Personen des nationalsozialistischen Regimes (z. T. zum Tode) verurteilt.

Entscheidung. Wahl zwischen mindestens zwei Alternativen, die nicht geleichzeitig zu verwirklichen sind. Auch sich nicht für eine von mehreren Möglichkeiten zu entscheiden, also nicht zu wählen, ist eine E. Bei nur einer möglichen Option liegt keine E. vor, oder wenn die Konsequenzen der Alternativen von vornherein als gleich angesehen werden.

Entspannungspolitik. Allgemein der Abbau von Spannungen zwischen Akteuren der nationalen oder internationalen Politik. Im Besonderen bezeichnet E. vor allem jene politischen Maßnahmen, die in der Zeit des →Ost-West-Konflikts auf eine Entschärfung der Konfrontation zwischen der →NATO und dem →Warschauer Pakt abzielten. Mittel der E. waren dabei v. a. Abrüstungsabkommen (→ Abrüstung), politische, wirtschaftliche und kulturelle Zusammenarbeit sowie die Anerkennung von Interessensphären und Grenzlinien.

Entwicklung. 1. Vorgang des Entstehens, der Veränderung oder der Herstellung. 2. Aus politikwissenschaftlicher Perspektive bezeichnet E. die Prozesse bzw. Resultate von wirtschaftlichen, politischen oder sozialen Veränderungen innerhalb einer Gesellschaft. Die E. einzelner →Staaten wird oft länderübergreifend verglichen, wobei i. d. R. die westlichen Industrienationen als Vergleichsmaßstab herangezogen werden. Dabei werden Wachstumsgefälle beobachtet; weniger stark entwickelte Länder gelten als →Entwicklungsländer.

Entwicklungsdiktatur. Herrschaftsform in →Entwicklungsländern, bei der die Regierung den Gebrauch diktatorischer Mittel (→Diktatur) damit rechtfertigt, dass ihre Anwendung zur Verbesserung der wirtschaftlichen und gesellschaftlichen →Entwicklung beiträgt.

Entwicklungsländer (→Dritte Welt, →Vierte Welt). Seit den 1950er-Jahren Bezeichnung für eine Gruppe von Ländern, die in ihrer wirtschaftlichen und sozialen Entwicklung im Vergleich zu den westlichen →Industriestaaten als rückständig erscheint. Betroffen sind ca. 170 Staaten, die sich hauptsächlich in Afrika, Lateinamerika und Asien befinden. Obwohl keine weltweit verbindliche Einordnungsmethode für E. existiert, gibt es z. B. folgende Merkmale: niedriges Pro-Kopf-Einkommen, Mangel an

Nahrungsmitteln, rasches Bevölkerungswachstum, geringe Lebenserwartung, hohe Analphabetenquote, unzureichende Infrastruktur, hohe →Arbeitslosigkeit bei überwiegender Beschäftigung in der Landwirtschaft, geringe Investitionskraft und hohe Abhängigkeit von den Preisen des Weltmarkts.

Entwicklungspolitik. Sammelbezeichnung für politische Maßnahmen von →Industrie- und →Entwicklungsländern, die das Ziel haben, die wirtschaftliche, politische und soziale →Entwicklung in den →Staaten der →Dritten Welt anzukurbeln und den Lebensstandard der Bevölkerung zu verbessern. Außerdem soll die Ungleichheit zwischen den entwickelten Ländern der Nordhalbkugel der Erde und den weniger entwickelten und benachteiligten Ländern der Südhalbkugel langfristig vermindert werden (→Nord-Süd-Konflikt). Leitbild der E. ist das Prinzip „Hilfe zur Selbsthilfe", mit dem Menschen in Entwicklungsländern angeleitet werden, ihre Lebenssituation selbstständig zu verbessern. Neben den Industrie- und Entwicklungsländern engagieren sich auch zahlreiche →internationale Organisationen (z. B. UN, EU) und →Nichtregierungsorganisationen in der E.

Enzyklika (griech. = Rundschreiben). Gedrucktes Rundschreiben des Papstes in lateinischer Sprache an die gesamte römisch-kath. Kirche mit Stellungnahmen zu religiösen, politischen oder sozialen Themen.

Erblastentilgungsfonds. 1995 als Sondervermögen vom →Bund eingerichteter Fonds, in dem die Schulden (Erblasten) der ehemaligen →DDR zusammengefasst, verzinst und getilgt werden. Dazu gehören auch die Schulden der ehemaligen Kreditabwicklungsfonds und die Kreditmarktverbindlichkeiten der 1994 aufgelösten Treuhandanstalt. Grundlage ist das „Gesetz über die Errichtung eines E.". Die Finanzierung erfolgt aus dem Bundeshaushalt und aus Gewinnen der →Bundesbank. Die letzten Tilgungen stehen planmäßig im Jahr 2011 an.

Erbmonarchie. Form der →Monarchie, in der die Herrscher durch Erbfolge auf den Thron gelangen (im Gegensatz zur →Wahlmonarchie). In Europa bestehen E. z. B. in Großbritannien, Belgien, den Niederlanden, Schweden und Dänemark.

Erkenntnisinteresse. Interesse einer Person, das dem Erwerb bestimmter Erkenntnisse zugrunde liegt.

Erlass. 1. Amtliche Anordnung oder Vorschrift, die verbindlich für alle untergeordneten Behörden gilt. 2. Aus dem Steuerschuldrecht stammender Ausdruck für die Aufhebung einer Schuld durch einen Gläubiger. Ein offener, zu zahlenden Betrag wird damit erlassen.

Ermächtigungsgesetz. Häufig in politischen, sozialen und wirtschaftlichen Notlagen angewandtes Gesetz, mit dem das →Parlament bestimmte Gesetzgebungskompetenzen auf ein dafür nicht befugtes Staatsorgan überträgt. Das Ziel eines E. ist die schnelle und i. d. R. zeitlich begrenzte Durchsetzung von Rechtsnormen außerhalb der regulären →Gesetzgebung. In der BR Dtl. ist der Erlass eines E. durch Art. 80 GG verboten. In der Zeit der →Weimarer Republik waren Ermächtigungsgesetze dagegen gebräuchliche Mittel der Politikgestaltung; so übertrug der Reichstag seine Rechtssetzungsbefugnisse immer wieder auf die Reichsregierung. Mit dem „Gesetz zur Behebung der Not von Volk und Reich“ vom 23.03.1933 schaffte A. Hitler die juristische Grundlage, durch die er Gesetze ohne die Zustimmung des Reichstages und Reichsrates erlassen konnte. →Notstandsgesetze.

ERP →Europäisches Wiederaufbauprogramm.

Ersatzdienst. Dienst, der anstelle des Wehrdienstes geleistet werden kann. Die am häufigsten gewählte Form ist der →Zivildienst.

Erststimme. Diejenige Stimme, mit der bei einer →personalisierten Verhältniswahl ein bestimmter Kandidat eines →Wahlkreises direkt in den →Land- oder →Bundestag gewählt wird. Derjenige Kandidat, der innerhalb eines Wahlkreises die →einfache Mehrheit der E. auf sich vereinigt, erhält ein →Direktmandat. → Zweitstimme.

Erwerbspersonen. Fachbezeichnung aus der Ökonomie für die Summe aller Personen, die einer Erwerbstätigkeit nachgehen (→Erwerbstätige) oder eine solche suchen (Erwerbslose) und ihren Wohnsitz in der BR Dtl. haben.

Erwerbsquote. Volkswirtschaftlicher Beschäftigungsgrad. Prozentualer Anteil der →Erwerbstätigen an der Gesamtheit der Bevölkerung. Dabei bemisst sich der Anteil entweder an der Gesamtbevölkerung oder an der sog. Erwerbsbevölkerung (alle Personen im erwerbsfähigen Alter von 15–64 Jahren).

Erwerbstätige. Nach Angaben des Bundesamts für Statistik alle Personen ab 15 Jahren, die in einem Arbeitsverhältnis stehen (→Arbeitnehmer), ein Gewerbe oder einen freien Beruf ausüben sowie deren mithelfende Familienangehörige. Auch geringfügig Beschäftigte und Aushilfen zählen zu den E. Rund 52 % der E. sind →Angestellte, 31 % →Arbeiter, 6 % →Beamte, 10 % →Selbstständige bzw. Gewerbetreibende und 1 % mithelfende Familienangehörige. Zusammen mit den Erwerbslosen bilden die E. die Gruppe der →Erwerbspersonen.

Erwerbsunfähigkeit. Durch körperliche oder geistige Gebrechen bedingte Unfähigkeit, den Lebensunterhalt durch →Arbeit zu verdienen. Der Erwerbsunfähige hat Anspruch auf Erwerbsunfähigkeitsrente.

Erziehungsgeld. Staatlich finanzierte Unterstützung für den hauptsächlich erziehenden Elternteil, der aufgrund der Kinderbetreuung und -erziehung gar nicht mehr oder nur noch teilweise einer Erwerbstätigkeit (maximal 30 Stunden) nachgehen kann (→Erwerbstätige). Das E. wird bis zur Vollendung des zweiten Lebensjahres des Kindes gewährt, wenn bestimmte Einkommensgrenzen nicht überschritten werden. Es beträgt je nach Wahl 300 Euro bzw. 450 Euro (dann aber nur für 12 Monate) pro Monat.

Erziehungs-, Wissenschafts- und Kulturorganisation der Vereinten Nationen (engl. *United Nations Educational, Scientific and Cultural Organisation,* UNESCO). 1946 gegründete Sonderorganisation der →UN mit Sitz in Paris. Die Aufgabe der UNESCO ist die Förderung von Bildung, Wissenschaften, Kultur, →Kommunikation und Information.

Erziehungsurlaub →Elternzeit.

Eskalation (von lat. *scala* = Leiter). Bezeichnung für die Verschärfung eines politischen oder militärischen Konflikts.

Establishment (engl. = das Bestehende, Errichtete). Ausdruck für eine Führungsschicht (→Schicht) der Gesellschaft. Seit der Zeit der →Außerparlamentarischen Opposition wird der Begriff i. d. R. negativ verwendet, um Personen mit kultureller, wirtschaftlicher oder politischer →Macht abzuwerten.

Estland →Europäische Länder.

Etat →Budget, →Haushaltsplan.

Etatismus (von frz. *état* = Staat). Bezeichnung für eine politische Richtung, die dem Staat (meist Zentralstaat) weitreichende Befugnisse in Politik, Wirtschaft und Gesellschaft einräumt. Damit werden gleichzeitig die Freiheitsrechte und Entscheidungsmöglichkeiten der →Bürger eingeschränkt.

Ethik (griech. = Sitte). Moralphilosophie. Teil der Philosophie, der sich mit dem menschlichen Handeln befasst und daher auch praktische Philosophie genannt wird. Ihre hauptsächlichen Themenkomplexe sind die Bestimmung von Gut und Böse, die Maßstäbe der Sittlichkeit sowie das Problem der Freiheit.

Ethnie (von griech. *ethnos* = Volk, Volksstamm). In einem sozialen Verband zusammengeschlossene Personengruppe, die sich bewusst ist, dass sie derselben Kultur angehört. Sie unterscheidet sich von anderen E. durch eigene, gemeinsame Sitten, Bräuche, Institutionen, Sprache, Abstammung und Geschichte. Häufig werden die Begriffe →Volk oder →Nation synonym zu E. verwendet, wobei diese Einheiten auch aus mehreren Ethnien bestehen können.

Ethnische Säuberung. Vertreibung einer Personengruppe aus einem bestimmten Gebiet aufgrund von rassischen, politischen, kulturellen oder wirtschaftlichen Gründen. Mit der e. S. ist meist die Anwendung von Gewalt verbunden. Die Bezeichnung wurde v. a. im →Bürgerkrieg in Bosnien-Herzegowina geprägt (→Balkankonflikt), in dem mehrere verschiedene →Ethnien aufeinander trafen, die jeweils durch e. S. versuchten, eine ethnisch homogene Bevölkerungsgruppe zu schaffen.

Ethnozentrismus. Sozialwissenschaftliche Bezeichnung für die Aufwertung der eigenen ethnischen Gruppe gegenüber anderen →Ethnien, indem die Werte, Normen und Besonderheiten der eigenen Volksgruppe als allgemein gültige Bewertungsmaßstäbe anlegt werden. Die andere, als minderwertig eingestufte Gruppe wird infolgedessen häufig diskriminiert (→Diskriminierung).

EU →Europäische Union.

EU-Erweiterung. Prozess der Erweiterung der →Europäischen Union durch Beitritt von einem oder mehrerer Staaten, seit Beginn der 1990er-Jahre v. a. durch Staaten Mittel- und Osteuropas. Die Erste Norderweiterung der EU erfolgte 1973, als Dänemark, Irland und das Vereinigte Königreich den sechs Kernstaaten (Belgien, BR Dtl., Frankreich, Italien, Luxemburg, Niederlande) der →EG beitraten. Nach dem Beitritt Griechenlands 1981 folgten 1986 auch Portugal und Spanien (Süderweiterung). Finnland, Österreich und Schweden wurden 1995 Mitglieder in der EU (Zweite Norderweiterung). Nach dem Ende der UdSSR und dem Zerfall der kommunistischen Bündnisse 1989/90 stand in Ost- und Mitteleuropa für viele der ehemals sozialistischen Staaten eine außenpolitische Neuorientierung auf der Tagesordnung. Die Perspektive eines EU-Beitritts eröffnete sich für diese Länder durch die Kopenhagener Beschlüsse vom Juni 1993. Danach müssen Staaten Rechtsstaatlichkeit, →Demokratie, →Menschenrechte und Minderheitenschutz garantieren, um stabile Institutionen zu gewährleisten; außerdem müssen sie eine funktionierende Marktwirtschaft besitzen, alle Pflichten der EU-Mitgliedschaft übernehmen können und ihr Einverständnis mit den politischen Zielen sowie mit der →Wirtschafts- und Währungsunion erklären. Zunächst wurde beschlossen, im Frühjahr 1998 mit der sog. Luxemburg-Gruppe (Zypern, Ungarn, Polen, Estland, der Tschechischen Republik und Slowenien) Beitrittsgespräche zu führen, und im Frühjahr 2000 auch mit der sog. Helsinki-

Gruppe (Rumänien, der Slowakei, Lettland, Litauen, Bulgarien und Malta). Damit begann die EU-Osterweiterung. Beim Zusammentreffen des →Europäischen Rates am 12./13.12. 2003 in Kopenhagen wurden die Verhandlungen endgültig abgeschlossen. Zehn neue Mitgliedstaaten konnten damit am 1.5.2004 offiziell der EU beitreten (Ungarn, Polen, Estland, Tschechische Republik, Slowenien, Slowakei, Lettland, Litauen, Malta, Zypern). Bulgarien und Rumänien sollen zum 1.1.2007 Mitglieder der EU werden. Weitere Beitrittsanträge bestehen von Kroatien und Mazedonien. Die Aufnahme der Beitrittsverhandlungen mit Kroatien ist für 2005 geplant. Bereits Ende 2004 haben sich der →Europäische Rat, die →Europäische Kommission und das →Europäische Parlament zudem für die Aufnahme von Beitrittsverhandlungen mit der Türkei ausgesprochen.

EU-Osterweiterung. →EU-Erweiterung.

EU-Richtlinie. Gesetzesnorm der EU, die für jeden Mitgliedstaat hinsichtlich des zu erreichenden Ziels verbindlich ist. Sie muss von den EU-Staaten innerhalb einer bestimmten Frist in innerstaatliches Recht umgesetzt werden; die Art der Umsetzung und die Wahl der Mittel ist den Staaten überlassen. →EU-Verordnung.

EU-Strukturfonds. Zuschussprogramme der →EU, welche die wirtschaftlichen und sozialen Differenzen zwischen den einzelnen Mitgliedstaaten der EU langfristig ausgleichen soll, wie der Europäische Fonds für regionale Entwicklung (EFRE), der Europäische Sozialfonds (ESF), der Europäische Ausrichtungs- und Garantiefonds für die Landwirtschaft (EAGFL), das Finanzierungsinstrument für die Ausrichtung der Fischerei (FIFA) und der Kohäsionsfonds.

EU-Verordnung. Instrument gemeinschaftlicher Rechtsetzung in der →EU, das allgemeine, unmittelbare und verbindliche Geltung in allen Mitgliedstaaten hat und somit den einzelnen Staaten keine Gestaltungsmöglichkeiten lässt. Eine solche Verordnung kann von der →Europäischen Kommission oder vom →Rat der Europäischen Union erlassen werden. Rechtsgrundlage für EU-Verordnungen ist der Art. 189 II des Gemeinschaftsrechts im EU-Vertrag.

Euro (EUR, Zeichen: €). Europäische Gemeinschaftswährung, die 1991 im →Maastrichter Vertrag vereinbart, 1999 als Buchgeld und 2002 auch als Bargeld eingeführt wurde. In 12 Staaten wird der E. als Zahlungsmittel eingesetzt: Belgien, Deutschland, Finnland, Frankreich, Irland, Italien, Luxemburg, Niederlande, Österreich, Spanien, Portugal und seit 2001 auch Griechenland. Ein E. ist 100 Eurocent wert. Der Name ist 1995 auf Vorschlag des damaligen deutschen Finanzministers T. Waigel angenommen worden. Euromünzen gibt es als 1 Cent, 2 Cent, 5 Cent, 10 Cent, 20 Cent, 50 Cent, 1 Euro und 2 Euro; Banknoten gibt es als 5 Euro, 10 Euro, 20 Euro, 50 Euro, 100 Euro, 200 Euro und 500 Euro. Sämtliche Scheine sind einheitlich gestaltet; bei den Münzen ist nur die Vorderseite einheitlich angelegt, die Rückseite ist mit nationalen Motiven ausgestattet. Das Zeichen des E. erinnert an den griech. Buchstaben Epsilon und soll den antiken Ursprung symbolisieren (Griechenland als Europas „Wiege der Zivilisation"); die waagerechten Striche stehen für Stabilität. Für die Kontrolle des E. ist die →Europäische Zentralbank zuständig. →Europäische Wirtschafts- und Währungsunion.

Eurokommunismus. Abkehr einiger kommunistischer Parteien Europas (v. a. in Spanien, Frankreich und Italien) vom real existierenden →Sozialismus der osteuropäischen Länder unter Führung der Sowjetunion. Ziel war ein gemäßigter, demokratischer und pluralistischer Sozialismus.

Eurokorps. Internationale militärische Kooperation zwischen einzelnen EU-Mitgliedstaaten (BR Dtl., Frankreich, Belgien, Spanien und Luxemburg), die 1992 gegründet wurde und ca. 50000 Soldaten umfasst. Das E. soll friedenserhaltende und -schaffende Maßnahmen sowie humanitäre Einsätze der →UN unterstützen. Außerdem zählt der militärische Schutz von →NATO- und →WEU-Mitgliedern zu seinem Aufgabengebiet.

Europäische Freihandelsassoziation (engl. *European Free Trade Association,* EFTA). Freihandelszone der europäischen Staaten, die von Dänemark, Großbritannien, Norwegen, Österreich, Portugal, Schweden und der Schweiz im Jahr 1960 gegründet wurde. Sie sollte ein Gegengewicht zur →EWG darstellen, der wichtigsten Teilorganisation der EG bzw. EU. Im Zuge der EU-Erweiterung traten Dänemark, Großbritannien, Österreich, Portugal, Schweden und Finnland (seit 1985 EFTA-Mitglied) selbst der EWG bei. Daher besteht die EFTA heute nur noch aus Norwegen, der Schweiz, Island (seit 1970) und Liechtenstein (seit 1991). Zusammen mit der EWG gründete die EFTA einen gemeinsamen europäischen Binnenmarkt, den →Europäischen Wirtschaftsraum (EWR). Neben den Abkommen mit der EWG und der Umsetzung von internen EFTA-Verträgen wurden zahlreiche Freihandelsabkommen mit Ländern Mittel- und Ostmitteleuropas, Asiens und Mittel-

und Südamerikas geschlossen. →Freihandel.

Europäische Gemeinschaft für Kohle und Stahl (EGKS). Auch Montanunion genannt. Von Belgien, der BR. Dtl., Frankreich, Luxemburg, Italien und den Niederlanden im Jahr 1951 gegründete und 1952 in Kraft getretene Union für einen gemeinsamen Markt für Kohle, Erz, Schrott und Stahl. Seit der Fusion mit der →EWG und der →Euratom (1967) bildet Sie eine Teilorganisation der →EG bzw. →EU. Eine Erweiterung fand durch den Beitritt Großbritanniens, Dänemarks und Irlands (1973), Griechenlands (1981), Portugals und Spaniens (1986) statt. Ziel der EGKS war die effiziente Versorgung der Mitglieder mit Kohle und Stahl. Dazu wurden wirtschaftliche Rahmenbedingungen geschaffen, wie z. B. die Aufhebung von Binnenzöllen und der Ausgleich von Außenzöllen. Der EGKS-Vertrag, der als die Keimzelle des europäischen Einigungsprozesses gilt, ist nach 50 Jahren Geltung im Jahr 2002 abgelaufen. Die Bereiche Kohle und Stahl wurden in den Gründungsvertrag der Europäischen Union eingetragen.

Europäische Gemeinschaften (EG). Sammelbezeichnung für die →Europäische Gemeinschaft für Kohle und Stahl (EGKS), die →Europäische Wirtschaftsgemeinschaft (EWG) und die →Europäische Atomgemeinschaft (EURATOM), die seit 1967 über gemeinsame Organe und gemeinsame vertragliche Bestimmungen verfügen. Ziel ist die Schaffung eines europäischen Binnenmarktes und die Förderung der wirtschaftlichen Zusammenarbeit. Mit dem In-Kraft-treten des →Maastrichter Vertrages im Jahr 1993 wurde die EG in die →Europäische Union integriert.

Europäische Kommission (EU-Kommission). Exekutivorgan der →EU mit Sitz in Brüssel. Die Kommission ist von den Mitgliedstaaten unabhängig; die Kommissare dienen allein der Union in seiner Gesamtheit und nicht ihren jeweiligen Herkunftsstaaten. Zu ihren Aufgaben zählt das Vorschlagen von Gesetzestexten sowie die Kontrolle über die Ausführung von Gesetzen des Haushalts und über die Befolgung des Gemeinschaftsrechts („Hüterin der Verträge“). Weiterhin ist die E. K. für die Strukturförderung verantwortlich. Der Präsident und die Kommissare werden von den Mitgliedstaaten unter Zustimmung des →Europäischen Parlaments alle fünf Jahre ernannt. Seit der EU-Osterweiterung 2004 hat die Kommission 25 Mitglieder, wobei jeder EU-Staat ein Mitglied der Kommission stellt. Jeder Kommissar betreut einen bestimmten Aufgabenbereich. Bei Abstimmungen wird nach dem Mehrheitsprinzip entschieden. Der Kommissionspräsident besitzt Richtlinienkompetenz.

Europäische Konvention zum Schutz der Menschenrechte und der Grundfreiheiten (Europäische Menschenrechtskonvention, EMRK). Urkunde, die 1950 von den Mitgliedern des →Europarates unterzeichnet wurde und die Menschenrechte völkerrechtlich garantiert. In ihr sind folgende Rechte bzw. Verbote verbrieft: Recht auf Leben, Verbot der Folter, Verbot der Sklaverei, Recht auf Freiheit und Sicherheit, Recht auf einen gerechten Prozess, Verbot der Bestrafung ohne →Gesetz, Recht auf Achtung des Privat- und Familienlebens, Gedanken-, Gewissens- und Religionsfreiheit, freie Meinungsäußerung, Versammlungs- und Vereinigungsfreiheit und Verbot der Diskriminierung. Zusatzprotokolle erweitern die Urkunde. Die Einhaltung der →Grundrechte und -freiheiten wird vom Europäischen Gerichtshof für Menschenrechte durchgesetzt. Seit 1994 können auch Einzelpersonen Klagen bei diesem Gerichtshof einreichen, sofern zuvor die innerstaatlichen Rechtsmittel erschöpft worden sind.

Europäische Länder →Mitgliedstaaten der EU, siehe Seite 108.

Europäische Politische Zusammenarbeit (EPZ). Bezeichnung für die Zusammenarbeit von Mitgliedstaaten der →EG in Fragen der Außen- und Sicherheitspolitik. Langfristiges Ziel ist ein gemeinsames Auftreten in der internationalen Politik. Das 1970 mit den Luxemburger Beschlüssen entstandene Instrument wurde durch die →Einheitliche Europäische Akte zum festen Bestandteil der EG. Mit dem Vertrag über die Europäische Union (→Maastrichter Vertrag) vom 1.11.1993 wurde die EPZ zur →GASP.

Europäische Sozialcharta. Urkunde, die 1961 von Mitgliedern des Europarats angenommen wurde und hauptsächlich die Bereiche Arbeitsbeziehungen und Fürsorgepflichten umfasst. Sie soll gewisse Rechte gewährleisten, ohne rechtlich bindend zu sein. Ihre Einhaltung wird von einem Sachverständigenausschuss des Europarats kontrolliert. Folgende soziale und wirtschaftliche Rechte bzw. Pflichten sind darin verbrieft: Recht auf →Arbeit und gerechte, sichere und gesunde Arbeitbedingungen, Recht auf ein gerechtes Entgelt, Vereinigungsrecht, Recht auf Kollektivverhandlungen, Recht der Kinder und Jugendlichen auf Schutz, Recht auf Berufsberatung und berufliche Ausbildung, Recht auf soziale Sicherheit, Fürsorge und Schutz der Gesundheit, Recht auf Inanspruchnahme sozialer Dienste, Recht der körperlich, geistig oder seelisch Behinderten auf berufliche Ausbildung sowie auf berufliche und soziale Eingliederung oder Wiedereingliederung, Recht der Familie auf sozialen, gesetzlichen und wirtschaftlichen Schutz, Recht der Mütter und Kinder auf sozialen und wirtschaftlichen Schutz, Recht auf Ausübung einer Erwerbstätigkeit im Hoheitsgebiet der anderen Vertragsparteien, Recht der Wanderarbeitnehmer und ihrer Familien auf Schutz und Beistand.

Europäische Union. Siehe Seite 105.

Europäische Wirtschafts- und Währungsunion (EWWU). Integration von Wirtschaft und Währung der EU-Staaten mit dem primären Ziel einer gemeinsamen Währungs- und Geldpolitik. Die EWWU verlief in drei Stufen: Die erste Stufe beinhaltete die Herstellung eines freien Kapitalmarktes zwischen den EU-Ländern (1990). Die zweite Stufe bestand aus der Gründung des Europäischen Währungsinstituts (EWI) als Vorläufer der →Europäischen Zentralbank (1994). Mit der dritten Stufe wurde der →Euro als einheitliches Zahlungsmittel eingeführt und die geldpolitische Kontrolle auf eine gemeinsame Institution, die →Europäische Zentralbank, verlagert (1999). Die Ausgabe des →Euro als Bargeld erfolgte erst ab dem 1.1. 2002. Mitglieder der EWWU sind alle Mitgliedstaaten der EU, wenngleich der Euro bislang nur in 12 EU-Ländern eingeführt wurde.

Europäische Wirtschaftsgemeinschaft (EWG). Wirtschaftsgemeinschaft, die neben der →Europäischen Atomgemeinschaft (EURATOM) von den Ländern der →EGKS im Rahmen der Römischen Verträge am 25.3.1957 gegründete wurde. Die EWG bildete zusammen mit der EGKS und der EURATOM seit 1967 die →Europäischen Gemeinschaften. Mit dem →Maastrichter Vertrag wurde die EWG Teil der →Europäischen Union.

Europäische Zentralbank (EZB). Institution der →EU mit Sitz in Frankfurt am Main, die am 1.6.1998 gegründet wurde. Sie bildet gemeinsam mit den Notenbanken der Mitgliedsländer das Europäische System der Zentralbanken (ESZB). Die EZB hat die Aufgabe, die Geld- und Währungspolitik zu steuern und zu kontrollieren, wobei besonderes Augenmerk auf die Sicherung der Preisstabilität gelegt wird. Die Exekutive der EZB ist das Direktorium, das sich aus dem Präsidenten, dem Vizepräsidenten und vier weiteren Mitgliedern zusammensetzt und alle acht Jahre gewählt wird. Oberstes →Organ ist der EZB-Rat, der aus den Mitgliedern des Direktoriums und den Präsidenten der nationalen Zentralbanken der Mitgliedstaaten besteht. Er legt mit einfacher Mehrheit die Leitlinien der europäischen Geldpolitik fest.

Europäischer Ausrichtungs- und Garantiefonds für die Landwirtschaft (EAGFL). Fonds zur Unterstützung

Die drei Säulen der EU

Seit dem Inkrafttreten des Vertrages über die →Europäische Union (EU; →Maastrichter Vertrag) am 7.2.1992 ist EU die Bezeichnung für den Zusammenschluss europäischer Staaten unter dem Dach der →Europäischen Gemeinschaft (EG), der →Gemeinsamen Außen- und Sicherheitspolitik (GASP) und der polizeilichen und justiziellen Zusammenarbeit in Strafsachen (PJZS). Daraus ergibt sich das Bild der drei Säulen der EU.

Die erste Säule der EU bildet die EG. Diese überstaatliche Organisation der EU-Mitgliedstaaten besteht aus der Nachfolgeorganisation der →Europäischen Wirtschaftsgemeinschaft (EG), der Europäischen Atomgemeinschaft (EURATOM) sowie der →Europäischen Gemeinschaft für Kohle und Stahl (EGKS). Entscheidungen innerhalb der EG werden nach den im EU-Vertrag festgelegten Gesetzesgrundlagen durch entsprechende EU-Organe gefällt. Wesentliche Institutionen der EG sind die →Europäische Kommission (EK), der →Rat der Europäischen Union, das →Europäische Parlament (EP), der →Europäische Gerichtshof (EuGH) und der →Europäische Rechnungshof. Regelungen, die vom Rat der Europäischen Union bzw. der EK getroffen werden, entfalten in den Mitgliedstaaten unmittelbar rechtliche Wirkung. Ziele der EG sind ein freier →Binnenmarkt mit grundlegenden →Freiheiten im Bereich des Kapital- und Zahlungsverkehrs, die Freizügigkeit der →Arbeitnehmer auf dem europäischen →Arbeitsmarkt, der freie Verkehr von Waren und Dienstleistungen sowie die Möglichkeit für alle EU-Bürger, sich auf dem Gebiet der EU niederzulassen. Weitere Bereiche der Gemeinschaftspolitik sind Wirtschafts- und Währungspolitik, Sozialpolitik, Unionsbürgerschaft, Bildung und Kultur, Verbraucherschutz, Gesundheitswesen, Forschung und Umwelt.

Die zweite Säule der EU wird durch die GASP gebildet. Die aus der Europäischen Politischen Zusammenarbeit (EPZ) entstandene Organisation soll die Beratung der EU-Mitgliedstaaten und die Erarbeitung gemeinsamer Positionen in außen- und sicherheitspolitischen Fragen gewährleisten. Hauptakteure der GASP sind der →Europäische Rat und der Rat der Europäischen Union. Um die Positionen der Mitgliedstaaten aufeinander

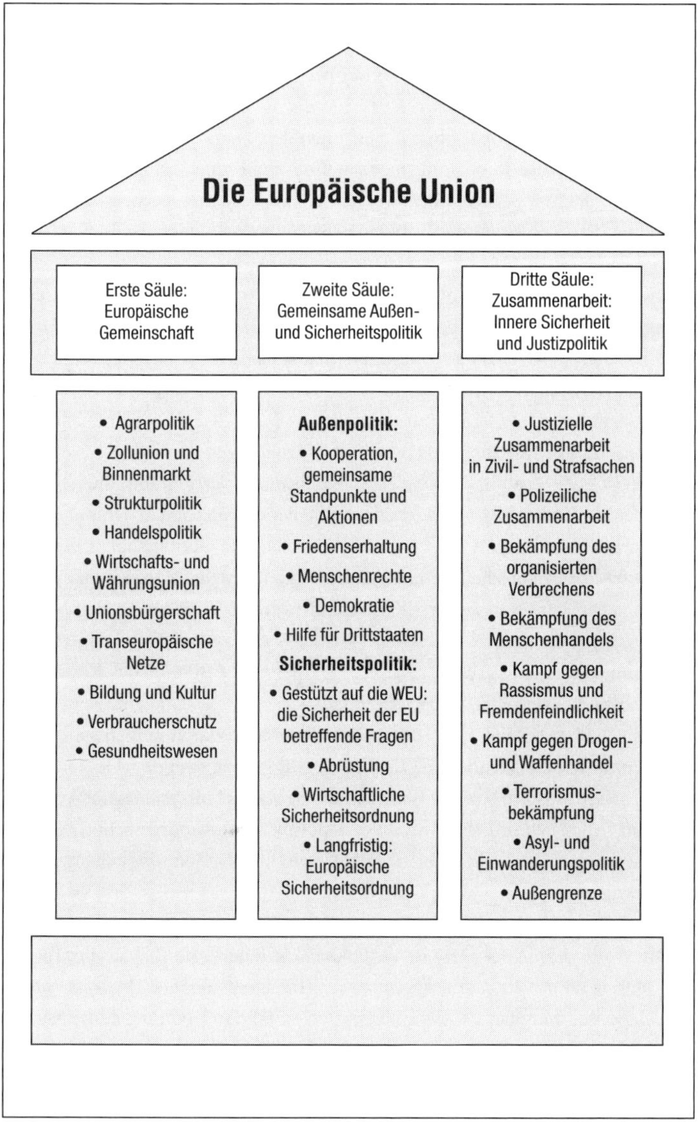

Die drei Säulen der EU

abzustimmen und eine ordnende Instanz für die GASP zu schaffen, wurde 1997 der Hohe Beauftragte der GASP eingesetzt. Ziele einer gemeinsamen →Außenpolitik sollen neben der Koordination und Kooperation u. a. die Förderung und die internationale Durchsetzung von →Frieden, →Menschenrechten, →Demokratie und Rechtsstaatlichkeit sein. Seit dem EU-Gipfel 2000 in Nizza fällt auch die Europäische Sicherheits- und Verteidigungspolitik in das Aufgabenfeld der GASP. Langfristig soll auch eine eigenständige europäische Armee geschaffen werden. Die GASP kann durch verschiedene in den EU-Verträgen festgelegte Mittel tätig werden: gemeinsame Standpunkte, gemeinsame Strategien, gemeinsame Aktionen, gemeinsame Erklärungen. Im Gegensatz zur EG besitzt die GASP genauso wie die dritte Säule bislang allerdings nur intergouvernementalen Charakter, d. h., sie definiert nur den Rahmen der Zusammenarbeit; konkrete Entscheidungen werden erst in Übereinstimmung mit den jeweiligen Regierungen der Mitgliedstaaten getroffen. Faktisch befinden sich die Bemühungen um eine gemeinsame Außen- und Sicherheitspolitik aller EU-Mitgliedstaaten noch im Anfangsstadium, da die meisten Staaten nicht gewillt sind, ihre außenpolitische Souveränität zu Gunsten einer übergeordneten Instanz einzuschränken.

Die dritte Säule der EU besteht aus der PJZS. Der Rahmen der PJZS ist durch Art. 29 des EU-Vertrages bestimmt. Gemeinsame Arbeitsbereiche sind die →Asylpolitik, die Außengrenzen der EU, der Kampf gegen Drogenhandel sowie die Bekämpfung des organisierten Verbrechens (insbesondere des →Terrorismus). Eine Zusammenarbeit wird in diesen Bereichen über direkte Kontakte zwischen Polizei- und Zollbehörden sowie anderer Institutionen der Mitgliedstaaten (z. B. Justizbehörden), aber auch durch die Ermittlung des Europäischen Polizeiamts (Europol) geleistet. Dazu gehört auch die Erleichterung und Beschleunigung von Gerichtsverfahren, die Auslieferung von Strafverfolgten an entsprechende Mitgliedstaaten sowie die gegenseitige Annäherung der Strafvorschriften der EU-Staaten. Beschlüsse werden auf der Basis der Regierungszusammenarbeit gefasst, d. h., sie haben keine unmittelbare Rechtswirkung für die EU-Staaten, sondern müssen erst durch die einzelnen Mitgliedstaaten beschlossen und in entsprechende Rechtsakte umgesetzt werden.

Mitgliedstaaten der Europäischen Union

Belgien *Amtlicher Ländername:* Königreich Belgien; *Hauptstadt:* Brüssel; *Einwohner:* 10,3 Mio.; Fläche: 32 545 km²; *Amtssprachen:* Niederländisch, Französisch, Deutsch; *Religionen:* Römisch-katholisch 75 %, sonstige und konfessionslos 25 %; *Regierungssystem:* Parlamentarische Monarchie; *BSP pro Kopf:* 18 210 €; *Währung:* 1 Euro = 100 Cent; *EU-Mitglied:* Gründungsmitglied; *Weitere Mitgliedschaften:* Benelux, EAPC, EBRD, ECE, EEA, ESA, Europarat, NATO, OECD, OSZE, WEAG, WEU

Dänemark *Amtlicher Ländername:* Königreich Dänemark; *Hauptstadt:* Kopenhagen; *Einwohner:* 5,3 Mio.; *Fläche:* 43 096 km² (ohne Färöer u. Grönl.); *Amtssprachen:* Dänisch, in Südjütland auch Deutsch, einheimische Sprachen auf Färöer und Grönl.; *Religionen:* Evangelisch-lutherisch 95%, sonstige und konfessionslos 5 %; *Regierungssystem:* Parlamentarische Monarchie; *BSP pro Kopf:* 23 360 €; *Währung:* 1 Dänische Krone = 100 Øre; *EU-Mitglied:* seit 1973; *Weitere Mitgliedschaften:* CBSS, CERN, EAPC, EBRD, ECE, EIB, ESA, Europarat, NATO, NC, OECD, OSZE

Deutschland *Amtlicher Ländername:* Bundesrepublik Deutschland; *Hauptstadt:* Berlin; *Einwohner:* 82,5 Mio.; *Fläche:* 357 023 km²; *Amtssprache:* Deutsch; *Religionen:* Römisch-katholisch 34 %, protestantisch 34 %, muslimische vier %, sonstige und konfessionslos 28 %; *Regierungssystem:* Parlamentarische Bundesrepublik; *BSP pro Kopf:* 17 990 €; *Währung:* 1 Euro = 100 Cent; *EU-Mitglied:* Gründungsmitglied; *Weitere Mitgliedschaften:* BSEC (Beobachter), CBSS, CERN, EAPC, EBRD, ECE, EIB, ESA, Europarat, NATO, OECD, OSZS, WEAG, WEU

Estland *Amtlicher Ländername:* Republik Estland; *Hauptstadt:* Tallinn; *Einwohner:* 1,4 Mio.; *Fläche:* 45 100 km²; *Amtssprache:* Estnisch; *Religionen:* Evangelisch-lutherisch 24 %, russisch-/estnisch orthodox 10 %, sonstige und konfessionslos 66 %; *Regierungssystem:* Parlamentarische Republik; *BSP pro Kopf:* 2 960 €; *Währung:* 1 Estnische Krone = 100 Senti; *EU-Mitglied:* seit 2004; *Weitere Mitgliedschaften:* CBSS, EAPC, EBRD, ECE, Europarat, NATO, PfP, OSZE, WEU

Finnland *Amtlicher Ländername:* Republik Finnland; *Hauptstadt:* Helsinki; *Einwohner:* 5,2 Mio.; *Fläche:* 338 144 km²; *Amtssprachen:* Finnisch, Schwedisch; *Religionen:* Evangelisch-lutherisch 84 %, sonstige und konfessionslos 16 %; *Regierungssystem:* Parlamentarische Republik; *BSP pro Kopf:* 18 160 €; *Währung:* 1 Euro = 100 Cent; *EU-Mitglied:* seit 1995; *Weitere Mitgliedschaften:* CBSS, CERN, EAPC, EBRD, ECE, EIB, Europarat, ESA, NC, PfP, OSZE, WEAG, WEU

Frankreich *Amtlicher Ländername:* Französische Republik; *Hauptstadt:* Paris; *Einwohner:* 61,4 Mio.; *Fläche:* 543 965 km²; *Amtssprache:* Französisch; *Religionen:* Römisch-katholisch 85 %, muslimisch 8 %, sonstige und konfessionslos 7 %; *Regierungssystem:* Parlamentarische Republik; *BSP pro Kopf:* 17 460 €; *Währung:* 1 Euro = 100 Cent; *EU-Mitglied:* Gründungsmitglied; *Weitere Mitgliedschaften:* BSEC (Beobachter), CERN, EAPC, EBRD, ECE, EIB, EMU, ESA, Europarat, NATO, OECD, OSZE, WEAG, WEU

Griechenland *Amtlicher Ländername:* Griechische Republik; *Hauptstadt:* Athen; *Einwohner:* 10,5 Mio.; *Fläche:* 131 957 km²; *Amtssprache:* Griechisch; *Religionen:* Griechisch-orthodox 95 %, sonstige und konfessionslos 5 %; *Regierungssystem:* Parlamentarische Republik; *BSP pro Kopf:* 8 800 €; *Währung:* 1 Euro = 100 Cent; *EU-Mitglied:* seit 1981; *Weitere Mitgliedschaften:* BSEC, CERN, EAPC, EBRD, ECE, EIB, Europarat, NATO, OECD, OSZE, WEAG, WEU

Großbritannien *Amtlicher Ländername:* Vereinigtes Königreich Großbritannien und Nordirland; *Hauptstadt:* London; *Einwohner:* 59,7 Mio.; *Fläche:* 244 100 km²; *Amtssprachen:* Englisch, Walisisch, Gälisch; *Religionen:* Anglikanisch (Church of England 60 %, Church of Scotland 2 %), römisch-katholisch 9,5 %, muslimisch 3,5 %, sonstige und konfessionslos 25 %; *Regierungssystem:* Parlamentarische Monarchie; *BSP pro Kopf:* 18 490 €; *Währung:* 1 Pfund Sterling = 100 Pence; *EU-Mitglied:* seit 1973; *Weitere Mitgliedschaften:* BSEC, CERN, EAPC, EBRD, ECE, EIB, Europarat, NATO, OECD, OSZE, WEAG, WEU

Irland *Amtlicher Ländername:* Republik Irland; *Hauptstadt:* Dublin; *Einwohner:* 3,9 Mio.; *Fläche:* 70 282 km^2; *Amtssprachen:* Englisch, Irisch (Gälisch); *Religionen:* Römisch-katholisch 93 %, anglikanisch (Church of Ireland) 2,5 %, sonstige und konfessionslos 4,5 %; *Regierungssystem:* Parlamentarische Republik; *BSP pro Kopf:* 17 630 €; *Währung:* 1 Euro = 100 Cent; *EU-Mitglied:* seit 1973; *Weitere Mitgliedschaften:* EAPC, EBRD, ECE, EIB, ESA, Europarat, OECD, OSZE, PfP, WEU

Italien *Amtlicher Ländername:* Italienische Republik; *Hauptstadt:* Rom; *Einwohner:* 57,9 Mio.; *Fläche:* 301 336 km^2; *Amtssprachen:* Italienisch, Deutsch (regional), Französisch (regional), Slowenisch (regional); *Religionen:* Römisch-katholisch 83 %, konfessionslos 14 %, sonstige 3 %; *Regierungssystem:* Parlamentarische Republik; *BSP pro Kopf:* 14 820 €; *Währung:* 1 Euro = 100 Cent; *EU-Mitglied:* Gründungsmitglied; *Weitere Mitgliedschaften:* BSEC (Beobachter), CEI, CERN, EAPC, EBRD, ECE, EIB, ESA, Europarat, NATO, OECD, OSZE, WEAG, WEU

Lettland *Amtlicher Ländername:* Republik Lettland; *Hauptstadt:* Riga; *Einwohner:* 2,3 Mio.; *Fläche:* 64 589 km^2; *Amtssprache:* Lettisch; *Religionen:* Evangelisch-lutherisch 38 %, römisch-katholisch 35 %, russisch-orthodox 15 %, sonstige und konfessionslos 12 %; *Regierungssystem:* Parlamentarische Republik; *BSP pro Kopf:* 2 530 €; *Währung:* 1 Lats = 100 Santims; *EU-Mitglied:* seit 2004; Weitere Mitgliedschaften CBSS, EAPC, EBRD, ECE, Europarat, NATO, OSCE, PfP, WEU

Litauen *Amtlicher Ländername:* Republik Litauen; *Hauptstadt:* Vilnius; *Einwohner:* 3,5 Mio.; *Fläche:* 65 301 km^2; *Amtssprache:* Litauisch; *Religionen:* Römisch-katholisch 80 %, sonstige und konfessionslos 20 %; *Regierungssystem:* Parlamentarische Republik; *BSP pro Kopf:* 2540 €; *Währung:* 1 Litas = 100 Centas; *EU-Mitglied:* seit 2004; *Weitere Mitgliedschaften:* CBSS, EAPC, EBRD, ECE, Europarat, NATO OSZE, PfP, WEU

Luxemburg *Amtlicher Ländername:* Großherzogtum Luxemburg; *Hauptstadt:* Luxemburg; *Einwohner:* 441 000; *Fläche:* 2 586 km^2; *Amtssprа-*

chen: Französisch; *Verwaltungssprachen:* Letzebuergesch, Deutsch, Französisch; *Religionen:* Römisch-katholisch 97 %, sonstige und konfessionslos 3 %; *Regierungssystem:* Konstitutionelle Monarchie; *BSP pro Kopf:* 30 420 €; *Währung:* 1 Euro = 100 Cent; *EU-Mitglied:* seit 1958; *Weitere Mitgliedschaften:* Benelux, EAPC, EBRD, ECE, EIB, Europarat, NATO, OECD, OSZE, WEAG, WEU

Malta *Amtlicher Ländername:* Republik Malta; *Hauptstadt:* Valetta; *Einwohner:* 395 000; *Fläche:* 315,6 km²; *Amtssprachen:* Maltesisch, Englisch; *Religionen:* Römisch-katholisch 91 %, sonstige und konfessionslos 9 %; *Regierungssystem:* Parlamentarische Republik; *BSP pro Kopf:* 7003€; *Währung:* 1 Maltesische Lira = 100 Cents; *EU-Mitglied:* seit 2004; *Weitere Mitgliedschaften:* Commonwealth, EBRD, ECE, Europarat, OSZE

Niederlande *Amtlicher Ländername:* Königreich der Niederlande; *Hauptstadt:* Amsterdam (Regierungssitz Den Haag); *Einwohner:* 16,03 Mio.; *Fläche:* 41 526 km²; *Amtssprache:* Niederländisch; *Religionen:* Römisch-katholisch 33 %, protestantisch 25 %, muslimisch 4,4 % sonstige und konfessionslos 37,6 %; *Regierungssystem:* Parlamentarische Monarchie; *BSP pro Kopf:* 18 590 €; *Währung:* 1 Euro = 100 Cent; *EU-Mitglied:* Gründungsmitglied; *Weitere Mitgliedschaften:* Benelux, CERN, EAPC, EBRD, ECE, EIB, ESA, Europarat, NATO, OECD, OSZE, WEAG, WEU

Österreich *Amtlicher Ländername:* Republik Österreich; *Hauptstadt:* Wien; *Einwohner:* 8,1 Mio.; *Fläche:* 83 871 km²; *Amtssprachen:* Deutsch; *regional:* Slowenisch, Kroatisch; *Religionen:* Römisch-katholisch 74 %, protestantisch 5 %, sonstige und konfessionslos 21 %; *Regierungssystem:* Parlamentarische Bundesrepublik; *BSP pro Kopf:* 18 353 €; *Währung:* 1 Euro = 100 Cent; *EU-Mitglied:* seit 1995; *Weitere Mitgliedschaften:* BSEC, CEI, CERN, EAPC, EBRD, ECE, EIB, ESA, Europarat, OECD, OSZE, PfP, WEAG, WEU

Polen *Amtlicher Ländername:* Republik Polen; *Hauptstadt:* Warschau; *Einwohner:* 38,6 Mio.; *Fläche:* 312 685 km²; *Amtssprache:* Polnisch; *Re-*

ligionen: Römisch-katholisch 91 %, russisch-orthodox 1,5 %, sonstige und konfessionslos 7,5 %; *Regierungssystem:* Republik; *BSP pro Kopf:* 3 240 €; *Währung:* 1 Zloty = 100 Groszy; *EU-Mitglied:* seit 2004; *Weitere Mitgliedschaften:* BSEC (Beobachter), CBSS, CEI, CEFTA, CERN, EAPC, EBRD, ECE, Europarat, NATO, OECD, OSZE, WEAG, WEU

Portugal *Amtlicher Ländername:* Portugiesische Republik; *Hauptstadt:* Lissabon; *Einwohner:* 10,03 Mio.; *Fläche:* 92 345 km²; *Amtssprache:* Portugiesisch; *Religionen:* Römisch-katholisch 95 %, sonstige und konfessionslos 5 %; *Regierungssystem:* Parlamentarische Republik; *BSP pro Kopf:* 8 320 €; *Währung:* 1 Euro = 100 Cent; *EU-Mitglied:* seit 1986; *Weitere Mitgliedschaften:* CERN, EAPC, EBRD, ECE, EIB, ESA, Europarat, NATO, OECD, OSZE, WEAG, WEU

Schweden *Amtlicher Ländername:* Königreich Schweden; *Hauptstadt:* Stockholm; *Einwohner:* 8,9 Mio.; *Fläche:* 449 964 km²; *Amtssprache:* Schwedisch; *Religionen:* Protestanten (86,2 %), Katholiken (1,7 %) und andere; *Regierungssystem:* Parlamentarische Monarchie; *BSP pro Kopf:* 20 064 €; *Währung:* 1 Schwedische Krone = 100 Öre; *EU-Mitglied:* seit 1995; *Weitere Mitgliedschaften:* CBSS, CERN, EAPC, EBRD, ECE, EIB, ESA, Europarat, OECD, OSZE, PfP, WEU

Slowakei *Amtlicher Ländername:* Slowakische Republik; *Hauptstadt:* Bratislava; *Einwohner:* 5,4 Mio.; *Fläche:* 49 034 km²; *Amtssprache:* Slowakisch; *Religionen:* Römisch-katholisch 60 %, protestantisch 8 %, sonstige und konfessionslos 32 %; *Regierungssystem:* Republik; *BSP pro Kopf:* 2 870 €; *Währung:* 1 Slowakische Krone = 100 Heller; *EU-Mitglied:* seit 2004; *Weitere Mitgliedschaften:* CEFTA, CEI, CERN, EAPC, EBRD, ECE, Europarat, NATO, OECD, OSZE, PfP, WEU

Slowenien *Amtlicher Ländername:* Republik Slowenien; *Hauptstadt:* Ljubljana; *Einwohner:* 1,99 Mio.; *Fläche:* 20 253 km²; *Amtssprachen:* Slowenisch; *Religionen:* Römisch-katholisch 58 %, orthodox 4 %, muslimisch 3 %, sonstige und konfessionslos 35 %; *Regierungssystem:* Parlamentarische Demokratie; *BSP pro Kopf:* 7 460 €; *Währung:* 1 Tolar = 100 Stotin; *EU-Mitglied:* seit 2004; *Weitere Mitgliedschaften:* CEFTA, CEI, EAPC, EBRD, ECE, Europarat, NATO, OSZE, PfP, WEU

Spanien *Amtlicher Ländername:* Königreich Spanien; *Hauptstadt:* Madrid; *Einwohner:* 41,1 Mio.; *Fläche:* 504782 km²; *Amtssprachen:* Spanisch; regional Katalanisch, Baskisch, Galizisch, Valenzianisch; *Religionen:* Römisch-katholisch 98 %, sonstige und konfessionslos 2 %; *Regierungssystem:* Parlamentarische Monarchie; *BSP pro Kopf:* 10920 €; *Währung:* 1 Euro = 100 Cent; *EU-Mitglied:* seit 1986; *Weitere Mitgliedschaften:* CERN, EAPC, EBRD, ECE, EIB, Europarat, ESA, NATO, OECD, OSZE, WEU

Tschechien *Amtlicher Ländername:* Tschechische Republik; *Hauptstadt:* Prag; *Einwohner:* 10,2 Mio.; *Fläche:* 78 866 km²; *Amtssprache:* Tschechisch; *Religionen:* Römisch-katholisch 39 %, protestantisch 4 %, konfessionslos 40 %, sonstige 17 %; *Regierungssystem:* Parlamentarische Republik; *BSP pro Kopf:* 4 070 €; *Währung:* 1 Tsch. Krone = 100 Heller; *EU-Mitglied:* seit 2004; *Weitere Mitgliedschaften:* CEFTA, CEI, CERN, EAPC, EBRD, ECE, Europarat, NATO, OECD, OSZE, WEU

Ungarn *Amtlicher Ländername:* Republik Ungarn; *Hauptstadt:* Budapest; *Einwohner:* 10,2 Mio.; *Fläche:* 93 030 km²; *Amtssprache:* Ungarisch; *Religionen:* Römisch-katholisch 53 %, protestantisch 17 %, sonstige und konfessionslos 30 %; *Regierungssystem:* Parlamentarische Republik; *BSP pro Kopf:* 3 680 €; *Währung:* 1 Forint = 100 Filler; *EU-Mitglied:* seit 2004; *Weitere Mitgliedschaften:* CEI, CEFTA, CERN, EAPC, EBRD, ECE, Europarat, NATO, OECD, OSCE, WEU

Zypern *Amtlicher Ländername:* Republik Zypern; *Hauptstadt:* Nikosia; *Einwohner:* 761 000; *Fläche:* 9 251 km²; *Amtssprachen:* Griechisch, Türkisch, Englisch (Verkehrssprache); *Religionen:* griechisch-orthodox, muslimisch; *Regierungssystem:* Präsidialdemokratie; *BSP pro Kopf:* 9 400 €; *Währung:* 1 Zypern-Pfund = 100 Cents; *EU-Mitglied:* seit 2004; *Weitere Mitgliedschaften:* Commonwealth, EBRD, ECE, Europarat, OSZE

Die wichtigsten Parteien in den EU-Mitgliedstaaten

Belgien Vlaamse Liberalen en Democraten (VLD; lib.), Socialistische Partij. Anders (sp.a; soz.-demokr., fläm.), Spirit – De Vlaamse Links-Liberalen (SPIRIT; soz.-lib., regional.), Christen Democratisch & Vlaams (CD&V; christdemokr., fläm., kons.), Parti Socialiste (PS ; soz.-demokr., wallonisch), Vlaams Belang (VB; rechtpop.-separat.).

Dänemark Venstre – Danmarks Liberale Parti (V; lib.), Socialdemokratiet (S; soz.-demokr.), Dansk Folkeparti (DF; rechtspop.), Konservative Folkeparti (KF; kons.), Radikale Venstre (RV; soz.-lib.), Socialistisk Folkeparti (SF; soz.-demokr., ökol.).

Deutschland Christlich Demokratische Union Deutschlands (CDU, christdemokr.-kons.), Christlich-Soziale Union in Bayern (CSU, christdemokr.-kons.), Sozialdemokratische Partei Deutschlands (SPD, soz.-demokr.), Bündnis 90 / Die Grünen (GRÜNE, ökol.), Freie Demokratische Partei (FDP, lib.), Partei des Demokratischen Sozialismus (PDS, soz.).

Estland Eesti Keskerakond (K; lib.), Ühendus Vabariigi Eest - Res Publica (RP; kons.), Eesti Reformierakond (RE; lib.), Eestimaa Rahvaliit (ERL; kons.-agr.), Isamaaliit (IL; christdemokr.-kons.), Sotsiaaldemokraatlik Erakond (SDE; soz.-demokr.).

Finnland Suomen Keskusta (KESK; lib.), Suomen Sosialidemokraattinen Puolue (SDP; soz.-demokr.), Kansallinen Kokoomus (KOK; kons.), Vasemmistoliitto (VAS; soz.), Vihreä Liitto (VIHR; ökol.), Suomen Kristillisdemokraatit (KD; christdemokr.).

Frankreich Union pour un Mouvement Populaire (UMP; christdemokr.-kons.), Parti Socialiste (PS ; soz.-demokr.), Front National (FN; rechtspop.), Parti Communiste Français (PCF; komm.), Union pour la Démocratie Française (UDF; lib.-kons.), Les Verts (VERTS; ökol.-demokr.).

Griechenland Nea Dimokratia (ND; christdemokr.-kons.), Panellinio Sosialistiko Kinima (PASOK; soz.-demokr.), Kommounistiko Kómma

Elládas (KKE; komm.), Synaspismos tis Aristeras ton Kinimaton kai tis Oikologias (SYN; ökol.-soz.).

Irland Fianna Fáil (FF; kons.-national.), Fine Gael (FG; christdemokr.), Labour Party (LP; soz.-demokr.), Sinn Féin (SF; soz.), Progressive Democrats (PD; lib.), Green Party (GP; ökol.-demokr.).

Italien Forza Italia (FI; kons.), Democratici di Sinistra (DS; soz.-demokr.), La Margherita – Democrazia è Libertà (DL; bürgerl.), Alleanza Popolare – UDEUR (AP; christdemokr.), Alleanza Nazionale (AN; national.), Partito Rifondazione Comunista (PRC; komm.).

Lettland Jaunais Laiks (JL; kons.), Tautas Saskanas Partija (TSP; soz.-demokr.), Latvijas Socialistiska Partija (LSP; komm.), Lîdztiesîba Savieniba (LS; soz., pro-russisch), Tautas Partija (TP; kons.), Latvijas Pirma Partija (LPP; christdemokr.).

Litauen Darbo Partija (DP; bürgerl.-gemäßigt), Lietuvos Socialdemokratu Partija (LSDP; soz.-demokr.), Naujoji Sajunga – Socialliberalai (NS; soz.-lib.), Tevynes Sajunga (TS; kons.), Liberalu Demokratu Partija (LDP; national.), Liberalu ir Centro Sajunga (LiCS; lib.).

Luxemburg Chrëschtlech Sozial Vollekspartei (CSV; christdemokr.), Lëtzebuergesch Sozialistesch Arbechterpartei (LSAP; soz.-demokr.), Demokratesch Partei (DP; lib.), Déi Gréng (GRENG; ökol.), Aktiounskomitee fir Demokratie a Rentegerechtegkeet (ADR; kons.), Déi Lénk (L; soz.).

Malta Nationalist Party (NP; christdemokr.-kons.), Malta Labour Party (MLP; soz.-demokr.).

Niederlande Christen Democratisch Appèl (CDA; christdemokr.), Partij van de Arbeid (PvdA; soz.-demokr.), Volkspartij voor Vrijheid en Democratie (VVD; lib.-kons.), Socialistische Partij (SP; soz.), Lijst Pim Fortuyn (LPF; rechtspop.-national.), Groen Links (GL; ökol.).

Österreich Österreichische Volkspartei (ÖVP; christdemokr.-kons.), Sozialdemokratische Partei Österreichs (SPÖ; soz.-demokr.), Freiheitliche Partei Österreichs (FPÖ; rechtspop.-national.), Die Grünen (Grüne; ökol.).

Polen Sojusz Lewicy Demokratycznej (SLD; soz.-demokr.), Unia Pracy (UP; soz.-demokr.), Platforma Obywatelska (PO; kons.), Samoobrona (SO; national.-pop.), Polskie Stronnictwo Ludowe (PSL; christdemokr.-agr.), Liga Polskich Rodzin (LPR; christl.-national.).

Portugal Partido Socialista (PS; soz.-demokr.), Partido Social Democrata (PSD; christdemokr.-kons.), Partido Comunista Português (PCP; komm.), Partido Ecologista Os Verdes (PEV; ökol.), Partido Popular (PP; rechtskons.), Bloco de Esquerda (BE; komm.).

Schweden Socialdemokratiska Arbetarepartiet (SAP; soz.-demokr.), Moderata Samlingspartiet (M; kons.), Folkpartiet Liberalerna (FP; lib.), Kristdemokraterna (KD; christdemokr.), Vänsterpartiet (VP; soz.), Centerpartiet (CP; bürgerl.-agr.).

Schweiz Schweizerische Volkspartei (SVP, kons.-national.), Sozialdemokratische Partei der Schweiz (SP, soz.-demokr.), Freisinnig-Demokratische Partei (FDP; lib.), Christlich-Demokratische Volkspartei (CVP, christdemokr.), Grüne Partei der Schweiz (GPS; ökol.), Evangelische Volkspartei (EVP, christdemokr.).

Slowakei Hnuti za Demockratické Slovenska (HZDS; national.), Slovenska Demokraticka a Krestanska Unia (SDKU; christdemokr.), Strana Smer (SMER; soz.-demokr.), Magyar Koalíció Pártja (MK; christdemokr.), Krest'ansko Demokratické Hnuti (KDH; christdemokr.-kons.).

Slowenien Slovenska Demokratska Stranka (SDS; christdemokr.-kons.), Liberalna Demokracija Slovenije (LDS; soz.-lib.), Združena Lista Socialnih Demokratov (ZLSD; soz.-demokr.), Nova Slovenija – Krscanska Ljudska Stranka (NSI; christdemokr.), Slovenska Ljudska Stranka (SLS; kons.-agr.), Slovenska Nacionalna Stranka (SNS; national.).

Spanien Partido Socialista Obrero Español (PSOE; soz.-demokr.), Partido Popular (PP; christdemokr.-kons.), Izquerda Unida, (IU; soz.), Iniciativa per Catalunya Verds (ICV; ökol.), Convergència i Unió de Catalunya (CiU; lib.-christdemokr., regional.), Esquerra Republicana de Catalunya (ERC; soz.-separat.).

Tschechische Republik Česká Strana Sociálne Demokratická (ČSSD; soz.-demokr.), Občanská Demokratická Strana (ODS; kons.), Komunistická Strana Čech a Moravy (KSČM; komm.), Krest'anská a Demokratická Unie (KDU-ČSL; christdemokr.), Unie-Svobody – Demokraticka Unie (US-DEU; lib.-kons.).

Ungarn Magyar Szocialista Párt (MSZP; soz.-demokr.), Magyar Polgári Szövetség (MPSZ; kons.-christdemokr.), Magyar Demokrata Fórum (MDF; christdemokr.), Szabad Demokraták Szövetsége (SZDSZ; lib.), Magyar Igazság és Elet Pártja (MIEP; national.), Független Kisgazdapárt (FKGP; kons.-agr.).

Vereinigtes Königreich Conservative Party (CON; kons., neolib.), Labour Party (LAB; soz.-demokr.), Liberal Democrats (LD; lib.-demokr.), United Kingdom Independence Party (UKIP; national.), Scottish National Party (SNP; soz.-demokr., separat.), Green Party of England and Wales (GP; ökol.).

Zypern Anorthotiko Komma Ergazomenou Laou (AKEL; soz.-demokr.), Dimakratikos Synagermos (DISY; christdemokr.-kons.), Dimokratiko Komma (DIKO; bürgerl.), Kinima Sosialdimokraton (KISOS; soz.-demokr.), Neoi Orizontes (NEO; bürgerl.), Enomenoi Dimokrates (EDI; kons.).

Abkürzungsverzeichnis: agr. = agraisch; bürgerl. = bürgerlich; christl. = christlich; demokr. = demokratisch; fläm. = flämisch; komm. = kommunistisch; kons. = konservativ; lib. = liberal; national. = nationalistisch; ökol. = ökologisch; pop. = populistisch; regional. = regionalistisch; separat. = separatistisch; soz. = sozialistisch.

der Landwirtschaft innerhalb der EU (→EU-Strukturfonds). Er nimmt ca. 45 % des gesamten EU-Haushaltes in Anspruch, indem er seiner Hauptaufgabe – der Sicherstellung der garantierten Preise – nachkommt.

Europäischer Binnenmarkt. Seit dem 1.1.1993 bestehender →Markt, der den freien Verkehr von Gütern, Personen, Dienstleistungen und Kapital innerhalb der →Europäischen Union garantiert. Innerhalb des e. B. entfallen Zölle sowie Personen- und Warenkontrollen. Im Dienstleistungssektor wurden die Regelungen und Normen weitgehend europaweit vereinheitlicht. Die Errichtung des e. B. wurde in der →Einheitlichen Europäischen Akte (EEA) festgehalten und gilt als wichtiger Schritt zur →Europäischen Währungs- und Wirtschaftsunion (EWWU).

Europäischer Gerichtshof (EuGH). Rechtsprechendes →Organ der →EU mit Sitz in Luxemburg, das aus 25 Richtern und acht Generalanwälten besteht. Der EuGH kontrolliert die Auslegung und Anwendung der Gründungsverträge der →Europäischen Gemeinschaften sowie der Vorschriften, die von EU-Organen erlassen wurden. Gerichte erster Instanz, die dem EuGH seit dem 25.9.1989 angegliedert sind, besitzen die gleichen Aufgaben. Schwerpunkt sind Klagen natürlicher oder juristischer Personen gegen die Gemeinschaftsorgane; aber auch die Organe selbst können Kläger sein. Der EuGH ist die oberste Instanz im europäischen Rechtswegesystem und nimmt mit seinen Entscheidungen wesentlichen Einfluss auf die Rechtsvereinheitlichung bzw. -fortbildung innerhalb der EU.

Europäischer Ministerrat →Rat der Europäischen Union.

Europäischer Rat. Europagipfel. Gipfeltreffen, auf dem die Staats- und Regierungschefs der Mitgliedstaaten der →EU und der Präsident der →Europäischen Kommission seit 1974 zweimal im Jahr zusammenkommen. Den Vorsitz führt das Land, das im Ministerrat der EU die Präsidentschaft innehat. Als oberstes Gremium der →EU legt er die politischen Leitlinien fest und trifft Grundsatzentscheidungen z. B. bezüglich des Integrationsprozesses (→Einheitliche Europäische Akte, →Maastrichter Vertrag). Da der E. R. kein eigenständiges →Organ der EU ist, kann er keine unmittelbar wirksamen Beschlüsse fassen, sondern lediglich Weisungen zur Umsetzung erteilen. Dennoch ist er bis heute die zentrale Entscheidungsinstanz der EU.

Europäischer Rechnungshof (EuRH). 1975 geschaffene EU-Institution mit Sitz in Luxemburg, die die Einnahmen und Ausgaben der →EU kontrolliert und die →Effizienz der Haushaltsführung überprüft. Alle

Mitgliedstaaten der EU sind im EuRH mit jeweils einem Mitglied vertreten, das auf sechs Jahre vom →Rat der Europäischen Union ernannt wird.

Europäischer Sozialfonds →EU-Strukturfonds.

Europäischer Wirtschaftsraum (EWR). Binnenmarkt, der 1994 von der →EFTA und der→ EG gemeinsam geschaffen wurde. Zur EWR gehören z. Z. 25 EU-Staaten und drei EFTA-Staaten, für die freier Personen-, Güter-, Dienstleistungs- und Kapitalverkehr besteht.

Europäisches Parlament (EP). 1958 als gemeinsames Parlament von →EGKS, →EWG und →EURATOM gebildet, ist es seit 1979 die einzige Körperschaft der →EU, das alle fünf Jahre direkt von den EU-Bürgern gewählt wird. Das EP besteht aus 731 →Abgeordneten (Stand April 2005), die aus 25 →Nationen stammen. Die Abgeordneten sind aber nicht in Länderblöcken, sondern in länderübergreifenden politischen Blöcken zusammengefasst. Die Zahl der Abgeordneten pro Mitgliedstaat hängt von den jeweiligen Bevölkerungszahlen ab. →Deutschland entsendet derzeit 99 Abgeordnete. Auch wenn die Abgeordneten des EP inzwischen in allen Mitgliedstaaten nach den Grundsätzen der →Verhältniswahl bestimmt werden, wurde bislang noch kein einheitliches Wahlrecht auf europäischer Ebene festgelegt. Das EP hatte früher ausschließlich kontrollierende und beratende Funktion. Mit der →Einheitlichen Europäischen Akte und dem →Maastrichter Vertrag wurden die gesetzgebenden Kompetenzen aber stark ausgeweitet. Außerdem kontrolliert das EP die Verwendung der Haushaltsmittel, überwacht die Tätigkeit der EU-Organe und kann gegebenenfalls der Europäischen Kommission das Misstrauen aussprechen. Das EP hat seinen Sitz in Straßburg. Ausschuss- und Fraktionssitzungen finden auch in Brüssel statt; das Generalsekretariat ist in Luxemburg.

Europäisches Währungssystem (EWS). Gemeinsames Wechselkurssystem der EG-Länder, das am 13.3.1979 in Kraft trat und damit den Europäischen Wechselverbund ablöste. Hauptziel des EWS war es, die Stabilität von Preisen und Wechselkursen zu gewährleisten. Rechnungseinheit war der ECU (European Currency Unit). Das EWS I wurde zum 1.1.1999 aufgelöst und durch das EWS II ersetzt. Das EWS II steuerte die Anpassung der nationalen Währungen an den →Euro, und regelt die Aufnahme derjenigen Länder, die noch nicht der Europäischen Wirtschafts- und Währungsunion angehören.

Europäisches Wiederaufbauprogramm (engl. *European Recovery*

Program, ERP, auch →Marshallplan). Wiederaufbauprogramm für die nach dem →Zweiten Weltkrieg zerstörten Länder Europas, das vom ehemaligen US-Außenminister G. C. Marshall initiiert wurde und am 3.4.1948 in Kraft trat. Durch das ERP wurden die Länder Westeuropas mit Sachlieferungen, zinslosen Krediten und Finanzhilfen unterstützt. Ziel war es, die politische und kulturelle Zusammenarbeit zu fördern, Menschenrechte zu schützen und demokratische Institutionen zu stärken. Das Programm endete 1952 und trug maßgeblich zum deutschen Wiederaufbau bei.

Europarat. Am 5.5.1949 gegründeter Zusammenschluss europäischer Staaten. Er hat 46 Mitgliedern und seinen Sitz in Straßburg. Zielsetzung des Rates ist die Sicherung der →Menschenrechte, der Schutz der parlamentarischen →Demokratie und die Sicherstellung der Rechtstaatlichkeit. Ferner soll er die europäische Kultur und Identität fördern und für die →Integration und Anpassung der sozialen und rechtlichen Praktiken in den Mitgliedstaaten sorgen. Seit 1989 ist der E. v. a. mit der Durchsetzung der Menschenrechte in den ehemals kommunistischen (→Kommunismus) Staaten Europas und mit der Unterstützung politischer, wirtschaftlicher und rechtlicher →Reformen in diesen Ländern befasst. →Organe des E. sind das Ministerkomitee, das sich aus den 46 Außenministern oder ihren Stellvertretern zusammensetzt; die Parlamentarische Versammlung mit 630 Mitgliedern aus 46 nationalen →Parlamenten; der Kongress der Gemeinden und Regionen des Europarates und das Generalsekretariat. Der E. besitzt im Gegensatz zur →Europäischen Union keine eigenständigen Rechtsetzungsbefugnisse, er kann lediglich Empfehlungen abgeben und Konventionen beschließen, u. a. die →Europäische Konvention zum Schutz der Menschenrechte und Grundfreiheiten (EMRK), das Europäische Übereinkommen zur Verhütung von Folter und erniedrigender Behandlung oder Strafe (Antifolter-Konvention) und die →Europäische Sozialcharta.

Evangelische Kirche in Deutschland (EKD). Zusammenschluss von 23 reformierten, lutherischen und unierten Landeskirchen nach dem Zweiten Weltkrieg, wobei die Autonomie der Gliedkirchen erheblich ist. Ziel der EKD ist die Förderung der Gemeinschaft unter den Gliedkirchen und die Vertretung gesamtkirchlicher Belange gegenüber →Staat und →Öffentlichkeit. Die EKD ist in Synode, Rat und Kirchenkonferenz aufgeteilt. Die Synode ist das oberste beschlussfähige Beratungsorgan der EKD und erlässt als solches u. a. Kirchengesetze sowie Vorlagen des Rates und der Kirchenkonferenz. Die 120 Mitglieder der Synode sind nicht weisungsgebunden und werden alle sechs Jahre neu gewählt. 100 Mitglieder werden durch die 23 Gliedkirchen, 20 weitere Vertreter werden vom Rat ausgewählt. Ein siebenköpfiges Präsidium steht an der Spitze. Der Rat der EKD wird alle sechs Jahre gebildet und setzt sich aus 15 Mitgliedern zusammen, die gemeinsam von Synode und Kirchenkonferenz gewählt werden. Ein gewählter Präsident steht an der Spitze, ein Ratsvorsitzender und sein Stellvertreter werden ebenfalls von Synode und Kirchenkonferenz bestimmt. Der Rat leitet die EKD, vertritt sie in der Öffentlichkeit und sorgt für die Integration der einzelnen Kirchenverbände. Die Kirchenkonferenz der EKD wird von den Gliedkirchen geleitet, wirkt bei der Beschlussfassung und der Wahl des Rates mit und berät die Gliedkirchen und EKD. Die Verwaltung der EKD sitzt in Hannover.

Evangelische Soziallehre →Christliche Soziallehre.

Evolution (von lat. *evolvere* = hervorrollen, abwickeln). Friedliche und allmähliche Veränderung der politischen, wirtschaftlichen oder gesellschaftlichen Verhältnisse. Als Gegensatz gilt die →Revolution, deren Umwälzungen sprunghaft und z. T. gewaltsam ablaufen.

EWG →Europäische Wirtschaftsgemeinschaft.

EWR →Europäischer Wirtschaftsraum.

Exekutive (von lat. *executio* = Ausführung). Ausführende Staatsgewalt. Neben der →Legislative (Gesetzgebung) und der →Judikative (Rechtsprechung) die dritte Instanz innerhalb der →Gewaltenteilung eines →Staates, die von →Regierung und →Verwaltung übernommen wird. Aufgabe der E. ist nach der klassischen Gewaltenteilungslehre die Ausführung und Umsetzung der von der Legislative beschlossenen →Gesetze. In den meisten modernen →Demokratien sind Teile der E. mit der Legislative verschränkt, so wirkt die Regierung auch an der Gesetzgebung mit und fasst selbst staatsleitende Beschlüsse. In der BR Dtl. gehören neben der Bundes- und den Landesregierungen auch die nachgeordneten Verwaltungsorgane wie z. B. die →Polizei und die Finanzbehörden zur E.

Exilregierung (von lat. *exilium* = verbannt). →Regierung, die ihren Sitz außerhalb des Landes hat, über das sie die Regierungsgewalt beansprucht. Für ihre Tätigkeit bedarf sie der Genehmigung durch das Gastland.

Existenzminimum. Einkommensbetrag, der zwingend ist, um lebensnotwendige Bedürfnisse eines Einzelnen oder einer Familie zu befriedigen (Nahrung, Kleidung, Wohnung). Man unterscheidet dieses physische E. vom sozialen E., das die Möglichkeit umfasst, am sozialen und kulturellen Leben teilnehmen zu können.

Exklave. Teilgebiet eines fremden →Staates, das vom Staatsgebiet des eigenen Staates umschlossen ist. →Enklave.

Expertokratie (von lat. *expertus* = Sachverständige und griech. *kratein* = herrschen). Expertenherrschaft. Von E. spricht man, wenn Fachleute, die durch ihr Spezialistentum voreingenommen bzw. in ihrer Perspektive eingeengt sind, maßgeblich politische Entscheidungen prägen und fällen.

Export (von lat. *exportare* = hinaustragen). Bezeichnung für die Ausfuhr von Waren und Dienstleistungen vom Inland ins Ausland. E. und →Import bilden des →Außenhandel eines Staates.

Exterritorialität (von lat. *ex* = aus und *territorium* = Staatsgebiet). Im Völkerrecht verankerter Grundsatz, nach dem bestimmte Ausländer und ausländische Organe nur bedingt unter die Staatshoheit des Gastlandes fallen. Exterritoriale Personen wie Diplomaten (→Diplomatie) oder Staatsoberhäupter dürfen z. B. nicht von Gerichten außerhalb ihres Heimatlandes angeklagt und die Dienstgebäude nicht von Behörden des Gastlandes untersucht werden.

Extremismus (von lat. *extremus* = der Äußerste). Politische Haltungen und Strömungen, die am äußersten Rand der politischen Auffassung angesiedelt sind. Extremisten richten sich gegen den demokratischen Verfassungsstaat und seine Werte und bringen ihren Widerstand gegen die bestehende Ordnung z. T. auch in gewaltsamen Aktionen gegen Personen und Gegenstände zum Ausdruck. Unter den Begriff des E. fallen sowohl links- als auch rechtsextremistische Gruppierungen (→Linksextremismus; →Rechtsextremismus) sowie fundamentalistische Organisationen (→Fundamentalismus).

Extremistenbeschluss. Radikalenerlass. Übereinkunft der Ministerpräsidenten der Bundesländer und des Bundeskanzlers der BR Dtl. vom 28.1.1972. Demnach darf kein Bewerber im öffentlichen Dienst beschäftigt oder in das Beamtenverhältnis übernommen werden, der verfassungsfeindlichen Aktivitäten nachgeht oder sich zu einer Organisation mit verfassungsfeindlichen Zielen bekennt. Der Beschluss richtet sich gegen Mitglieder rechts- und linksradikaler Parteien. 1975 bestätigte ein Urteil des →Bundesverfassungsgerichts, dass der E. mit den Grundsätzen der Verfassung der BR Dtl. vereinbar ist. Trotzdem wurde der E. lange Zeit als eine Form des →Berufsverbots kritisiert.

F

Fachaufsicht. Überprüfung von nachgeordneten Behörden innerhalb einer Verwaltungseinheit auf recht- und gesetzmäßiges Handeln und zweckmäßige Aufgabenerfüllung (→Rechtsaufsicht).

Fallstudie (engl. *case study*). Methode der empirischen Sozialforschung, bei der einzelne Sachverhalte (Personen, Ereignisse) mithilfe bestimmter Methoden (Befragung, Inhaltsanalyse, Beobachtung u. a.) einer genaueren Untersuchung unterzogen werden.

Familienpolitik. Alle politischen Maßnahmen, die die Unterstützung, die Förderung und den Schutz von Familien, insbesondere von Familien mit Kindern, zum Ziel haben. V. a. handelt es sich bei der F. um wirtschaftliche Unterstützung. So wird in der Steuerpolitik über den Familienlastenausgleich (Kinderfreibeträge, ermäßigte Steuersätze) oder in der Sozialpolitik über die Zahlung von Kinder- und Erziehungsgeld das finanzielle Aufkommen für die Erziehung eines Kindes durch staatliche Unterstützung kompensiert (Einkommensumverteilung). Weitere Bereiche der F. sind Arbeitsmarkt- und Beschäftigungspolitik, Erziehungs- und Bildungspolitik sowie Wohnungs- und Gesundheitspolitik.

FAO →Organisation für Ernährung und Landwirtschaft der Vereinten Nationen.

Faschismus (von lat. *fasces* = Bündel). Ursprünglich ein Rutenbündel, das die antiken Liktoren als Abzeichen trugen und das als abgeleitetes Symbol für die Macht des römischen →Staates stand. Später die Bezeichnung für die politische Bewegung von B. Mussolini von 1922–43. Mussolini gründete 1919 den ersten fascio di combattimento (Kampfbund) und gelangte mit dem Marsch nach Rom am 28.10.1922 an die Macht. Der Sturz des Duce (Führer) und das Ende des ital. F. erfolgten nach militärischen und politischen Misserfolgen 1943. Heute wird der Faschismusbegriff weiter gefasst, sodass auch andere extremistische Bewegungen und Systeme wie der →Nationalsozialismus unter die Bezeichnung fallen. Allerdings ist diese Einordnung in der Faschismusforschung durchaus umstritten. Grundsätzliche Merkmale des F. sind: 1. Führerprinzip, d. h. die Ausrichtung der politischen Gestaltung von Staat und Gesellschaft auf einen Führer; 2. Totalitärer (d. h. antidemokratischer Staat, in dem der Führer mit seiner Partei allein die staatliche Lenkung ausführt (→Totalitarismus); 3. Rückkehr zu einem traditionell organisierten Wirtschaftssystem, in dem Klassengegensätze und der freie marktwirtschaftliche Kapitalismus aufgehoben sind; 4. Der F. ist durch eine →Ideologie gekennzeichnet, die die Volksgemeinschaft in den Vordergrund stellt und andere volksfremde Elemente ablehnt und unterdrückt. →Nationalismus, →Rassismus und →Antisemitismus gehören daher zum F.; 5. Einsatz totalitärer Propaganda, Terror und Demagogie über eine Geheimpolizei und militärische Verbände, die den unbedingten Glauben an den Führerstaat und entsprechend konformes Verhalten der Bevölkerung sichern sollen; 6. Bekämpfung kommunistischer, liberaler und parlamentarisch-demokratischer Systeme.

FDGB →Freier Deutscher Gewerkschaftsbund.

FDP →Freie Demokratische Partei.

Feindstaatenklausel. Eine in der UN-Charta von 1945 (Art. 53 u. 107) festgelegte Klausel, die besagt, dass Unterzeichnerstaaten der UN-Charta Maßnahmen gegen ehemalige Feinde im Zweiten Weltkrieg (Deutschland, Italien, Japan) ergreifen können, ohne dass dieser Einsatz durch Bestimmungen der →UN eine Einschränkung erfährt.

Feldforschung. Qualitative Methode der empirischen Sozialforschung und Ethnologie, bei der die soziale Wirklichkeit durch entsprechende Erhebungsverfahren (z. B. teilnehmende Beobachtung) abgebildet werden soll. Der Prozess der Forschung soll dabei von den Forschungsobjekten (Bevölkerungsgruppen, Betriebe u. a.) nicht beeinflusst werden.

Feminismus. Theorie und Praxis der Frauenbewegung, die sich weltweit gegen die Unterdrückung der Frau und für eine daraus folgende Gleichstellung von Mann und Frau in allen gesellschaftlichen Bereichen kämpft. Bereits seit dem 19. Jh. als feststehender Begriff entwickelt, wurde der F. v. a. im Zuge der Studentenproteste der 1960er-Jahre in den USA und Westeuropa als sog. Neue →Frauenbewegung populär. Der F. untersucht die Vorherrschaft patriarchalisch ausgeprägter Rollenmuster in Kultur, Wirtschaft und Gesellschaft und kämpft für eine Befreiung von verhärteten Einstellungen und Strukturen in Bereichen, die den Frauen eine vermeintliche Unterlegenheit zuschreiben und die u. U. auch zu einer Abwertung und schlechteren Stellung gegenüber dem Mann führen. Der F. ist in seiner Theorie und Zielrichtung von unterschiedlichen politischen Strömungen geprägt (u.a. marxistisch orientierter Feminismus, Dekonstruktivismus). Trotz wichtiger Fortschritte wie der Einführung des Frauenwahlrechts 1918 und der

Verankerung der Gleichstellung in Art. 3 III GG hat der F. seine Ziele in der BR. Dtl. noch nicht endgültig erreicht, da in vielen Lebensbereichen wie z. B. der Wirtschaft (niedrigere Vergütung und geringerer Frauenanteil) nach wie vor eine Benachteiligung der Frauen besteht.

Feudalismus (von lat. feudum = *Lehnsgut*). 1. Bezeichnung für das Beziehungsgeflecht zwischen Lehnsträger (Vasallen) und Lehnsherren (z. B. Könige und Adlige). Der Vasall bekommt ein Lehnsgut vom Lehnsherren, dem er im Gegenzug Treue schwört und bestimmte Dienstleistungen (z. B. Kriegsdienst) verspricht. Weitere Abhängigkeitsverhältnisse bestanden im F. zwischen Grundherren und Bauern. Für das von den Grundherren geliehene Stück Land mussten die Bauern absolute Treue und Gefolgschaft leisten sowie Abgaben zahlen, während sie im Gegenzug von den Herrschaftsträgern beschützt wurden. Die Bauern waren dabei überwiegend sog. Leibeigene, d. h. persönlich Abhängige, ihres Grundherren. Mit den Abhängigkeitsverhältnissen und der Möglichkeit, Lehen weiter zu verleihen, entwickelte sich der F. zu einer politisch-ökonomischen Gesellschaftsordnung, in der das Treueverhältnis eine herrschende Gesellschaftsschicht (Adel, Könige, Fürsten, Ritter) mit den Lehnsträgern verband und aus dem sich eine sog. Lehnspyramide bildete. Die Feudalherrschaft wurde im Laufe des 19. Jh., v. a. durch die Ideen der Französischen Revolution und die sich entwickelnde bürgerliche Gesellschaft, überwunden.

Filibuster (engl. = Marathonredner). Ausdruck für eine parlamentarische Strategie, bei der durch eine Dauerrede versucht wird, eine Beschlussfassung der Mehrheitsfraktion zu verhindern oder zu verschieben. Verbreitet ist das F. v. a. im US-Senat und im englischen Unterhaus, während im →Deutschen Bundestag wegen der zeitlichen Beschränkung der Redezeiten das F. praktisch unmöglich ist.

Finanzausgleich. Geregelter Ausgleich der Finanzen zwischen den Gebietskörperschaften eines →Staates oder Bundesstaates, damit diese ihre öffentlichen Aufgaben erfüllen können. Man unterscheidet den horizontalen F., der zwischen über- und untergeordneten Gebietskörperschaften stattfindet (z. B. von Bund zu Land), und den vertikalen F., der über gleichgeordnete Körperschaften abläuft (z. B. von Land zu Land).

Finanzgerichtsbarkeit. Verwaltungsgerichtsbarkeit in der BR Dtl., die auf Länderebene durch Finanzgerichte und auf Bundesebene durch den Bundesfinanzhof ausgeübt wird. Die F. ist durch die Finanzgerichtsordnung (FGO) geregelt. Rechtsmittel sind Beschwerde und Revision vor dem Bundesfinanzhof in München.

Finanzhoheit. Recht eines →Staates auf Erhebung von →Steuern. Die F. ist in der BR Dtl. zwischen →Bund und →Ländern aufgeteilt. →Finanzverfassung.

Finanzplanungsrat. Gremium, das die Finanzplanung von →Bund, →Ländern und Gemeinden koordiniert. Dem zwei Mal im Jahr zusammenkommenden F. gehören der Bundesminister für Finanzen (Vorsitz), die Finanzminister der Länder, Vertreter der Gemeinden und Gemeindeverbände sowie ein Vertreter der Deutschen Bank als Gast an.

Finanzpolitik. Sammelbegriff für alle politischen Maßnahmen und gesetzlichen Regelungen, die die Einnahmen und Ausgaben eines Staatshaushalts betreffen. Dazu gehören u. a. Konjunkturpolitik, Steuerfestlegung, Umverteilungsmaßnahmen zugunsten wirtschaftlich schwächerer Gruppen sowie wirschaftsstabilisierende und -fördernde Eingriffe. In der BR Dtl. fällt die F. v. a. in das Aufgabengebiet des Bundesministeriums der Finanzen und der Finanzministerien der Bundesländer.

Finanzverfassung. Sammelbegriff für alle Bestimmungen, die das öffentliche Finanzwesen in einem →Staat betreffen. Dazu gehören v. a. die →Finanzhoheit, der →Finanzausgleich und die Haushaltswirtschaft. In der BR Dtl. findet sich der rechtliche Rahmen der F. in den Art. 104a–115 GG, in denen z. B. die wichtigsten Regelungen zur →Finanzhoheit, Steuergesetzgebung, →Finanzverwaltung sowie zu den Finanzbeziehungen zwischen →Bund, Ländern und Gemeinden enthalten sind.

Finanzverwaltung. Auch Steuerverwaltung. Teil der öffentlichen Verwaltung, der für die Festsetzung und Erhebung von →Steuern zuständig ist. In der BR Dtl. ist die F. zwischen →Bund und Ländern aufgeteilt. Auf der Bundesebene ist das Bundesinnenministerium für Finanzen oberste →Behörde. Auf der Länderebene stellen die Landesfinanzministerien die obersten Behörden, nachgeordnet sind die Oberfinanzdirektionen als Mittelbehörden und die Finanzämter als Ortsbehörden. Der Bund ist v. a. für die Zollerhebung und die Verbrauchssteuern zuständig, auf Länderebene werden die →Steuern von den Finanzämtern verwaltet.

Finnland →Europäische Länder.

Fiskalpolitik. Konjunktur- und wachstumspolitische Maßnahmen, die im Rahmen der →Finanzpolitik getätigt werden.

Fiskus (von lat. *fiskus* = Korb, Geldkorb). Der Staat als Wirtschaftssubjekt, der in den Markt mit seinem Staatvermögen eingreift. In der Alltagssprache wird F. auch oft als Bezeichnung für den steuererhebenden Staat bzw. seine Finanzbehörden verwendet.

Flächentarifvertrag. Tarifvertrag, der nur für ein bestimmtes Tarifgebiet, eine bestimmte Branche oder eine Fläche wie z. B. ein Bundesland gilt. →Tarifvertrag.

Flexible Reaktion (engl. *flexible response*). Nukleare Abschreckungsstrategie der USA und der →NATO gegenüber den Staaten des →Warschauer Pakts. Feindliche Angriffe sollten dieser Taktik zufolge mit einem treffenden, aber angemessenen Rückschlag beantwortet werden. Die F. R. ersetzte ab 1963 die Strategie der →Massiven Vergeltung und blieb bis zum Ende des →Ost-West-Konflikts in Kraft.

Flüchtling. Sammelbegriff für Personen, die ihre Heimat vorübergehend oder dauerhaft verlassen müssen, da eine existenzbedrohende Notsitutation wie z. B. Krieg oder die Verfolgung aus politischen, ethnischen, rassischen oder religiösen dies erfordert. Als F. gelten Personen, die sich außerhalb des Staatsgebiets befinden, dessen Staatsangehörigkeit sie besitzen, aber den Schutz dieses Landes aus o. g. Gründen nicht in Anspruch nehmen können. Die Rechtsstellung der F. ist über die Genfer Flüchtlingskonvention vom 28.7. 1951 (→Genfer Konventionen) geregelt.

Föderalismus (von lat. *foedus, foedera* = Bund, Bündnis, Vertrag). Politisches Gestaltungsprinzip, nach dem selbstständige Einzelstaaten sowie ihre Regierungen und Verwaltungen auf einer höheren Ebene zu einem Gesamtstaat zusammengeschlossen werden. Dabei delegieren die Einzelstaaten einen Teil ihrer politischen, rechtlichen und wirtschaftlichen Unabhängigkeit an den Gesamtstaat und seine Organe. So ergibt sich als Kennzeichen für einen föderalen Staat eine Aufgabenteilung zwischen den Einzelstaaten und der übergeordneten Ebene, wobei so viele Bereiche wie möglich in der Eigenverantwortung der Länder verbleiben. Man unterscheidet →Staatenbund und →Bundesstaat. Die BR Dtl. ist gemäß Art. 20 I GG als föderaler Bundesstaat organisiert. Die Gesetzgebungskompetenzen im Grundgesetz sind zwischen Bund und Ländern aufgeteilt, wobei die Regierungen der Länder an der Gesetzgebung des Bundes beteiligt sind. Die Ausführung der meisten vom Bund erlassenen gesetzlichen Regelungen liegt ebenfalls in der Hand der Länder.

Föderation (von lat. *foederatio* = Bündnis). Zusammenschluss von zwei oder mehreren →Staaten. Die einzelnen Staaten behalten dabei ihre →Souveränität, bilden aber Institutionen, die gemeinsame Belange regeln.

Fonds Deutsche Einheit. Als Sondervermögen des Bundes am 16.5.1990 mit einem Finanzvolumen von etwa 115 Mrd. DM eingerichteter Fonds, der zur Finanzierung der Schulden der DDR und zur Bewältigung der Kosten der Wiedervereinigung aufgewendet wurde. Der F. D. E. wurde mittels Aufnahme von Krediten sowie durch Zahlungen von →Bund und →Ländern finanziert. Ab dem 1.1.1995 wurde der Fonds in eine Bundesschuld überführt.

Forschungspolitik. Gesamtheit aller staatlichen Aufwendungen zur Finanzierung und Förderung von Forschung und Entwicklung. In der BR Dtl. ist das Bundesministerium für Bildung und Forschung (BMBF) als Träger für die F. zuständig. Die F. unterstützt zukünftige Entwicklungen und Forschungsprojekte, indem einzelne Forschungsvorhaben oder Institutionen über Geldmittel finanziert werden. Die →Freiheit der Forschung ist durch Art. 5 III GG verankert.

FPÖ →Freiheitliche Partei Österreichs.

Fragestunde. Kontrollinstrument der Parlamentarier des →Deutschen Bundestages. Jeder →Abgeordnete darf pro Sitzungswoche bis zu zwei mündliche Fragen einreichen, die von der →Bundesregierung auch mündlich beantwortet werden. Während der F. dürfen im Plenum weitere Zusatzfragen gestellt werden. Die Fragen werden i. d. R. von den parlamentarischen Staatssekretären oder Staatsministern der Bundesministerien, mitunter aber auch von den →Ministern beantwortet. Außerdem können schriftliche Fragen eingereicht werden, die auch schriftlich beantwortet werden.

Fraktion (von lat. *fractio* = Bruchteil). Bezeichnung für den Zusammenschluss von →Abgeordneten einer →Partei in einem →Parlament oder von Abgeordneten gleicher politischer Überzeugung, die sich zu überparteilichen Fraktionsgemeinschaften zusammenschließen (z. B. CDU/CSU). Fraktionsbildungen sind im →Deutschen Bundestag möglich, wenn sich 5% der Mitglieder des Bundestages zusammenfinden. Parteien, die diese Grenze nicht erreichen, werden als →Gruppe bezeichnet. Vorstand und Ausschüsse des Parlaments werden i. d. R. proportional zur Fraktionsgröße der einzelnen Parteien besetzt. Neben den Ausschüssen des Bundestages sind in der BR Dtl. die Fraktionen die wichtigsten Organe zur Vorbereitung und Durchführung der parlamentarischen Arbeit.

Fraktionsdisziplin. Allgemein anerkannte und zulässige politische Praxis einer →Fraktion, bei der ein Fraktionsabgeordneter den Beschlüssen seiner Fraktion zu folgen hat, um ein erfolgreiches Stimmverhalten der Fraktion sicherzustellen.

Fraktionszwang. Zwang, dem Beschluss einer →Fraktion Folge zu leisten und gegebenenfalls das →Mandat abzugeben, wird der F. nicht eingehalten. Der F. steht in Widerspruch zum Prinzip des freien Mandats und ist im Gegensatz zur →Fraktionsdisziplin deshalb unzulässig (Art. 38 GG).

Frankreich →Europäische Länder.

Frauenbeauftragte →Gleichstellungspolitik.

Frauenbewegung. Soziale Bewegung, die sich gegen die Unterdrückung und Benachteiligung der Frau innerhalb der Gesellschaft wendet und als organisierte Interessenvertretung für eine Beseitigung patriarchalischer Verhältnisse und für die Gleichstellung der Frau gegenüber dem Mann kämpft. Die F. entstand mit den sozialreformischen Bewegungen zur Zeit der Aufklärung, in Deutschland erst ab ca. 1840 als sich die ersten Frauenvereine gründeten (Gründung des Allgemeinen Deutschen Frauenvereins 1865). Nach der Einführung des Frauenwahlrechts in der Weimarer Republik 1918 verbesserte sich die Stellung der Frau zunächst weiter, bevor das NS-Regime ab 1933 wieder das traditionelle Rollenbild (Mutter und Ehefrau) durchzusetzen versuchte. Nach dem Zweiten Weltkrieg entwickelte sich in den 1960er-Jahren im Zuge der Studentenbewegung die sog. Neue Frauenbewegung. →Feminismus.

Frauenpolitik. Sammelbegriff für alle politischen Maßnahmen, die auf die tatsächliche Gleichstellung von Frauen in der Gesellschaft abzielen. In der BR Dtl. fällt die F. v. a. in den Aufgabenbereich des Bundesministeriums für Familie, Senioren, Frauen und Jugend. Trotz der erzielten Erfolge der F., frauenspezifische Themen stärker in das Bewusstsein der Öffentlichkeit gebracht und die Situation von Frauen verbessert zu haben (Frauen- bzw. Geschlechterforschung, Einrichtung von Frauenhäusern, →Frauenquote in Politik und öffentlichem Dienst etc.) ist eine absolute Gleichberechtigung noch nicht durchgesetzt.

Frauenquote. Quote, die wegen der Benachteiligung der Frauen in verschiedenen politischen und gesellschaftlichen Bereichen eingeführt wurde und einen prozentualen Anteil festlegt, zu dem Frauen in bestimmten Positionen vertreten sein müssen.

Frauenwahlrecht. Das Recht der weiblichen wahlberechtigten Bevölkerung an →Wahlen in aktiver und passiver Form teilzunehmen. Für das F. wurde schon seit der Französischen Revolution gekämpft, im Zuge der Frauenbewegung im 19. Jh. wurden die Forderungen immer lauter. Das F. wurde in den verschiedenen Ländern zu unterschiedlichen Zeitpunkten durchgesetzt (z. B. Neuseeland 1893, Australien 1902, Finnland 1906, Russland 1917, Österreich 1918, Deutschland 1919, USA 1920, Großbritannien 1928, Türkei 1934, Italien und Frankreich 1946, Griechenland 1952, Schweiz 1971, Portugal 1974, Liechtenstein 1984).

Freie Demokratische Partei (FDP). Liberale →Partei in der BR Dtl., die sich im Dezember 1948 in den westlichen Besatzungszonen als ein Zusammenschluss von verschiedenen liberalen Landesparteien, der DDP (Deutsche Demokratische Partei) und der DVP (Demokratische Volkspartei) gründete. Der FDP war es damit gelungen, die historische Spaltung des →Liberalismus in eine nationalliberale und in eine linksliberale Richtung in einer gemeinsamen bürgerlichen Partei zu überwinden. Programmatisch setzt sich die FDP für →Freiheit und Verantwortung des Einzelnen, eine freie →Marktwirtschaft und einen liberalen →Rechtsstaat ein. Im Parteienspektrum der BR Dtl ist sie zwischen den Volksparteien CDU und SPD zu verorten und war als sog. Dritte Kraft sehr häufig an →Regierungen sowohl auf Bundes- als auch Länderebene beteiligt. Mit T. Heuss stellte die FDP auch den ersten →Bundespräsidenten der BR Dtl. (1949–59). Seit Beginn der 1980er-Jahre orientiert sich die FDP v. a. an den Ideen des Wirtschaftsliberalismus und ist bis heute von dessen Grundsätzen geprägt. 1990 erfolgte die Vereinigung mit den liberalen Parteien der DDR (Liberaldemokratische Partei Deutschlands, Nationaldemokratische Partei Deutschlands) und den nach dem Fall der Mauer gegründeten Parteien FDP der DDR und Deutsche Forumspartei.

Freie Wohlfahrtspflege →Wohlfahrtsverbände.

Freier Deutscher Gewerkschaftsbund (FDGB). Einheitsgewerkschaft der ehemaligen →DDR, die 1945 gegründet und kurz vor der Wiedervereinigung aufgelöst wurde.

Freihandel. Prinzip des internationalen Waren- und Güterverkehrs, das von einer grundsätzlichen liberalen Organisation der Wirtschaftsordnung ausgeht, so werden z. B. keine Zollschranken oder Ein- und Ausfuhrverbote aufgestellt.

Freiheit. Allgemein die Möglichkeit, Entscheidungen frei, d. h. zwanglos zu treffen, also selbstbestimmt leben und seine Ziele unabhängig verwirklichen zu können. Politisch ist F. v. a. durch die →Grundrechte des Einzelnen und die Möglichkeit, an der politischen Willensbildung teilzuhaben (→Demokratie) bestimmt. Im außenpolitischen Sinne bezeichnet F. die →Souveränität eines Staates und seine Unabhängigkeit sowie die Möglichkeit, seine eigenen Entscheidungen zu fällen (→Selbstbestimmungsrecht). Unter wirtschaftlichen Gesichtspunkten gilt F. immer als Marktfreiheit, d. h. die unbeschränkte Tätigkeit von wirtschaftlichen Akteuren im freien Spiel der Konkurrenz. Der →Staat gewährleistet in diesem Zusammenhang die wesentlichen Grundlagen der bürgerlich-freien Gesellschaftsordnung. Dazu zählen das Privateigentum sowie die Gewerbe-, Vertrags- und Koalitionsfreiheit.

Freiheitlich demokratische Grundordnung (FDGO). Prinzip der politischen Grundordnung, das im →Grundgesetz verankert ist (Art. 18 und 22 II GG). Zu seinen wichtigsten Elementen zählen die Achtung der →Menschenrechte, die →Gewaltenteilung, die Volkssouveränität, die Gesetzmäßigkeit der Verwaltung, die Verantwortlichkeit der →Regierung, die Unabhängigkeit der Gerichte, das Mehrparteiensystem mit Chancengleichheit und das Recht auf →Opposition. Ein Verhalten, das sich gegen diese Ordnung wendet, gilt als verfassungswidrig.

Freiheitliche Partei Österreichs (FPÖ). 1955/56 gegründete, rechtspopulistische, österreichische Partei, die nach Zugewinnen an Wählerstimmen in den 1980er- und 1990er-Jahren bei den Wahlen zum österreichischen Nationalrat im Jahr 1999 ihren höchsten Wahlstimmenanteil erlangte (26,9 %).

Freiheitsrechte. →Grundrechte jedes Einzelnen, die in der →Verfassung niedergeschrieben sind und die →Freiheit der Person vor staatlicher Willkür gewährleisten sollen.

Freisinnig-Demokratische Partei (FDP). 1894 gegründete liberal-fortschrittliche Partei der Schweiz, die seit 1959 mit der →SPS, →CVP und →SVP die Bundesregierung bilden.

Freistaat. In der BR Dtl. Bezeichnung für die Bundesländer Bayern, Sachsen und Thüringen. In der Weimarer Republik der gebräuchliche Ausdruck für die meisten Länder. Auch Republiken werden als F. bezeichnet.

Freizügigkeit. Durch Art.11 GG geschütztes →Grundrecht, das die freie →Wahl des Aufenthaltsortes und die →Freiheit der Niederlassung beinhaltet. Nach Art.11 II GG darf das Recht durch ein →Gesetz eingeschränkt werden, um eine Seuchengefahr zu bekämpfen, um strafbare Handlungen vorzubeugen, zum Schutze der Jugend vor Verwahrlosung und bei Naturkatastrophen oder schweren Unglücksfällen. Im Rahmen des Binnenmarkts der →EU haben EU-Bürger innerhalb der Mitgliedsstaaten ebenfalls das Recht auf F., d. h. freie Einreise, freien Aufenthalt, freies Wohnrecht, Freiheit der Niederlassung und freie Arbeitsplatzwahl. Für Bürger der 2004 beigetretenen osteuropäischen Staaten gelten bezüglich der F. allerdings bestimmte Übergangsregelungen.

Frieden. Gewaltfreier Zustand von Gesellschaften (Gegensatz →Krieg). F. bedarf der Sicherung (→Friedenssicherung) durch bestimmte Vereinbarungen oder muss, bei Abwesenheit, durch einen →Friedensvertrag erst hergestellt werden. Ob F. auch ausdrücklich mehr beinhaltet als das Fehlen von gewalttätigen Auseinandersetzungen, etwa eine bewusst friedvolle Einstellung der Menschen und friedliche Kultur, ist umstritten. In der Internationalen Politik ist F. ein erklärtes Ziel der →UN.

Friedensbewegung. Sammelbezeichnung für eine soziale Bewegung, die sich aus politischen, religiösen oder ideologischen Gründen gegen →Krieg und für den Erhalt bzw. die Schaffung von →Frieden einsetzt. Die F. ist in viele Gruppen, Initiativen und Organisationen aufgesplittert. Sie zählt zu den neuen sozialen Bewegungen und entwickelte sich v. a. zu Beginn der 1980er-Jahre, zu dieser Zeit richtete sie sich v. a. gegen das nukleare Wettrüsten der beiden Supermächte.

Friedensdividende. Bezeichnung für einen Teil der Staatsausgaben, der bei der Kürzung des Militärhaushaltes eingespart und zivilen Zwecken zugeführt wird.

Friedensforschung. Die F. umfasst alle Forschungsansätze, die sich mit Kriegsursachen, Konfliktlösungen und darüber hinaus mit den Bedingungen für Frieden in der internationalen und nationalen Politik beschäftigen. Eine Vielzahl verschiedener Institute, Stiftungen sowie diverse internationale Organisationen betreiben F. und stehen dabei z. T. auch der →Friedensbewegung nahe.

Friedenspflicht. Aufgrund der Tarifverträge bestehende Pflicht der Tarifvertragsparteien, während der Laufzeit des Vertrages den Arbeitsfrieden zu wahren und nicht zu den Mitteln des Arbeitskampfes zu greifen.

Friedenssicherung. Alle Maßnahmen, die der Herstellung und Bewahrung des →Friedens dienen. Solche friedenserhaltenden Maßnahmen können Rüstungskontrolle und Abrüstung, internationale Konventionen und →Diplomatie sein. Zur F. gehören auch die militärischen Missionen der →UN im Rahmen des sog. peace keeping (Frieden bewahren) und peace making (Frieden schaffen).

Friedensvertrag. Vertrag zwischen →Staaten, der eine kriegerische Auseinandersetzung beendet und den →Frieden herstellt. Für den F. gelten die Bestimmungen des Völkerrechts. Darüber hinaus werden häufig Regelungen bezüglich Fragen der Souveränität, Entschädigungsansprüche oder Begrenzungen im militärischen Bereich aufgenommen.

Friedliche Koexistenz. Außenpolitische Leitlinie der UdSSR, die Mitte der 1950er-Jahre vom damaligen Regierungschef N. Chruschtschow entwickelt wurde. Das Prinzip der F. K. sah vor, dass der Systemkonflikt zwischen sozialistischen und kapitalistischen Staaten ohne den Einsatz militärischer Mittel ausgetragen werden sollte, um eine atomare Auseinandersetzung um jeden Preis zu verhindern.

Führerprinzip. Organisationsprinzip in totalitären Bewegungen, Parteien oder Staaten, das die alleinige Befehlsgewalt in die Hände einer Person legt. Diese fordert die absolute Unterordnung der Mitglieder ein. Das F. wurde im →Nationalsozialismus und von anderen faschistischen Staatsformen angewendet (→Faschismus). →Totalitarismus.

Fundamentalismus. Weltsicht, bei der unbedingt, dogmatisch (→Dogmatismus) und kompromisslos an religiösen und/oder politischen Grundsatzüberzeugungen festgehalten wird. F. kann sich durch fanatisches (z. T. gewaltsames) Verhalten seiner Anhänger zeigen, die damit politische Ziele durchsetzen oder Aufmerksamkeit erlangen möchten.

Fünfprozentklausel →Bundestagswahl.

Fünfte Kolonne. Aus dem Spanischen Bürgerkrieg stammende Bezeichnung für Personengruppen, die in einem Krieg im eigenen Land oder Lager dem politischen Gegner aktiv zuarbeiten, z. B. über →Spionage oder Unterstützung der →Opposition.

Funktionär. Funktionsträger, d. h. Inhaber eines Amtes oder Ehrenamtes in Großorganisationen, Vereinen und staatlichen Institutionen.

Fürsorge. Älterer Ausdruck für die →Sozialhilfe und die Sozialfürsorge (Jugendfürsorge).

Fürsorgepflicht. Arbeitsrechtlicher Begriff, der die spezielle Treuepflicht des →Arbeitgebers gegenüber dem →Arbeitnehmer bezeichnet, die auch zwischen Staat und →Beamten sowie Soldaten besteht. Die F. besteht v. a. in der Herstellung angemessener Arbeitsbedingungen, die die Gesundheit des Arbeitnehmers gewährleisten sollen.

Fusion (von lat. *fusio* = das Gießen, Schmelzen). Zusammenschluss von Unternehmen, Parteien, Bundesländern oder Staaten u. a. zur Erhöhung der →Effizienz.

Fusionskontrolle. Kontrolle von wirtschaftlichen Fusionen auf wettbewerbsverzerrende Auswirkungen, die in der BR Dtl. vom →Bundeskartellamt übernommen wird. Grundlage ist das →Gesetz gegen Wettbewerbsbeschränkungen (GBW). Innerhalb der →EU findet die EU-Fusionskontrollverordnung Anwendung.

G

G-8 (Gruppe der Acht). Acht Industriestaaten, die sich zu einem informellen Gremium zusammen geschlossen haben (USA, Deutschland, Kanada, Frankreich, Russland, Großbritannien, Italien, Japan) und jährlich zum →Weltwirtschaftsgipfel zusammen kommen. Die einzelnen G-8-Länder werden jeweils von ihren Staats- und Regierungschefs vertreten, und auch der Präsident der →Europäischen Kommission ist anwesend. Die G-8 bietet ihnen ein Forum für die informelle Beratung von grundlegenden wirtschaftlichen und politischen Fragen. Gegründet wurde die Gruppe im Jahr 1975 als G-6. Ein Jahr später trat Kanada bei (G-7). 1994 wurde Russland der Beobachterstatus gewährt, bevor es drei Jahre später zum vollwertigen Mitglied der G-8 wurde.

G-Zehn-Gesetz (Abhörgesetz). Am 13.8.1968 erlassenes Gesetz zur Beschränkung des →Brief-, Post- und Fernmeldegeheimnisses, auch →Gesetz zu Art. 10 GG genannt. Das Gesetz berechtigt den →Verfassungsschutz, den →Militärischen Abschirmdienst und den →Bundesnachrichtendienst zur Überwachung und Aufzeichnung der Telekommunikation und zur Eisicht von Sendungen, die dem Brief- und Postgeheimnis unterliegen. Voraussetzung dafür ist die Abwehr von Gefahren für die →freiheitlich demokratische Grundordnung oder den Bestand oder die die Sicherheit des →Bundes, eines →Bundeslandes oder der Stationierungsstreitkräfte. Diese Eingriffe werden durch ein parlamentarisches Kontrollgremium und die sog. G-Zehn-Kommission überprüft.

GASP →Gemeinsame Außen- und Sicherheitspolitik.

GATT →General Agreement on Tariffs and Trade.

Gaullismus. Nationalistisch-konservative Bewegung, die von den politischen, wirtschaftlichen, sozialen und kulturellen Ideen des ehemaligen franz. Staatspräsidenten C. de Gaulle beeinflusst ist. Hauptziele sind die Wiederherstellung und Wahrung der nationalen Größe und Einheit Frankreichs, dessen wirtschaftliche und militärische Unabhängigkeit sowie die Schaffung einer starken Zentralgewalt. Die Ideen des G. wurden später zur Grundlage mehrerer politischer Bewegungen und →Parteien, dem sog. Neogaullismus. Besondere Bedeutung erlangte dabei die neogaullistische Partei Rassemblement pour la République (RPR) unter J. Chirac, die im Rahmen der Wiederwahl Chiracs im Jahr 2002 in die Union pour un mouvement populaire (UMP) aufgegangen ist.

Gebietskörperschaft. →Körperschaft des öffentlichen Rechts, die die Hoheitsgewalt über das ihr zugewiesene Gebiet und die darin lebenden bzw. sich aufhaltenden Personen besitzt. Als Organisationseinheit übernimmt sie einzelne Aufgaben für einen bestimmten Teil des Staatsgebiets. Typische Beispiele für G., die auf unterschiedlicher Ebene angesiedelt sind, sind →Landkreise, →Gemeinden, aber auch →Bund und →Länder.

Gebietsreform. Gemeindereform. Zusammenschluss von benachbarten Gemeinden, um das Territorium der kommunalen Verwaltungseinheiten neu zu gliedern. Hauptziele sind v. a. Einsparungen und die Steigerung der Effizienz in kommunalen Verwaltungen.

Gebühren. Entgelt für öffentliche Dienstleistungen. Unterschieden werden Verwaltungsgebühren, die für einen Verwaltungsakt fällig sind, und Benutzungsgebühren, die bei Inanspruchnahme von öffentlichen Einrichtungen (z. B. der Müllabfuhr) entstehen. Die Höhe der Gebühren wird durch entsprechende Gemeindeverordnungen festgelegt.

Geburtenrate. Begriff der Bevölkerungsstatistik, der den Anteil der lebendgeborenen Kinder pro 1000 Einwohner in einem bestimmten Zeitraum bezeichnet.

Gegenzeichnung. Anordnungen und Verfügungen des →Bundespräsidenten müssen in der BR Dtl. auch vom →Bundeskanzeler oder dem zuständigen →Minister unterschrieben (gegengezeichnet) werden, damit sie Gültigkeit erlangen (Art. 58 GG).

Geheimdienst. Staatliche Institution, die geheime Informationen über militärische, politische, wissenschaftliche und wirtschaftliche Angelegenheiten ermittelt. Auch die Sabotage und Spionage bzw. die Sabotage- und Spionageabwehr gehört zu ihren Aufgaben. In ihrer Funktion als Übermittler von brisanten Informationen dient der G. dem innen- und außenpolitischen Schutz eines Staates. In Deutschland zählt der →Bundesnachrichtendienst, der →Verfassungsschutz und der →Militärische Abschirmdienst (MAD) zu den G. Ihre Arbeit unterliegt durch die →Parlamentarische Kontrollkommission demokratischer Kontrolle. Bekannte ausländische G. sind der Secret Service in Großbritannien, die Central Intelligence Agency (CIA) in den USA und das Komitee für Staatssicherheit (KGB) in der Sowjetunion (heute: SFB in Russland). →Nachrichtendienst.

Geheimpolizei →Politische Polizei.

Geiselnahme. Verbrechen gegen die persönliche →Freiheit, das sich in der

Entführung einer Person bzw. einer Gruppe von Personen ausdrückt und v. a. ein Mittel des →Terrorismus ist. Ziel ist es, durch die Androhung von Gewalt oder Tod die Erfüllung bestimmter politischer oder materieller Forderungen zu erzwingen (z. B. Freilassung von Gefangenen, →Autonomie eines bestimmten Gebietes). Die G. ist völkerrechtswidrig (→Genfer Konvention vom 12.8. 1949) und nach dem deutschen Strafgesetzbuch eine Straftat (§239b StGB).

Geld- und Kreditpolitik. Alle wirtschaftspolitischen Regelungen mit dem Ziel, die Währungsstabilität zu gewährleisten. Die dazu nötige Beeinflussung der sich im Umlauf befindlichen Geldmenge wird durch Maßnahmen der →Offenmarkt-, →Diskont-, Mindestreserve- und →Lombardpolitik umgesetzt. Bis zur Einführung des →EURO war die →Deutsche Bundesbank der wichtigste Akteur in der deutschen G.- u. K. Mittlerweile ist die Bundesbank in das europäische System der Zentralbanken mit der →Europäischen Zentralbank an der Spitze integriert.

Gemeinde. Unterste Verwaltungseinheit eines →Staates, die rechtlich als →Gebietskörperschaft organisiert ist. In der BR Dtl. gewährleistet Art. 28 II GG das Recht zur kommunalen Selbstverwaltung, d. h., die G. können im Rahmen von Verfassung und →Gesetzen ihre Angelegenheiten in Eigenverantwortung regeln. G. übernehmen bestimmte Pflichtaufgaben (z. B. Abfallbeseitigung, Straßenreinigung), erbringen zusätzlich freiwillige Leistungen (u. a. in kulturellen Bereichen) und erfüllen auch sog. Auftragsangelegenheiten für den Gesamtstaat (z. B. die Darbietung von Einwohnermeldeamt, Standesamt, →Polizei, Gewerbe- und Bauaufsicht).

Gemeindehaushalt. →Haushaltsplan einer →Gemeinde, der als Grundlage für die kommunale Verwaltung dient und in dem die Einnahmen und Ausgaben der Kommune gegenübergestellt werden.

Gemeindeordnung. Regelungen, die den Aufbau, die Struktur, die Zuständigkeiten sowie die Rechte und Pflichten der Organe einer →Gemeinde betreffen. Die G. werden von den →Parlamenten der →Länder erlassen.

Gemeinderat →Gemeindeverfassung.

Gemeindeverband (Kommunalverbände). Vereinigung mehrerer →Gemeinden zu einer übergeordneten →Gebietskörperschaft (z. B. Kreis) zum Zwecke der effizienteren →Verwaltung. Wie die einzelnen Gemeinden hat auch der G. das Recht zur kommunalen Selbstverwaltung.

Gemeindeverfassung. Bezeichnung für die rechtliche Grundordnung der politischen Organisationen einer

→Gemeinde. Vier verschiedene Formen der G. haben sich in der Praxis gebildet: die Süddeutsche Ratsverfassung, die Norddeutsche Ratsverfassung, die Bürgermeisterverfassung und die Magistratsverfassung. Die Süddeutsche Ratsverfassung hat zwei zentrale Organe, die kommunale Entscheidungen treffen: den Gemeinderat und den (Ober-)Bürgermeister. Beide werden unmittelbar durch die Bürgerschaft gewählt. Bei der Norddeutschen Ratsverfassung ist nur der Rat das zentrale Organ. Der (Ober-)Bürgermeister wird zwar vom Rat gewählt, hat aber lediglich die Funktionen eines Vorsitzenden. Seine Position ist viel schwächer als die des (Ober-)Bürgermeisters in der Süddeutschen Ratsverfassung. Bei der Bürgermeisterverfassung sind wie bei der Süddeutschen Ratsverfassung der Rat und der (Ober-)Bürgermeister die zentralen Organe, wobei der (Ober-) Bürgermeister aber vom Rat gewählt wird. In der Magistratsverfassung gibt es die zwei zentralen Organe Gemeinderat und Magistrat. Der Magistrat wird von Gemeinderat gewählt und besteht aus (Ober-)Bürgermeister und Beigeordneten. Die meisten deutschen Bundesländer haben heute eine Süddeutsche Ratsverfassung.

Gemeineigentum. Im weiteren Sinn →Eigentum, das einer Personengruppe gehört und gemeinsam von dieser genutzt werden kann. Im engeren Sinne dasjenige Eigentum, das auf den Staat, Körperschaften, Anstalten, Stiftungen oder Genossenschaften übertragen wurde und von diesen verwaltet wird. Art. 15 GG sieht vor, dass Grund, Boden, Naturschätze und Produktionsmittel zum Zwecke der Vergesellschaftung (→Sozialisierung) in G. überführt werden können, wenn das Ausmaß der Entschädigung per →Gesetz geregelt wird.

Gemeinlastprinzip. Prinzip der →Umweltpolitik, nach dem alle Kosten für Umweltschäden (Beseitigung als auch Vermeidung) durch staatliche Institutionen und nicht durch den Verursacher (→Verursacherprinzip) getragen werden.

Gemeinnützigkeit. In der Abgabenordnung festgelegte Zweckmäßigkeit einer →Körperschaft, die vorliegt, wenn ihre Tätigkeit ausschließlich der Förderung der Allgemeinheit dient. Die G. ist steuerrechtlich relevant, da mit ihr Steuerbegünstigungen verbunden sind. Das gilt auch für mildtätige und kirchliche Zwecke.

Gemeinsame Außen- und Sicherheitspolitik →Europäische Union.

Gemeinsame Verfassungskommission (GVK). Am 16.1.1992 gebildete Kommission, die durch die →Wiedervereinigung überholte Passagen des →Grundgesetzes überprüfen sollte. Ihr gehörten 64 →Abgeordnete aus →Bundestag und →Bundesrat an. Der Abschlussbericht vom 5.11.1993 enthielt umfangreiche Empfehlungen zu Änderungen des Grundgesetzes, von denen allerdings nur einzelne Vorschläge (z. B. die Aufnahme des →Umweltschutzes als →Staatsziel) umgesetzt wurden.

Gemeinsamer Ausschuss. Das durch die →Notstandsgesetzgebung eingeführte und in Art. 53a GG verankerte Notparlament der BR Dtl. Der G. A. übernimmt im Verteidigungsfall die Rechte und Pflichten von →Bundestag und →Bundesrat, sodass die →Gewaltenteilung gewährleistet bleibt. Der G. A. besteht aus 48 Mitgliedern. Zwei Dritteln davon sind →Abgeordnete des Bundestages, ein Drittel Mitglieder des Bundesrates.

Gemeinschaft. Sozialwissenschaftlicher Begriff, der von F. Tönnies eingeführt wurde und eine dem Menschen vermeintlich wesensgemäße Gesellungsform beschreibt, die auf einer natürlichen und emotionalen, ethnisch und blutsmäßig bedingten Zusammengehörigkeit beruht. Ihre Formen können die Familie, die Nachbarschaft, das Dorf, die Gemeinde, die Glaubensgemeinschaft oder die Volksgemeinschaft sein. Diese sog. organisch gewachsene Verbundenheit steht der sog. mechanisch gewachsenen Verbundenheit der →Gesellschaft gegenüber. Im politischen Sinne wird der Begriff v. a. gebraucht, um die Einheit von Gruppen zu betonen (z. B. →Europäische Gemeinschaft). Missbraucht wurde der Terminus durch den →Nationalsozialismus, der den Ausdruck der „Volksgemeinschaft“ der Deutschen schuf. Dieser war stark rassistisch aufgeladen und wurde propagandistisch instrumentalisiert, um die Ausgrenzung der Juden aus der deutschen Gesellschaft zu betreiben.

Gemeinschaft Unabhängiger Staaten (GUS). Gemeinschaft der souveränen Nachfolgestaaten der Sowjetunion. Nach dem Zusammenbruch des →Kommunismus wurde die GUS durch Russland, Weißrussland und die Ukraine am 8.12.1991 gegründet. Bis auf die baltischen Staaten (Estland, Lettland, Litauen) traten später auch die anderen souveränen Republiken, die aus der UdSSR hervorgingen, der Gemeinschaft bei: Armenien, Aserbaidschan, Georgien, Kasachstan, Kirgistan, Moldawien, Tadschikistan, Turkmenistan, Usbekistan. Das oberste Organ der GUS ist der Rat der Staatsoberhäupter, dessen Präsidentschaft abwechselnd von einem der Staatsoberhäupter übernommen wird. Ziele der GUS sind die gemeinsame Umsetzung der Abrüstungspläne, die Koordination der gemeinsamen Politik und die Kooperation v. a. in den Bereichen Sicherheits- und Wirtschaftspolitik. Allerdings hat die GUS in den letzten Jahren zunehmend an Bedeutung und Durchschlagskraft verloren, da sich die Interessen der Mitgliedstaaten als zu unterschiedlich erwiesen.

Gemeinschaftsaufgaben. Ausdruck des →Grundgesetzes für die Aufgaben, bei deren Erfüllung der →Bund die →Länder unterstützt, wenn diese Aufgaben für die →Gemeinschaft bedeutsam sind oder die Mitwirkung des Bundes zur Verbesserung der Lebensverhältnisse erforderlich ist (Art. 91a I GG). Als solche gelten der Aus- und Neubau von Hochschulen einschließlich der Hochschulkliniken (→Hochschulpolitik), die Verbesserung der regionalen Wirtschaftsstruktur, der Agrarstruktur und des Küstenschutzes. Der Bund trägt die Hälfte der Kosten in jedem Land. Nach Art. 91b GG können Bund und Länder in Sachen der Bildungsplanung und der Förderung von Einrichtungen und Vorhaben der wissenschaftlichen Forschung zusammenarbeiten. Kosten sowie Art der Zusammenarbeit sind in Vereinbarungen geregelt.

Gemeinschaftsgüter →öffentliches Gut.

Gemeinwille (franz. = *volonté générale*). Der einheitliche Volkswille einer →Gemeinschaft. Nach dem franz. Philosophen J.-J. Rousseau der vermeintlich existierende einheitliche Volkswille, der dem allgemeinen Wohl der Gesellschaft entspricht und sich nur durch unmittelbar geäußerte Wünsche und Forderungen der Bevölkerung (z. B. durch Volksabstimmungen) feststellen lässt. Er unterscheidet sich von den Einzelinteressen der Mitglieder einer Gesellschaft bzw. der Summe dieser Einzelinteressen (volonté de tous).

Gemeinwirtschaft. Wirtschaftsordnung, die auf das →Gemeinwohl ausgerichtet ist und deren wichtigstes Ziel die wirtschaftliche Bedarfsdeckung ist (→Gemeineigentum, gerechte Güterverteilung etc.). Die G. orientiert sich nicht an Gewinnen, sondern an der Kostendeckung. Die Wirtschaftsordnungen im →Sozialismus beruhen auf diesem Ordnungsprinzip. Aber auch Institutionen in privatwirtschaftlich organisierten Staaten (z. B. →Gewerkschaften, →Parteien, Kirchen etc.) richten ihre Arbeit nach gemeinwirtschaftlichen Prinzipien aus.

Gemeinwohl. Ein Interesse, das allen Mitgliedern einer Gesellschaft gemeinsam ist und das von den Interessen des Einzelnen unterschieden wird. Das G. ist kollektives Ziel einer →Gesellschaft und soll den Gesamtnutzen für alle erhöhen. Definitionen und Wege zur Verwirklichung des G. waren und sind bis heute ein zentraler Gegenstand der politischen Philosophie. Was als G. gilt, ist dabei immer von Epoche, gesellschaftlichen

Machtkämpfen und auch von der jeweiligen Staatsform abhängig. In demokratischen Gesellschaften wird unter G. die gesellschaftliche Umsetzung von Grundwerten wie →Freiheit, →Gleichheit, →Gerechtigkeit und →soziale Sicherheit verstanden.

Gemischte Verfassung. Auf Aristoteles zurückgehende Idee, die Bestandteile verschiedener Staatsformen (z. B. →Monarchie, →Demokratie) miteinander verbindet. Dadurch soll eine besonders stabile Verfassung entstehen, die verschiedene Interessen bedient und für Ausgleich zwischen den verschiedenen Gruppen einer →Gesellschaft sorgt. Die Idee der G. V. wurde später zur Ausgangsbasis der Theorie der →Gewaltenteilung.

General Agreement on Tariffs and Trade →Allgemeines Zoll- und Handelsabkommen.

Generalbundesanwalt. Oberster Staatsanwalt beim →Bundesgerichtshof (BGH) und damit Leiter der Bundesanwaltschaft. In seinen Zuständigkeitsbereich fallen v. a. politische Straftaten, gegen die er mithilfe des Bundeskriminalamts (BKA) ermittelt. Er ist darüber hinaus an den Beschwerde- und Revisionsverfahren des BGH beteiligt und führt verschiedene Register (Bundeszentral-, Erziehungs-, Gewerbezentralregister, staatsanwaltschaftliche Verfahrensregister). Der G. wird vom →Bundespräsidenten auf Vorschlag des Bundesministeriums der Justiz mit Zustimmung des →Bundesrates ernannt. Die Aufsicht über den G. übt das Bundesjustizministerium aus. Der G. ist ein politischer Beamter.

Generalinspekteur. Ranghöchster militärischer Repräsentant der →Bundeswehr, der in der BR Dtl. dem Bundesminister der Verteidigung untersteht und auch von diesem ernannt wird. Seine Hauptaufgabe liegt in der militärischen Beratung des Bundesverteidigungsministers und der →Bundesregierung.

Generalklausel. →Gesetz, das Tatbestände relativ weit fasst und daher von der Justiz mit großem Ermessensspielraum angewendet werden kann.

Generalversammlung. Organ von Vereinigungen und Verbänden im privat- und öffentlich-rechtlichen Bereich. Sie kann alle Mitglieder umfassen oder nur die von den Mitgliedern gewählten Vertreter. Die Geschäfte vom Vorstand geführt, der wiederum vom Aufsichtsrat überwacht wird.

Generation. Allgemein bezeichnet der Begriff die Summe aller Lebewesen, die mit anderen Lebewesen in aufsteigender oder absteigender Linie durch Abstammung in Beziehung stehen (z. B. Großeltern, Eltern, Kinder, Enkel). Der Generationsbegriff der Bevölkerungsstatistik ergibt sich aus dem sog. Generationenabstand,

d. h. aus der durchschnittlichen Altersdifferenz zwischen Kindern und ihren Eltern. Im soziologischen bzw. politikwissenschaftlichen Verständnis definiert sich eine G. über ähnliche Sozialisationsbedingungen, vergleichbare Erfahrungen und gemeinsame Wertvorstellungen und Grundüberzeugungen (z. B. Nachkriegsgeneration). →Bevölkerung.

Generationenvertrag. Umlageverfahren, das auf gesellschaftlichem Konsens beruht und dementsprechend die staatliche →Rentenversicherung finanziert wird. Es beruht auf der Vorstellung, dass Gerechtigkeit und Verantwortung auch zwischen den →Generationen herrschen sollte. Die Beiträge der aktiven →Arbeitnehmer werden zur Auszahlung an die Rentenempfänger genutzt (Solidarprinzip). Die Einzahlungen eines Arbeitnehmers in die Rentenversicherung werden also nicht von staatlicher Seite gesammelt und später an ihn ausgeschüttet; vielmehr erwirbt er nur einen Anspruch auf eine →Rente, die erst durch die Rentenbeiträge der nachfolgenden Generation finanziert wird. Demzufolge gilt für das Umlageverfahren, dass die Auszahlungen aus der Rentenversicherungskasse eines Zeitabschnitts durch entsprechende Einnahmen aus demselben Zeitabschnitt gedeckt werden müssen. Aufgrund der sinkenden →Geburtenrate und der gleichzeitig steigenden Lebenserwartung kommt es in der BR Dtl. zu einer zunehmenden Überalterung der Gesellschaft und einem Mangel an nachkommenden zukünftigen Eintragszahlern (→Demographie). Auch die steigende Arbeitslosigkeit bildet ein Problem. Dadurch ist das Grundprinzip des G. schwer gefährdet. Das staatliche Rentenversicherungssystem steckt bereits heute in der Krise und muss vom →Bund bezuschusst werden. Alternative Konzepte wie z. B. die kapitalgedeckte Altersversorgung, die sich aus der privaten Finanzierung speist und nicht wie die betriebliche Altersversorgung durch ein Umlageverfahren finanziert wird, könnten einen Weg aus dem aktuellen Dilemma des G. weisen.

Genfer Konventionen (Genfer Abkommen). Sammelbezeichnung für vier völkerrechtliche Verträge, die in Genf unterzeichnet wurden und die Verringerung des menschlichen Leidens in →Kriegen bzw. bewaffneten Konflikten zum Ziel haben. Nach dem Zweiten Weltkrieg wurden 1949 die bis heute gültigen vier G. K. abgeschlossen, die wesentliche Regelungen des humanitären Kriegsrechts beinhalten. Sie regeln das Los der Verwundeten und Kranken der bewaffneten Kräfte im Felde, das Los der Verwundeten, Kranken und Schiffbrüchigen der bewaffneten Kräfte zur See, die Behandlung von

Kriegsgefangenen und den Schutz von Zivilpersonen in Kriegszeiten. 1977 wurden sie durch zwei Zusatzprotokolle ergänzt, die den Schutz der Opfer internationaler bewaffneter Konflikte sowie den Schutz der Opfer nicht internationaler bewaffneter Konflikte betreffen. Die Regelungen der G. K. sollen auch in kriegerischen Auseinandersetzungen ein Mindestmaß an humanitärem Verhalten (z. B. Folterverbot) der Kriegsparteien sicher stellen und den Umgang mit gegnerischen Soldaten, Gefangenen und der Zivilbevölkerung klären. Die Einhaltung der G. K. wird vom Internationalen Komitee und vom Roten Kreuz überwacht. Ebenfalls zu den G. K. zählt das Genfer Flüchtlingsabkommen von 1951, das den Begriff →Flüchtling definiert und seinen rechtlichen Status festschreibt. Die G. K. sind Bestandteil des Völkerrechts und heute von nahezu allen Staaten ratifiziert.

Genossenschaft. Personenvereinigung zur wirtschaftlichen Förderung ihrer Mitglieder. Ursprünglich im 19. Jh. zum Zwecke der Selbsthilfe gegründete Organisation von →Arbeitern, Bauern, Handwerkern etc. Die G. ist eine rechtsfähige Institution und kann somit klagen und verklagt werden. Außerdem muss sie aus mindestens sieben Mitgliedern bestehen. Ein Gründungsantrag erfolgt an das →Amtsgericht, das die G. in das Genossenschaftsregister einträgt (eingetragene G, eG). Die G. besitzt eine Satzung. Ihre →Organe sind der Vorstand, der Aufsichtsrat und die Generalversammlung.

Geopolitik. Wissenschaftliche Forschungsrichtung insbesondere im angloamerikanischen Raum und Frankreich, die sich mit den Schnittstellen zwischen Geografie bzw. geografischen Gegebenheiten (z. B. Lage eines Staates, Rohstoffabhängigkeit, Bodenschätze) und politischen, soziologischen und historischen Prozessen beschäftigt und zugleich versucht, die Zusammenhänge zwischen diesen Feldern zu analysieren. Als Begründer der G. gilt der schwedische Staatstheoretiker R. Kjellén. In der →Ideologie des →Nationalsozialismus war G. die offizielle Rechtfertigung für die Eroberungskriege.

Gerechtigkeit. Im politikwissenschaftlichen Sinne bezeichnet G. einen Grundwert in modernen Verfassungssystemen, der als Ordnungs- und Verwaltungsprinzip mit sozialethischen und humanitären Vorstellungen und Idealen verbunden ist. Die verschiedenen Interessen und Ansprüche innerhalb der →Gesellschaft sollen ausgleichend berücksichtigt werden. Gerechtigkeitsvorstellungen betreffen v. a. die Verteilung von Lebenschancen und Entfaltungsmöglichkeiten in verschiedenen gesellschaftlichen Bereichen

(Arbeitsmarkt, Recht, Wirtschaft, Familie etc.). Im innenpolitischen Bereich spielt z. B. die Frage eine Rolle, welche Aufgaben der →Sozialstaat zu erfüllen hat; in der Internationalen Politik ist besonders das Verhältnis von →Industrieländern und Staaten der →dritten Welt von Interesse.

Gerichtsbarkeit (Jurisdiktion). Bezeichnung für die Gerichtsorganisation sowie für die Organe der Rechtsprechung, Rechtspflege und Ausübung der Rechtshoheit. In der BR Dtl. unterscheidet man zwischen ordentlicher G. (Zivil- und Strafgerichte), Verwaltungs-, Finanz-, Arbeits- und Sozialgerichtsbarkeit sowie der Verfassungsgerichtsbarkeit. Im Rahmen der →Gewaltenteilung übernimmt die G. die Funktion der dritten Gewalt. Sie wird von Berufs- und Laienrichtern mit dem Grundsatz der Unabhängigkeit von anderen Instanzen und Institutionen ausgeübt und ist gemäß Art. 20 III GG an Gesetz und Recht gebunden. Träger der G. in der BR Dtl. sind der →Bund (Bundesgerichte) und die →Länder (alle anderen Gerichte).

Gerichtshof der Europäischen Gemeinschaften →Europäischer Gerichtshof.

Gerichtsverfassung. Ordnungsstruktur der verschiedenen →Gerichtsbarkeiten. Die G. umfasst sämtliche Normen, die sich mit Aufbau, Zuständigkeit, Aufgaben, Verfahren und Personal der Gerichte beschäftigen.

Geringfügige Beschäftigung (Mini-Job). Begriff der →Sozialpolitik für eine spezielle, steuerlich begünstigte Beschäftigungsform. Ab dem 1.4.2003 ist die monatliche Bruttoverdienstgrenze für die g. B. von ehemals 325 Euro auf 400 Euro angehoben worden. →Arbeitnehmer, die nicht mehr als 400 Euro im Monat verdienen, sind im Rahmen der g. B. von →Steuern und →Sozialabgaben befreit. Der →Arbeitgeber zahlt bei geringfügig Beschäftigten in Privathaushalten 12 % vom Arbeitsentgelt als Sozialversicherungsabgaben (5 % →Rentenversicherung, 5 % →Krankenversicherung, 2 % →Lohnsteuer). Bei nicht in Privathaushalten beschäftigten Arbeitnehmern werden Abgaben in Höhe von 25 % des Arbeitsentgelts (12 % Rentenversicherung, 11 % Krankenversicherung, 2 % Lohnsteuer) vom Arbeitgeber gezahlt. Zu unterscheiden von dieser Form des Mini-Jobs ist die kurzfristige Beschäftigung, die ebenfalls zur g. B. zählt. Kurzfristige Beschäftigung liegt vor, wenn ein Arbeitnehmer innerhalb eines Jahres höchstens 50 Arbeitstage oder zwei Monate beschäftigt ist. Im Falle einer solchen kurzfristigen g. B. muss weder der Arbeitnehmer noch der Arbeitgeber Sozialversicherungsabgaben zahlen.

Bei den sog. Midijobs (400,01–800 Euro) zahlt der Arbeitgeber den vollen Sozialversicherungsbeitrag von 21 %, während die Arbeitnehmer je nach Höhe des Lohns einen progressiv steigenden Sozialversicherungsbeitrag entrichten.

Gerontokratie (von griech. *Gerontes* = die Alten und *kratein* = herrschen). →Herrschaft der Älteren bzw. einer Gruppe von älteren Personen. Grundlage der G. sind die größere Erfahrung, der höhere Wissensstand und die erbrachten Verdienste der Älteren gegenüber den Jüngeren.

Geschäftsordnung (GO). Satzung einer Vereinigung, einer →Körperschaft, eines →Parlaments oder eines Vereins. Eine GO legt die Verfahrensabläufe von organisatorischen oder parlamentarischen Versammlungen fest. So regelt z. B. die GO des →Deutschen Bundestages u. a. die Abstimmungs- und Wahlverfahren (z. B. →Wahl des Präsidenten, Bundeskanzlers), die Durchführung von Debatten, die Kontrolle der →Regierung und die Bildung von → Fraktionen. Der Bundestag ändert und erlässt seine GO in Eigenverantwortung.

Geschworene. Ehrenamtliche Laienrichter (Bezeichnung in der BR Dtl.: Schöffen, →Schöffengericht) eines Schwurgerichts, die benannt werden und sich dieser Tätigkeit nicht verweigern können. G. sind Ausdruck der Beteiligung des →Volkes an der Rechtsprechung.

Gesellschaft. Vieldeutige Bezeichnung, die für verschiedene Formen des dauerhaften Zusammenlebens von Menschen in einem bestimmten Raum verwendet wird. Der Begriff der G. ist im Gegensatz zum Begriff des →Staates, der nur Institutionen und Organisationen zur politischen Lenkung und Regelung des gesellschaftlichen Lebens umfasst, durch die gemeinsamen Normen, Werte, Institutionen und die sozialen Beziehungen ihrer Mitglieder geprägt. Im Gegensatz zur →Gemeinschaft ist der Zweck einer G. jedoch durch individuelle Ziele stark interessengeleitet und nutzenorientiert (→Gesellschaftsvertrag). Ordnung und Form einer G. sind in erheblichem Maße von politischen, wirtschaftlichen, sozialen und/oder kulturellen Rahmenbedingungen abhängig. Sie unterliegt außerdem permanenter Veränderung, die sich in Begriffen wie z. B. →Dienstleistungsgesellschaft, →postindustrielle G. oder Mediengesellschaft widerspiegelt.

Gesellschaftspolitik. Sammelbezeichnung für alle gesellschaftsregulierenden Maßnahmen des Staates, die sowohl den Einzelnen konkret betreffen als auch die Gesamtstruktur einer →Gesellschaft beeinflussen. Im Mittelpunkt stehen hierbei die Teilhabechancen der Mitglieder und die gemeinschaftliche Organisation der Gesellschaft.

Gesellschaftsvertrag (frz. *contract social*). Grundidee der →Politischen Theorie, derzufolge sich eine staatliche und gesellschaftliche Ordnung aus einem freiwillig geschlossenen Vertrag zwischen Menschen ergibt. Die Theorie des G. konstruiert den sog. Naturzustand, in dem die Menschen frei und ohne →Herrschaft oder ordnende Strukturen leben. Dieser Naturzustand wurde von dem engl. Philosophen T. Hobbes als „Krieg aller gegen alle" bezeichnet. Um diesen für alle Menschen lebensbedrohenden Zustand zu überwinden, wird von ihnen ein G. geschlossen, der die politische Herrschaftsgewalt auf eine →Regierung überträgt. Damit treten die Menschen aus dem Naturzustand und gründen eine von ihnen selbst legitimierte gesellschaftliche Ordnung. Beim G. handelt es sich um ein theoretisches Konstrukt, d. h., es handelt sich lediglich um einen gedachten und nicht um einen realen Vertragsschluss.

Gesetz 1. Allgemein die Festlegung von Regeln, z. B. in Natur, Wissenschaft und Gesellschaft. 2. Im rechtlichen Bereich eine Ordnungsvorschrift für Personen einer Gemeinschaft, die als Erlaubnis, Gebot oder Verbot das Zusammenleben regelt. Man unterscheidet zwischen materiellen und formellen G. Materielle G. sind Rechtsnormen mit allgemein verbindlichem, uneingeschränktem Charakter, die entweder eine unbestimmte Anzahl an Personen oder eine unbestimmte Anzahl an Fällen betreffen. Zu den materiellen Gesetzen gehören v. a. Rechtsverordnungen und Satzungen. Als formelle G. werden Rechtsnormen bezeichnet, die von einem gesetzgebenden Organ verfassungsgemäß durchgesetzt worden sind. Zu unterscheiden ist hiebei zwischen einfachen und verfassungsändernden G. sowie zwischen Bundes- und Landesgesetzen. Nicht jedes formelle Gesetz ist auch ein materielles G. und umgekehrt. So ist z. B. das Haushaltsgesetz lediglich ein formelles G. und keine materielles G., da es keine unbestimmte Anzahl von Fällen, sondern einen individuellen Sachverhalt betrifft.

Gesetzesinitiative →Gesetzgebung.

Gesetzesvorbehalt. Verfassungsprinzip, das einen Eingriff in die →Grundrechte nur durch ein →Gesetz oder aufgrund eines Gesetzes möglich macht. Nach Art. 19 I GG muss das grundrechtsbeschränkende Gesetz allgemein sein und darf nicht nur für den Einzelfall gelten. Außerdem muss es das Grundrecht unter Angabe des Artikels nennen. Kein Grundrecht darf dabei in seinem Wesensgehalt angetastet werden (Art. 19 II GG).

Gesetzgebende Gewalt →Legislative.

Gesetzgebung. Im Rahmen des Gesetzgebungsverfahrens in demokratischen Staaten und deren →Organen das Erlassen von →Gesetzen durch die gesetzgebende Gewalt (→Legislative). Zur G. gehört die Gesetzgebungskompetenz, die für die BR Dtl. in den Art. 70–75 GG geregelt ist und die das Recht, Gesetze zu erlassen, zwischen →Bund und →Ländern aufteilt. In der BR Dtl. ist die G. laut GG grundsätzlich Ländersache, sofern die Bestimmungen der →Verfassung dem Bund nicht ausdrücklich die Gesetzgebungskompetenz zuweisen. Die ausschließliche bzw. alleinige G. des Bundes ist in Art. 73 GG geregelt und beschränkt sich v. a auf bestimmte innen- und außenpolitische Aufgabenbereiche (u. a. Auswärtige Angelegenheiten, Ein- und Auswanderung, Luftverkehr, Urheber- und Verlagsrecht). Im Bereich der konkurrierenden G. fällt die Gesetzgebungskompetenz zunächst den Ländern zu, der Bund kann aber ein Gesetzgebungsrecht in diesem Gebiet für sich beanspruchen, wenn es die Herstellung gleichwertiger Lebensverhältnisse im Bundesgebiet oder die Wahrung der Rechts- und Wirtschaftseinheit im gesamtstaatlichen Interesse erforderlich machen (Art. 74, 74a GG). Unter den gleichen Voraussetzungen kann der Bund im Zuge der Rahmengesetzgebung (Art. 75 GG) auch Rahmenvorschriften für die G. der Länder erlassen. Ein Bundesgesetz entsteht zunächst durch das Einbringen eines Gesetzentwurfs in den →Deutschen Bundestag durch die →Bundesregierung, den→ Bundesrat oder aus der Mitte des Bundestages (Gesetzesinitiative). Gesetzesvorlagen der Bundesregierung müssen dabei aber zuvor zur Stellungnahme an den Bundesrat weitergeleitet werden, während die Gesetzentwürfe des Bundesrates erst durch die Hände der Regierung gehen müssen. Im Bundestag werden die Gesetzesvorschläge nach dreimaliger Lesung bei Annahme dem Bundesrat erneut vorgelegt. →Einspruchs- und →Zustimmungsgesetze werden bei Zustimmung des Bundesrates direkt an die zuständigen Fachminister bzw. an den →Bundeskanzler weitergeleitet, gegengezeichnet (→Gegenzeichnung) und anschließend vom →Bundespräsidenten ausgefertigt und im →Bundesgesetzblatt verkündet. Im Bundesrat kann aber auch der →Vermittlungsausschuss angerufen werden, der über eine Änderung des Gesetzes beraten muss. Die Vorlage des Vermittlungsausschusses muss dann erneut vom Bundestag beraten werden. Bei zustimmungspflichtigen Gesetzen, d. h. bei Gesetzen, denen der Bundesrat zustimmen muss, ist das Gesetz bei Nichtzustimmung des Bundesrates abgelehnt. Bei nichtzustimmungspflichtigen Gesetzen kann der Bundesrat Einspruch einlegen, der aber vom Bundestag mit →qualifizierter Mehrheit überstimmt werden kann.

Gesetzgebungsprozess. Siehe Seite 148.

Gesetzgebungsnotstand. Nach Art. 81 GG kann es in der BR Dtl. zu einem G. kommen, wenn der →Bundespräsident nach einer gescheiterten →Vertrauensfrage des →Bundeskanzlers den →Bundestag nicht auflöst. Finden Gesetzesvorschläge anschließend keine Mehrheit im Bundestag, kann die →Bundesregierung den G. beim Bundespräsidenten beantragen. Dieser kann nach erfolgter Zustimmung des →Bundesrates offiziell den G. erklären. Die Bundesregierung kann nun zusammen mit Bundesrat und Bundespräsident maximal sechs Monate lang Gesetze auch ohne die Zustimmung des Bundestages verabschieden. Die Bestimmungen des →Grundgesetzes dürfen allerdings nicht durch Gesetze, die im Rahmen eines G. erlassen wurden, geändert oder eingeschränkt werden. Bis heute ist der G. in der BR Dtl. noch nie erklärt worden.

Gesetzmäßigkeit der Verwaltung. Ein aus Art. 20 III GG und Art. 1 III GG abgeleiteter rechtstaatlicher Grundsatz, der besagt, dass jegliches Verwaltungshandeln an die vom →Parlament verabschiedeten →Gesetze gebunden ist.

Gesinnungsethik. Form der →Ethik, die nach den Motiven für ein bestimmtes Handeln fragt und die Sittlichkeit dieser Handlungen an den Motiven misst, unabhängig vom Erfolg und den Konsequenzen einer Handlung. Der Begriff wurde von dem deutschen Soziologe M. Weber geprägt. →Verantwortungsethik.

Gesundheitspolitik. Sammelbezeichnung für alle politischen Maßnahmen, die die Gesundheit der →Bevölkerung betreffen. Darunter fallen v. a. alle Maßnahmen der Gesundheitsvorsorge und die Behandlung von Kranken. Um diese Ziele umzusetzen, sorgt die G. für die Einrichtung und den Erhalt von Institutionen zur Pflege und Behandlung von Kranken und Pflegebedürftigen (Krankenhäuser, Pflegeheime). Zu den wichtigsten Akteuren der G. zählen neben dem Bundesministerium für Gesundheit und Soziale Sicherung und den →Bundesländern v. a. die Verbände der Ärzte- und Apotheker, der Krankenkassen, der Krankenhausträger und der Pharmazeutischen Industrie. Zentrales Element der G. in der BR Dtl. ist die gesetzliche →Krankenversicherung. Eine zusätzliche Aufgabe der G. ist die Eindämmung der explodierenden Kosten im Gesundheitsbereich. Die bereits unter Bundeskanzler H. Kohl begonnenen Gesundheitsreformen haben daher zum Ziel, das Gesund-

Gesetzgebungsprozess in der BR Dtl.

Ein →Gesetz auf Bundesebene entsteht in der BR Dtl. mittels einer Einbringung in den →Bundestag durch die →Bundesregierung, den →Bundesrat oder den →Bundestag (→Gesetzesinitiative).
Eine Gesetzesvorlage der Bundesregierung wird zunächst dem Bundesrat zur Stellungnahme vorgelegt, der sie dann wieder an die Bundesregierung zurückgibt, damit diese eine Gegenäußerung verfassen kann. Dann wird die Initiative an den Bundestag weitergereicht. Eine Gesetzesvorlage des Bundesrates wird entsprechend der Bundesregierung zur Stellungnahme vorgelegt, die dann aber direkt an den Bundestag weitergeleitet wird. Eine Gesetzesvorlage des Bundestages wird direkt im Bundestag behandelt und kann von einer Fraktion oder von einer Mindestanzahl an Abgeordneten eingebracht werden.

Im Bundestag findet eine dreimalige →Lesung der Gesetzesvorschläge statt. In den Fachausschüssen wird eine genaue Analyse des Gesetzesvorhabens und eventueller Änderungsvorschläge durchgeführt, über die vom Bundestag abschließend abgestimmt werden muss. Bei Annahme durch den Bundestag werden sie an den Bundesrat weitergeleitet.
Sowohl →Einspruchgesetze, als auch→ Zustimmungsgesetze werden bei Zustimmung durch den Bundesrat direkt an den →Bundeskanzler bzw. an die zuständigen Fachminister weitergeleitet, gegengezeichnet (→Gegenzeichnung) und anschließend vom →Bundespräsidenten ausgefertigt und im →Bundesgesetzblatt verkündet.

Zeichnet sich die Ablehnung einer Gesetzesvorlage durch den Bundesrat ab, kann er selbst oder auch die Bundesregierung bzw. der Bundestag den →Vermittlungsausschuss anrufen, der über eine Änderung des Gesetzentwurfs beraten kann. Die Vorlage des Vermittlungsausschusses muss dann erneut vom Bundestag beraten werden. Bei Zustimmungsgesetzen, d. h. bei Gesetzen, denen der Bundesrat zustimmen muss, ist das Gesetz bei Nichtzustimmung des Bundesrates abgelehnt. Bei nichtzustimmungspflichtigen Gesetzen kann der Bundesrat Einspruch einlegen, der vom Bundestag aber mit →qualifizierter Mehrheit überstimmt werden kann. Wird der Einspruch nicht überstimmt, ist das Gesetz abgelehnt.

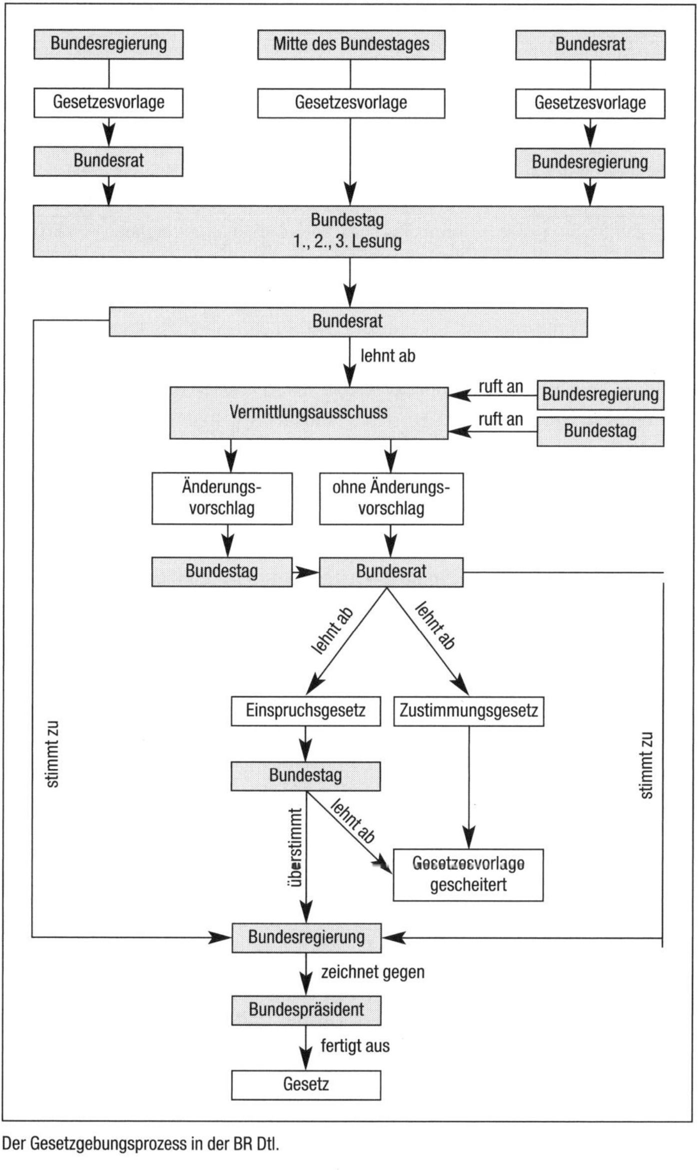

Der Gesetzgebungsprozess in der BR Dtl.

heitssystem stärker eigenverantwortlich und weniger solidarisch zu organisieren. Die Gesundheitsreform der rot-grünen →Bundesregierung schränkt die Zahlungen der Krankenkassen in vielen Bereichen ein und führt zur Erhebung von Praxisgebühren. Zur Senkung der →Lohnnebenkosten soll zudem der Arbeitgeberbeitrag zur gesetzlichen →Krankenversicherung reduziert werden.

Gewährleistung. Bezeichnung für die gesetzlich vorgeschriebene Verpflichtung der Person (i. d. R. des Händlers), bei dem man einen Verkaufsgegenstand erwirbt, für auftretende Sach- und Rechtsmängel des Produkts einzustehen.

Gewalt. Die Ausübung von physischem und/oder psychischem Zwang gegenüber einem Menschen, um diesem gegen seinen Willen Schaden zuzufügen. Außerdem kann Gewaltanwendung eine Reaktion auf vorher ausgeübte G. sein. Das Recht der Gewaltausübung liegt heute grundsätzlich und ausschließlich in der Hand des Staates (z. B. Polizei, Staatsanwaltschaft). Dieses Gewaltmonopol ist in Rechtsstaaten jedoch durch Gesetze gebunden und beschränkt. Nur wenn eine staatliche Instanz bei einem Notfall nicht rechtszeitig gerufen werden kann, ist Notwehr erlaubt.

Gewaltenteilung. Gemäß der klassischen Staatslehre Bezeichnung für die funktionale Untergliederung moderner demokratischer Staatensysteme in die gesetzgebende (→Legislative), die ausführende (→Exekutive) und die rechtsprechende Gewalt (→Judikative). Diese Form der Aufteilung von staatlicher Macht wird als horizontale G. bezeichnet. Als Strukturprinzip soll die G. die gegenseitige Machtkontrolle gewährleisten und verhindern, dass sich die staatliche →Macht in den Händen eines absolutistischen Herrschers (→Absolutismus) bzw. einer kleinen Gruppe konzentriert. Im parlamentarischen System der BR. Dtl. sind die drei →Gewalten auf der horizontalen Ebene nicht vollständig voneinander getrennt, es gibt eine Überschneidung zwischen Exekutive und Legislative. Die vertikale G. ist durch die Aufteilung der Kompetenzen zwischen →Bund und →Ländern in einem →Bundesstaat bestimmt (→Föderalismus).

Gewaltloser Widerstand (gewaltfreier Widerstand). Form der Auflehnung gegen die bestehende Staatsgewalt, wobei politische Ziele oder Reformen ohne die Anwendung von physischer →Gewalt durchzusetzen versucht werden. G. W. wird häufig durch →Demonstrationen (u. a. Sitzblockaden) oder Formen zivilen Ungehorsams (Arbeitsniederlegungen, →Boykotte) ausgeübt, um sich gegen staatliche Übergriffe oder Verletzungen von →Grund- und →Bürgerrechten zur Wehr zu setzen. Die bedeutendsten Aktivisten des g. W. waren der Führer der ind. Unabhängigkeitsbewegung M. Gandhi und der Führer der amerik. Bürgerrechtsbewegung und M. L. King.

Gewaltmonopol →Gewalt.

Gewaltverzicht. Grundsatz der Konfliktbeilegung zwischen →Staaten durch eine Selbstverpflichtung, derzufolge auf die Androhung und Anwendung von →Gewalt prinzipiell verzichtet wird. Unter dem Begriff Gewaltverbot wurde der Grundsatz des G. als Verpflichtung für die Mitgliedstaaten in die →Charta der UN aufgenommen. In der BR Dtl. ist der G. durch Art. 26 GG in der →Verfassung verankert.

Gewerbeaufsicht. Kontrolle der Einhaltung von arbeitsschutzrechtlichen Bestimmungen durch eine staatliche →Behörde, in der BR Dtl. durch die Gewerbeaufsichtsämter oder die Ämter für Arbeitsschutz. Rechtlich ist die G. in zahlreichen Verordnungen, u. a. in der Gewerbeordnung, geregelt.

Gewerbefreiheit. Bezeichnung für das Recht ein Gewerbe zu betreiben, das sich aus dem Grundrecht der →Berufswahlfreiheit (Art. 12 GG) ergibt. Jeder ist zur gewerblichen Tätigkeit berechtigt, da die Zulassung und die Fortsetzung des Gewerbes ausschließlich gesetzlichen Beschränkungen unterworfen ist, deren Einhaltung durch die →Gewerbeaufsicht kontrolliert werden.

Gewerbesteuer. Ertragssteuer, die von den →Gemeinden aufgrund des Gewerbesteuergesetzes von Gewerbebetrieben eingezogen wird. Sie wird auf den →Gewinn eines Gewerbebetriebs erhoben. Für die Gemeinden ist die G. i. d. R. die wichtigste Einnahmequelle. →Steuern.

Gewerkschaft. Interessenvertretung von →Arbeitnehmern zur Durchsetzung gemeinsamer politischer, wirtschaftlicher und sozialer Ziele. Wichtigste Aufgabe ist der Abschluss eines Tarifvertrages mit dem jeweils zuständigen Arbeitgeberverband. In einem solchen Vertrag werden Regelungen über die betriebliche und überbetriebliche Mitbestimmung der Arbeitnehmer und die Verbesserung von Arbeitsbedingungen festgelegt (z. B. Lohnerhöhung, Arbeitszeitverkürzung, Rechts- und Kündigungsschutz). Als Kampfmaßnahmen zur Durchsetzung ihrer Ziele setzen sie den →Streik als Mittel im →Arbeitskampf ein. Die aus der Arbeiterbewegung des 19. Jh. entstandenen Arbeitnehmerverbände bieten ihren Mitgliedern außerdem die Möglichkeit zur politischen Weiterbildung im Rahmen von Seminarangeboten und grundsätzliche Hilfe in allen arbeitnehmerrelevanten Fragen. Als →Interessenverbände sind G. unabhängig von Staat, Parteien und Kirche. Mitgliedschaften bestehen auf freiwilliger Basis. Der größte Teil der G. in der BR Dtl. ist seit 1949 in einem Großverband, dem Deutschen Gewerkschaftsbund (DGB), organisiert: Industriegewerkschaft Bauen-Agrar-Umwelt (IG BAU), Industriegewerkschaft Bergbau-Chemie-Energie (IG BCE), Industriegewerkschaft Metall (IG Metall), G. Erziehung und Wissenschaft (GEW), G. Nahrung-Genuss-Gaststätten (NGG), G. der Polizei (GdP), Transnet G. (GdED), Vereinte Dienstleistungsgewerkschaft (ver.di). Neben dem DGB gibt es zahlreiche, im Deutschen Beamtenbund (DBB) organisierte Einzelgewerkschaften., christliche G. und weitere freie organisierte G.

Gewinn. Grundsätzliches Ziel von Betrieben in der →Marktwirtschaft im Gegensatz zu gemeinwirtschaftlich organisierten Betrieben oder Organisationen in einer →Planwirtschaft. Der G. ist der erwirtschaftete Erlös abzüglich der für die Herstellung, Transport und Vermarktung aufgebrachten Kosten. In der Betriebswirtschaftslehre ist der G. durch zahlreiche Rechnungsmethoden mess- und operationalisierbar.

Gewissensfreiheit →Glaubens-, Gewissens- und Bekenntnisfreiheit.

Ghetto (ital. *Getto* = Gießerei). 1. Ein vom restlichen Teil eines Bevölkerungsgebietes weitgehend isoliertes Stadtviertel, in dem zumeist ethnische oder kulturelle →Minderheiten leben. 2. Die abgegrenzten Bereiche, in denen die jüdische Bevölkerung getrennt vom Rest der Bevölkerung leben musste. Diese Gebiete waren von Mauern umschlossen und wurden nachts durch Tore abgesperrt. Jüdische G. existierten bereits seit dem 16. Jh. Die Emanzipation der Juden zu Beginn des 19. Jh., die zur Gleichstellung der Juden auf sozialem, kulturellem und politischem Gebiet führte, sorgte auch für die Auflösung der G. Das Dritte Reich schuf ab 1940 in den Großstädten erneut jüdische G., v. a. in den polnischen Gebieten. Dort musste die jüdische Bevölkerung unter menschenverachtenden Umständen auf engstem Raum zusammenleben. Ein Großteil der Bewohner wurde aus den Ghettos in die von den Nationalsozialisten errichteten →Konzentrationslager deportiert und dort ermordet. →Nationalsozialismus; →Antisemitismus; →Zweiter Weltkrieg.

Gipfeltreffen (Gipfelkonferenz, Gipfel). Treffen der Staats- und Regierungschefs mehrerer Länder oder anderer führender politischer Persönlichkeiten zur Erörterung von Streitfragen der internationalen Beziehungen.

Glasnost (russ. = Öffentlichkeit). Vom ehemaligen Staats- und Regierungschef der Sowjetunion M. Gorbatschow geprägte Bezeichnung für die Herstellung von mehr Transparenz in Staat und Gesellschaft. G. sollte zu einem höheren Maß an Informations- und Diskussionsfreiheit über politische Angelegenheiten in der sowjetischen →Öffentlichkeit führen. G. und →Perestroika waren die Fundamente der Reformpolitik Gorbatschows in der zweiten Hälfte der 1980er-Jahre.

Glaubens-, Gewissens- und Bekenntnisfreiheit. Freiheit, seinen Glauben oder seine Weltanschauung zu bilden, zu haben, zu bekennen, zu verschweigen und entsprechend zu handeln. Auch das Recht, keiner Religion anzugehören bzw. Religionsfeindlich eingestellt zu sein, wird durch die Glaubensfreiheit gewährleistet. Außerdem sollen Entscheidungen geschützt werden, die der Einzelne in einer bestimmten Situation als für sich bindend und unbedingt verpflichtend empfindet, sodass er sich nicht ohne ernsthafte Gewissensbisse gegen sie entscheiden kann. Dies gilt auch für die Verweigerung des Kriegsdienstes aus Gewissensgründen. Die G.-, G.- u. B. ist in der BR Dtl. ein durch Art. 4 GG garantiertes →Grundrecht. Eingeschränkt werden darf sie, wenn durch ihre Ausübung die Funktionsfähigkeit des Staates behindert wird.

Gleichberechtigung. Bezeichnung für die in Art. 3 II u. III GG garantierte rechtliche und politische Gleichstellung aller Menschen, insbesondere für die Gleichstellung von Mann und Frau. Der →Staat muss die Geschlechter grundsätzlich gleich behandeln. Unterschiede zwischen Mann und Frau dürfen daher nicht in gesetzliche Regelungen einfließen, es sei denn, biologische Gründe erfordern eine unterschiedliche Behandlung (z. B. →Mutterschutz). Die nach wie vor fehlende G. in vielen Bereichen der →Gesellschaft ist der Anknüpfungspunkt für den →Feminismus und die→ Frauenbewegung.

Gleichheit. Humanistische Grundüberzeugung, nach der die Menschen in ihrer körperlich-seelischen Verfassung und ihrer menschlichen Würde gleich und damit auch rechtlich und faktisch gleich zu behandeln sind. Diese Gleichheitsauffassung gilt als vorstaatlich und unveräußerlich. Verfassungsrechtlichen Status erlangte die G. erstmals mit der US-amerikanischen Unabhängigkeitserklärung von 1779. Außerdem war sie neben der Freiheit und der Brüderlichkeit eines der Leitmotive der Französischen Revolution von 1789. In der BR Dtl. wird das demokratische Grundprinzip der G. durch Art. 3 I GG als Grundrecht verankert („Alle Menschen sind vor dem Gesetz gleich“). Art. 3 III GG besagt, dass niemand aufgrund seines Geschlechts, seiner Abstammung, seiner Rasse, seiner Sprache, seiner Heimat, seiner Herkunft, seiner religiösen oder politischen Anschauungen oder wegen einer Behinderung benachteiligt oder bevorzugt werden darf. In Art. 3 II GG wird die →Gleichberechtigung von Männern und Frauen explizit hervorgehoben und der Staat zur ihrer tatsächlichen Durchsetzung verpflichtet. Ergänzungen finden sich z. B. in Art. 6 V GG, der den Gesetzgeber anhält, für uneheliche Kinder die gleichen Ausgangsbedingungen zu schaffen wie für eheliche Kinder.

Gleichstellungspolitik. Sammelbezeichnung für alle politischen Maßnahmen, die auf eine Gleichstellung von Mann und Frau abzielen und versuchen, die nach wie vor bestehenden Ungleichheiten in vielen Gesellschaftsbereichen, insbesondere bei Bildung und Ausbildung sowie in wirtschaftlichen Bereichen, abzubauen. Die aktuelle Strategie der G. wird als Gender Mainstreaming bezeichnet. Die Vertreter dieses Konzepts gehen davon aus, dass es keine geschlechtsneutrale Wirklichkeit gibt und die unterschiedlichen Lebenssituationen und Interessen von Frauen und Männern daher bei allen gesellschaftlichen Vorhaben von vornherein zu berücksichtigen sind. Gender Mainstreaming ist im internationalen Recht durch den Amsterdamer Vertrag vom 1.5.1999, im nationalen Recht der BR Dtl. durch Art. 3 II GG gewährleistet („Der Staat fördert die tatsächliche Durchsetzung der Gleichberechtigung von Frauen und Männern und wirkt auf die Beseitigung bestehender Nachteile hin."). Mittel der G. sind u. a. Frauenförderrichtlinien, Aufklärungsprogramme, Gleichstellungsprüfungen und die Einsetzung von Gleichstellungsbeauftragten in Unternehmen, Universitäten, Verbänden, Vereinigungen und Großorganisationen. Für die G. ist in der BR Dtl. das Bundesministerium für Familie, Senioren, Frauen und Jugend zuständig. →Gleichheit; →Gleichberechtigung.

Gliedstaaten →Bundesstaat.

Globalisierung. Unbestimmter Begriff für die weltweite Überwindung nationalstaatlicher Grenzen, die zur Ausweitung, Vernetzung und Intensivierung der ökonomischen, wissenschaftlich-technischen, politischen, sozialen und kulturellen Beziehungen zwischen den Kontinenten und Staaten führt. Die Prozesse der G. erstrecken sich auf den gesamten Globus und resultieren v. a. aus der internationalen Arbeitsteilung, der hohen Mobilität von Kapital und der weltweiten Vernetzung durch die moderne Kommunikationstechnologie. Während die Fürsprecher der G. einen weltweiten Wohlfahrtsgewinn durch die G. prognostizieren, befürchten die Globalisierungsgegner tief greifende strukturelle Veränderungen zu Ungunsten der →Entwicklungsländer und auf Kosten der Natur.

Godesberger Grundsatzprogramm. Im Jahr 1959 beim Parteitag in Bad Godesberg aufgestelltes Grundsatzprogramm der → Sozialdemokratischen Partei Deutschlands (SPD), das 1989 wiederum vom Berliner Programm abgelöst wurde. Mit dem G. G. wurde die endgültige programmatische Abkehr der SPD vom →Marxismus beschlossen und ihr Wandel von einer Arbeiterpartei in eine →Volkspartei dokumentiert.

Golfkrieg. Bezeichnung für die militärischen Konflikte im Gebiet des Persischen Golfs. Der Erste G. war ein Grenzkrieg zwischen Iran und Irak, der vom 22.9.1980 bis zum 20.8.1988 andauerte, und auch Iran-Irak-Krieg genannt wird. Der Irak beabsichtigte, die Grenzen zum Nachbarstaat Iran zu seinen Gunsten zu verschieben. Der Konflikt wurde durch einen Waffenstillstand am 20.8.1988 beendet. Der zweite Golfkrieg, auch als Irak-Kuwait-Krieg bezeichnet, wurde durch die überfallartige Besetzung Kuwaits durch irakische Truppen am 2.8.1990 ausgelöst. Nach Ablauf eines vom UNO-Sicherheitsrat verabschiedeten →Ultimatums über den Abzug der irakischen Streitkräfte aus Kuwait bis zum 15.1.1991 begannen die Militäraktionen des alliierten Bündnisses unter Führung der USA mit massiven Luftangriffen. Die Gegenschläge des Irak richteten sich v. a. gegen israelische Stellungen. Nach dem Einmarsch von alliierten Bodentruppen musste sich der Irak allerdings schnell aus Kuwait zurückziehen. Nach einer zwischenzeitlichen Waffenruhe erkannte der Irak am 6.4.1991 die Bedingungen eines Waffenstillstands an. Als dritter Golfkrieg wird der →Irakkrieg bezeichnet.

Gouverneur (franz. = Regent). 1. Ursprünglich die Bezeichnung für den obersten militärischen Befehlshaber einer Stadt, Festung o. Ä. 2. In den USA der direkt gewählte Regierungschef eines →Bundesstaates. 3. Als Generalgouverneur wird der höchste Verwaltungsbeamte eines Teilstaates (z. B. in einer Provinz oder Kolonie) bezeichnet. 4. Der Leiter der Notenbanken in den USA und Großbritannien.

Green Card (engl. = grüne Karte). Schlagwortartige Bezeichnung für eine Aufenthalts- und Arbeitserlaubnis für →Ausländer, die bestimmten Personen vom →Staat ausgestellt wird. Im Jahr 2000 wurde die G. C. in der BR Dtl. durch die „Verordnung über die Arbeitsgenehmigung für hoch qualifizierte ausländische Fachkräfte der Informations- und Kommunikationstechnologie“ von der rot-grünen Bundesregierung eingeführt, um den Mangel an Fachkräften in der IT-Branche zu kompensieren. Die gewährte Arbeits- und Aufenthaltsgenehmigung war zeitlich begrenzt und konnte nur von Nicht-EU-Bürgern mit einem Hochschulabschluss in Informationstechnologie (IT) beantragt werden. Das G. C. Programm endete Anfang 2004 mit dem In-Kraft-Treten des neuen Zuwanderungsgesetzes (→Einwanderung). In den USA wird durch die G. C. eine unbeschränkte Arbeits- und Aufenthaltserlaubnis und damit das Recht zur dauerhaften Einwanderung gewährt.

Grenznutzen. Volkswirtschaftlicher Fachbegriff, der den →Nutzen bezeichnet, den der Konsum der nächsten zusätzlichen Einheit eines Gutes mit sich bringt. Es wird davon ausgegangen, dass der Nutzen eines Gutes bei zunehmendem Verbrauch für den Einzelnen abnimmt. So hat Wasser für den Durstigen einen sehr hohen Grenznutzenwert, der aber schon nach der ersten Befriedigung des Trinkbedürfnisses stark abnimmt.

Griechenland →Europäische Länder.

Großbritannien →Europäische Länder.

Große Koalition. Regierungsbündnis der stärksten →Parteien in einem →Parlament. Eine G. K. bildet sich nach →Wahlen mit nicht eindeutigen Mehrheitsverhältnissen und wenn die parlamentarische Gesetzgebung auf eine möglichst breite Grundlage gestellt werden soll. Da die Opposition meist aus einer Minderheit kleiner Parteien besteht und somit mangelnde Stimmzahlen und ein geringes politisches Gewicht mit sich bringt, sind ihre parlamentarischen Kontroll- und Einflussmöglichkeiten stark eingeschränkt. In der BR Dtl. kam es auf Bundesebene bislang erst einmal zur Bildung einer G. K., die aus CDU/CSU und SPD bestand (1966–69). Als Reaktion auf die mangelnde Macht der damals sehr kleinen Oppositionspartei FDP im Parlament bildete sich in dieser Zeit die →Außerparlamentarische Opposition.

Großmacht. →Staat mit großer wirtschaftlicher, politischer und militärischer →Macht im Vergleich zu anderen Staaten. Eine G. definiert sich nicht über die Fläche eines Staates, sondern über die Möglichkeit der Staatsregierung, Einfluss auf andere Staaten bzw. die internationale Politik zu nehmen (→Weltmacht).

Grundgesetz (GG). Verfassungsrechtliche Regelungen der BR Dtl., die am 8.5.1949 vom →Parlamentarischen Rat verabschiedet und am 23.5.1949 feierlich verkündet wurden. Das GG trat am 24.5.1949 im Staatsgebiet der BR Dtl. und in Berlin (West) in Kraft. Seit dem Beitritt der →DDR zur BR Dtl. am 3.10.1990 gilt es als →Verfassung für Gesamtdeutschland. Die Verfassungsnormen des GG sind das höchste deutsche Recht, unterrangige Gesetze dürfen daher nicht gegen sie verstoßen. Änderungen der Verfassung bedürfen einer Zweidrittelmehrheit in Bundestag und Bundesrat. Allerdings garantiert die sog. Ewigkeitsklausel des Art. 79 III GG den sinngemäßen Bestand der Art. 1 und 20, die für die →freiheitlich-demokratische Grundordnung von zentraler Bedeutung sind. Die Einhaltung der Bestimmungen des GG wird durch das →Bundesverfassungsgericht überprüft. Die 146 Artikel des GG sind in insgesamt 14 Abschnitte unterteilt, denen eine →Präambel vorangestellt ist. In den Art. 1–19 GG sind die →Grundrechte verankert. Die Art. 20–37 GG enthalten Bestimmungen zur Staatsstruktur, Staatsform und zum Verhältnis zwischen →Bund und →Ländern. Zusammensetzung und Funktionen der Verfassungsorgane (→Bundestag, →Bundesrat, →Gemeinsamer Ausschuss, →Bundespräsident und →Bundesregierung) werden in den Art. 38–69 GG näher erläutert. Die Art. 70–82 GG befassen sich mit der →Gesetzgebung des Bundes. Die Ausführung der Bundesgesetze, die Bundesverwaltung und die →Gemeinschaftsaufgaben werden in den Art. 83–91 GG behandelt. In den Art. 92–104 GG befinden die Bestimmungen zur Rechtsprechung. Das Finanz- und Haushaltswesen ist in den Art. 104a–115 GG geregelt. Die Art. 115a–115l GG beschäftigen sich mit dem Verteidigungsfall. Die Übergangs- und Schlussbestimmungen der Art. 116–146 GG schließen das GG ab.

Grundpflichten. Die durch die →Verfassung begründeten gemeinschaftlichen Pflichten eines jeden Einzelnen gegenüber dem →Staat. Die im →Grundgesetz geregelten G. sind z. B. die Wehr- und Zivildienstpflicht (Art. 12a GG) und die Erziehungspflicht der Eltern (Art. 6 II GG). →Grundrechte.

Grundrechte. Die durch die Grundordnung eines →Staates gewährleisteten Rechte des Einzelnen gegenüber dem →Staat (→Menschen- und →Bürgerrechte) und zugleich die Festlegung wesentlicher Elemente der objektiven Rechtsordnung des demokratischen und sozialen Rechtsstaates. Die G. sollen den Einzelnen vor staatlicher Bevormundung und ungerechtfertigten Eingriffen seitens des Staates bewahren und sind deshalb i. d. R. durch die →Verfassung besonders geschützt. Durch die G. werden dem Einzelnen auch bestimmte Mitwirkungsrechte (z. B. Wahlrecht) und die Teilhabe an staatlichen Leistungen (z. B. Sozialhilfe) garantiert. Im Grundgesetz der BR Dtl. finden sich die wichtigsten G. in den Art. 1–19 GG. Nach ihrem Inhalt können die G. im GG in Freiheits-, Unverletzlichkeits-, Gleichheits- und Justizgrundrechte untergliedert werden. Zu den Freiheitsrechten zählen u. a. das Recht auf freie Entfaltung der Persönlichkeit und der persönlichen Freiheit, die→ Glaubens-, Gewissens- und Bekenntnisfreiheit, die →Meinungs-, →Informations- und →Pressefreiheit, die Freiheit von Kunst, Wissenschaft, Forschung und Lehre, die →Versammlungsfreiheit, die Vereinigungs- und Koalitionsfreiheit und die freie Wahl des Berufs, des Arbeitsplatzes und der Ausbildungsstätte. Die Unverletzlichkeitsrechte umfassen u. a. das Recht auf Leben und körperliche Unversehrtheit, das →Brief-, Post- und Fernmeldegeheimnis, die Unverletzlichkeit der Wohnung und die Gewährleistung des →Eigentums und Erbrechts. Zu den Gleichheitsrechten gehören u. a. die →Gleichheit vor dem Gesetz und das Diskriminierungsverbot. Die Justizgrundrechte beinhalten u. a. die Rechtsweggarantie, das Recht auf einen gesetzlichen Richter, den Anspruch auf rechtliches Gehör und die Rechtsgarantien bei Freiheitsentzug. Der besondere Schutz der G. im GG zeigt sich darin, dass eine Änderung der Grundrechtsbestimmungen wie alle anderen Verfassungsänderungen einer Zweidrittelmehrheit bedarf und die G. darüber hinaus nicht in ihrem Wesensgehalt verletzt werden dürfen. Einige der G. unterliegen allerdings dem →Gesetzesvorbehalt. Die Art. 1 u. 20 GG dürfen in keinem Fall eingeschränkt werden. Die G. sind unmittelbar geltendes Recht, d. h., jegliches Handeln des Staates bzw. seiner →Organe ist an sie gebunden. Im Rahmen der →Verfassungsbeschwerde kann sich jeder Bürger, der sich in seinen G. verletzt fühlt, an das →Bundesverfassungsgericht wenden. →Grundpflichten.

Grundsicherung. Seit 1.1.2003 bestehende staatliche Sozialleistung, die ähnlich der →Sozialhilfe Personen zusteht, die durch Alter oder Erwerbsminderung ihren Lebensunterhalt nicht durch eine Erwerbsarbeit bestreiten können. Mit der G. soll der Grundbedarf gedeckt werden.

Grundsteuer →Steuern.

Grundvertrag (Grundlagenvertrag). Völkerrechtlicher Vertrag über die Grundlagen der Beziehung zwischen der BR Dtl. und der →DDR, der am 21.6.1973 in Kraft trat. Der G. sollte nach zwei Jahrzehnten des →Kalten Krieges im Rahmen der →Entspannungspolitik für gutnachbarschaftliche Beziehungen zwischen den beiden Teilen Deutschlands sorgen. Er beinhaltete u. a. die gegenseitige Verpflichtung zur ausschließlichen Anwendung friedlicher Mittel in Streitfragen, die Unverletzlichkeit der Grenzen, die Eröffnung weiterer Grenzübergänge und die Erleichterungen der Besuchsregelungen für Bürger der BR Dtl. Die Familienzusammenführung wurde durch ein Zusatzprotokoll geregelt. Mit der →Wiedervereinigung im Jahr 1990 hat der G. seine Gültigkeit verloren.

Grüne →Bündnis 90/Die Grünen.

Grüne Parteien. Sammelbezeichnung für politische →Parteien mit ökologisch-sozialer Ausrichtung, die sich zum Ende der 1970er-Jahre in zahlreichen westlichen Industrieländern entwickelten. Ihre Hauptforderungen beinhalten den Vorrang der Ökologie vor der Ökonomie, die Demokratisierung und Kontrolle der politischen Entscheidungsträger, die Solidarität mit der →dritten Welt und die →Abrüstung.

Gruppe. 1. Im soziologischen Sprachgebrauch bezeichnet G. eine soziale Formation aus mehreren Personen, die durch gemeinsame Werte, Interessen, Normen, Ziele und Auffassungen und ein i. d. R. festes soziales Gefüge dauerhaft miteinander verbunden sind. G. grenzen sich durch ein besonderes Zusammengehörigkeitsgefühl und eine eigenständige Gruppenidentität gegenüber anderen Gruppen ab. 2. Im →Deutschen Bundestag bezeichnet der Begriff den Zusammenschluss von mindestens drei Abgeordneten, die aber aufgrund einer zu geringen Zahl an →Mandaten keine eigene →Fraktion bilden können. Eine G. verfügt im Vergleich zur Fraktion nur über eingeschränkte parlamentarische Rechte und Mittel.

Guerilla (span. = kleiner Krieg). Bewaffnete irreguläre Gruppen, die mithilfe einer subversiven Kampftaktik aus dem Untergrund heraus →Krieg gegen die →Regierung des eigenen Staates oder eine Besatzungsmacht führen. Ihre Ziele sind meist sozialrevolutionär motiviert.

GUS →Gemeinschaft Unabhängiger Staaten.

Güter. Mittel zur Befriedigung menschlicher Bedürfnisse. Unterschieden werden dabei freie G., die in großer Menge vorhanden sind (z. B. Luft und Wüstensand), und knappe (wirtschaftliche) G., die dadurch gekennzeichnet sind, dass sie bei ihrer Herstellung Kosten verursachen, einen Preis erzielen und veräußert und erworben werden können. Knappe (wirtschaftliche) G. lassen sich in materielle G., wie Sachwaren, und immaterielle Güter, wie Dienstleistungen, einteilen. Bei den materiellen G. unterscheidet man wiederum Investitionsgüter, die zur Herstellung weiterer Güter dienen, und Konsumgüter, die für die Bedürfnisse des Endverbrauchers bestimmt sind. Politisch sind v. a. die Verteilung der knappen G. und die Bereitstellung von →öffentlichen G. von Belang.

H

Habeas-Corpus-Akte (von lat. *habeas corpus* = „du mögest den Körper haben"). Englisches Staatsgrundrecht von 1679, das eine Verhaftung von Untertanen des Königs ohne richterliche Untersuchung verbot. Der Name entstammt den Anfangsworten für königliche Haftbefehle, mit denen Personen willkürlich verhaftet wurden. Die H.-C.-A. wurde in vielen modernen →Verfassungen als →Grundrecht aufgenommen. Im GG ist das Recht auf eine richterliche Untersuchung in Art. 104 festgeschrieben.

Hallstein-Doktrin. Nach dem früheren Staatssekretär im →Auswärtigen Amt (1951–58) und Präsidenten der EWG-Kommission (1958–67) W. Hallstein benannter außenpolitischer Grundsatz der BR Dtl., demzufolge keine diplomatischen Beziehungen (→Diplomatie) mit →Staaten unterhalten oder aufgenommen wurden, die die →DDR anerkannten. Eine Ausnahme bildete die Sowjetunion. Die H.-D. hing mit dem →Alleinvertretungsanspruch für das gesamte deutsche Volk zusammen, den die BR Dtl. für sich forderte. Mit der sozialliberalen Koalition Anfang der 1970er-Jahre und insbesondere dem Grundlagenvertrag zwischen den beiden Teilen Deutschlands wurde die H.-D. aufgegeben. →Außenpolitik.

Hamburg →Bundesländer der BR Dtl.

Hammelsprung. Abstimmungsverfahren im →Parlament, bei dem die →Abgeordneten durch den Gang durch verschiedene Türen, die für Ja, Nein oder Stimmenthaltung stehen, ihr Votum abgeben und dabei gezählt werden.

Handelsbilanz. Volkswirtschaftliche Bilanzierung der Ein- und Ausgaben für Waren und Dienstleistungen (Import und Export) innerhalb eines bestimmten Zeitraums. Die H. ist Teil der →Zahlungsbilanz und Ausdruck für den wirtschaftlichen Erfolg oder Misserfolg eines Betriebes bzw. Unternehmens.

Handwerk. Gewerbe, in dem handwerkliche Tätigkeiten ausgeübt werden und das im Gegensatz zur Industrie i. d. R. einzelne Aufträge anfertigt und unmittelbar in Kontakt mit den Kunden steht. Die einzelnen Handwerksbetriebe sind Mitglieder in der →Handwerkskammer. Spitzenverband ist der Zentralverband des Deutschen H. (ZDH) mit Sitz in Berlin. Neben den Handwerkskammern werden die Interessen des H. durch sog. Handwerksinnungen, d. h. freiwillige Zusammenschlüsse örtlicher Betriebe, vertreten. Die Innungen eines Stadt- oder Landkreises sind in den Kreishandwerkerschaften zusammengeschlossen. Rechtliche Belange werden durch die Handwerksordnung (aktuelle Fassung vom 1.1.2004) geregelt. Wer ein H. selbstständig ausführen möchte, hat die Auflage, sich in die Handwerksrolle einzutragen, in der sämtliche Mitgliedsbetriebe erfasst sind.

Handwerkskammer. →Körperschaft des öffentlichen Rechts mit Pflichtmitgliedschaft für alle handwerklichen Berufe (→Handwerk). Die 54 in der BR Dtl. bestehenden H. werden auf Länderebene durch die regionalen Handwerkskammertage vertreten, auf Bundesebene sind sie im Deutschen Handwerkskammertag (DHKT) mit Sitz in Berlin zusammengeschlossen. Ebenfalls auf regionaler Ebene arbeiten die Landeshandwerksvertretungen. Ihre →Organe sind die Mitgliederversammlung, die Ausschüsse und der Vorstand. Die H. repräsentieren die Interessen des Handwerks gegenüber Politik und Verwaltung, führen die Handwerksrolle und beaufsichtigen die Handwerksinnungen und die Kreishandwerkerschaften. Weitere Aufgaben der H. sind v. a. der Ausgleich zwischen den Interessen einzelner Handwerke und ihrer Organisationen sowie die Regelung der Berufsausbildung und des Prüfungswesens.

Hare-Niemeyer-Verfahren (Restzahlverfahren). Rechnungsverfahren, mit dem die Anzahl der Sitze einer →Partei bei →Verhältniswahlen ausgerechnet wird. Dabei wird die Stimmenanzahl einer Partei, die die Fünfprozenthürde (→Fünfprozentklausel) überwunden hat, mit der Anzahl der zu verteilenden Sitze im →Parlament multipliziert. Das Ergebnis wird durch die Gesamtzahl aller abgegebenen Stimmen dividiert. Die Zahlen vor dem Komma ergeben die Sitze einer Partei im Parlament, die restlichen →Mandate werden nach den höchsten Bruchstellen verteilt. Seit der →Bundestagswahl 1985 hat das H.-N.-V. das →d'Hondtsche Höchstzahlverfahren abgelöst.

Hartz IV →Arbeitslosenversicherung.

Haushaltsplan (→Budget). Plan, der die voraussichtlichen Einnahmen und Ausgaben der öffentlichen →Körperschaften eines →Staates innerhalb eines Jahres auflistet und gegenüberstellt. Der H. wird i. d. R. mehr als ein Jahr vor dem Haushaltsjahr, für das er gelten soll, aufgestellt und dient haushalts- und wirtschaftspolitischen Führungsaufgaben. Haushaltsüberschreitungen, d. h. unvorhergesehene Kosten bzw. nicht eingenommene Gelder, werden im →Nachtragshaushalt zusammengestellt. Man unterscheidet den Staatshaushalt und den Haushalt von →Gemeinden und →Bundesländern.

Den einzelnen →Ministerien sind Einzelpläne zugeordnet, die sich auf den entsprechenden Geschäftsbereich beziehen. In demokratischen Staaten legt die →Regierung dem Parlament den H. zur Beratung und Beschlussfassung vor. In der BR Dtl. werden die H. nach Art. 110 GG als Anlage zum Bundeshaushaltsgesetz vom jeweiligen Parlament beschlossen. Der H. wird daraufhin durchgeführt, vom Bundesministerium für Finanzen kontrolliert und nach Bilanzierung in der Haushalts- und Vermögensrechnung vom →Bundesrechnungshof auf ordnungsgemäße Führung und Wirtschaftlichkeit überprüft.

Haushaltspolitik. Sämtliche Maßnahmen, die die Aufstellung des →Haushaltsplans betreffen. Die H. richtet sich nach der zu verteilenden Gesamtsumme des →Haushaltsplanes und seiner Zusammensetzung. Ihr Zweck ist die Deckung von Ausgaben durch entsprechenden Steuereinnahmen, der Ausgleich von Konjunkturschwankungen im Rahmen der staatlichen →Konjunkturpolitik sowie Subventionierung und Zahlung von Sozialausgaben, um Vermögens- und Einkommensgefälle auszugleichen.

Hearing (engl. = Anhörung). Die Anhörung von Wissenschaftlern und Sachverständigen zur Meinungsbildung. Nach § 70 der Geschäftsordnung des →Deutschen Bundestages können auch dessen Ausschüsse ein H. anberaumen.

Hebesatz. Mittel der →Gemeinden in der BR Dtl. zur Berechnung von Gewerbe- und Grundsteuer. Die Steuerschuld wird errechnet, indem die von den Finanzämtern errechnete sog. Steuermessschuld mit dem H. multipliziert wird.

Hegemonie (griech. = Oberbefehl). Vorherrschaft eines →Staates oder einer Institution bzw. Organisation auf wirtschaftlichem, militärischem, kulturellem oder politischem Gebiet. →Herrschaft.

Herrschaft. Eine besondere Form der →Macht, die nach dem deutschen Soziologen M. Weber auch als institutionalisierte Macht bestimmt wird: „Herrschaft soll heißen die Chance, für einen Befehl bestimmten Inhalts bei angebbaren Personen Gehorsam zu finden." Mit H. ist also immer eine soziale Beziehung der Über- und Unterordnung verbunden, die im Gegensatz zur Willkür durch formalisierte Regelungen und Verfahrensweisen gekennzeichnet ist. Macht ist durch H. nicht mehr unbedingt mit bestimmten Personen, sondern mit Funktionen und Positionen innerhalb eines Herrschafts- bzw. eines sozialen Gefüges verbunden, und dadurch legitimiert (→Legitimation). Nach Weber werden drei Formen von Herrschaft unterschieden: rationale/legale H., die auf einer unpersönlich-sachlichen Ordnung basiert (z. B. →Bürokratie); traditionale H., die sich auf die →Autorität der überlieferten Ordnung beruft (z. B. →Feudalismus); charismatische H., die sich auf eine vorbildliche und verehrte Führerpersönlichkeit stützt (z. B. „Führerstaat"). Außerdem kann H. nach staatlich-politischen Ordnungssystemen unterschieden werden, wie z. B. →Aristokratie, →Demokratie oder →Monarchie.

Hessen →Deutsche Bundesländer.

Heteronomie (griech. = Fremdgesetzlichkeit). Die →Abhängigkeit sozialer Gruppen, Organisationen oder →Staaten vom Einfluss und Willen anderer. →Autonomie.

Hierarchie (von griech. *hierarchia* = Herrschaft der Priester). Institutionalisiertes System der Über- und Unterordnung, das pyramidenförmig aufgebaut ist und an deren Spitze die obersten Entscheidungsbefugnisse und Herrschaftsrechte (→Herrschaft) liegen. Die Kompetenzen zur Durchführung, Entscheidung und Achtung von Entscheidungen nehmen in vertikaler Rangfolge nach unten ab. Auf jeder Stufe der H., außer auf der obersten und untersten Rangebene, befinden sich sowohl Vorgesetzte als auch Untergebene. Da das soziale Gefüge der H. relativ starre, feste und gesicherte Richtlinien in Form der Über- und Unterordnung etabliert, findet sich die H. besonders häufig in Organisationen, die an längerfristigen und gleich bleibenden Aufgaben und Zielen arbeiten (Kirchen, Krankenhaus, →Militär, öffentliche Verwaltung).

Historischer Materialismus. Bezeichnung für die geschichtstheoretische Hauptlehre des →Marxismus, nach der die menschliche →Gesellschaft wesentlich durch ökonomische Gesetzmäßigkeiten und nicht durch die Vorstellungen der Menschen (Ideen) bestimmt wird und sich dementsprechend weiterentwickelt. Es wird dabei zwischen Basis und Überbau unterschieden (→Basis-Überbau-Theorie). Als ökonomische Basis gelten Produktionsmittel (Werkzeuge, Maschinen) und Produktionsverhältnisse (Eigentums- und Herrschaftsverhältnisse). Als Überbau gelten Kultur, Religion, Wissenschaft, Recht und →Staat. Da der Theorie zufolge die Basis den Überbau bestimmt, entstehen gesellschaftliche Veränderungen durch eine Veränderung der Basis: Der h. M. unterscheidet verschiedene Gesellschaftsformen wie die Urgesellschaft der Jäger und Sammler, die Sklavenhaltergesellschaft sowie die feudale (→Feudalismus), die kapitalistische (→Kapitalismus), die sozialistische (→Sozialismus) und die kommunistische (→Kommunismus) Gesellschaft. Bis auf die Urgesellschaft sind alle diese Gesellschaftsformen durch →Ausbeutung, Klassengegensätze (→Klasse) und →Herrschaft von Menschen über Menschen bestimmt. Geschichte wird als die Geschichte von →Klassenkämpfen interpretiert, wobei der Kampf um den →Mehrwert (das sog. Surplus) im Mittelpunkt steht. Diesen Mehrwert, der im Produktionsprozess entsteht, indem mehr Wert auf das Produkt übertragen wird als der Arbeiter Geld in Form von Lohn erhält, eignet sich die Klasse der Besitzenden an. Diese Klassenkämpfe sind nach der Theorie des h. M. die wesentlichen Faktoren, die die gesellschaftliche Entwicklung vorantreiben. Der Kapitalismus unterscheidet sich insofern von den anderen gesellschaftlichen Epochen, als dass der Kampf um den Mehrwert durch die industriellen Produktionsmethoden und den Einsatz von →Kapital als Produktionsmittel auf die Spitze getrieben wird. Der eklatante Klassengegensatz und die Ausbeutung der Arbeiter durch die herrschende Klasse wird notwendigerweise den Zusammenbruch der kapitalistischen Gesellschaft zur Folge haben. An dieser Stelle übernimmt das →Proletariat die politische Herrschaft. Im Zuge dieser Entwicklung wird das Stadium des Sozialismus erreicht, in dem die Menschen nach ihren Fähigkeiten und Leistungen im Rahmen einer kollektiven Produktionsweise eingesetzt werden. Aus dem Sozialismus entsteht der Kommunismus, wenn eine völlig den Bedürfnissen und Fähigkeiten der Menschen entsprechende gesellschaftliche Entwicklung erreicht ist. Ausbeutung und die Herrschaft von Menschen über Menschen sind abgeschafft und der Staat als Garant von Herrschaft stirbt ab.

Hochkommissar. 1. Bezeichnung für die höchsten Vertreter der Siegermächte nach dem Zweiten Weltkrieg in der Alliierten Kommission (Aufsichtsorgan der →Alliierten, Hohe Kommission). 2. Amtlicher Titel für leitende →Beamte, die auf völkerrechtlicher Grundlage in besetzten Ländern oder Schutzgebieten arbeiten.

Hochrechnung. Ermittlung eines vorläufigen Wahlergebnisses aufgrund der statistischen Auswertung von Stimmen aus repräsentativen Teilen der Wahlbevölkerung mithilfe des Computers.

Hochschulpolitik. Alle politischen Maßnahmen der →Länder und des →Bundes, die sich auf die Hochschule sowie ihre verschiedenen Formen und Einrichtungen beziehen. In der BR Dtl. sind grundsätzlich die Länder für die H. zuständig. Die H. des Bundes beschränkt sich auf Zugangsregelungen, finanzielle Fördermittel (→Bundesausbildungsförderungsgesetz) und Ausbildungsdauer.

Hochverrat. Bestrebungen, die mit Gewalt oder durch Androhung von Gewalt auf Änderung der verfassungsmäßigen Ordnung (in der BR Dtl. § 81 StGB, Hochverrat gegen den Bund) oder auf Abtrennung eines Teil des Staatsgebietes (in der BR Dtl. § 82 StGB, Hochverrat gegen ein Land) gerichtet sind. H. wird in der BR Dtl. als Verbrechen geahndet.

Hoher Flüchtlingskommissar der Vereinten Nationen (engl. = *United Nations High Commissioner for Refugees,* UNHCR). Seit dem 1.1.1951 bestehende Unterorganisation der →Vereinten Nationen mit Hauptsitz in Genf zum Schutz von →Flüchtlingen und Vertriebenen. Die UNHCR soll Flüchtlingen v. a. Rechtsschutz gewähren. Rechtliche Basis ist die Genfer Flüchtlingskonvention (→Genfer Konventionen), die am 22.04.1954 in Kraft trat. Ursprünglich sollte das Kommissariat nur für drei Jahre bestehen. Seit 1954 ist das UNHCR Mandat regelmäßig um fünf Jahre verlängert worden und seit 2004 unbefristet gültig. Der Hohe Flüchtlingskommissar wird von der UN-Generalversammlung auf Empfehlung des UN-Generalsekretärs gewählt und ist der Vollversammlung rechenschaftspflichtig. Das Flüchtlingskommissariat ist weltweit mit 268 Büros in 114 Länder organisiert und beschäftigt über 5200 Mitarbeiter. Das UNHCR wurde 1954 und 1981 mit dem Friedensnobelpreis ausgezeichnet.

Holocaust (von engl. *holocaust* = Massenvernichtung bzw. von griech. *holókaustos* = Brandopfer). Allgemein Bezeichnung für die Ermordung einer großen Anzahl an Menschen. Im Besonderen Ausdruck für die systematische Vernichtung der europäischen Juden während des →Nationalsozialismus 1933–45. Der Begriff geht auf Passagen des Alten Testaments der Bibel zurück (Genesis 22,2).

Homo oeconomicus (lat. = der wirtschaftliche Mensch). Begriff aus der Wirtschaftstheorie, der den Menschen als primär wirtschaftlich handelndes und denkendes Wesen bestimmt. Die Entscheidungen für oder gegen bestimmte Handlungen oder Güter aufgrund rationaler Abwägungen haben laut Vertretern dieser Theorie stets das Ziel, den persönlichen →Nutzen zu maximieren. →Homo sociologicus.

Homo sociologicus (lat. = der soziologische Mensch). Begriff aus der Soziologie, der den Menschen als primär gesellschaftliches Wesen bestimmt. Der Mensch wird als Summe seiner sozialer Rollen aufgefasst, die wiederum mit den Normen und Werten anderer konfrontiert wird. Dementsprechend muss der H. s. in seinen

Handlungen Zugeständnisse machen. Der Begriff wurde 1958 von Lord R. Dahrendorf in die Soziologie eingeführt und versteht sich als Gegenkonzept zum →Homo oeconomicus.

Honoratiorenpartei (von lat. *honoratiores* = Hochangesehene). Parteienform im 19. Jh., deren Mitglieder aus dem Besitz- und Bildungsbürgertum stammten und meist ehrenamtlich politisch tätig waren. Die H. wurden von den Massenintegrationsparteien (→Volkspartei) abgelöst.

House of Commons →Unterhaus.

House of Lords →Oberhaus.

Humanisierung der Arbeit. Die Schaffung von menschenwürdigen Arbeitsbedingungen, wozu der Kampf um Mitbestimmungsrechte, die Reduzierung der Schichtarbeit, die Verkürzung der Arbeitszeit sowie die sichere und angemessene Gestaltung des Arbeitsplatzes gehört, aber auch die Bekämpfung von →Arbeitslosigkeit. Die H. d. A. ist im Betriebsverfassungsgesetz von 1972 festgehalten. Unternehmen müssen diese Regelungen beachten. →Arbeit.

Humanitäre Intervention. Begriff der →Internationalen Politik für den militärischen Eingriff eines Staates bzw. einer Staatengemeinschaft in die inneren Angelegenheiten eines Drittstaates, wenn es in diesem zu schwerwiegenden Verletzungen der →Menschenrechte kommt. Ziel von h. I. ist es, die Menschenrechte wiederherzustellen. H. I. werden i. d. R. vom Sicherheitsrat der Vereinten Nationen beschlossen und von den sog. →Blauhelmen durchgeführt. Völkerrechtlich sind die h. I. allerdings nach wie vor umstritten, da sie gegen den Willen des Drittstaates ausgeführt werden und damit gegen das Konzept der staatlichen →Souveränität verstoßen. H. I. der UN wurden u. a. in Somalia, Kosovo und Osttimor durchgeführt.

Humankapital. Aus der Volks- und Betriebswirtschaftslehre stammender Begriff, der die Menschen als Wissensträger und Inhaber von Bildung, Ausbildung und Leistungsmotivation unter dem Aspekt ökonomischer Ausnutzung betrachtet. Dabei wird davon ausgegangen, dass das H. noch weiter ausgebildet werden kann.

Hypothese (griech. = Vermutung, Unterstellung). In Form eines Satzes formulierte Vermutung oder Annahme, die beobachtbare Ereignisse hinsichtlich ihrer Ursache, ihrer Zielgerichtetheit oder ihrer Wirkung sowie den Zusammenhang mit anderen Phänomen der sozialen Welt erklären will. Eine H. kann durch weitere Beobachtungen und Experimente bestätigt und dann gegebenenfalls zu einer →Theorie weiter entwickelt oder aber widerlegt werden.

I

Idealtypus. Wesentlich von dem deutschen Soziologen M. Weber geprägter Begriff, der der Ordnung sozialer Tatbestände auf theoretischer Ebene dient. Die in der sozialen Welt vorhandenen Informationen fasst Weber forschungspragmatisch zu I. zusammen, um die komplexe Ausgestaltung der Wirklichkeit durch ein Interpretationsmuster ordnen zu können. Das Modell der I. kann sich über die Beschreibung klassischer Wesensmerkmale wie in Webers Herrschaftstypen (→Herrschaft) nur der sozialen Realität annähern, sie jedoch nie wirklich abbilden.

Identität (von lat. *idem* = derselbe; *identitas* = Wesenseinheit). Begriff, der die Wesensgleichheit einer Person, Institution, Organisation oder Naturerscheinung mit sich selbst ausdrückt. Die I. wird dabei mit bestimmten Merkmalen umschrieben, aus denen sich eine gleich bleibende und unveränderliche Einheit zusammensetzt. Damit dient der Begriff zugleich der Unterscheidung von anderen bzw. anderem. Der Begriff der I. wird in der Psychologie, in den Sozialwissenschaften und in der Philosophie unterschiedlich behandelt und konzipiert. Von politikwissenschaftlicher Bedeutung ist die vom franz. Philosophen J.-J. Rousseau geprägte Bezeichnung der identitären →Demokratie, die eine Herrschaftsform beschreibt, in der die I. von Regierenden und Regierten gegeben ist.

Ideologie (griech. = Lehre von den Ideen). Heutzutage v. a. als Synonym für politische Weltanschauungen oder politische Ideenlehren gebrauchter Begriff. Die I. als von eigenen Wertvorstellungen geprägte Weltsicht wird zugleich zum Maßstab des politischen Handelns erhoben. Außerdem beansprucht sie die Allgemeingültigkeit der von ihnen formulierten glaubensähnlichen Grundsätze und sorgt so für eine Verfälschung der Realität. Diese Verfälschungen dienen bewusst oder unbewusst der Durchsetzung von eigenen Interessen und Zielen. Folgenreiche I. des 20. Jh. waren z. B. der →Nationalsozialismus und der →Sozialismus. Die Ideologiekritik überprüft I. und Ideologietheorien auf ihren Wahrheitsgehalt, kritisiert die Bestandteile einer verfälschten Weltsicht und zeigt die Verbindung von Weltanschauung und politischem Handeln (und die damit verbundene Gefahr) auf.

IGH →Internationaler Gerichtshof.

IHK →Industrie- und Handelskammer.

ILO →Internationale Arbeitsorganisation.

IMF →Internationaler Währungsfonds.

Immigration →Einwanderung.

Immobilität (von lat. *Immobilitas* = Unbeweglichkeit). Ausdruck für fehlende Beweglichkeit im sozialen Raum. In der Soziologie wird der Begriff der I. zur Bezeichnung für eine starre Schichtstruktur verwendet, die das Auf- bzw. Absteigen in der sozialen →Hierarchie verhindert. In Bezug auf politische →Systeme wird der Begriff der I. v. a. verwendet, um die Reformunfähigkeit bzw. die Erstarrung der Strukturen eines Systems bzw. seiner Akteure zu beschreiben. →Mobilität.

Immunität (von lat. *immunis* = frei). Bezeichnung für den Schutz vor Strafverfolgung. Nach Art. 46 GG genießen →Abgeordnete in der BR Dtl. parlamentarische I., d. h., sie dürfen wegen einer Straftat nur nach ausdrücklicher Genehmigung des →Bundestages verhaftet bzw. zur Verantwortung gezogen werden. Die I. gilt nicht, wenn ein Abgeordneter beim Begehen einer Straftat ertappt oder im Laufe des folgenden Tages festgenommen wird. Ziel der I. ist es, die Parlamentarier vor willkürlichen Übergriffen durch →Exekutive oder →Judikative zu schützen (→Indemnität). Diplomatische I. besteht für die Gesandten eines Staates in einem anderen Staat insofern, als dass sie von der dortigen Gerichtsbarkeit ausgenommen sind (→Diplomatie). Die diplomatische I. ist im →Völkerrecht verankert.

Impeachment (von engl. *impeach* = anklagen) →Amtsenthebung.

Imperatives Mandat. Mit dem i. M. ist ein →Abgeordneter unmittelbar an die Weisungen seiner Wähler, seiner →Partei oder seinem Interessenverband gebunden. Das i. M. entstammt der →Rätedemokratie und soll die Kontrolle der Abgeordneten durch Wähler und Parteien gewährleisten. Das i. M. wurde weitestgehend durch das freie →Mandat ersetzt.

Imperialismus (von lat. *imperium* = Kaiserreich, Weltreich, Oberbefehl). Bestreben von →Staaten, ihr Herrschaftsgebiet und damit ihren Macht- und Einflussbereich (→Macht) auszubauen. Ursprünglich geht der Begriff auf die Großmachtpolitik Napoléon Bonapartes in der Mitte des 19. Jh. zurück. Als das Zeitalter des I. (sog. klassischer I.) gilt die Zeit von 1885–1914, in der einzelne Staaten ihren Einflussbereich aufgrund von wirtschaftlichen und machtpolitischen Interessen in die ganze Welt ausdehnten (→ Kolonialismus). Mit der Erweiterung des Herrschaftsgebietes verbanden die →Großmächte bestimmte Vorstellungen der rassischen Überlegenheit und/oder ein nationales Sendungsbewusstsein. Nach

1945 wurden auch die außenpolitischen Bestrebungen (→Außenpolitik) der USA und der Sowjetunion als I. bezeichnet. Heute wird der Begriff des Neoimperialismus kritisierend für die Machtpolitik der westlichen Industrienationen gegenüber den →Entwicklungsländern verwendet.

Import. Einfuhr von Waren, Kapital oder Dienstleistungen aus dem Ausland. →Export.

Indemnität (von lat. *indemnitas* = Schadloshaltung). Bezeichnung für die gerichtliche und dienstliche Straflosigkeit der →Abgeordneten hinsichtlich ihrer Äußerungen und ihres Abstimmungsverhaltens im →Parlament. Nach Art. 46 I GG sind lediglich verleumderische Beleidigungen von dieser Straflosigkeit ausgenommen. Gemeinsam mit der →Immunität soll die I. die Unabhängigkeit der Parlamentarier absichern.

Index (von lat. *index* = Verzeichnis). 1. In der →Statistik eine Kennzahl, die ein bestimmtes Merkmal in seiner Entwicklung bestimmt und daher soziale und ökonomische Veränderungen sichtbar macht (z. B. Bevölkerungsindex). Dabei wird der I. durch das Verhältnis zweier Zahlen bestimmt. 2. In der empirischen Sozialforschung eine Variable, die sich wiederum in Indikatoren für diese Variable teilt. 3. In der katholischen Kirche der sog. Index Librorum Prohibitorum, ein Verzeichnis derjenigen Bücher, die für jeden Katholiken verboten waren, da in ihnen gegen kirchliche Dogmen verstoßen wurde oder sie für moralisch bedenklich gehalten wurden. Davon abgeleitet bezeichnet I. heute auch andere Verzeichnisse, die verbotene oder zensierte Publikationen enthalten.

Individualismus. Weltanschauung, in der die →Interessen, →Freiheiten und die Selbstständigkeit des einzelnen Individuums grundsätzlich Vorrang vor gemeinschaftlichen Werten haben und somit individuelle Rechte, Bedürfnisse und Einstellungen zum Ausgangspunkt des Handelns werden. Im Gegensatz dazu steht der Kollektivismus. Individualistische Ansätze finden sich v. a. in den Theorien des →Anarchismus und des →Liberalismus.

Industrialisierung. Das Aufkommen und die Ausbreitung der Industrie in einem Land bei gleichzeitiger Zurückdrängung des Agrarsektors. Die I. begann Mitte des 18. Jh. in England mit der sog. Industriellen Revolution. Die bahnbrechenden technischen Entwicklungen (u. a. Dampfmaschine) dieser Zeit machten die Fabrikarbeit für weite Teile der →Bevölkerung zur neuen Erwerbsgrundlage. Mit zeitlicher Verzögerung setzten die Industrialisierungsprozesse auch in anderen europäischen Ländern ein, in Deutschland z. B. in der Mitte des 19 Jh. Mit der I. sind tief greifende Veränderungen in den sozialen Strukturen einer →Gesellschaft verbunden. So führte die sie zur Entstehung einer eigenständigen Arbeiterklasse (→Proletariat) und zur Abwanderung der Landbevölkerung in die urbanen Zentren. Diese Entwicklungen brachten große Probleme (→Soziale Frage) wie z. B. die Massenarmut mit sich. Während die I. in den →Entwicklungsländern z. T. noch nicht eingesetzt hat bzw. gerade im Gange ist, haben in vielen westlichen Ländern die →Dienstleistungsgesellschaft bzw. die →Informationsgesellschaft die →Industriegesellschaft längst abgelöst.

Industrie- und Handelskammer (IHK). →Körperschaften des öffentlichen Rechts zur Vertretung der →Interessen der gewerblichen →Wirtschaft gegenüber den Kommunen, Landesregierungen und anderen staatlichen Stellen. Die IHK befassen sich außerdem mit der Standortpolitik und bieten serviceorientierte Dienstleistungen und Beratungen in den Bereichen Starthilfe, Unternehmensförderung, →Umweltpolitik, →Innovation und Außenwirtschaft. Daneben fördern sie die Aus- und Weiterbildung, überwachen die Ausbildungsprüfungen und schützen den fairen Wettbewerb. Mit Ausnahme von Handwerks- und Landwirtschaftsbetrieben sowie den freien Berufen besteht für deutsche Unternehmen eine Pflichtmitgliedschaft. Auf Bundesebene sind die insgesamt 81 IHK zum →Deutschen Industrie- und Handelskammertag (DIHK) zusammengeschlossen.

Industriegesellschaft (Industrielle Gesellschaft). Bezeichnung für eine →Gesellschaft, die in ihren Strukturen durch die Folgen einer weit fortgeschrittenen Arbeitsteilung und eines hohen Grades an wirtschaftlicher bzw. technischer Entwicklung gekennzeichnet ist. Die I. hat sich aus einer agrarisch und handwerklich geprägten Gesellschaftsordnung heraus entwickelt, deren Grundlagen durch den Prozess der →Industrialisierung weit gehend zerstört wurden. Mit der Ausbreitung eines auf Rationalität basierenden Wirtschaftssystems, eines auf Leistung und Erfolg gründenden Arbeitsethos, der Ausdifferenzierung der Wissenschaften, der fortschreitenden →Säkularisierung und der Verstädterung lösten sich traditionelle Lebensformen in zunehmendem Maße auf. Der soziale Status wird in der I. nicht mehr ausschließlich durch Besitz bestimmt, sondern auch durch andere Faktoren wie Bildung oder das außerhalb des Berufes erworbene soziale Kapital. Merkmale der I. sind gewachsene Auf- und Abstiegschancen innerhalb der sozialen →Hierarchien, größere →Chancengleichheit, hoher materieller Wohlstand, zunehmende Teilhabe an politischen Entscheidungsprozessen, die Pluralisierung und Ausdifferenzierung von gesellschaftlichen Teilbereichen (u. a. Politik, Bildung, Gesundheit, →Wirtschaft, →Öffentlichkeit), die Verbreitung eines individualistischen Lebensstils und die sozialstaatliche Absicherung. Obwohl die I. dem Einzelnen dadurch wesentlich mehr Chancen für seine persönliche und berufliche Entwicklung bietet und die soziale →Mobilität stark zugenommen hat, sind weiterhin ungleiche gesellschaftliche Lebenslagen vorhanden. Die in der historischen Entwicklung auf die I. folgende nach- bzw. postindustrielle Gesellschaft wird auch als →Dienstleistungsgesellschaft bezeichnet, da in ihr der Dienstleistungssektor zum zentralen Arbeitsfeld der abhängig Beschäftigten wird. Postindustrielle Gesellschaften sind des Weiteren geprägt durch die zunehmende Bedeutung der Informations- und Kommunikationstechnologien (→Informationsgesellschaft), wachsende Freizeitmöglichkeiten und einer nahezu unüberschaubare kulturelle Vielfalt.

Industriegewerkschaft (IG). →Gewerkschaft für alle Werktätigen eines Industriezweiges.

Inflation (von lat. *inflatio* = sich aufblähen). Längerfristiger Prozess der Geldentwertung, der in steigenden Güter- und Warenpreisen zum Ausdruck kommt. Eine I. kann durch eine das Angebot übersteigende Nachfrage an Gütern und Waren entstehen, wodurch die Anbieter die Preise anheben können (sog. Nachfrageinflation). Weitere Entstehungsursachen für eine I. können ein schrumpfendes Warenangebot (Angebotsinflation), steigende Löhne bei gleich bleibender Produktivität (Kosteninflation) oder die sog. importierte I. sein, d. h. das Übergreifen einer I. von einem →Staat auf den anderen aufgrund der hohen Verflechtung der internationalen Kapital- und Finanzmärkte. Bei einer schleichenden I. verläuft die Geldentwertung langsamer, bei einer offenen oder galoppierenden I. nimmt das Tempo der Geldentwertung und die Verteuerung der Waren schnell zu. Eine zurückgestaute I. liegt vor, wenn der Staat durch feststehende Preise und Mieten oder mittels →Subventionen versucht, den Preisanstieg zu begrenzen. →Inflation.

Informationsfreiheit. 1. Im Allgemeinen Bezeichnung für das durch Art. 5 I GG gewährleistete Grundrecht, sich aus allgemein zugänglichen Quellen ungehindert zu unterrichten. 2. Im engeren Sinne bezieht sich I. auf die Tätigkeiten der öffentlichen →Verwaltung (Verträge, Entscheidungen, Daten) und soll dem Bürger ermöglichen, durch ein höheres Maß an Informationstransparenz die staatlichen Handlungen zu kontrollieren. Zu diesem Zwecke wurde in der BR Dtl. bereits in einigen Bundesländern (Berlin, Brandenburg, Nordrhein-Westfalen, Schleswig-Holstein; Stand April 2005) ein sog. Informationsfreiheitsgesetz verabschiedet.

Informationsgesellschaft. Ausdruck für eine nachindustrielle →Gesellschaft, deren Strukturen maßgeblich von Information und Kommunikation geprägt sind. Erzeugung, Be- und Verarbeitung sowie das Kommunizieren von Informationen sind in der I. für weite Teile der →Bevölkerung die Erwerbsgrundlage und prägen zugleich auch das soziale Leben. Die Entwicklung zur I. und die damit verbundenen gesellschaftlichen Veränderungsprozesse setzten in den westlichen →Industriegesellschaften Anfang der 1970er-Jahre mit der Ausbreitung neuer Informations- und Kommunikationstechnologien (u. a. Satellitenübertragung, Mobilfunk, World Wide Web) ein und sind bis heute nicht abgeschlossen.

Infrastruktur. Grundeinrichtungen zur Aufrechterhaltung der Funktionen einer →Gesellschaft. Zu unterscheiden sind die materielle, personelle und institutionelle I. Zur materiellen I. gehören u. a. die Verkehrsinfrastruktur (z. B. Autobahnen, Eisenbahnen, Luftverkehr), die Energie- und Wasserversorgung und die Müllentsorgung. Die Anzahl der →Bevölkerung und ihre Fähigkeiten stellen die personelle I. dar. Die institutionelle I. eines →Staates wird im Wesentlichen durch die bestehende Rechts-, Wirtschafts- und Sozialordnung bestimmt. Die I. wird von staatlichen Trägern sowie von privaten Unternehmen, die unter öffentlicher Kontrolle stehen, gewährleistet und gilt als ein Indikator für den Entwicklungsstand einer Gesellschaft.

Inkompatibilität (von frz. *imcompatible* = unvereinbar). In der Politik die Bezeichnung für einen Bestandteil der →Gewaltenteilung, der besagt, dass →Abgeordnete oder Personen in öffentlichen Funktionen stets nur ein einziges →Amt zur selben Zeit bekleiden dürfen. Die Zuordnung eines Amtes zu einer staatlichen Gewalt muss strikt eingehalten werden, um Korruption vorzubeugen. So darf nach Art. 55 I GG der →Bundespräsident weder der →Regierung noch einer gesetzgebenden →Körperschaft des Bundes oder eines Landes angehören. Zusätzlich dürfen der Bundespräsident (Art. 55 II GG) und auch der →Bundeskanzler und die Bundesminister (Art. 66 GG) kein anderes besoldetes Amt, kein Gewerbe und keinen Beruf ausüben und weder der Leitung noch dem Aufsichtsrat eines auf Erwerb gerichteten Unternehmens angehören.

Innenpolitik. Sammelbezeichnung für alle politischen Maßnahmen und

Instrumente, die sich im Gegensatz zur →Außenpolitik mit den inneren Angelegenheiten eines →Staates und seiner Bewohner beschäftigen. Die innenpolitischen Aufgaben sind v. a. auf die →Ministerien der Finanzen, der →Justiz und des Inneren (→Innenministerium) verteilt. Dazu gekommen sind neue Ressorts wie Arbeit, Gesundheit, Bildung, Soziales, Forschung, Verkehr und Umwelt.

Innere Führung. Begriff für die Führungskonzeption der →Bundeswehr. Mit den Grundsätzen der i. F., die sich am Leitbild des sog. Staatsbürgers in Uniform orientiert, soll das Spannungsverhältnis aus militärischer Aufgabe (→Militär) und den →Grundrechten des Soldaten als Mensch und Bürger geregelt werden. Die i. F. ist in einer zentralen Dienstvorschrift niedergelegt. Die →Streitkräfte sollen über das Prinzip der i. F. in die →freiheitlich-demokratische Grundordnung integriert werden.

Innere Sicherheit. Bezeichnung für alle Maßnahmen und Institutionen, die die →öffentliche Sicherheit und Ordnung im Innern eines →Staates gewährleisten und schützen sollen. Zugleich bezeichnet der Begriff der i. S. auch den Zustand, der durch diese Maßnahmen und Institutionen geschaffen bzw. gesichert wird. Zu den für die i. S. zuständigen Institutionen zählen in der BR Dtl. u. a. die →Polizei, das →Bundeskriminalamt, der →Bundesgrenzschutz, der →Generalbundesanwalt, der →Verfassungsschutz und die →Staatsanwaltschaften.

Innerparteiliche Demokratie. Prinzip, nach dem bei innerparteilichen Entscheidungen und der Besetzungen von Ämtern (→Amt) alle Parteimitglieder über das gleiche →Stimmrecht verfügen. Die →Mehrheit der abgegebenen Stimmen entscheidet die Wahl. Damit ist eine →Partei strikt an demokratische Grundsätze gebunden. Besondere Vorrechte, etwa der Parteiführung, werden verhindert. In der BR Dtl. ist der Grundsatz der i. P. durch Art. 21 I GG in der →Verfassung verankert.

Innovation (lat. *innovatio* = neu Geschaffenes). Im politikwissenschaftlichen Gebrauch bezeichnet I. die grundlegende Reform von politischen Institutionen oder Handlungsabläufen bzw. die Umsetzung neuer Ideen in Verwaltung, Dienstleistungen etc.

Input-Output-Modell (engl. = Eingabe-Ausgabe-Modell) Wirtschaftstheoretisches Modell, das auch in der Politikwissenschaft Anwendung findet. Dabei fließen Eingaben in ein →System ein (Input) und werden einem erzielten Ergebnis (Output) gegenübergestellt. Damit lassen sich Leistungen und Wirkungen eines Systems untersuchen. In der Politikwissenschaft wird das I.-O.-M. v. a.

benutzt, um politische Entscheidungs- oder Willensbildungsprozesse zu analysieren. →Modell.

Instanz. 1. →Behörde, die für Verwaltungsangelegenheiten und -entscheidungen zuständig ist. 2. Gericht, das für bestimmte Entscheidungen zuständig ist bzw. Bezeichnung für eine bestimmte Stufe eines juristischen Verfahrens.

Institution (lat. *institutio* = Einrichtung). Im politikwissenschaftlichen Sinn eine Einrichtung (→Behörde, →Organisation), die bestimmte öffentliche Aufgaben übernimmt und erfüllt (z. B. →Deutscher Bundestag, →Staatsanwaltschaft). In der Soziologie bezeichnet die I. alle von den Menschen verinnerlichten oder durch bestimmte Symbole geleitete Regeln, die das menschliche Verhalten steuern (z. B. Ehe, Familie).

Integration (von lat. *integratio* = Wiederherstellung eines Ganzen). Die Eingliederung von Teilen in eine ganzheitliche Struktur: 1. von →Staaten zu einem →Staatenbund (z. B. Europäische Integration), 2. von einzelnen Personen in eine →Gruppe oder 3. von sozialen Gruppen, wie →Flüchtlingen, Arbeitsmigranten, →Minderheiten, in eine →Gesellschaft. Durch die Migrationsbewegungen (→Migration) am Ende des 20. Jh. ist die I. von Gruppen in eine Gesellschaft zu einer wichtigen politischen Aufgabe geworden. Dabei steht die Frage im Vordergrund, welches Maß an I. eine Gesellschaft zur Sicherung ihrer Werte und Normen verlangt. Eine I. kann in diesem Zusammenhang freiwillig stattfinden oder aber eine erzwungene →Assimilation an die neue Kultur sein. Im Zuge der Entwicklung multikulturell geprägter Gesellschaften ist der Prozess der I. nicht mit der Aufgabe der eigenen Werte und Normen der Ursprungskultur verbunden, sondern durch deren Erhalt bei gleichzeitiger Akzeptanz der Bestandteile der neuen Gesellschaft gekennzeichnet.

Integrationspartei. →Parteien, die den Charakter von →Volks- und Massenparteien besitzen und in diesem Sinne weite Teile der →Bevölkerung als Wähler und Mitglieder zu integrieren (→Integration) versuchen. Sie erheben den Anspruch, für das gesamte →Volk zu sprechen und treten daher nicht mit einem exklusiven Wahlprogramm an, das nur bestimmte Gruppen anspricht. Man unterscheidet zwischen demokratischen und totalitären I.; letztere üben als allumfassende Parteien absolute Kontrolle und Unterdrückung über ihre Mitglieder aus.

Interaktion. Wechselbeziehung von zwei oder mehr Personen, die durch wechselseitiges Handeln hergestellt wird. Personen, →Gruppen oder →Gesellschaften interagieren, wenn sie sich auch an ihrem Gegenüber, seinen Einstellungen, Erwartungen, Einschätzungen orientieren. Dabei müssen die interagierenden Akteure über einen gemeinsamen Fundus an Werten, Normen, Symbolen, Sprachen und/oder Kommunikationstechniken verfügen, mit dem wechselseitige Bezüge hergestellt werden können.

Interdependenz. Untereinander bestehende Abhängigkeit bzw. Wechselwirkung von 1. Teilbereichen einer →Gesellschaft (z. B. Wirtschaft, Politik), 2. mehreren Gesellschaften oder 3. zwei oder mehr →Staaten. Soziales Handeln ist immer interdependent, da Menschen sich in der alltäglichen Kommunikation aufeinander beziehen müssen. →Interaktion.

Interesse (lat. = dabei sein, teilnehmen). Zielgerichtete Aufmerksamkeit gegenüber einer Sache oder Person, die über die Motivation bestimmt wird und handlungsorientierend wirkt. Das I. hängt wesentlich von den individuellen Werten und Normen der einzelnen Person, Gruppe oder Gesellschaft ab. In ein politisches System werden die I. der →Bürger u. a. über →Wahlen, →Parteien und →Interessenverbände eingebracht. Die gewährleistete individuelle Freiheit in Demokratien beinhaltet, dass jeder Bürger seinen Interessen frei nachgehen kann, sofern dies im Rahmen der Gesetze geschieht. Die Gesetze selbst gelten dabei als Kompromiss zwischen den verschiedenen Interessenlagen.

Interessengruppe →Interessenverband.

Interessenverband. Freiwilliger Zusammenschluss von gleich gesinnten Personen, um gemeinsam politische, wirtschaftliche, soziale oder kulturelle →Interessen zu organisieren und durchzusetzen. Dies wird über die Herstellung von →Öffentlichkeit oder durch gezielte Einflussnahme und Beratung von →Regierungen, →Parlamenten, →Verwaltungen und →Parteien versucht (→Lobby, Pressuregroup). Im Unterschied zum weiter gefassten Begriff der Interessengruppen (z. B. Steuerzahler) verfügen I. über eigenständige Organisationsstrukturen (→Organisation). Die Gründung eines I. ist durch die →Vereinigungs- und Koalitionsfreiheit des Art. 9 I GG verfassungsrechtlich geschützt. Es gibt I. mit wirtschaftlichen (→Arbeitgeberverbände, Arbeitnehmerverbände) und sozialen (Caritas, Rotes Kreuz, Diakonie) Zielsetzungen sowie I. mit politischen, ideellen oder religiösen Zielen (Greenpeace, →Amnesty International).

Internationale. Kurzbezeichnung für die Internationale Arbeiterassoziation (IAA). Übernationaler Zusammenschluss sozialistischer bzw. kommunistischer →Parteien und Gewerkschaften der →Arbeiterbewegung. (Erste I. 1864–1876; zweite I. 1889–1914, Wiedergründung 1919; dritte I. 1919–1943, von W. I. Lenin gegründet; vierte I. 1938 bis heute, von L. Trotzki gegründet).

Internationale Arbeitsorganisation (engl. = *International Labour Organization,* ILO). 1919 mit dem Völkerbund gegründete Einrichtung, die seit 1946 als Sonderorganisation der →Vereinten Nationen ihren Sitz in Genf hat. Im Jahr 2005 hatte sie 177 Mitgliedstaaten. Ziele sind die Durchsetzung von internationalen Arbeits- und Sozialnormen, eine gerechte Ausgestaltung der →Globalisierung sowie die Bekämpfung der →Arbeitslosigkeit.

Internationale Beziehungen. 1. Häufig als Synonym für Internationale Politik gebraucht. Alle (multilateralen oder unilateralen) Beziehungen und →Interaktionen zwischen →Staaten im politischen, wirtschaftlichen, militärischen oder kulturellen Bereich. Inzwischen werden auch andere Akteure wie →internationale Organisationen unter den Begriff I. B. subsumiert. Das Interaktionsfeld wird internationales System genannt. 2. Teilgebiet der →Politischen Wissenschaft, das eng mit Teilbereichen wissenschaftlicher Nachbardisziplinen wie Jura und Wirtschaftswissenschaften verbunden ist. In den I. B. werden die wechselseitigen Beziehungen zwischen staatlichen und anderen Akteuren in der internationalen Politik in sämtlichen Politikfeldern (z. B. Sicherheits- oder Umweltpolitik) untersucht und analysiert. →Transnationale Politik; →Globalisierung.

Internationale Organisationen. Internationale Einrichtungen von →Staaten oder anderen Akteuren, die sich zur länderübergreifenden Zusammenarbeit zusammengeschlossen haben. Grob lassen sich die i. O. in die zwischenstaatlichen Regierungsorganisationen (sog. International Governmental Organizations, IGO) und die transnationalen (→Transnationale Politik) Nichtregierungsorganisationen (International Non-Governmental Organizations, INGO, auch →NGO) einteilen. INGOs (z. B. Ärzte ohne Grenzen, Greenpeace) arbeiten politisch und wirtschaftlich unabhängig von staatlichen oder →supranationalen Organisationen. IGOs sind durch völkerrechtliche Verträge entstandene Einrichtungen mehrerer Staaten, die ihre gemeinsamen Interessen auf politischem, wirtschaftlichem, kulturellem oder ökonomischem Gebiet wahren und über eigenständige →Organe verfügen (z. B. →EU, →OPEC). An i. O. wie die →EU geben Staatsregierungen einen Teil ihrer →Souveränität ab. Die →Vereinten Nationen sind die weltweit größte i. O. mit zahlreichen Unterorganisationen.

→Internationale Beziehungen; →supranationale Organisationen.

Internationale Politik →Internationale Beziehungen.

Internationaler Gerichtshof (IGH; engl. *International Court of Justice,* ICJ). Die →Judikative der →Vereinten Nationen mit Sitz in Den Haag. Der IGH hat 15 Mitglieder, die für neun Jahre von der UN-Generalversammlung und vom UN-Sicherheitsrat gewählt werden. Vor dem IGH können ausschließlich →Staaten klagen, die außerdem die Gerichtsbarkeit des IGH akzeptieren müssen. Der IGH entscheidet bei rechtlichen Streitigkeiten zwischen Staaten und bei Gutachtenverfahren auf Antrag der UN oder ihrer Sonderorganisationen. Rechtliche Grundlage ist das →Völkerrecht.

Internationaler Strafgerichtshof (IStGH; engl. *International Criminal Court,* ICC). Ständiges internationales Gericht, das Völkermord, Verbrechen gegen die Menschlichkeit, Kriegsverbrechen und Verbrechen des →Angriffskrieges verfolgt und Recht in diesen Angelegenheiten spricht. Das Statut zur Schaffung des IStGH, das sog. Römische Statut, ist nach der Ratifizierung von 60 Staaten zum 1.7.2002 in Kraft getreten. Seit 1.3.2003 hat der Gerichtshof seine Arbeit in Den Haag aufgenommen. Umstritten ist er v. a., weil sich die USA als dominanter Akteur der internationalen Politik (→internationale Beziehungen) bislang weigern, sich der Rechtsprechung des IStGH zu unterwerfen.

Internationaler Währungsfonds (IWF; engl. *International Monetary Fund,* IMF). Sonderorganisation der →UN mit Sitz in Washington, D. C. Eine vorbereitende Konferenz von Ökonomen und Politikern fand im Juli 1944 in der US-amerikanischen Kleinstadt Bretton Woods statt, deren Ziel ein möglichst stabiles Weltwährungssystem war. Am 27.12.1945 wurde der IWF durch die Unterzeichnung eines gemeinsamen Abkommens von 29 →Staaten gegründet und 1947 als Sonderorganisation der UN anerkannt. Aufgaben des IWF waren und sind die Einrichtung eines multilateralen Zahlungssystems, die Förderung der Stabilität der Wechselkurse und der internationalen Zusammenarbeit auf dem Gebiet der Währungspolitik, die Ausweitung des Welthandels, der Einsatz für ein gerechtes Wachstum des Welthandels, die Kredithilfe bei Zahlungsschwierigkeiten und die Beseitigung von Ungleichgewichten der internationalen Zahlungsbilanzen der Mitgliedsländer. Die Kredithilfe bei akuten Zahlungsschwierigkeiten stellt heute die Hauptaufgabe dar. Zu Beginn des Jahres 2005 waren 184 Staaten Mitglied des IWF; an ihrem Kapitalanteil richtet sich ihr Stimmrecht aus. Dieses Stimmsystem wird häufig kritisiert, da es einer kleinen Staatengruppe große Entscheidungsgewalt ermöglicht. Bei IWF und →Weltbank spricht man von Bretton-Woods-Institutionen.

Interpellation (lat. = Unterbrechung, Einrede). Parlamentarische Anfrage an die →Regierung, die die Aufforderung enthält, sich bezüglich einer Angelegenheit zu äußern. Die I. ist ein parlamentarisches Kontrollmittel. In der →Geschäftsordnung des →Deutschen Bundestages ist das Interpellationsrecht der →Abgeordneten in Form der kleinen und der großen →Anfrage sowie von Fragen einzelner Abgeordneter umgesetzt.

Intervention (lat. *intervenire* = dazwischentreten). 1. In der →Außenpolitik Begriff für die Einmischung eines oder mehrerer →Staaten bzw. einer →internationalen Organisation in die inneren Angelegenheiten eines politisch souveränen Staates durch →Androhung oder Ausübung von Gewalt. Nach Art. 2 Nr. 4 der UN-Charta ist die I. in den →Internationalen Beziehungen grundsätzlich völkerrechtlich verboten (→Gewaltverzicht). Umstritten ist seit Beginn der 1990er-Jahre allerdings, ob es nicht gerechtfertigt bzw. geboten ist, in die →Souveränität eines Staates einzugreifen, wenn es aus humanitären Gründen zwingend notwendig erscheint (sog. →humanitäre I.). Erklärt der Sicherheitsrat der →Vereinten Nationen den internationalen Frieden und die internationale Sicherheit nach Art. 39 der UN-Charta für bedroht und deshalb eine humanitäre I. durch UN-Truppen für zwingend notwendig, ist diese damit völkerrechtlich legal. 2. In der →Innenpolitik bezeichnet der Begriff der I. die gezielten und systematischen Eingriffe eines Staates in →Wirtschaft und →Gesellschaft. →Regulative Politik.

Interventionsstaat. →Staat, der in großem Maße in das wirtschaftliche und gesellschaftliche Geschehen eingreift, um einen stabilen Ordnungsrahmen in diesen Bereichen zu schaffen bzw. zu erhalten und Fehlentwicklungen gegenzusteuern. Eingriffe können sich auf einzelne Punkte konzentrieren oder systematisch und dauerhaft über Mittel der →Konjunkturpolitik erfolgen. V. a. von liberaler Seite (→Liberalismus) wird der Begriff des I. auch verwendet, um ein Übermaß an staatlicher Regulierung in den Bereichen Wirtschaft- und Sozialpolitik zu kritisieren. →Regulative Politik.

Investitionslenkung. Einflussnahme auf private Investitionsentscheidungen durch externe staatliche Instrumente. Zu unterscheiden ist die direkte I., die private Investitionen über Ge- bzw. Verbote regelt, von der indirekten I., die Investitionsentscheidungen über steuerliche Vorteile oder →Subventionen beeinflussen will. Ziele der I. sind die Förderung des Wachstums einzelner wirtschaftlicher Sektoren bzw. die Gegensteuerung bei wirtschaftlichem Abschwung.

Irakkrieg (Dritter →Golfkrieg). Bewaffneter Konflikt zwischen einem alliierten Bündnis (bestehend aus USA, Großbritannien und Australien) unter Führung der USA und dem Irak (20.3.2003–1.5.2003). Als Ursachen des Krieges galten aus amerikanischer Sicht die Verletzung der Waffenstillstandsbedingungen des Zweiten Golfkriegs von 1991 und die mutmaßliche Unterstützung von terroristischen Gruppen (→Terrorismus) durch den Irak und seinen Führer Saddam Hussein. Insbesondere die angenommene Aufrechterhaltung des Programms zur Herstellung von Massenvernichtungswaffen sorgte in den USA nach den Terroranschlägen des 11. September 2001 für große Unruhe. Eine →Resolution des UN-Sicherheitsrats sah „ernsthafte Konsequenzen" für den Fall vor, dass der Irak diese Waffenprogramme nicht einstellt. Obwohl die Waffeninspektionen im Irak wieder aufgenommen wurden und die Existenz von Massenvernichtungswaffen nicht endgültig bewiesen werden konnte, nahmen die USA die UN-Resolution als Grundlage für einen militärischen Angriff auf den Irak. Der I. begann am 20.3.2003 mit Bombardierungen Bagdads durch die Alliierten. Am 9.4.2003 wurde die Hauptstadt des Irak durch amerikanische Streitkräfte erobert, woraufhin G.W. Bush die Kampfhandlungen am 1.5.2003 für endgültig beendet erklärte. Am 13.12.2003 konnte auch der ehemalige Diktator Saddam Hussein von US-amerikanischen Spezialeinheiten gefasst werden. Die Lage im Irak ist aber bis heute (2005) weiter äußerst instabil, und zwar aufgrund des anhaltenden Widerstands gegen die alliierten Besatzungsmächte und internationalen Hilfsorganisationen sowie wegen der Konflikte zwischen den zahlreichen religiösen und ethnischen Volksgruppen.

Irland →Europäische Länder.

Isolationismus (von engl. *isolationism*). Außenpolitische Strategie, die den Rückzug eines →Staates aus der internationalen Politik (→internationale Beziehungen) vorsieht. Mit dem I. ist die Ablehnung von bilateralen und multilateralen Bündnissen bzw. Verpflichtungen und die Konzentration auf die einheimische Wirtschaft verbunden. Ein Beispiel für I. ist die Politik der USA während der Weltkriege.

Italien →Europäische Länder.

IWF →Internationaler Währungsfonds.

J

Jahreswirtschaftsbericht. Bericht, der die wirtschafts- und finanzpolitischen Zielsetzungen der →Bundesregierung und die dafür geplanten politischen Maßnahmen enthält, sowie eine Stellungnahme zum Jahresgutachten des →Sachverständigenrates. Im Januar jeden Jahres hat die →Bundesregierung dem →Deutschen Bundestag und dem →Bundesrat den J. vorzulegen.

Jakobiner (franz. *Jacobin*). Bezeichnung für die Mitglieder eines radikaldemokratischen politischen Klubs, der während der Französischen Revolution von 1789 gegründet wurde. Nach ihrem Versammlungsort, dem Kloster Saint-Jacques, wurden sie J. genannt. Ihr politisches Ziel war, die →konstitutionelle Monarchie Frankreichs zu stürzen und eine →Republik auszurufen. Anführer der J. war M. de Robespierre, unter dessen Führung brutal gegen politische Gegner und Konterrevolutionäre vorgegangen wurde. Nach dem Sturz Robespierres und seiner Hinrichtung im Sommer 1794 wurde schließlich auch der Pariser Jakobinerklub am 11. November 1794 geschlossen.

JU →Junge Union Deutschlands.

Judikative (Jurisdiktion, Rechtsprechung). Der Begriff der J. steht für die rechtsprechende →Gewalt und ist damit neben der →Exekutive (vollziehende Gewalt) und der →Legislative (Gesetzgebung) der dritte Bereich der →Gewaltenteilung. Nach Art. 92 GG ist sie unabhängigen Richtern anvertraut und wird nach dem Deutschen Richtergesetz von Berufsrichtern und ehrenamtlichen Richtern ausgeübt. In der BR Dtl. wird die Funktion der J. vom →Bundesverfassungsgericht, den Verfassungsgerichten der Länder und von den Bundes- und Ländergerichten in den verschiedenen Zweigen der →Gerichtsbarkeit wahrgenommen.

Jugendhilfe. Sammelbezeichnung für alle sozialpolitischen Maßnahmen (→Sozialpolitik), die der Unterstützung und dem Schutz von Kindern, Jugendlichen, jungen Erwachsenen und deren Sorgeberechtigten dienen. Die J. wird von Jugendämtern, Landesjugendämtern, Landesverbänden und nicht staatlichen Organisationen (Jugend- und →Wohlfahrtsverbände, Caritas usw.) getragen und fällt in den politischen Zuständigkeitsbereich der jeweiligen Landesministerien bzw. des Bundesministeriums für Familie, Senioren, Frauen und Jugend. Zu den Aufgaben der J. zählen Angebote der Jugend- und Sozialarbeit und der Familienförderung wie z. B. Bereitstellung von Kindertagesstätten und Schulhorten, Erziehungshilfe, Erziehungsbeistand, sozialpädagogische Einzelbetreuung in Heim oder Familie, Hilfe bei Trennung und Sorgerechtsentscheidungen, Mitwirkung bei Familien-, Vormundschafts-, Unterhalts- und Jugendgerichtsverfahren sowie Hilfsmaßnahmen wie die Inobhutnahme von Kindern und Jugendlichen.

Jugendpolitik. Politische Maßnahmen zum Schutz und zur Förderung der Jugend. Gesetzliche Bestimmungen regelt das Jugendschutzgesetz.

Junge Liberale (JuLis). Jugendorganisation der →FDP mit etwa 11 000 Mitgliedern. Eine Mitgliedschaft ist von 14 bis 35 Jahren möglich. Die Mitglieder können, müssen aber nicht der FDP angehören. Die JuLis wurden am 1.11.1980 gegründet und sind seit 1982 offizielle Jugendorganisation der FDP. International sind sie z. B. in der International Federation of Liberal Youth (IFLRY) organisiert.

Junge Union Deutschlands (JU). Jugendvereinigung und Nachwuchsorganisation der →CDU/CSU mit fast 130 000 Mitgliedern, die 1947 als Bundesverband gegründet wurde. Auf europäischer Ebene ist sie Mitglied der Youth of the European People's Party (YEPP). Die JU ist deutschlandweit in 18 Landes-, 37 Bezirks- und 466 Kreisverbände gegliedert. Eine Mitgliedschaft ist von 14 bis 35 Jahren möglich. Die Mitglieder können, müssen aber nicht der CDU/CSU angehören.

Jungsozialisten (Jusos). Nachwuchsorganisation der →SPD mit 48 700 Mitgliedern. Mitglied kann jede Person zwischen 14 und 35 Jahren werden. Die Mitglieder können, müssen aber nicht der SPD angehören. Die Jusos entstanden ab 1918 und gründeten sich nach einer zwischenzeitlichen Auflösung 1946 neu. Auf internationaler Ebene sind sie z. B. Mitglied der International Union of Socialist Youth (IUSY).

Junta. Im spanischen Sprachraum Bezeichnung für einen Volks- oder Regierungsausschuss zur Wahrnehmung politischer Aufgaben. Oft wird der Begriff der J. auch synonym mit Militärjunta verwendet, der dann eine durch →Putsch an die Staatsmacht gelangte Gruppe von Offizieren mit diktatorischen (→Diktatur) Machtbefugnissen bezeichnet.

Jusos →Jungsozialisten.

Justiz. Allgemein Bezeichnung für die Rechtsprechung. Im engeren Sinne ist das gesamte staatliche Rechtswesen gemeint, zu dem die →Gerichtsbarkeit, die →Staatsanwaltschaften, die Justizministerien von Bund und Ländern sowie die Straf- und Vollzugsbehörden gehören. →Judikative.

K

Kabinett (von franz. *cabine* = kleiner Raum). Bezeichnung für das Kollektiv, das sich aus dem →Regierungschef und den →Ministern einer →Regierung zusammensetzt. Während in der BR Dtl. alle Minister einer Landes- oder der Bundesregierung zum K. gehören, setzt sich das K. in Frankreich und England nur aus dem Regierungschef und den wichtigsten Ministern zusammen.

Kabinettsregierung. Regierungsform, bei der die grundlegenden politischen Entscheidungen von einem Ministerkollegium (→Minister) getroffen werden. Im Gegensatz zur K. stehen die →Kanzlerdemokratie und das →Premierministersystem.

Kader. 1. Militärische Bezeichnung für das Kernpersonal einer Armee bzw. Truppe. →Militär. 2. Im →Kommunismus bezeichnete K. einen wichtigen Funktionär oder einen führenden Personenkreis in →Staat, →Wirtschaft oder →Partei.

Kaderpartei. Politische →Partei, deren Führung durch einen privilegierten Teil (→Kader) ausgeübt wird und in der die →innerparteiliche Demokratie stark eingeschränkt ist. K. finden sich v. a. in faschistischen (→Faschismus) bzw. kommunistischen (→Kommunismus) Systemen.

Kalter Krieg (engl. = *cold war*). Im Allgemeinen ein Ausdruck für die nichtkriegerische, sondern diplomatische, ökonomische oder propagandistische (→Propaganda) Auseinandersetzung von →Staaten. Im engeren Sinne bezeichnete K. K. ab ca. 1947 die machtpolitische und ideologische Auseinandersetzung zwischen den USA und der UdSSR und ihren jeweiligen Verbündeten (→Ost-West-Konflikt), die sich in einem →Rüstungswettlauf spiegelten. In der Folgezeit der Eskalation der →Kubakrise 1962, als die Welt am Rande eines atomaren Konflikts zwischen den beiden Supermächten stand, entschärfte sich der K. K. durch eine Politik der →friedlichen Koexistenz und Entspannung (→Entspannungspolitik). Nach dem Einmarsch der Sowjetunion in Afghanistan 1979 flammte der K. K. erneut auf und setzte wiederum einen Rüstungswettlauf in Gang. Erst die von M. Gorbatschow eingeleiteten Reformen (→Perestroika, →Glasnost) in der UdSSR und die demokratischen Revolutionen in Osteuropa von 1989/1990 führten zur Beendigung des K. K. zwischen Ost und West.

Kammer. 1. →Organ von Gerichten mit mehreren Richtern (Zivil- und Strafkammer). 2. Berufsständische selbstverwaltende →Körperschaft (z. B. →Industrie- und Handelskammer). 3. →Parlament (→Einkammersystem) oder Teil des Parlaments (→Zweikammersystem).

Kandidatenaufstellung. Auswahl von Vertretern der →Parteien zu Bundestags-, Landtags- oder Kommunalwahlen. Die K. für die →Wahl des →Deutschen Bundestages ist im Bundeswahlgesetz geregelt. Sie bezieht sich auf bestimmte →Wahlkreise und erfolgt nach den Grundsätzen der geheimen Wahl durch Mitglieder- oder Delegiertenversammlungen.

Kanton. 1. Im Allgemeinen eine Verwaltungseinheit, z. B. in Frankreich und Belgien. 2. Im engeren Sinne die Bezeichnung für einen →Gliedstaat der schweizerischen Eidgenossenschaft. Die Eidgenossenschaft wird aus 20 K. und sechs Halbkantonen gebildet. Die schweizerischen K. verfügen über weit gehende →Autonomie. Lediglich die politischen Bereiche, die dem →Bund ausdrücklich zugewiesen sind, sind der Regelung durch die K. entzogen. Zudem müssen die →Verfassungen der K. vom Bund genehmigt werden. K. besitzen eigene →Parlamente (Großer Rat, Kantonrat) und →Regierungen (Regierungsrat) sowie eigenständige →Gerichtsbarkeiten. Die K. sind in →Gemeinden unterteilt. Über den →Ständerat, der die zweite →Kammer der →Bundesversammlung bildet, können die K. in der Schweiz auch auf Bundesebene politischen Einfluss nehmen.

Kanzler. 1. Kurzbezeichnung für den →Bundeskanzler in der BR Dtl. und in Österreich. 2. In der BR Dtl. auch ein gebräuchlicher Ausdruck für den Leiter einer Universitätsverwaltung. 3. In Großbritannien wird der →Präsident des →Oberhauses als K. (Lord Chancellor) bezeichnet.

Kanzlerbonus. Vorteile des →Bundeskanzlers gegenüber seinem Herausforderer bei einer →Bundestagswahl, die sich z. B. aus den repräsentativen Aufgaben des Kanzleramtes ergeben, die dem Gegenkandidaten nicht zur Verfügung stehen.

Kanzlerdemokratie. Ausdruck für die starke Stellung und die umfangreichen Gestaltungsmöglichkeiten des →Kanzlers in einem demokratischen politischen System, insbesondere Bezeichnung für das bundesrepublikanische System, beruhend auf der →Richtlinienkompetenz, dem →konstruktiven Misstrauensvotum und der Ministerauswahl (Art. 64 I GG). Der Begriff der K. wurde maßgeblich durch die Amtsführung des ersten deutschen →Bundeskanzlers K. Adenauer in den 1950er-Jahren geprägt.

Kanzlerprinzip. Im Unterschied zum →Ressort- und →Kollegialprinzip der regierungspolitische Grundsatz der Verantwortungsteilung, der dem der →Kanzler eine dominante Stellung innerhalb der →Regierung zuschreibt, indem er die politische Ausrichtung der Regierung vorgibt (→Richtlinienkompetenz). Dadurch ist es dem Kanzler z. B. möglich, einen Sachverhalt zur sog. Chefsache zu erklären.

Kapital. 1. Im Allgemeinen die Bezeichnung für Geld und Vermögen. 2. Betriebswirtschaftlich bezeichnet K. das gesamte Vermögen eines Unternehmens. Es umfasst dabei sowohl Sachkapital (z. B. Immobilien) als auch Finanzkapital 3. In der Volkswirtschaftslehre bezeichnet K. alle Geld- und Sachwerte, die nicht unmittelbar verbraucht werden und damit als Produktionsfaktor eingesetzt werden können. Zunehmende Bedeutung erlangt in der →postindustriellen Gesellschaft das sog. →Humankapital.

Kapitalismus. Wirtschafts- und Gesellschaftsordnung, die durch den Privatbesitz der Produktionsmittel, die freie →Marktwirtschaft und das Ziel der Gewinnmaximierung gekennzeichnet ist. Der K. ist durch die Konkurrenz der Kapitalbesitzer auf dem →Markt bestimmt. Dort treffen Angebot und Nachfrage aufeinander und regeln somit die Preise und den arbeitsteilig strukturierten Arbeitsmarkt. Voraussetzungen für die Entwicklung des K. in Europa waren die Entstehung des liberalen →Bürgertums und das Einsetzen der Prozesse der →Industrialisierung. Der Begriff des K. wurde maßgeblich von K. Marx geprägt, der in seiner Theorie (→Marxismus) die kapitalistische Gesellschaft als die letzte Gesellschaftsformation vor dem Übergang zur sozialistischen Gesellschaft sah. Prägend für die kapitalistische Gesellschaft sind laut Marx die Klassengegensätze von Kapital bzw. Kapitalbesitzern auf der einen Seite und →Arbeit bzw. →Arbeitnehmern auf der anderen Seite. →Sozialismus; →Politische Ökonomie.

Kapitulation. Völkerrechtlicher Ausdruck für die Erklärung eines →Staates, die Kampfhandlungen in einem →Krieg endgültig einzustellen und sich den gegnerischen Mächten zu unterwerfen.

Kartell. Zusammenschluss von Unternehmern einer bestimmten Branche mit dem wirtschaftlichen Ziel, den →Markt quasi unter sich aufzuteilen bzw. den freien →Wettbewerb zu eigenen Gunsten zu beschränken oder auf andere Weise zu beeinflussen. Mittel eines K. sind dabei v. a. Absprachen bezüglich der Preise und die der Aufteilung des Warenangebots. Die Bildung von K. soll in der BR Dtl. v. a. durch Maßnahmen des →Bundeskartellamts und der →EU-Kommission verhindert werden.

Kassenärztliche Vereinigung →Ärzteverbände.

Kastengesellschaft (von port. *casto* = rein, keusch). Gesellschaftsform, in der die durch Geburt festgelegte Zugehörigkeit zu einer bestimmten gesellschaftlichen →Gruppe (Kaste) die soziale Stellung innerhalb einer hierarchisch (→Hierarchie) aufgebauten →Gesellschaft verbindlich zuweist. Ein sozialer Aufstieg ist gar nicht oder nur z. T. möglich. Die ausgeprägteste Kastenordnung befindet sich in Indien. →Klassengesellschaft.

Kataster (von ital. *catastro* = Zins, Steuerregister). Amtliches Verzeichnis von Grundstücken zur Ermittlung der →Grundsteuer. Es wird von Kataster- bzw. Vermessungsämtern geführt.

Katholische Kirche. Die unter dem Primat des →Papstes stehende römisch-katholische Kirche. Die K. K. beruft sich auf Jesus Christus als Stifter der →Gemeinschaft und auf die apostolische Tradition, nach der das Bischofsamt, abgeleitet von den Aposteln, kontinuierlich weitergegeben wird. Die Glaubenslehre beruht auf der Heiligen Schrift. Die K. K. ist hierarchisch organisiert (→Hierarchie). Der Papst steht an der Spitze und besitzt die höchste →Autorität. Nach katholischem Glauben ist er der Nachfolger Petrus. Unter dem Papst stehen die Kardinäle, die vom Papst ernannt werden und an der Leitung der K. K. beteiligt sind. Die Bischöfe leiten die Diözesen und besitzen dort Lehr- und Jurisdiktionsrecht. Die einzelnen Diözesen sind zu Kirchenprovinzen zusammengefasst. Deren Leitung übernimmt ein Erzbischof. Ortsgemeinden besitzen einen Pfarrer. Zur K. K. zählen auch die katholischen Jugendverbände, Studentengemeinden und soziale →Wohlfahrtsverbände wie die Caritas. Die K. K. hat weltweit über eine Milliarde Mitglieder. Gegenüber Staatsregierungen beansprucht sie Unabhängigkeit gemäß dem →Menschenrecht auf →Religionsfreiheit.

Katholische Soziallehre →Christliche Soziallehre.

Kaufkraft. 1. Das für den →Konsum verfügbare →Einkommen von Personenhaushalten. In die Berechnung der realen K. der Haushalte fließen zusätzlich die unterschiedlichen Preisniveaus mit ein. 2. Volkswirtschaftlicher Ausdruck für den Tauschwert des Geldes, gemessen an einer bestimmten Menge von Gütern.

Kernenergie (Kernkraft, Atomenergie). Frei werdende Energiemenge, die durch eine Kettenreaktion der Atomkerne entsteht. Sie wird durch technische Verfahren wie der Kernspaltung oder der Kernfusion gewonnen. Der erste Kernreaktor wurde 1944 in den USA zur Gewinnung von Plutonium für den Bau von Atombomben gebaut. Die zivile Nutzung der K. für die Erzeugung von Strom hat sich erst nach dem Zweiten Weltkrieg mit der Inbetriebnahme von Kernreaktoren in Atomkraftwerken durchgesetzt. Die mögliche Freisetzung von radioaktiver Strahlung, die Entsorgung von radioaktiven Abfällen und deren Wiederaufbereitung und die immer während Möglichkeit eines GAUs (größter anzunehmender Unfall), wie er sich 1979 in Three Mile Island bei Harrisburg (Pennsylvania, USA) und 1986 in Tschernobyl ereignete, wird von den Kritikern gegen die Nutzung der K. angeführt. Befürworter der K. führen v. a. die im Vergleich zur Energiegewinnung mittels fossiler Brennstoffe wesentlich geringere Luftverschmutzung als Argument an. Die rot-grüne Bundesregierung der BR Dtl. leitete ab 1998 den Ausstieg aus der Nutzung der K. ein (→Atomausstieg). →Energiepolitik; →Atommächte.

Keynesianismus. Von dem Wirtschaftswissenschaftler J. M. Keynes entwickelte Wirtschaftstheorie, in deren Zentrum die staatliche Lenkung der Nachfrage steht (→nachfrageorientierte Wirtschaftspolitik), um für Vollbeschäftigung zu sorgen. Grundannahme Keynes ist, dass immer wieder Nachfrageschwankungen durch die →Marktwirtschaft erzeugt werden, in deren Folge es auch zu Produktions- und Beschäftigungsschwankungen kommt. Deshalb muss der →Staat zur Überwindung dieser wirtschaftlichen →Krisen die Konsumnachfrage nach Gütern und Dienstleistungen aktiv stärken. Dies kann er tun, in dem er z. B. →Steuern senkt, um die Investitionsnachfrage von Unternehmen zu stärken, oder staatliche Unterstützungen wie z. B. das →Kindergeld erhöht, um die Konsumnachfrage von Personenhaushalten zu verstärken. Zur Finanzierung dieser Form der →antizyklischen Wirtschaftspolitik macht der Staat Schulden (→Deficit-Spending) oder braucht Notenbankreserven auf. →Angebotsorientierte Wirtschaftspolitik.

Kibbuz (von hebräisch *qibbus* = Versammlung, Gemeinschaft). Ländliche Siedlung in Israel mit kollektiver Wirtschaftsweise und Lebensführung, die basisdemokratisch (→Basisdemokratie) organisiert ist. Jeder Einzelne arbeitet nach seinen individuellen Fähigkeiten und Bedürfnissen; die Produktion und der Konsum von Gütern findet unter gemeinschaftlichen Gesichtspunkten statt. Waren die K. ursprünglich agrarisch geprägt, sind sie heute v. a. in der Dienstleistungs- und Tourismusbranche aktiv.

Kinder- und Jugendhilfe →Jugendhilfe.

Kindergeld (Familienleistungsausgleich). Staatliche Leistung zur finanziellen Entlastung von Familien. Der vom →Bund ausgezahlte Betrag beläuft sich seit 2002 auf 154 € für das erste, zweite und dritte Kind und auf 179 € ab dem vierten Kind. K. wird i. d. R. bis zum 18. Lebensjahr gezahlt. Befindet sich ein Kind allerdings in der schulischen- oder beruflichen Ausbildung oder studiert an einer Hochschule wird das K. bis zur Vollendung des 27. Lebensjahrs gewährt. K. zählt zu den wichtigsten Förderungsmaßnahmen im Rahmen der →Familienpolitik.

Kinderhilfswerk der Vereinten Nationen (engl. *United Nations (International)* Childrens's *(Emergency) Fund,* UNICEF) Offizielle Unterorganisation der →Vereinten Nationen, die bereits 1946 gegründet wurde und ihren Sitz in New York hat. Die Durchführung von Hilfsprogrammen für Kinder und Frauen ist der Hauptaufgabenbereich der UNICEF. So führt sie z. B. Programme zum Schutz von Kindern vor sexueller und materieller Ausbeutung und Gewalt durch. Ein weiteres Ziel ist die Sicherstellung von Lebensgrundlagen für Kinder in der ganzen Welt und die Realisierung von Bildungsprogrammen. Die →Organisation finanziert sich über Spenden von →Regierungen und Privatpersonen.

Kirche (von griech. *kyriake* = Haus des Herrn). 1. Gotteshaus zur Feier christlicher Gemeindegottesdienste. 2. Bezeichnung für eine christliche Religionsgemeinschaft. K. lassen sich nach Konfessionszugehörigkeit (z. B. römisch-katholisch, evangelisch) unterscheiden und verfügen über feste Organisationsstrukturen. Aufgrund ihrer hohen Mitgliedszahlen zählen sie in der BR Dtl. zu den einflussreichsten →Massenorganisationen. Die politische Relevanz der K. liegt neben ihren Beiträgen zur öffentlichen Diskussion v. a. in ihrer Rolle als Träger von sozialen Einrichtungen (z. B. →Wohlfahrtsverbände). →Katholische Kirche; →Evangelische Kirche in Deutschland.

Kirchensteuer (Kirchengeld). Bezeichnung für eine vom →Staat im Auftrag der öffentlich-rechtlichen →Kirchen erhobene →Steuer. Verfassungsrechtliche Grundlage der K. sind die Bestimmungen des Art. 140 GG in Verbindung mit den Kirchensteuerbestimmungen der Weimarer Verfassung. Nur sofern Religionsgemeinschaften den Status einer →Körperschaft des öffentlichen Rechts haben, sind sie berechtigt, K. zu erheben. Die K. beträgt je nach Bundesland 8–10% von der →Einkommensteuer und wird von den Finanzämtern eingezogen. Nur Mitglieder einer Kirche werden zur Zahlung der K. herangezogen.

Kirchenvertrag →Konkordat.

Klasse. Personengruppe mit gleicher wirtschaftlicher und sozialer Stellung und daraus resultierenden ähnlichen Interessen innerhalb einer hierarchisch (→Hierarchie) geordneten →Gesellschaft. Die K. ist neben der Schicht und dem →Milieu einer der klassischen sozialwissenschaftlichen Begriffe, um die Sozialordnung einer →Gesellschaft zu beschreiben. Zum politischen Schlagwort wurde die K. durch die marxistische Theorie (→Marxismus). Soziologen wie M. Weber nutzen die Einteilung in K., um die Sozialstruktur einer Gesellschaft differenziert zu analysieren. Allerdings ist der Klassenbegriff in der →postindustrielle Gesellschaft zunehmend verschwommen, da die soziale →Mobilität enorm gewachsen ist und die Grenzen zwischen den Interessen und politischen Orientierungen von →Gruppen innerhalb einer Gesellschaft heute weniger eindeutig gezogen werden können. →Klassengesellschaft.

Klassengesellschaft. Gesellschaftsform, die durch die tiefe Spaltung in zwei oder mehr soziale →Klassen gekennzeichnet ist. Die Existenz des einzelnen Menschen ist in der K. entscheidend durch seine Klassenzugehörigkeit geprägt. Der Begriff der K. spielt in der marxistischen Gesellschaftsanalyse eine zentrale Rolle (→Marxismus). Für Marx ergeben sich aufgrund der verschiedenen Positionen der Menschen im wirtschaftlichen Produktionsprozess unterschiedliche wirtschaftliche und soziale Lagen, die eine Abgrenzung der einzelnen Klassen voneinander ermöglichen. Die wesentlichen Klassen der →Industriegesellschaft waren für ihn die →Bourgeoisie und das →Proletariat. Der fundamentale Gegensatz zwischen →Kapital und →Arbeit spiegelt sich der marxistischen Theorie zufolge auch im Gegnerschaft der beiden Klassen wider, der im Endeffekt im →Klassenkampf mündet. Ziel des Marxismus bzw. des →Kommunismus ist die finale Überwindung der K. durch die Errichtung der klassenlosen Gesellschaft.

Klassenjustiz. Von K. Marx geprägter Ausdruck für eine →Gerichtsbarkeit, die gegen den Gleichheitsgrundsatz (→Gleichheit) verstößt und Urteile im Sinne der herrschenden →Klasse fällt. →Marxismus.

Klassenkampf. Auf K. Marx (→Marxismus) zurückgehender Ausdruck für den Konflikt zwischen der herrschenden und der beherrschten →Klasse in einer →Gesellschaft. Marx sieht den K. als einen Motor der Geschichte, da er die innergesellschaftlichen Konflikte zuspitzt, bis sie schließlich in einer neuen Gesellschaftsstufe münden. In der kapitalistischen Gesellschaft stehen sich nach Marx die Klasse des →Proletariats und der →Bourgeoisie unversöhnlich gegenüber. Nach den Vorstellungen des →historischen Materialismus führt der K. nach der Überwindung des →Kapitalismus zur Diktatur des Proletariats, bevor sich die kommunistische bzw. klassenlose Gesellschaft bildet.

Klassenpartei. Politische →Partei, die ausschließlich die Interessen einer bestimmten →Klasse vertritt (z. B. Arbeiterparteien). Die Mitglieder der K. sind i. d. R. Angehörige derselben Klasse.

Kleinbürgertum. Soziale Klasse, die in wirtschaftlicher und gesellschaftlicher Hinsicht zwischen der Arbeiterklasse und dem →Großbürgertum steht. Zur Zeit des Frühkapitalismus (→Kapitalismus) waren v. a. städtische Bürger Teil des K., die über zu wenig Besitz und Bildung verfügten, um an dem Leben der höheren Gesellschaftsschichten zu partizipieren. Im heutigen Sprachgebrauch sind mit K. meist mittelständische →Bürger (→Mittelstand) gemeint, denen eine engstirnige und überangepasste Geisteshaltung zugeschrieben wird.

Klerikalismus (von lat. *clerus* = priesterlicher Stand). Bezeichnung für die Bestrebungen der Priesterschaft (Kleriker), Einfluss auf →Staat oder →Gesellschaft zu nehmen.

Klientelismus. Schutzgenossenschaft zwischen einer sozioökonomisch besser gestellten Person (Patron) bzw. →Gruppe und einer niedriger gestellten Person (Klient) bzw. Gruppe. Der Klient bekommt vom Patron Schutz oder bestimmte Vorteile (z. B. ein politisches →Amt, einen billigen Pachtvertrag) und im Gegenzug leistet der Klient dem Patron Gefolgschaft bzw. Unterstützung (z. B. Arbeitseinsatz, militärische Unterstützung, Wählerstimme).

Knesset. Das israelische Einkammerparlament, in das 120 Abgeordnete für jeweils vier Jahre gewählt werden. →Parlament.

Koalition. Im Allgemeinen Ausdruck für ein zweckgerichtetes Bündnis zwischen →Staaten, →Organisationen, →Parteien oder Personen für einen bestimmten oder unbestimmten Zeitraum. Am häufigsten wird der Begriff der K. zur Bezeichnung von Parteienkoalitionen benutzt. In einer →Demokratie werden solche Bündnisse geschlossen, wenn die Wählerstimmen bzw. die Anzahl der →Mandate für eine Partei nicht ausreichen, um alleine eine →Regierung zu bilden. In der Folge kommt es zu Koalitionsgesprächen, aus denen sich eine politische Zusammenarbeit zwischen mehreren Parteien ergeben kann und deren Ergebnisse in einem →Koalitionsvertrag fixiert werden.

Koalitionsausschuss. Ein Gremium aus Spitzenpolitikern der an einer →Koalition beteiligten →Parteien. Die Aufgabe des K. ist die Absprache und Koordination der in den Koalitionsgesprächen vereinbarten Zielsetzungen und deren Überprüfung während der Koalitionszeit. In der BR Dtl. ist der K. eine wichtige Entscheidungsinstanz auf Regierungsebene; im K. sollen möglichst vor der offiziellen Kabinettsberatung kritische Punkte abgeklärt werden.

Koalitionsfreiheit. Das in der →Verfassung verankerte Recht zur Bildung von →Koalitionen von →Arbeitgebern bzw. -nehmern zur Wahrung und Förderung ihrer Interessen (→Arbeitgeberverbände bzw. →Gewerkschaften). Die K. ist im →Grundgesetz als Unterpunkt der →Vereinigungsfreiheit in Art. 9 III GG enthalten.

Koalitionsvertrag (Koalitionsvereinbarung). Dokument, in dem Bedingungen, Ziele und Dauer einer →Koalition festgelegt werden. Ein K. zwischen zwei oder mehr →Parteien entfaltet aber keinerlei rechtliche Bindung, sondern ist vielmehr als eine Absichtserklärung bzw. Selbstverpflichtung der Koalitionspartner zu verstehen.

Kodifikation. Zusammenstellung einzelner Gesetzestexte bestimmter Rechtsbereiche zu einem einheitlichen Gesetzeswerk (Gesetzbuch).

Kohäsionsfonds. Seit 1993 bestehendes Haushaltsmittel innerhalb der →EU zur Förderung der wirtschaftlich schwächeren Mitgliedstaaten wie z. B. Irland, Portugal und Spanien in den Bereichen →Umweltschutz und Verkehrsinfrastruktur. →Fonds.

Kollaboration (von frz. *collaboration* = Zusammenarbeit). Zusammenarbeit von Personen oder Gruppen eines →Staates mit dem Gegner bzw. der Besatzungsmacht während eines →Krieges. Der Begriff K. entstand während der deutschen Besatzung Frankreichs im Zweiten Weltkrieg, als Franzosen mit deutschen Truppen kooperierten.

Kollegialsystem. Bezeichnung für die gemeinschaftliche Ausübung der Regierungsgewalt durch ein Ministerkollektiv (→Kollektiv; →Minister), in dem die Mitglieder gleichberechtigt sind. Das K. steht im Gegensatz zum →Kanzlerprinzip.

Kollektiv. →Gruppe oder →Gemeinschaft insbesondere in den ehemals sozialistischen Staaten, die aufgrund gemeinsamer Überzeugungen und Zielvorstellungen in Arbeits- und Produktionsgemeinschaften zusammengeschlossen sind, so waren z. B. die landwirtschaftlichen Produktionsgenossenschaften in der →DDR als K. organisiert (→Sozialismus).

Kollektive Sicherheit. System der internationalen →Friedenssicherung, das sich durch die Zusammenarbeit (→Kooperation) von mehreren →Staaten im Bereich der →Sicherheitspolitik konstituiert. Es entsteht durch →Gewaltverzichtserklärungen, Verträge, spezielle Verfahren zur internationalen Streitschlichtung und/oder gemeinsame militärische

Bündnisse. Die Beteiligung der BR Dtl. an Systemen der k. S. ist durch Art. 24 II GG abgesichert. Als Beispiele können die →Vereinten Nationen, die →NATO oder die →OSZE angeführt werden.

Kollektivgut →Öffentliches Gut.

Kollektivierung. Die v. a. in den sozialistischen Staaten vorgenommene Überführung von Privateigentum bzw. Produktionsmitteln aus privater Hand in →Gemeineigentum und von Privatbetrieben in staatliche Unternehmen. →Sozialismus.

Kolonialismus (von lat. *colonia* = Ansiedlung). Bezeichnung für eine auf →Herrschaftsausbau zielende →Politik, durch die ein →Staat ein oder mehrere andere Staaten zunächst gewaltsam in den eigenen Herrschaftsraum integriert (Kolonien) und dann wirtschaftlich, politisch und militärisch nutzt und ausbeutet. Die Gründe für den Aufbau und Erhalt von Kolonien sind vielfältig. Der K. kann mit geopolitischen Interessen verbunden sein (Schaffung von Absatzmärkten, Ausbeutung von Rohstoffen, strategische Interessen) oder aus reinem Macht- und Eroberungsdrang resultieren. Mit dem K. verband sich oftmals auch ein vom →Ethnozentrismus getragenes Gefühl der kulturellen Überlegenheit gegenüber dem Kolonialstaat oder ein missionarischer Gedanke. Die historische Genese des K. nahm ihren Anfang in der Entdeckung Amerikas, erreichte ihren Höhepunkt zur Zeit des →Imperialismus (1880–1914) und wurde nach dem Zweiten Weltkrieg durch die Phase der →Entkolonialisierung beendet, in der die meisten K. in die Unabhängigkeit entlassen wurden. Als Neokolonialismus werden neuere Bestrebungen bezeichnet, kolonialistische Machtstrukturen wieder herzustellen.

Kombattant. Mitkämpfer. Bezeichnung für die bewaffneten Mitglieder der Streitkräfte. Nach dem Völkerrecht sind im Gegensatz zu den Nichtkombattanten (Zivilbevölkerung) berechtigt, kriegerische Handlungen auszuführen.

Kombilohn. Beschäftigungsmodel, das durch staatliche Anreize insbesondere Langzeitarbeitslosen den Wiedereinstieg ins Arbeitsleben ermöglichen soll. Bei der Annahme einer Beschäftigung mit geringer Bezahlung (unter oder nahe der Höhe staatlichen Transfers) wird die staatliche →Sozialhilfe nicht in vollem Umfang gekürzt. →Arbeitsmarktpolitik.

Kommission der Europäischen Gemeinschaften →Europäische Kommission.

Kommunale Spitzenverbände. Sammelbezeichnung für die Zusammenschlüsse von →Gemeinden, →Städten oder →Kreisen, die zum Erfahrungsaustausch oder zur Beratung gemeinsamer Angelegenheiten gebildet werden. Die Bundesvereinigung der K. S. besteht in der BR Dtl. aus dem Deutschen Städte- und Gemeindebund, dem Deutschen Städtetag und dem Deutschen Landkreistag.

Kommunalpolitik. Bezeichnung für die auf kommunaler Ebene (→Gemeinde) stattfindende →Politik, die in der Erfüllung der Gemeindeaufgaben, insbesondere Gesetzes- und Verwaltungstätigkeiten, besteht. Nach Art. 28 II GG haben Gemeinden das Recht auf →Selbstverwaltung, das in Kommunal- und Länderverfassungen sowie der Gemeindeordnung der Bundesländer festgelegt ist. Die Aufgaben der K. richten sich v. a. am Erhalt und Ausbau der Kommunen aus (Gemeinwirtschaftlichkeit) und umfassen z. B. sozial- und gesundheitspolitische Maßnahmen sowie die Sicherung der Infrastruktur (Arbeitsplätze, Verkehrswege, kulturelle Einrichtungen) und deren Bestand. Außerdem fallen die Wahl der Gemeindevertretung und des Bürgermeisters darunter.

Kommunikation (lat. *communicatio* = Verbindung, Mitteilung). Prozess der Übermittlung von Informationen zwischen mehreren Subjekten. Innerhalb eines jeden Kommunikationsprozesses muss es einen Sender (Absender, Informationsquelle) und einen Empfänger (Adressat) geben. Die Information/Botschaft wird durch ein Medium (z. B. Schrift, Sprache) übermittelt, wobei die Beteiligten über ein gemeinsames Zeichensystem verfügen müssen. Die Information wird vom Sender mithilfe des Zeichensystems verschlüsselt, indem er sie z. B. verbal formuliert, und muss dann vom Empfänger wiederum entschlüsselt werden. Dabei muss die Botschaft nicht zwangsläufig in der vom Sender gewünschten Absicht beim Empfänger ankommen. Unterschieden werden die intrapersonale K., bei der sich eine einzelne Person mit der Umwelt auseinander setzt; die interpersonale K. bei der zwei oder mehr Personen Informationen austauschen, und die Medienkommunikation bzw. Massenkommunikation, bei der ein Informationsaustausch zwischen Medien (z. B. Fernsehen, Zeitung) und den Medienkonsumenten (z. B. Fernsehzuschauer, Zeitungsleser) stattfindet (→Massenmedien). →Interaktion.

Kommuniqué (von franz. *communiqué* = kommuniziert, mitgeteilt). Für die Öffentlichkeit bestimmte (regierungs)amtliche Erklärung oder Mitteilung.

Kommunismus (von lat. *communis* = gemeinsam, gemeinschaftlich). Bezeichnung für politische Ideen und Vorstellungen, die die →Utopie eines menschlichen Zusammenlebens auf der Basis gemeinsamen Eigentums

(→Gemeineigentum) sowie gleicher und freier Lebensbedingungen ohne →Herrschaft skizzieren. Kommunistische Vorstellungen finden sich u. a. bereits bei Platon, im Urchristentum und in T. Morus „Utopia“. In ihrer politischen Schrift „Das Manifest der Kommunistischen Partei“ von 1848 entwickelten K. Marx und F. Engels dieses Gedankengut im Rahmen des →Marxismus weiter: Die kapitalistische (→Kapitalismus) Gesellschaft wird durch den →Klassenkampf des →Proletariats überwunden und die daraufhin entstehende kommunistische klassenlose Gesellschaft gilt als Endpunkt der Geschichte (→historischer Materialismus). Das erste kommunistische Herrschaftssystem entwickelte sich nach der Oktoberrevolution von 1917 in Russland. W. I. Lenin erklärte seine Fortführung der marxistischen Theorie (→Marxismus-Lenismus) zur Grundlage der Herrschaftsausübung und zur zentralen gesellschaftlichen →Ideologie. Die kommunistische Partei regierte das Land, indem sie sich staatliche Organisationen (z. B. Polizei, Geheimdienste) zunutze machte, um die Opposition zu zerstören und die Bildung unabhängiger Parteien oder Gruppierungen zu verhindern. Nach dem Ende des Zweiten Weltkriegs wurde der K. auf Druck der UdSSR auch in den Staaten des ehemaligen →Ostblocks zum Prinzip der politischen Ordnung. Die demokratischen Revolutionen in Osteuropa von 1989/1990 und der Zerfall der UdSSR beendeten die Periode der kommunistischen Herrschaft auf dem europäischen Kontinent (→Perestroika; →Glasnost). Auch die Wirtschaftsreformpolitik in der Volksrepublik China führte zu einem beispiellosen Niedergang der Idee und der Praxis des K.

Kommunistische Partei der Sowjetunion (KPdSU). Nach der Oktoberrevolution 1918 unter dem Vorsitz von W. I. Lenin gegründete kommunistische Partei Russlands, die den →Marxismus-Leninismus als Parteiideologie führte. 1922 übernahm Stalin das Amt des Generalsekretärs (→Stalinismus). Die KPdSU war die offizielle Staatspartei im sowjetischen →Einparteiensystem und damit hauptverantwortlich für 70 Jahre kommunistische →Diktatur. Der Versuch M. Gorbatschows, der 1985 Generalsekretär der Partei wurde, die Partei ebenso wie das Land pluralistischen Strukturen gegenüber zu öffnen und dennoch sozialistische Strukturen beizubehalten, misslang. Nach dem Zerfall des sowjetischen Imperiums wurde die KPdSU 1991 verboten und aufgelöst. →Kommunismus.

Kommunistische Partei Deutschlands (KPD). Linksradikale Partei, die 1919 aus der Arbeiterbewegung hervorging und sich bis 1920 zu einer revolutionären Massenpartei entwickelte. 1933 wurde die Partei von den Nationalsozialisten verboten und viele ihrer Mitglieder verfolgt und ermordet. In der sowjetischen Besatzungszone erfolgte 1946 die Zwangsvereinigung der neu gegründeten KPD mit der Ost-SPD zur →Sozialistischen Einheitspartei Deutschlands (SED). In der BR Dtl. wurde die KPD vom →Bundesverfassungsgericht 1956 verboten.

Kommunitarismus (von engl. *community* = Gemeinschaft). Sammelbezeichnung für gesellschaftsphilosophische Theorieströmungen, die sich kritisch gegen den →Individualismus und Egoismus westlicher Gesellschaften wenden. Die Vertreter kommunitaristischer →Theorien treten für die Betonung gemeinsamer →Werte und gemeinschaftlichen Handelns ein und fordern eine Wiederbelebung des Gemeinschaftsgedankens (→Gemeinschaft). Der K. entstand v. a. in der Auseinandersetzung mit den Ideen des →Liberalismus.

Kompetenz (von lat. *competere* = zusammentreffen). Zuständigkeit bzw. Entscheidungsgewalt über gewisse Sachbereiche. Im Staatsrecht bezeichnet K. v. a. das Recht und die Pflicht staatlicher →Institutionen, in bestimmten Aufgabenfeldern tätig zu werden (z. B. →Gesetzgebung).

Kompetenzkonflikt (Kompetenzstreitigkeiten). Streit um Zuständigkeiten zwischen verschiedenen →Institutionen, →Organisationen oder →Parteien. In der BR Dtl. werden K. im Rahmen des Organstreitverfahrens vom →Bundesverfassungsgericht entschieden.

Kompromiss (lat. *compromissum* = Übereinkunft). Im Zuge von Verhandlungen oder Streitigkeiten die Einigung auf ein Ergebnis, bei dem jeder Verhandlungs- oder Streitpartner von eigenen Forderungen partiell zurücktritt und Zugeständnisse macht. Gegebenenfalls stellt K. zunächst eine Zwischenlösung dar.

Konferenz über Sicherheit und Zusammenarbeit in Europa →OSZE.

Konflikt (von lat. *confligere* = aneinander geraten). Auseinandersetzung von zwei oder mehr Akteuren (z. B. Personen, →Parteien, →Staaten), die i. d. R. aus unterschiedlichen Interessenlagen der Streitparteien resultieren. K. haben v. a. die Diskussion um verschiedene Werte und Einstellungen bzw. die Verteilung von Territorien, Gütern und Machtpositionen zum Gegenstand. K. können militärisch oder auch mit anderen Mitteln (politisch, diplomatisch, wirtschaftlich) ausgetragen werden. Es besteht die Möglichkeit, K. im →Konsens zu beenden oder aber auch im Dissens vorerst niederzulegen. Die (Friedens- und) Konfliktforschung analysiert die Ursachen von K. und entwickelt Lösungsstrategien.

Konfliktlinien (engl. *cleavages*). Soziologischer und politikwissenschaftlicher Ausdruck für dauerhafte Scheidelinien in einer →Gesellschaft. Als K. gelten z. B. die Trennung zwischen Besitz und Arbeit oder Stadt und Land. Innergesellschaftliche K. werden oftmals als Erklärung für die Entstehung und Entwicklung der europäischen →Parteiensysteme herangezogen. In der Wahlforschung steht der Begriff für die langfristigen sozialen Trennungslinien (→Religion, →Ethnie, →Einkommen) zwischen verschiedenen →Gruppen. Diese Gruppen verfügen i. d. R. über spezifische Interessen und tendieren daher in ihren Wahlentscheidungen zu einer bestimmten →Partei (z. B. SPD als Partei der Arbeiter).

Konföderation (von lat. *confoederatio* = Bund, Bündnis). Zusammenschluss von zwei oder mehr souveränen →Staaten (→Staatenbund). Im Gegensatz zum →Bundesstaat bleiben die einzelnen Mitglieder einer K. souverän (→Souveränität) und haben das Recht, jederzeit aus der K. auszutreten. Beschlüsse einer K. entfalten keine direkte rechtliche Wirkung für die Bevölkerung der Mitgliedstaaten.

Kongress. 1. Bezeichnung für das Parlament der USA, bestehend aus dem →Repräsentantenhaus und dem →Senat. 2. Tagung, auf der Personen eines bestimmten Fachgebietes, →Abgeordnete oder Delegierte bzw. Parteimitglieder zusammenkommen.

Konjunkturpolitik. Bezeichnung für alle wirtschafts- und finanzpolitischen Maßnahmen zur Vermeidung übermäßiger Wirtschaftsschwankungen innerhalb einer Volkswirtschaft, wie z. B. Steuererhöhungen und die Einschränkung öffentlicher Ausgaben in der Hochphase und Steuersenkungen und die Erweiterung öffentlicher Ausgaben in der Abschwungphase. Die K. versucht, die wirtschaftspolitischen Ziele im Sinne des →Stabilitätsgesetzes (z. B. stabiles Preisniveau, hohe Beschäftigungszahlen, ausgeglichene Zahlungsbilanz) zu erreichen.

Konkordanzdemokratie (Übereinstimmungsdemokratie; Verhandlungsdemokratie). Herrschaftsform, in der auf Mehrheitsentscheidungen zugunsten einer breiten Interessens- und Konsensfindung verzichtet wird, damit möglichst viele gesellschaftliche Akteure in den politischen Prozess integriert und konsensuale Entscheidungen getroffen werden können (→Konsens). Dies wird z. B. durch Kompromisstechniken geregelt. Als Beispiel für K. gelten v. a die Schweiz und die Niederlande. →Konkurrenzdemokratie.

Konkordat (von lat. *concordatum* = Vereinbarung, Vertrag). Bezeichnung für vertragliche Vereinbarungen zwischen der →katholischen Kirche und einem →Staat. Im K. sind die politischen, rechtlichen und finanziellen Beziehungen zwischen Kirche und Staat festgelegt, wie z. B. Bestimmungen zu den Themen →Kirchensteuern, Religionsunterricht, Ehe und Familienrecht und Besetzung von Kirchenämtern.

Konkurrenz (von lat. *concurrere* = zusammenlaufen). 1. →Wettbewerb verschiedener →Gruppen um das gleiche Ziel. 2. Gesamtheit aller Mitanbieter auf einem → Markt.

Konkurrenzdemokratie. Eine im Gegensatz zur →Konkordanzdemokratie stehende, durch → Mehrheitsprinzip und Parteienwettbewerb gekennzeichnete Form der →Demokratie. →Mehrheitsdemokratie.

Konkurrierende Gesetzgebung. Im Bereich der k. G. fällt die Gesetzgebungskompetenz gemäß Art. 72 GG den →Ländern zu, sofern nicht der →Bund ein Gesetzgebungsrecht in diesem Gebiet für sich beanspruchen kann. Dies kann er nur, wenn es die Herstellung gleichwertiger Lebensverhältnisse im Bundesgebiet oder die Wahrung der Rechts- und Wirtschaftseinheit im gesamtstaatlichen Interesse erforderlich macht. Nach Art. 74 GG erstreckt sich die k. G. u. a. auf das bürgerliche Recht, das Strafrecht, den Strafvollzug sowie das Personenstandswesen.

Konsens. Prinzip der gemeinsamen Interessen- und Entscheidungsfindung innerhalb von →Parteien und anderen →Institutionen, aber auch zwischen Personen und Personengruppen. Ein K. beruht dabei im Wesentlichen auf Überein- bzw. Zustimmung. Jede Gesellschaft, insbesondere die Demokratie, setzt einen K. über bestimmte Grundsatzfragen voraus (Minimalkonsens).

Konsensusdemokratie. Politisches →System, in der die Willensbildung und Entscheidungsfindung zum großen Teil auf Konsens beruht.

Konservatismus (von lat. *conservare* = bewahren). Politische Ideenlehre, die sich für die Bewahrung der bestehenden wirtschaftlichen, religiösen und politischen Gesellschaftsordnung einsetzt. Der K. entwickelte sich im frühen 19. Jh. als antimoderne Bewegung gegen die Prinzipien des →Liberalismus und der →Aufklärung sowie die damit verbundenen revolutionären gesellschaftlichen Umwälzungsprozesse. Später richtete er sich auch gegen die reformistischen Strömungen der erstarkenden Arbeiterbewegung. Die konservative Theorie betont die ordnungsstiftende Funktion von Autoritäten, Traditionen, Werten und Gewohnheiten in einer Gesellschaft. Der K. ist nicht reaktionär, d. h., Veränderungen werden nicht grundsätzlich abgelehnt, sofern sie den Bestand und die Stabilität des Althergebrachten nicht grundsätzlich gefährden. Als geistiger Vater des K. gilt E. Burke.

Konstitution →Verfassung.

Konstitutionalismus. Die Festlegung von Rechten und Pflichten der Staatsgewalt durch eine →Verfassung (Konstitution), insbesondere die Begrenzung der monarchistischen Staatsgewalt (→Konstitutionelle Monarchie) im Gegensatz zum →Absolutismus. Die konstitutionellen Grundelemente der Verfassung sind die →Grundrechte des Einzelnen, die Kontrolle der →Exekutive und die Einbindung des →Volkes in die →Gesetzgebung.

Konstitutionelle Monarchie. Bezeichnung für eine Regierungsform, bei der die Macht des Monarchen (→Monarchie) durch eine Konstitution (→Verfassung) begrenzt wird. Die typischen Merkmale einer k. M. sind ein Parlament zur Kontrolle der →Exekutive, das Budgetrecht des Parlaments und die Verankerung von →Grundrechten in der Verfassung. In seiner ursprünglichen Form wurde die k. M. in England 1689 durch die sog. Glorious Revolution geschaffen und breitete sich im Laufe des 19 Jh. in Europa aus. Die k. M. ist heute weitestgehend durch die →parlamentarische Monarchie ersetzt worden, in der die Monarchen nur noch das repräsentative Amt des Staatsoberhauptes einnehmen.

Konstruktives Misstrauensvotum. Nach Art. 67 GG besteht für den →Bundestag die Möglichkeit, den →Bundeskanzler abzuwählen. Bedingung ist, dass eine parlamentarische →Mehrheit einen Nachfolger wählt und den →Bundespräsidenten ersucht, den alten Bundeskanzler zu entlassen. Damit wird die Bildung einer neuen regierungsfähigen Mehrheit sichergestellt, eine bloße Abwahl der →Regierung ausgeschlossen und politische Instabilität verhindert. Das Instrument des k. M. ist auch in den Verfassungen einiger Bundesländer bzw. in den Staatsverfassungen anderer europäischer Länder gesetzlich verankert. →Misstrauensvotum.

Konsul (von lat. *consulere* = sich beraten). Ständiger Vertreter eines Staates in einem anderen Staat. Im Gegensatz zum diplomatischen Amt (→Diplomatie) beinhaltet das Amt des K. keine politischen, sondern wirtschaftliche und administrative Aufgaben. Der K. kümmert sich u. a. um den Rechtschutz sowie Pass- und Visaangelegenheiten der Angehörigen seines Staates.

Konsum (lat. *consumere* = verbrauchen, verzehren). Wirtschaftspolitisch der Verbrauch von Gütern und Dienstleistungen von privaten und öffentlichen →Haushalten zur Befriedigung menschlicher Bedürfnisse. Der K. ist Teil des Sozialprodukts.

Konterrevolution (Gegenrevolution). Bestrebungen, die durch eine Revolution eingeführten Verhältnisse wieder rückgängig zu machen. Meist durchgeführt von Inhabern von Machtpositionen, die diese durch die Revolution verloren haben und deshalb den vorrevolutionären Zustand wiederherstellen möchten. Im marxistisch-leninistischen (→Marxismus-Leninismus) Sprachgebrauch wird der Begriff für die oppositionellen politischen Kräfte genutzt, die die Ergebnisse der „proletarischen Revolution" bekämpfen.

Kontrolle. Alle Maßnahmen, die der →Integration von abweichendem Verhalten dienen. Unerwünschte Handlungen von einzelnen Personen, Klein- und Großgruppen, Institutionen und Staaten sollen durch K. verhindert werden. In politikwissenschaftlicher Hinsicht bezieht sich K. v. a. auf die gegenseitige Überwachung und Verschränkung von →Institutionen; so kontrollieren beispielsweise die →Abgeordneten mittels →Anfragen oder →Untersuchungsausschüssen die →Regierung.

Konvergenz (von lat. *convergere* = sich hinneigen). Annäherung; Übereinstimmung. Als Konvergenztheorie wird ein politökonomischer Ansatz aus den 1950er- und 1960er-Jahren bezeichnet, der von einer Annäherung zwischen →Kapitalismus und →Sozialismus und damit zwischen den markwirtschaftlich orientierten westlichen Ländern und den staatssozialistisch regierten Ländern des Ostens ausging. Aufgrund gemeinsamer Erfordernisse und Interessen in den modernen →Industriegesellschaften (z. B. erhöhter Kapitalbedarf und ein hohes Maß an Arbeitsteilung) würden sich die ökonomischen und ideologischen Systeme einander zwingend strukturell annähern. Mit dem Ende der →kommunistischen Herrschaft in Osteuropa wurden auch die Theorien der K. hinfällig.

Konzentration. Wirtschaftlich der Zusammenschluss von Betriebs-, Kapital-, Einkommens- und Eigentumsanteilen. Ziel ist die Vergrößerung von wirtschaftlicher Macht durch leistungsfähigere Unternehmen und eine Erhöhung der Produktivität. Die darin liegende Gefahr ist die Tendenz zum →Monopol bzw. →Kartell.

Konzentrationslager (KZ). Von den Nationalsozialisten ab 1933 errichtete Massenlager in Deutschland und den besetzten Ländern zur Internierung und Ermordung v. a. von Zivilpersonen, die als politische Gegner des Regimes oder im Sinne der nationalsozialistischen →Ideologie als „minderwertige Bevölkerungsgruppen" betrachtet wurden (Juden, Sinti und Roma, Homosexuelle, sog. Verbrecher und Arbeitsscheue).

Die KZ (z. B. Dachau, Buchenwald, Auschwitz, Bergen-Belsen) vereinigten Strukturen von Arbeits- und Kriegsgefangenenlagern, Gefängnissen und →Ghettos. Besonders nach 1937 wurden die Gefangenen als Zwangsarbeiter v. a. in der Rüstungsindustrie eingesetzt. Einige der Lager wurden später zu Vernichtungslagern umfunktioniert (z. B. Auschwitz, Treblinka), die ausschließlich zur Tötung von Menschen, zum größten Teil Juden, dienten. In ihnen wurden schätzungsweise sechs Millionen Menschen getötet.

Konzertierte Aktion. Name für ein Gremium, das Bundeswirtschaftsminister Schiller mit dem →Stabilitätsgesetz von 1967 ins Leben rief und das sich 1977 endgültig auflöste. Die K. A. bestand aus Vertretern der →Gewerkschaften, der →Arbeitgeber und der Politik und sollte das wirtschaftspolitische Handeln der Akteure koordinieren, um gemeinsame Wege aus der →Wirtschaftskrise der 1960er-Jahren zu finden. Eine neue Form der K. A. ist das von der rot-grünen Bundesregierung ins Leben gerufene →Bündnis für Arbeit.

Kooperation (von lat. *cooperare* = mitwirken). Die Zusammenarbeit von verschiedenen Interessengruppen auf einem bestimmten Gebiet. Im Wirtschaftssektor bezeichnet K. die Zusammenarbeit von Unternehmen, in der Politik das Zusammenwirken von politischen →Verbänden, →Parteien oder →Staaten.

Koordination (lat. = Zusammenordnung, Abstimmung). Das Aufeinanderabstimmen der Vorgehensweisen von zwei oder mehr Akteuren hinsichtlich einer übergeordneten Zielsetzung.

Koreakrieg. Militärischer Konflikt zwischen der Demokratischen Volksrepublik Korea (Nordkorea) und Südkorea von 1950–53. Der K. wird auch als ein Nebenkriegsschauplatz des →Kalten Krieges angesehen, da sich Nordkorea dem Einfluss Chinas und der UdSSR unterworfen hatte und Südkorea von den USA unterstützt wurde. Als es 1950 zu einem Angriff nordkoreanischer Truppen auf Südkorea an der Grenze entlang des 38. Breitengrades kam, reagierten die UN-Truppen unter Führung der USA am 15.9.1950 mit militärischen Gegenmaßnahmen gegen Nordkorea. Nach militärischen Anfangserfolgen Nordkoreas konnte Südkorea durch die Unterstützung der USA die Truppen des Nordens zurückschlagen. Daraufhin intervenierte (→Intervention) wiederum China auf Seiten Nordkoreas, was zu einem Waffenstillstand am 27.7.1953 führte. Der 38. Breitengrad wurde zur Trennungslinie der beiden Staaten; und es wurde eine entmilitarisierte Zone entlang der Grenze festgelegt. Die Spaltung Koreas konnte bis heute

(2005) nicht überwunden werden, obwohl es v. a. seit den 1990er-Jahren immer wieder Ansätze einer Annäherungs- bzw. →Entspannungspolitik zwischen Nord und Süd gab.

Körperschaft (Korporation). Bezeichnung für rechtsfähige Vereinigungen von Personen zu einem gemeinsamen Zweck. Man unterscheidet K. des öffentlichen Rechts wie →Gebietskörperschaften (Bund, Länder, Städte, Landkreise), Kirchen und Universitäten von privatrechtlichen K. (Verein, AG, GmbH). →Korporatismus.

Körperschaftssteuer →Steuern.

Korporatismus. Bezeichnung für eine Form der Beteiligung von →Verbänden, →Körperschaften und anderen wichtigen gesellschaftlichen Gruppen an Entscheidungsprozessen in einem →politischen System. Dabei steht nicht die →Konkurrenz der Akteure im Willensbildungsprozess im Vordergrund, sondern vielmehr die enge Zusammenarbeit (→Kooperation, →Koordination) von Staat und Wirtschaftsverbänden zur gemeinsamen Steuerung der Wirtschafts- und Gesellschaftspolitik. Unter dem Begriff des Neokorporatismus wird v. a. ein Entscheidungsmodell verstanden, das gesellschaftliche Interessengruppen (z. B. →Arbeitgeber- bzw. Arbeitnehmerverbände) über institutionelle Einrichtungen in den politischen Prozess integriert. Die Verbände sind in einem korporatistischen System mehr als reine Interessenvertreter ihrer Mitglieder, sie sind aktiv und direkt an der politischen Entscheidungsfindung beteiligt. Das →Bündnis für Arbeit und die →Konzertierte Aktion sind typische Ausdrucksformen des K. Im Gegensatz zu dieser freiwilligen →Integration von gesellschaftlichen Interessengruppen in die Entscheidungsprozesse stand der erzwungene bzw. autoritäre K. des ital. →Faschismus. In dieser Form war der K. faktisch gleich zu setzen mit der totalen Vereinnahmung der gesellschaftlichen Interessengruppen durch einen diktatorischen Staat (→Diktatur).

Korruption (von lat. *corruptio* = Verderbtheit, Bestechen). Missbrauch einer öffentlichen Amts- bzw. Machtstellung, die auf persönlichen Gewinn ausgerichtet ist. Man unterscheidet zwischen aktiver K. (Vorteilsgewährung, Bestechung) und passiver K. (Vorteilsannahme, Bestechlichkeit). In der BR Dtl. wird die K. strafrechtlich verfolgt. Auf europäischer Ebene bekämpfen u. a. das Europäische Amt für Betrugsbekämpfung (OLAF) und der →Europäische Rechnungshof die K.

Kosovokrieg. Militärischer Konflikt um den Status der Provinz Kosovo. Hintergrund für den Konflikt waren die Autonomiebestrebungen (→Autonomie) der Kosovo-Albaner, die ca. 85 % der →Bevölkerung stellen. Die Kämpfe zwischen der sog. Befreiungsarmee des Kosovo (UÇK) und der serbischen Armee, die im Namen der Bundesrepublik Jugoslawien gegen die Unabhängigkeitsbewegung im Kosovo vorging, weiteten sich ab 1998 zu einem →Bürgerkrieg aus. Nachdem ein zwischenzeitlicher Waffenstillstand und die Entsendung von OSZE-Beobachtern (→Organisation für Sicherheit und Zusammenarbeit in Europa) die Lage in der Region nicht dauerhaft stabilisieren konnten, erhöhte die →NATO den Druck auf die Konfliktparteien, insbesondere auf die serbische Seite. Als die serbische (Regierung bei den Friedensgesprächen von Rambouillet am 23.3.1999 den →Friedensvertrag ablehnte, der die Besatzung des Kosovo durch eine NATO-Friedenstruppe vorsah und den NATO-Staaten Hoheitsrechte auf jugoslawischem Gebiet zur Versorgung der Friedenstruppe einräumte, begann die NATO ihre Luftangriffe auf serbische Stellungen. Ziel der Angriffe war es, die Vertreibung der Kosovo-Albaner durch die serbische Armee zu stoppen. Der Krieg, der ohne →Mandat der →Vereinten Nationen geführt wurde, verschlimmerte die Vertreibung und das Elend der großen Anzahl an →Flüchtlingen zunächst jedoch weiter. Erst am 10.6.1999 stellten die NATO-Truppen ihre Kampfhandlungen ein, nachdem Milosevic die serbischen Truppen aus der Provinz zurückgezogen und den Einmarsch einer internationalen militärischen Friedenstruppe (KFOR) akzeptiert hatte. Rechtlich ist der Kosovo seitdem weiterhin Teil der Bundesrepublik Jugoslawien, hat aber weit gehende Autonomierechte erhalten und steht unter UN-Verwaltung. Der ethnische Konflikt zwischen der albanischen Bevölkerung und der serbischen Minderheit und die Frage des zukünftigen Status des Kosovo sind jedoch bis heute (2005) ungelöst.

Kosten. Ausgaben für Ankäufe von →Gütern, Waren und →Dienstleistungen für den privaten, betrieblichen oder öffentlichen Gebrauch. Betriebswirtschaftlich wird u. a. zwischen fixen (ständig anfallende), gleich bleibenden und variablen, (von der Produktion abhängige) K. unterschieden.

KPD →Kommunistische Partei Deutschlands.

KPdSU →Kommunistische Partei der Sowjetunion.

Krankenversicherung. Teil des Gesundheitssystems, der dem Einzahler im Falle von Krankheit, Unfall oder Mutterschaft entsprechende Leistungen zukommen lässt. Man unterscheidet zwischen der Gesetzlichen Krankenversicherung (GKV) und der Privaten Krankenversicherung

(PKV). Die GKV ist Teil der →Sozialversicherung und im Sozialgesetzbuch geregelt. Ihre Träger sind die gesetzlichen Krankenkassen. In der GKV sind alle →Arbeitnehmer und →Angestellten pflichtversichert, sofern ihr →Einkommen die Versicherungspflichtgrenze (2005: 3 900 Euro) nicht übersteigt. Des Weiteren sind Auszubildende, Studierende, Rentner, Arbeitslose und Behinderte pflichtversichert. Künstler und Publizisten müssen sich in der Künstlersozialversicherung anmelden. Landwirte und deren Familienangehörige sind bei der Krankenkasse für Landwirte Mitglied. Nach dem Solidarprinzip (→Solidargemeinschaft) werden die Beiträge abhängig vom Einkommen des Versicherten berechnet. Neben abhängig Beschäftigten, deren Lohn über der Versicherungspflichtgrenze liegt, sind →Beamte, Geistliche und geringfügig Beschäftigte von der Versicherungspflicht befreit. In die Private Krankenversicherung (PKV) können auf freiwilliger Basis diejenigen einzahlen, die nicht pflichtversichert sind. Die Beiträge sind abhängig vom Alter, Geschlecht und Gesundheitszustand.

Kredit (von lat. *credere* = glauben). Die Aufnahme einer Geldschuld bei einem Kreditgeber, die nach einer vereinbarten Zeit wieder zurück erstattet werden muss. Der Kreditgeber versichert sich i. d. R. gegenüber dem Kreditnehmer mit einer Hypothek oder mit dem Recht auf Pfändung der geliehenen Summe. Auf einen K. werden i. d. R. Zinsen fällig, die sich nach der Laufzeit, der Kreditwürdigkeit des Kreditnehmers (Bonität) und dem Eckzinssatz richtet.

Kreis (Landkreis). Bezeichnung für Verwaltungseinheiten der mittleren oder unteren Ebene. In der BR Dtl. sind die K. →Gebietskörperschaften des öffentlichen Rechts. Ihr überörtlicher Aufgabenbereich umfasst u. a. die Bereiche des Schul- und Gesundheitswesens. Der Landkreis beaufsichtigt die kreisangehörigen →Gemeinden als unterste Verwaltungseinheit des →Staates. Seine →Organe sind der Kreistag (Volksvertretung), der Kreisrat (auch Kreisausschuss; Verwaltungsorgan) und der Landrat (Vorsitzender des Kreistages und Leiter der Kreisverwaltung).

Kreisfreie Stadt (Stadtkreis). In der BR Dtl. Bezeichnung für jene Städte, die nicht nur die Aufgaben einer →Gemeinde, sondern auch die Funktionen des übergeordneten →Kreises selbstständig wahrnehmen. I. d. R. haben k. S. mehr als 100000 Einwohner. →Stadt.

Kreml. Bezeichnung für meist auf einer Anhöhe erbaute, burgartige Stadtkerne des Mittelalters. In ihnen befinden sich zahlreiche Kathedralen und Paläste. Am bekanntesten ist der

Moskauer K. (erbaut ca. 1470). Er ist seit 1918 Sitz der sowjetischen Führung.

Krieg. Schwerer Machtkonflikt zwischen →Staaten oder großen sozialen Gruppen, der unter dem systematischen Einsatz von Waffengewalt ausgetragen wird. Innerstaatliche Kriege werden Bürgerkriege genannt. Ein Krieg beginnt mit der Eröffnung der Aggressionen bzw. mit der Abgabe einer Kriegserklärung und wird durch die Einstellung der Aggressionen, durch den Abschluss eines Friedensvertrages oder durch die Unterwerfung einer der Parteien beendet. Kriegsursachen und -ziele können politischer, wirtschaftlicher, ideologischer und militärischer Natur sein. Entsprechend den Kriegsursachen und -zielen unterscheidet man Angriffs-, Verteidigungs-, Befreiungs-, Kolonial-, Religions-, Revanche- und Eroberungskriege. Gemäß den betroffenen Gebieten spricht man von lokalen, regionalen, kontinentalen und globalen Konflikten sowie von Land-, Luft und Seekriegen. Je nach angewendeter Waffenart werden Atomkriege und konventionelle Kriege (mit nicht atomaren Waffen) unterschieden.

Kriegsdienstverweigerung. Das Recht, aus Gewissensgründen den Kriegsdienst an der Waffe zu verweigern, das in der BR Dtl. durch Art. 4 III GG geschützt ist. Zur K. muss der Verweigerer einen schriftlichen Antrag beim Bundesamt für Zivildienst stellen. Dieser Antrag muss glaubhaft dargestellte Motive enthalten, die sich gegen das kriegsbedingte Töten von Menschen schlechthin richten. Gegen die Ablehnung des Antrags kann Klage eingereicht werden. Wird der Antrag anerkannt, muss der Antragsteller einen Ersatzdienst (→Zivildienst) leisten.

Kriegsrecht. Rechtssätze des →Völkerrechts, die in der Haager Landkriegsordnung und in den →Genfer Konventionen festgehalten sind. Sie regeln die Kriegsführung in ihrer Art und Weise, einschließlich des Verhältnisses der kriegsführenden →Staaten zu den neutralen Staaten. Festgelegt sind räumliche, persönliche und sachliche Grenzen der Kriegsführung. Zudem regelt es die Behandlung der Kriegsopfer. Kriegshandlungen, die nicht den Regeln des K. entsprechen, werden als Verletzung des Völkerrechts gewertet.

Kriegsverbrechen. Alle Handlungen eines kriegsführenden →Staates, die gegen das Kriegs- und Völkerrecht verstoßen. Darunter fallen u. a. die Festnahme und Ermordung von Geißeln sowie die Plünderung und Misshandlung der Zivilbevölkerung und der Kriegsgefangenen.

Krise (von griech. *krísis* = Entscheidung). Schwierige Situation, in der es um eine entscheidende Wendung geht, wobei noch unklar ist, ob der Ausgang positiv oder negativ besetzt sein wird. Eine Wirtschaftskrise bezeichnet z. B. den plötzlichen Umschwung von einer Phase der Hochkonjunktur in eine Phase wirtschaftlicher Zusammenbrüche. Eine politische Krise kann z. B. die Auseinandersetzung zwischen den beiden an einer →Koalition beteiligten →Parteien sein (Regierungskrise).

Kritik. Bewertung eines Sachverhalts, einer Norm oder eines Ziels, wobei die zugrunde liegenden Annahmen und Begründungen in Frage gestellt werden.

KSZE →Konferenz über Sicherheit und Zusammenarbeit in Europa.

Kubakrise. Bezeichnung für eine außenpolitische Konfliktsituation zur Zeit des →Kalten Krieges zwischen den USA und der Sowjetunion, die aus der Errichtung von Stellungen für sowjetische Atomraketen auf Kuba im Jahr 1961 resultierte. Die USA unter Präsident J. F. Kennedy antworteten mit einer Seeblockade Kubas und forderten per →Ultimatum den Abzug der Raketen. Als sich daraufhin ein sowjetischer Flottenverband auf den Weg Richtung Kuba begab, drohte kurzfristig sogar eine nukleare Eskalation der Auseinandersetzung zwischen den beiden Supermächten. Im November 1962 wurde die Krise beendet, indem die Sowjetunion sich bereit erklärte, die Raketen zu entfernen. Im Gegenzug demontierten die USA ihre Raketenstellungen in der Türkei, die sowjetische Gebiete bedrohten.

Kulturhoheit. Bezeichnung für die primäre Zuständigkeit einer Instanz für →Gesetzgebung und →Verwaltung in der →Kulturpolitik. In der BR Dtl. steht die K. den →Ländern zu; sie haben die Gesetzgebungskompetenz in den Bereichen Schule und Hochschule, Erziehung, Bildung, Rundfunk, Fernsehen und Kunst. Die Kultusministerien der einzelnen Bundesländer sind für die K. verantwortlich. Die Koordination der Kulturpolitik der Länder findet im Rahmen der →Kultusministerkonferenz statt.

Kulturpolitik. Sammelbegriff für alle politischen Maßnahmen, die Bildung, Wissenschaft und Forschung, Kunst, Medien, Sport sowie die Pflege von Natur, Heimat-, Natur- und Denkmälern betreffen. In der BR Dtl. sind primär die →Bundesländer für die K. zuständig (→Kulturhoheit; →Kultusministerkonferenz). Auf Bundesebene ist unter der rot-grünen Bundesregierung 1998 das →Amt des Beauftragten der Bundesregierung für Kultur und Medien (BKM) ins Leben gerufen worden, in dem die kulturpolitischen Kompetenzen des →Bundes gebündelt werden sollen. Der Beauftragte untersteht als Staatsminister direkt dem →Bundeskanzler und leitet eine Bundesbehörde mit rund 190 Mitarbeiterinnen und Mitarbeitern in Berlin und Bonn.

Kulturrevolution. 1. Bezeichnung für die neben der ökonomischen und politischen →Revolution weiter anzustrebende radikale Umgestaltung der gegebenen sozialen und ökonomischen Verhältnisse, insbesondere in kommunistisch oder sozialistisch regierten Staaten. Die Idee der K. beinhaltete die Schaffung eines neuen sozialistischen Menschentypus (→Sozialismus). Von der →Außerparlamentarischen Opposition in der BR Dtl. wurden gleichfalls kulturrevolutionäre Ziele verfolgt. 2. Die sog. Große Proletarische Revolution (1966–1969) durch Mao Tse Tung, die sich gegen traditionelle Elemente in der chinesischen Kultur und gegen den Westen wandte und im Wesentlichen durch die Roten Garden (Schüler und Studenten) getragen wurde.

Kultusministerkonferenz (KMK). Die seit 1948 bestehende ständige Konferenz der Kultusminister der →Länder zur Koordination ihrer →Kulturpolitik. Die KMK soll die Unterschiede zwischen den Bundesländern ausgleichen, die sich v. a. im Bildungsbereich aus der →Kulturhoheit der Länder ergeben. Die KMK erarbeitet gemeinsame Empfehlungen, z. B. in Schul- und Prüfungsfragen sowie zur Rechtschreibung. Empfehlungen der KMK müssen erst in den Ländern durch entsprechende gesetzliche Beschlüsse rechtskräftig werden.

Kumulieren (von lat. *cumulus* = Anhäufung). Im Wahlrecht festgehaltene Möglichkeit, bestimmten Kandidaten mehrere Stimmen zu geben (sog. häufeln). In der BR Dtl. ist das K. z. T. bei Kommunalwahlen erlaubt. →Wahl.

Küstenmeer (Küstengewässer). Bezeichnung für die Teile des Meeres, die vor der Küste liegen und rechtlich noch zum Hoheitsgebiet des Küstenstaates gehören. Auch Luftraum, Meeresgrund und -untergrund fallen darunter. Als K. können laut Seerechtskonvention der →UN von den Küstenstaaten maximal 12 Seemeilen beansprucht werden. Allerdings muss zivilen Schiffen in diesem Gebiet die ungehinderte Durchfahrt erlaubt sein.

Kyoto-Protokoll. Protokoll der →Vereinten Nationen, das die Verringerung des Ausstoßes von Treibgasen verbindlich festlegt. Diese Treibhausgase werden großten Teils auf menschliche Aktivität zurückgeführt und gelten als Ursache der globalen Erwärmung. 141 Staaten haben das K.-P. bis dato ratifiziert; die BR Dtl. am 26.4.2002; die USA haben es bisher nicht getan. Das K.-P. wurde in der japanischen Präfekturhauptstadt Kyoto verhandelt und verabschiedet.

L

Labour Party (engl. = Arbeiterpartei). Neben der →Conservative Party eine der beiden großen →Volksparteien in Großbritannien. Sie wurde 1900 von der britischen Gewerkschaft und sozialistischen Gruppierungen gegründet und war lange dem linken Flügel der Sozialdemokratie zuzurechnen. Die L. P. löste sich Mitte der 1990er-Jahre aus dem Einfluss der Gewerkschaften und wendete sich der politischen Mitte und damit einer eher sozial-liberalen Programmatik (New Labour) zu. Gewählt wird die L. P. v. a. von Industriearbeitern und Wählern der nördlichen Regionen des Vereinigten Königreichs. In anderen Ländern des →Commonwealth existieren ebenfalls L. P., insbesondere in Australien und Neuseeland.

Laissez-faire-Prinzip (franz. = geschehen lassen). Grundprinzip eines Wirtschaftsliberalismus (→Liberalismus), bei dem die Politik möglichst wenig in die Wirtschaft eingreift.

Laizismus. Bezeichnung für die strikte Trennung von Religion und Staat, derzufolge staatliche Belange dem kirchlichen Einfluss entzogen sind.

Land. 1. Abkürzende Bezeichnung für die Bundesländer in der BR Dtl. und Österreich. 2. Staat, Staatsgebiet. Bestimmbare, räumlich abgegrenzte Gebiete, in denen auf Dauer eine Bevölkerungsgruppe lebt.

Länderfinanzausgleich. Der in den Artikeln 107 I und II GG festgelegte finanzielle Ausgleich zwischen finanzstarken und -schwachen Bundesländern. Der L. hat das Ziel, die unterschiedliche Finanzkraft der Bundesländer angemessen auszugleichen, um die Gleichwertigkeit der Lebensverhältnisse in der BR Dtl. zu gewährleisten. Einige finanzstarke Bundesländer wie Baden-Württemberg, Bayern, Hessen und Nordrhein-Westfalen klagen seit den 1990er-Jahren gegen den L. beim →Bundesverfassungsgericht.

Landeshauptmann. Seit 1919 Bezeichnung für den Regierungschef in den Bundesländern der Republik Österreich (vergleichbar mit den Ministerpräsidenten in der BR Dtl.). Nur in Wien wird der L. Bürgermeister genannt.

Landesliste. Wahlbewerbervorschläge einer politischen Partei, die landesweit in einer Liste zusammengetragen werden. Bei der Bundestagswahl entscheidet die Positionierung der Bewerber auf der L., ob sie über die erreichten Zweitstimmen in den →Deutschen Bundestag einziehen. Bewerber, die keine oder nur geringe Chancen haben, gewählt zu werden, können über die L. ein Direktmandat erhalten.

Landesverrat. Straftat, die sich gegen die äußere Sicherheit eines Staats richtet. Im engeren Sinne die Mitteilung von Staatsgeheimnissen an eine fremde Macht, um einen schweren Nachteil für die äußere Sicherheit des eigenen Staates herbeizuführen.

Landgericht. Oberstes Gericht eines Regierungsbezirks in den einzelnen Bundesländern der BR Dtl. Die L. sind den Oberlandesgerichten (höchste Instanz auf Länderebene) untergeordnet.

Landkreis. Unterster Verwaltungsbezirk der BR Dtl. Dieser organisiert die Verwaltung mehrerer zusammengefasster Gemeinden. Seine wichtigsten Organe sind →Landrat, Kreistag und Kreisausschuss.

Landrat. Vorsitzender des Kreistags, meist auch auch Leiter der Kreisverwaltung. Der L. wird vom Kreistag oder den Kreisbewohnern auf Zeit gewählt und ist u. a. für die Vorbereitung der Beschlussfassung des Kreistags zuständig.

Landtag. Das →Parlament der einzelnen Bundesländer in der BR Dtl. und Österreich. In den Stadtstaaten Bremen und Hamburg heißt der Landtag Bürgerschaft, in Berlin Abgeordnetenhaus. Die Rechte und Pflichten des L. sind die Wahl und Kontrolle der Landesregierung, die Festlegung des Haushalts und die Gesetzgebung. Bei der Gesetzgebung sind z. T. Volksbegehren und Volksentscheid zugelassen. Im Gegensatz zum →Deutschen Bundestag besitzen einige L. das Recht, sich selber aufzulösen.

Lastenausgleich. Eine 1952 per Gesetz geregelte staatliche Zuwendung für deutsche Bürger, die durch Zerstörungen oder Vertreibung in der Kriegs- und Nachkriegszeit sowie im Zusammenhang mit der Währungsreform 1948 Schäden und Verluste erlitten haben. Ziel des L. war es, die von Person zu Person unterschiedlichen, finanziellen Verluste des Zweiten Weltkrieges gleichmäßig auf die Schultern aller Deutschen zu verteilen. Für seine Durchführung waren das Bundesausgleichsamt und die Ausgleichsämter der Stadt- und Landkreise zuständig.

Laufbahnprinzip. Einstufungs- und Beförderungsprinzip im öffentlichen Dienst. Unterschieden werden die Laufbahngruppen des einfachen, mittleren, gehobenen und des höheren Dienstes. Die jeweils unterste Amtsstufe einer Laufbahngruppe wird durch Einstellung besetzt, die höheren Amtsstufen durch Beförderung. Das L. gehört zu den Grundsätzen des Berufsbeamtentums

Lauschangriff. Bezeichnung für das elektronische Abhören von Privaträumen durch Ermittlungsbehörden.

1998 wurde der L. durch Änderung des Art. 13 GG zu Zwecken der Strafverfolgung ermöglicht. Der L. war lange Zeit umstritten, da er das →Grundrecht auf die Unverletzlichkeit der Wohnung einschränkt. Das →Bundesverfassungsgericht hat im Jahr 2004 das 1998 verabschiedete Gesetz zur Änderung des GG für verfassungsmäßig erklärt. Abgehört werden darf nun grundsätzlich jeder, der im Verdacht steht, eine erhebliche Straftat begangen zu haben. Personen, die in ihrer Berufsausübung einem Schweigegebot unterliegen oder die zur Ausübung ihrer Tätigkeit einen besonderen Vertrauensschutz benötigen (z. B. Geistliche, Abgeordnete, Rechtsanwälte und Journalisten) sind davon ausgenommen. Das Abhören muss durch einen →Ausschuss von Richtern angeordnet werden und ist zeitlich begrenzt.

Lebensqualität. Summe von materiellen und immateriellen, objektiven und subjektiven Elementen, die die Lebensbedingungen in einer Gesellschaft und das Empfinden des Einzelnen ausmachen. Die L. gilt als Ergänzung des an der Wirtschaftsleistung orientierten Wohlstandskonzepts. Auch Faktoren wie Arbeitsbedingungen, Gesundheit und Freizeit werden dabei berücksichtigt.

Legalität (von lat. *lex*, *legis* = Gesetz, Gesetzmäßigkeit). L. bezeichnet menschliches Handeln, das sich mit den in einem Staat formal geltenden Gesetzen in Übereinstimmung befindet. Inwieweit der Handelnde diese Gesetze anerkennt, ist für den Begriff der Legalität nicht von Belang.

Legalitätsprinzip. Nach dem L. sind die Strafverfolgungsbehörden (in der BR Dtl. die Staatsanwaltschaft und die Polizei) bei dem Verdacht einer Straftat verpflichtet, von Amts wegen einzuschreiten, auch wenn keine Anzeige vorliegt.

Legislative (von lat. *legislatio* = Gesetzgebung). Gesetzgebende Gewalt. Dasjenige Staatsorgan, das die Einbringung, Verabschiedung und Änderung von Gesetzen zur Aufgabe hat. In einer parlamentarischen Demokratie ist sie die oberste der Teilgewalten (→Gewaltenteilung) des Staates. Sie wird in parlamentarischen Regierungen durch das vom Volk gewählte →Parlament (in der BR Dtl. der Bundestag) ausgeübt und ist nach Art. 1 GG an die →Grundrechte gebunden.

Legislaturperiode. (Wahlperiode) Zeitraum, für den ein →Parlament gewählt wird und in dem es zur Ausführung der durch die →Verfassung übertragenen Aufgaben berechtigt und verpflichtet ist. Die L. des →Deutschen Bundestages ist auf vier Jahre festgelegt (Art. 39 GG). Sollte der Bundestag vorzeitig aufgelöst werden, muss die Neuwahl innerhalb von 60 Tagen stattfinden.

Legitimation. Allgemein die Beglaubigung oder Rechtfertigung einer Handlung, eines Ereignisses oder eines Zustandes. Politisch die Rechtfertigung politischer Herrschaft; in demokratischen Staaten (→Demokratie) die Rechtfertigung der Ausübung staatlicher Gewalt durch den Volkswillen. In Abgrenzung zum Begriff der →Legitimität bezeichnet L. den Weg sowie die Art und Weise wie Legitimität hergestellt wird.

Legitimität. Rechtmäßigkeit der politischen Ordnung und Herrschaftsgewalt eines Staates durch grundlegende Werte und Überzeugungen. Formen der L. variieren stark, so werden beispielsweise die monarchische und die demokratische L. unterschieden: Die monarchistische Herrschaft wird von Gott abgeleitet, die demokratische Herrschaft vom Volk.

Lehrfreiheit. Verfassungsrechtlich verankerte Freiheit von Wissenschaft, Forschung und Lehre, insbesondere die Lehrtätigkeit an Hochschulen (Art. 5 III GG).

Leistungsprinzip. Prinzip, nach dem der Bürger nicht mehr nach seiner Abstammung oder seinem Vermögen beurteilt wird, sondern nach der von ihm erbrachten Leistung. Diese allein entscheidet über Prestige, Einkommen und Position eines Individuums in der Gesellschaft. Das L. ist eine Basisforderung des →Liberalismus. Kritisiert wird das L. hinsichtlich der Bewertung zugrunde liegender Normen, da diese in sozialer und kultureller Hinsicht so unterschiedlich sein können, dass sie keine faire Messung von Leistung ermöglichen.

Leistungsverwaltung. Funktion der öffentlichen Verwaltung, die die Darbietung von Einrichtungen und Leistungen für die Allgemeinheit übernimmt. Zum Bereich der L. zählen z. B. die Einrichtung und der Unterhalt von Kindergärten, Krankenhäusern, Bibliotheken und Museen, aber auch die Bereitstellung von Sozialhilfe, Ausbildungsförderung und Arbeitsförderungsmaßnahmen.

Leninismus →Marxismus-Leninismus.

Lesung. Beratung über Gesetzentwürfe, Haushaltsvorlagen und Staatsverträge im →Parlament. Im →Deutschen Bundestag müssen z. B. die Entwürfe von Bundesgesetzen in drei Lesungen, völkerrechtliche Verträge in zwei Lesungen beraten werden.

Lettland →Europäische Länder.

Liberale Internationale. Vereinigung liberaler Parteien (→Liberalismus), die 1947 in Oxford gegründet wurde.

Liberalisierung. Abbau von Hemmnissen und einschränkenden Vorschriften, z. B. in Politik und Wirtschaft.

Liberalismus (von lat. *liberalis* = die Freiheit betreffend). Geisteshaltung, nach der die Freiheit des Individuums als höchstes Gut zu bewerten ist. Sie soll weder sozialen, politischen noch staatlichen Einschränkungen unterworfen sein. Die staatliche Gewalt soll da enden, wo die Freiheit des Einzelnen berührt wird und nur eingreifen, wenn diese verletzt wird. Mit der Aufklärung und der damit wachsenden individualistischen wie rationalistischen Geisteshaltung nahm der L. Gestalt an. Der politische L. verband die Forderung nach Selbstbestimmung und Freiheit des Einzelnen mit der Forderung, die politische Macht der Regierung zu beschränken. Aus diesen Überlegungen erwuchs die Idee eines →Rechtsstaats. Dieser sollte in seinen Prinzipien auf der →Gewaltenteilung beruhen, wie C. Montesquieu sie beschrieben hatte. Wichtige Stationen in der Entwicklung des L. waren u. a. die Bill of Rights in England (1689), die Unabhängigkeitserklärung (1776) sowie der Beschluss der Verfassung (1788) der USA und letztlich die Erklärung der →Menschenrechte während der Französischen Revolution (1789). Der wirtschaftliche L. folgt den richtungsweisenden Arbeiten von A. Smith und fordert den freien Wettbewerb, die Anerkennung des Privateigentums sowie den Freihandel. Seien diese Forderungen verwirklicht und handele der Einzelne nur nach seinem Eigennutz, so werde der Markt von einer „unsichtbaren Hand" geleitet. Durch diese Selbstregulierung des →Markts könnten soziale Harmonie und Wohlstand für alle erreicht werden. →Neoliberalismus.

Linksextremismus (Linksradikalismus). Eine Position der Ablehnung oder Distanz zum demokratischen Verfassungsstaat (→Demokratie). Die Anhänger eines ausgeprägten L. wollen die bestehende Gesellschaftsordnung durch eine →Revolution stürzen, um danach eine →Anarchie (herrschaftsfreie Gesellschaft) durchzusetzen. Der L. schreckt zur Durchsetzung seiner Ziele nicht vor Gewalt gegen Personen und Sachen zurück, sondern versteht Terror als legitimes Mittel der politischen Auseinandersetzung. In der BR Dtl. hat sich der L. vor allem in den 1970er Jahren in Gestalt der sog. RAF (→Rote Armee Fraktion) artikuliert.

Linksradikalismus →Linksextremismus.

Listenwahl. Form der Verhältniswahl, bei der sich mehrere Kandidaten einer Partei auf einer Liste zur →Wahl stellen. Die Reihenfolge der Kandidaten wird meist von den Gremien der politischen Parteien festgelegt. Die Wahlberechtigten haben auf die Positionierung der Kandidaten auf der Liste und damit auf deren Chancen, gewählt zu werden, keinen Einfluss (starre Liste). Die L. erhöht unter sonst gleichen Bedingungen die Abhängigkeit der Kandidaten von den politischen Parteien. Außerdem ermöglichen die Listen den Parteien, die Zusammensetzung der Parteifraktionen im →Parlament zu planen.

Litauen →Europäische Länder.

Lobby (engl. = Vor-, Wandelhalle). Unter Lobby wird eine →Interessengruppe verstanden, die versucht, Einfluss auf öffentliche Institutionen oder →Abgeordnete zu nehmen. Dieses Ziel soll auf informellem Weg durch Übermittlung von Informationen und Gewährung oder Verweigerung von Unterstützung erreicht werden. Das Wort L. geht auf die Vorhalle des →Parlaments zurück, in der Vertreter verschiedener Gruppen in Kontakt mit den Parlamentariern treten können. In der BR Dtl. wurde Lobbyismus traditionell v. a. von →Interessenverbänden, →Gewerkschaften und →Kirchen betrieben. Seit den 1990er-Jahren sind allerdings auch verstärkt kleinere →Nichtregierungsorganisationen und professionelle Berater in der Lobbyarbeit aktiv.

Lohnnebenkosten. Ausgaben, die der →Arbeitgeber für den →Arbeitnehmer zahlt, ohne dass sie Bestandteil des ausgehandelten Gehalts sind. Zu ihnen zählen u. a. der Arbeitgeberanteil an den Sozialversicherungen (Renten-, Kranken- und Arbeitslosenversicherung). Arbeitgeber sind auf Grund der in der BR Dtl. geltenden Sozialgesetze verpflichtet, L. zu zahlen. In der Diskussion um die steigende →Arbeitslosigkeit werden die L. von Arbeitgeberseite als zu hoch angesehen und als Argument für das Abwandern von Arbeitsplätzen in andere Länder angeführt.

Lohnsteuer →Einkommenssteuer.

Lombardpolitik. Die L. ist ein Instrument der Geldpolitik, durch das Banken zur vorübergehenden Überbrückung eines Engpasses bei einer Zentralbank (meist Nationalbanken) gegen Verpfändung von Wertpapieren Geld leihen können. Den dafür zu zahlenden Zins nennt man Lombardsatz. Durch Senkung oder Anhebung dieses Lombardsatzes können die Zinsen für Kredite und damit die Konjunkturlage beeinflusst werden.

Loyalität (von franz. *loyauté* = Vertragstreue, Rechtschaffenheit). Treues Verhalten gegenüber einer Person, Idee oder Organisation. Im politischen Sinne auch das gesetzmäßige Verhalten gegenüber einer →Regierung oder →Verfassung.

Lumpenproletariat. Bezeichnung von K. Marx für eine nicht „klassenbewusste" Gruppe (Obdachlose, Kriminelle, Prostituierte etc.), die noch unter dem Proletariat angesiedelt ist. Während dem →Proletariat in der Marx'schen Theorie eine revolutionäre, heilsgeschichtliche Bedeutung beigemessen wird, gilt das L. als politisch gestaltungsunfähig. →Marxismus.

Luxemburg →Europäische Länder.

M

Maastrichter Vertrag. Vertrag über die →Europäische Union. Die Bezeichnung M. V. geht auf die ndrl. Stadt Maastricht zurück, in der der Vertrag im Jahre 1992 unterzeichnet wurde und 1993 in Kraft trat. Der M. V. beinhaltet die bis dahin weitestreichenden Änderungen der geltenden Vertragswerke seit Gründung der →Europäischen Gemeinschaft. Er führt den seit den 1950er-Jahren laufenden europäischen Integrationsprozess weiter und vereint die bisherigen Verträge über die Europäischen Gemeinschaften unter dem neuen Begriff Europäische Union. Wichtigste Bestandteile des M. V. sind die Einführung einer →Wirtschafts- und Währungsunion (WWU) einschließlich einer gemeinsamer Währung (Euro) unter der Verwaltung einer zu schaffenden Europäischen Zentralbank (EZB), die Ausarbeitung einer gemeinsamen Außen- und Sicherheitspolitik (GASP), die verstärkte Zusammenarbeit in Justiz- und Innenpolitik (Bekämpfung von internationaler Kriminalität und Terrorismus, gemeinsame Asylpolitik), die Einführung einer Unionsbürgerschaft ungeachtet der jeweiligen Staatsbürgerschaft sowie die Vertiefung der gemeinsamen europäischen Aktivitäten in weiteren Politikfeldern (Bildung und Kultur, Sozialpolitik, Industriepolitik u. a.). Der M. V. wurde mit dem →Amsterdamer Vertrag und den darauf folgenden Verträgen erneuert und erweitert.

Machiavellismus. Bezeichnung für die von dem ital. Politiker und Schriftsteller vertretene Staatslehre, die sich in einer von ethischen und sozialen Normen losgelösten Interessen- und Machtpolitik zeigt. →Staatsräson.

Macht. Zentraler Begriff aus der Politik, der Einflussmöglichkeiten in politischer, wirtschaftlicher und sozialer Hinsicht bezeichnet. Max Weber definierte die M. als „Chance, innerhalb einer sozialen Beziehung den eigenen Willen auch gegenüber Widerstreben durchzusetzen, gleichviel, worauf diese Chance beruht". M. bezeichnet also eine asymmetrische Beziehung zwischen Personen oder Gruppen (Institutionen, Organen, Staaten). Die Grundlagen der M. (Machtressourcen) können z. B. physische Stärke, wirtschaftliche Mittel oder militärische Überlegenheit sein. Neuere Theorien gehen davon aus, dass zudem Informationen oder Kontakte eine Machtressource darstellen können. In der politischen Praxis demokratischer Gesellschaften wird die Machtausübung an Verfassung, Gesetz und Rechte gekoppelt und einer Kontrolle (Transparenz, Öffentlichkeit) unterworfen. Von legitimer M. (→Legitimität) spricht man dann, wenn die Machtausübung von den Betroffenen anerkannt wird.

MAD →Militärischer Abschirmdienst.

Magisches Viereck. Begriff für die vier wirtschaftspolitischen Ziele, die im Gesetz zur Förderung der Stabilität und des Wachstums (Stabilitätsgesetz) vom 8. Juni 1967 verankert sind: Preisniveaustabilität, hoher Beschäftigungsstand (Vollbeschäftigung), außenwirtschaftliches Gleichgewicht sowie angemessenes und stetiges Wirtschaftswachstum. Magisch wird das Viereck genannt, weil das ausgewogene und gleichzeitige Erreichen aller Ziele aufgrund der auftretenden Konflikte als außergewöhnlicher Umstand gilt.

Magistrat (von lat. *magistratus* = Obrigkeit). Leitende Behörde einer Stadtverwaltung, die die Beschlüsse zur Verwaltungsarbeit einer Gemeinde überwacht. Der M. wird von der Stadtverordnetenversammlung gewählt und i. d. R. vom hauptamtlichen Bürgermeister und ehrenamtlichen Beigeordneten (Stadträten) geleitet.

Magistratsverfassung →Gemeindeverfassung.

Magna Charta libertatum (lat. = großer Brief der Freiheiten). Im Jahre 1215 ausgehandelter englischer Vertrag zwischen König, Kirche und Adel. Die 63 Art. der M. C. l. beinhalten u. a. den Schutz aller freien Bürger vor einer willkürlichen Verhaftung sowie die Gewährleistung ihrer Aburteilung durch Ihresgleichen. Zudem wurde der König der Kontrolle des Adels unterworfen und legalisierte damit das feudale Widerstandsrecht. Die M. C. l. gilt als das wichtigste englische Grundgesetz und hat die verfassungsrechtlichen Bestimmungen in Großbritannien und den USA nachhaltig geprägt.

Malta →Europäische Länder.

Mandat (von lat. *mandatum* = Auftrag). Der Auftrag, im Interesse eines anderen auf bestimmte Zeit zu handeln. Im →Deutschen Bundestag hat der →Abgeordnete ein M. von seinen Wählern erhalten, um an politischen Entscheidungen mitzuwirken. Unterschieden wird zwischen imperativem und freiem Mandat: Die Abstimmenden im Bundesrat der BR Dtl. üben insofern ein imperatives Mandat aus, da sie an Weisungen ihrer Landesregierungen gebunden sind. Der Abgeordnete des Deutschen Bundestages hingegen hat ein freies Mandat; er ist laut Art. 38 I GG in seiner Entscheidung ausschließlich seinem Gewissen verantwortlich.

Manifest (von lat. *manifestare* = sichtbar machen). Grundsätzliche programmatische Erklärung einer

→Regierung, →Partei oder sonstigen Vereinigung, die für die Öffentlichkeit bestimmt ist.

Manipulation (lat. = Handgriff; Machenschaft). Beeinflussung und Steuerung von Personen und Prozessen – meist ohne dass die Betroffenen etwas davon wissen –, um einen Vorteil zu erlangen. Mittel der M. können u. a. Propaganda, Demagogie oder gezielte Täuschungsmanöver sein.

Manteltarifvertrag (Rahmentarifvertrag). Der M. ist (in Abgrenzung zu Lohn- und Gehaltstarifverträgen) auf längere Zeit hin angelegt und beschreibt die Regelung von Beschäftigungsverhältnissen und Arbeitsbedingungen. Demnach regelt der M. Aspekte der Arbeitszeit, Einstellungs- und Kündigungsbestimmungen, Zuschläge für Nacht- und Schichtarbeit sowie den Anspruch auf Urlaubsgeld. Der M. wird zwischen Gewerkschaften und Arbeitgebervertretungen ausgehandelt und legt bezogen auf das Gehalt nur grobe Eckpunkte fest.

Maoismus. Politische Lehre, die auf den Staatschef und langjährigen Vorsitzenden der Kommunistischen Partei Chinas, Mao Tse-tung, zurückgeht. Der M. wird als Entwicklung und Anwendung des →Marxismus-Leninismus unter Berücksichtigung chinesischer Besonderheiten verstanden. Er umfasst eine eigene Theorie der Revolution, deren Träger die unterdrückte Landbevölkerung eines Agrarstaats ist, die durch einen bewaffneten Befreiungskampf die Diktatur des Proletariats errichtet. Zudem soll neben den Produktionsverhältnissen auch das Bewusstsein der Menschen verändert werden, indem sowohl traditionelles als auch modernes westliches Gedankengut vernichtet und eine privilegierte Bürokratie verhindert wird.

Markt. Bezeichnung für den gedachten Ort, an dem Güter sowie soziale, politische oder wirtschaftliche Leistungen getauscht und deren Preise festgelegt werden.

Marktwirtschaft. Wirtschaftssystem mit dezentraler Lenkung der Wirtschaftsprozesse, das hauptsächlich über die →Märkte reguliert wird. Es beruht auf dem Wettbewerbsmechanismus von Angebot und Nachfrage und somit der freien Preisbindung. Zu den grundsätzlichen Strukturen einer M. gehören u. a. der freie Zugang zu Märkten, Privateigentum und Vertragsfreiheit. In einer sozialen Marktwirtschaft wie in der BR Dtl. soll der Staat möglichst viel Freiheit für Unternehmen und Konsumenten schaffen und nur dann korrigierend eingreifen, wenn die Bedingungen für den Wettbewerb völlig ungleich sind. Befürworter der M. betonen die wirtschaftliche Effizienz und den wachsenden Wohlstand gegenüber anderen Wirtschaftsordnungen. Kritiker bemängeln u. a. die politische und wirtschaftliche Machtkonzentration und die ungerechte Vermögensverteilung.

Marshallplan. Der 1947 auf Vorschlag von G. C. Marshall entworfene Plan für den wirtschaftlichen Wiederaufbau der Länder Europas, die durch den Zweiten Weltkrieg maßgeblich zerstört wurden. Er war ab 1948 gültig, wegen der Ablehnung der Sowjetunion jedoch nur in Westeuropa. Der Plan beinhaltete materielle wie auch finanzielle Hilfe (technische Unterstützung, Lebensmittel bzw. Kredite) und hat entscheidend zum Wiederaufbau Westeuropas beigetragen.

Marxismus. Auf K. Marx und F. Engels zurückgehende philosophische, politische, soziale und ökonomische Lehre. Ihr Kernstück ist der historische →Materialismus, der sich hauptsächlich auf die Philosophie G. W. F. Hegels stützt, wobei Marx Hegels idealistische Theorie aber materialistisch interpretiert: Geschichte wird als zielgerichteter Prozess verstanden, der auf die Verwirklichung einer gerechten Gesellschaft hinausläuft. Dies verdeutlicht auch die marxistische Annahme, dass die Geschichte der Menschheit die Geschichte von Klassenkämpfen ist, d. h., der Mensch wird durch den Menschen ausgebeutet, was wiederum Widersprüche mit sich bringt, die ab einem bestimmten ökonomischen Reifungsgrad einer Gesellschaft letztendlich zur Revolution und notwendig zur Umwälzung der alten Ordnung führen. Die herrschende bzw. besitzende Klasse wird von den Besitzlosen (→Proletariat) abgelöst und neue Produktionsverhältnisse entstehen. Durch die Enteignung der Kapitalisten geht deren Eigentum in das Eigentum des gesamten Volkes über. Eine klassenlose, kommunistische Gesellschaft entsteht, in der alle Bürger gleich sind. Der M. gilt als Grundlage des Kommunismus und des Sozialismus.

Marxismus-Leninismus (Leninismus). Von W. I. Lenin zu Beginn des 20. Jh. weiterentwickelte und auf die sozialen und politischen Verhältnisse in Russland angepasste Theorie des →Marxismus. Der M.-L. ist im Unterschied zum Marxismus auf die politische Anwendbarkeit besonders in agrarisch geprägten Staaten konzipiert. Damit wurde der M.-L. zur richtungsweisenden Theorie der kommunistischen Bewegungen in Entwicklungsländern. Die Rolle einer führenden Partei im Klassenkampf ist im M.-L. zentral. Die Werktätigen lenken und organisieren sich nicht selbst, sondern bedürfen einer Partei, die sie erzieht und führt. Der M.-L. basiert außerdem auf der Überzeugung, dass der revolutionäre Umsturz des Kapitalismus im Gegensatz zur Voraussage von K. Marx und F. Engels nicht in den hochindustrialisierten Staaten zustande kommt, sondern in ihrem „schwächsten Glied", dem ökonomisch rückständigen Russland. Der Grund dafür liegt in der sog. Arbeiteraristokratie, die sich in den Industriestaaten entwickelt hat und an den Gewinnen des imperialistischen Kapitalismus beteiligt ist. Dadurch hat sie das Ziel entfaltet, ihren Lebensstandard zu verbessern, und das Interesse an der umstürzenden Revolution verloren. Unter Stalin wurde der M.-L. als zentrale politische Theorie aller kommunistischen Parteien bestimmt.

Massenkommunikation. Kommunikation zwischen einem Sender und einer weitgehend unbekannten Empfängergruppe, die insofern einseitig ist, da der Empfänger weder antworten noch Einfluss nehmen kann. In wirtschaftlich entwickelten Ländern trägt die M. entscheidend zur politischen Willensbildung bei. Während der M. in demokratischen Verfassungsstaaten ein großes Maß an Autonomie zukommt, ist sie in totalitären Systemen (→Totalitarismus) oft ein Mittel der →Manipulation. M. findet über →Massenmedien statt.

Massenmedien. Sammelbegriff für Kommunikationsmittel, die sich an eine breite Öffentlichkeit wenden. Unterschieden werden u. a. Printmedien (Zeitungen, Zeitschriften, Bücher), Rundfunk (Radio, Fernsehen) und Online-Medien (Internet). Ihnen kommt insofern politische Bedeutung zu, da sie in den Industriestaaten den größten Teil der Bevölkerung erreichen. Ihre Aufgaben sind u. a. Information, Bildung, Unterhaltung, Kontrolle, Kritik an der politischen Arbeit und Mitwirkung an der Meinungsbildung. In →pluralistischen Demokratien werden die M. durch Informations-, Meinungs- und Pressefreiheit rechtlich geschützt.

Massenorganisationen. 1. In demokratischen Staaten Organisationen, die die politischen, wirtschaftlichen oder gesellschaftlichen Interessen vieler Menschen vertreten (z. B. Parteien, Gewerkschaften, Vereine, Verbände). 2. In kommunistischen Staaten diejenigen Organisationen, die unter der Leitung der kommunistischen Führungspartei stehen und die Masse des Volkes durch Pflichtmitgliedschaften auch außerhalb der Partei (z. B. Freie Deutsche Jugend) politisch beeinflussen wollen.

Massive Vergeltung. Bis 1963 die offizielle NATO-Verteidigungsstrategie, nach der jeder Angriff des Warschauer Paktes mit einem massiven militärischen Vergeltungsschlag bis hin zu einem atomaren Gegenschlag beantwortet werden sollte. 1963 folgte die Strategie der →Flexiblen Reaktion.

Materialismus. 1. Philosophische Strömung, die im Gegensatz zum →Idealismus davon ausgeht, dass die Welt, aber auch unsere Gedanken und Ideen, Erscheinungsformen der Materie sind. Die Existenz von Gott oder Seele wird abgestritten. 2. Wertorientierung, die sich im Gegensatz zum →Postmaterialismus einzig auf den Erwerb und das Vermehren von materiellem Besitz bezieht.

Matriarchat (von lat. *mater* = Mutter und griech. *arche* = Ursprung). Gesellschaftsordnung, in der die Frau die Herrschaft über Staat und Familie innehat.

MBFR →Abrüstung.

Mecklenburg-Vorpommern →Bundesländer der BR Dtl.

Mediation (von lat. *mediator* →Mittelsperson). Prozess der Kompromissfindung zwischen zwei Konfliktparteien mithilfe einer von allen Beteiligten akzeptierten, unabhängigen, vermittelnden Person oder Instanz (Mediator). Die M. wird eingesetzt, um unproduktive Konflikte zu vermeiden und das Eingreifen einer übergeordneten Hierarchieinstanz unnötig zu machen.

Medienpolitik. Alle politischen Maßnahmen, durch die Bund und Länder auf die rechtlichen und wirtschaftlichen Rahmenbedingungen der →Massenmedien Einfluss nehmen. Dies geschieht v. a. durch Regelungen und →Gesetze.

Mehrheit. 1. Allgemein der größte Teil einer Gesamtheit. 2. Bei politischen →Wahlen werden verschiedene Arten von M. unterschieden: Die relative M. ist erreicht, wenn ein Vorschlag mehr Stimmen auf sich vereinen kann als jede Alternative (auch einfache M.). Von absoluter M. spricht man beim Erreichen von mindestens 50 % der abgegebenen Stimmen. Die qualifizierte Mehrheit erfordert einen noch höheren Stimmenanteil als 50 %, der im Vorfeld aber genau festgelegt wurde.

Mehrheitsdemokratie (Konkurrenzdemokratie). Demokratietyp, der vom Parteienwettbewerb und Mehrheitsprinzip geprägt ist. Diese Eigenschaften wirken sich in M. v. a. auf die Art und Weise aus, wie die Regierung zu Stande kommt und wie Gesetze entstehen. Im Gegensatz zur M. steht die →Konsensusdemokratie.

Mehrheitsprinzip (Majoritätsprinzip, von lat. *maior* = größer). Das M. ist ein Verfahren zur verbindlichen Entscheidungsfindung, bei dem die →Mehrheit der Stimmen der Teilnehmer die →Wahl bzw. →Abstimmung gewinnt (im Gegensatz zum Konsensusprinzip, auch →Einstimmigkeitsprinzip). Begründet wird das M. durch 1. die Annahme, dass der Wille der →Mehrheit am ehesten den Willen der Gesamtheit verkörpert, 2. die Auffassung, dass das M. zuverlässig und ohne großen Aufwand

Entscheidungen gewährleistet, 3. die Chance der Minderheit, bei einer zukünftigen Abstimmung die Mehrheit zu erlangen.

Mehrheitswahl. Wahlsystem, das im Gegensatz zur →Verhältniswahl auf dem →Mehrheitsprinzip beruht. Bezüglich der Repräsentation hat die M. das Ziel, eine Regierungsmehrheit hervorzubringen.

Mehrparteiensystem →Parteiensystem.

Mehrwert. Zentraler Begriff des →Marxismus zur Bezeichnung der Differenz zwischen dem Verkaufserlös einer Ware und dem Lohn der →Arbeiter, die die Ware herstellen. Der M. wird zur Reinvestierung (z. B. Rohstoffkauf) und zur Bezahlung nicht unmittelbar produzierender Arbeiter (z. B. Büropersonal) verwendet. Die Vorenthaltung des M. gegenüber den Arbeitern gilt als deren →Ausbeutung, da nach der marxistischen Arbeitswerttheorie nur produktive Arbeit Werte schafft.

Mehrwertsteuer (Umsatzsteuer). Bezeichnung für die am 1.1.1968 eingeführte Verbrauchssteuer, die indirekt erhoben wird und sowohl für den privaten als auch für den öffentlichen Verbrauch anfällt. Die Einnahmen aus der M. stehen dem Bund und den Ländern gemeinsam zu und werden nach einem gesetzlich festgelegten Schlüssel verteilt. In der BR Dtl. liegt die M. seit dem 1.4.1998 bei 16 %, wobei bestimmte Bereiche (z. B. Bücher und Lebensmittel) nur mit 7 % besteuert werden.

Meinungsfreiheit. Zentrales →Grundrecht und →Menschenrecht, das in Art. 5 GG verfassungsrechtlich festgelegt ist. Danach ist jeder frei, sich seine eigene Meinung zu bilden und diese in Wort, Schrift und Bild zu äußern. Zur M. gehören auch die Pressefreiheit, die freie Unterrichtungsmöglichkeit und das Zensurverbot. Laut Art. 5 II GG findet die M. ihre Grenzen „in den Vorschriften der allgemeinen Gesetze, den gesetzlichen Bestimmungen zum Schutz der Jugend und in dem Recht der persönlichen Ehre".

Meistbegünstigung (Gleichbegünstigung). Prinzip, das meist innerhalb einer Gemeinschaft von Staaten (z. B. der →Europäischen Gemeinschaft) oder Firmen angewendet wird. Es besagt, dass Verträge oder Zugeständnisse (z. B. in Zollfragen), die zwischen zwei Partnern einer Gemeinschaft vereinbart werden, für alle anderen Mitglieder der Gemeinschaft ebenfalls Gültigkeit haben.

Memorandum (von lat. *memorare* = sich erinnern). Denkschrift bzw. Schriftstück des diplomatischen Verkehrs, das eine Stellungnahme zu bestimmten politischen Themen enthält.

Menschenrechte. Die am Menschen orientierten →Freiheitsrechte oder

→Grundrechte, die jedem Menschen unabhängig von seiner Staatsangehörigkeit, Hautfarbe, Religion oder gesellschaftlichen Stellung von Geburt an zustehen und unveräußerbar sind (Universalität der M.). Die M. umfassen das Recht auf Gleichheit, Unversehrtheit, Glaubens- und Meinungsfreiheit, Widerstand gegen Unterdrückung etc. In vielen Staaten sind sie als Grundrechte in der →Verfassung niedergelegt. Auf völkerrechtlicher Ebene gewannen die M. erst im 20. Jh. an Bedeutung. Geschützt werden sie weltweit durch die seit 1950 gültige →Europäische Konvention zum Schutz der Menschenrechte und Grundfreiheiten, durch das 1993 gegründete Amt des UN-Hochkommissars für Menschenrechte sowie den 1998 eingerichteten Internationalen Strafgerichtshof.

Menschenwürde. Anspruch auf Achtung, die jedem Menschen aufgrund seines Menschseins zukommen soll und in der BR Dtl. als Reaktion auf die Verbrechen des Zweiten Weltkrieges in Art. 1 I GG verankert ist: „Die Würde des Menschen ist unantastbar. Sie zu achten und zu schützen ist Verpflichtung aller staatlichen Gewalt“. Der Artikel 1GG ist unabänderlich.

Mentalität. Anschauungen und Einstellungen gegenüber der Wirklichkeit, die mit Wertungen einhergehen. Inwiefern die Lebensverhältnisse (Erziehung, Einkommen etc.) die M. des Einzelnen oder einer Gruppe bestimmen, untersucht u. a. die Soziologie.

Merkantilismus (von franz. *mercantile* = kaufmännisch). Bezeichnung für wirtschaftspolitische Systeme, die im →Absolutismus entwickelt wurden. Kennzeichnend für den M. sind staatliche Interventionen im Außenhandel, in der Gewerbeförderung, in der Errichtung und Erhaltung der Infrastruktur und in der Bevölkerungspolitik. Ziel des M. ist die Verstärkung der Produktivität von Handel, Gewerbe und Landwirtschaft und damit die Vergrößerung des nationalen Reichtums und die Erweiterung des Einflussbereichs des Staates.

Migration (von lat. *migratio* = Übersiedlung). Soziologische Bezeichnung für Wanderungsbewegungen von Individuen oder Gruppen innerhalb oder zwischen Gesellschaften. Von internationaler M. spricht man, wenn die M. mit dem Wechsel der Heimat verbunden ist und dabei mindestens eine Staatsgrenze überschritten wird; von Binnenmigration spricht man, wenn die M. innerhalb eines Landes stattfindet. Die Gründe für M. können höchst unterschiedlich sein (z. B. Vertreibung, Arbeitssuche). →Emigration; →Immigration.

Milieu (franz. = soziale Umgebung). Umfeld, Umgebung, Umwelt. Soziologischer Begriff, der die natürlichen, wirtschaftlichen, sozialen und kulturellen Gegebenheiten bezeichnet, in denen ein Mensch oder eine Gruppe von Menschen lebt.

Militär (von lat. *militaris* = soldatisch). Bezeichnung für die bewaffneten Streitkräfte eines Staates oder einer Staatenverbindung in ihrer Gesamtheit sowie auch für die ständigen Mitglieder der Streitkräfte. Oberster Befehlshaber des M. in der BR Dtl. ist der Verteidigungsminister. Unterschieden werden Heere mit allgemeiner oder eingeschränkter →Wehrpflicht und Berufsheere. Das stehende Heer ist der Teil des Heeres, der auch in Friedenszeiten unter Waffen steht. Daneben gibt es die sog. Milizheere (→Miliz). Grob unterteilt ist das M. in Land-, See- und Luftstreitkräfte (in der BR Dtl. heißen sie Heer, Marine und Luftwaffe). Alle das M. betreffenden rechtlichen Bestimmungen sind in der Militärverfassung eines Staates festgelegt.

Militärbündnis. Militärische Kooperation von Staaten, die durch einen Vertrag näher geregelt wird. Das größte M. ist der →Nordatlantikpakt (NATO).

Militärdiktatur. Form der →Diktatur, die vom →Militär oder Teilen des Militärs geführt wird. Die Regierungsgewalt ist weitgehend von gesetzlichen Regeln entbunden und hat den Oberbefehl über die Streitkräfte inne, die wiederum die Aufgabe haben, Ordnung aufrechtzuerhalten bzw. herzustellen. M. sind oft Resultat eines →Putsches und kommen v. a. in Ländern der →Dritten Welt vor.

Militärischer Abschirmdienst (MAD). Militärischer Geheimdienst der BR Dtl., der dem Verteidigungsministerium untersteht. Seine Hauptaufgabe liegt darin, Material und Personal der Bundeswehr in In- und Ausland gegen Spionage und Sabotage fremder Geheimdienste zu schützen. Die Führungszentrale des MAD ist das Amt für Sicherheit der →Bundeswehr in Köln.

Militärisch-industrieller Komplex. Ausdruck für die Interessensverzahnung von Rüstungsindustrie, staatlicher Verwaltung und →Militär im Hinblick auf eine verstärkte Aufrüstung. Der Begriff wurde erstmalig 1961 von US-Präsident D. D. Eisenhower verwendet, als er vor dem „wachsenden und gefahrvollen Einfluss des militärisch-industriellen Potenzials“ warnte.

Militarismus (von lat. *militaris* = soldatisch). Von M. spricht man, wenn militärische Wertorientierungen sowie Denk- und Verhaltensweisen auf zivile Bereiche übertragen werden. Eine Gesellschaft ist von M. geprägt, wenn Kriege verherrlicht werden, die Rüstungs- und Verteidigungspolitik gegenüber anderen Bereichen vorrangig behandelt wird und Angehörige des →Militärs eine bevorzugte gesellschaftliche, politische und rechtliche Stellung einnehmen.

Militärpolitik →Sicherheitspolitik, →Verteidigungspolitik.

Miliz. Nicht ständige Streitkräfte, die durch Wehrdienst und regelmäßige Wehrübungen ausgebildet sind, aber in Friedenszeiten nur in schwachen Kadern unterhalten werden. Erst im Kriegsfall unterstützen sie das stehende Heer. In der Schweiz existiert eine Wehrpflichtmiliz, der wehrdienstfähige Bürger nach ihrem Dienst weiterhin angehören, da die Landesverteidigung als Bürgerpflicht und nicht als Aufgabe eines bestimmten Berufsstandes angesehen wird.

Minderheit (Minorität). 1. Zahlenmäßig kleinere Personengruppe einer Gesamtheit. 2. Innerhalb eines Volkes eine kleine Gruppe, die sich (z. B. durch Sprache, Rasse, Kultur etc.) von der Mehrheit unterscheidet. 3. Im →Parlament die Gruppe von Abgeordneten, die von den übrigen Abgeordneten überstimmt wurde, sie bildet meist die →Opposition.

Minderheitsregierung. Regierung, deren Vertreter nicht die Mehrheit der →Mandate im →Parlament haben. Da eine M. für z. B. die Verabschiedung von Gesetzen keine →Mehrheit findet, ist sie auf die Unterstützung der anderen Parteien angewiesen. Eine M. ist kaum regierungsfähig und kann durch ein →Misstrauensvotum der Parlamentsmehrheit gestürzt werden.

Mindestreserven. Betrag, den Kreditinstitute bei der Zentralbank zinslos hinterlegen müssen, in der BR Dtl. bei der →Deutschen Bundesbank. Durch die Senkung oder Erhöhung der M. kann die in Umlauf befindliche Geldmenge und damit die Höhe der Zinsen beeinflusst werden. Außerdem dienen die M. der Erhaltung der Geldwertstabilität.

Mineralölsteuer. Steuer auf Mineralöl, die von den Verbrauchern getragen wird. Die M. ist eine der wenigen Steuern, die allein dem Bund zusteht und dafür genutzt wird, um energie- und verkehrspolitische Prozesse zu beeinflussen. →Steuern.

Minister (lat. = Diener). Mitglied der →Regierung, das für ein bestimmtes Ressort (z. B. Verkehr) mit einer zugehörigen Behörde (→Ministerium) verantwortlich ist. In der BR Dtl. beruft der →Bundeskanzler die M. in das →Kabinett; auf Landesebene der →Ministerpräsident. Ernannt werden die M. vom Bundespräsidenten. Das Amt eines Ministers endet mit der →Legislaturperiode oder einem freiwilligen Rücktritt. Dem M. stehen Staatssekretäre zur Verfügung, die seinen Weisungen unterstehen, ihm zuarbeiten und ihn vertreten. Innerhalb seines Ressorts handelt der Minister eigenverantwortlich (→Ressortprinzip). Die Richtlinien für dieses Handeln legt jedoch der Bundeskanzler fest (→Richtlinienkompetenz).

Ministeranklage. Eine M. besteht, wenn ein Minister vor dem Landesverfassungsgericht wegen Verletzung der Verfassung angeklagt ist. I. d. R. haben →Parlamente das Recht zur M., auf Bundesebene ist sie nicht vorgesehen.

Ministerien der BR Dtl. Siehe Seite 223.

Ministerium. Oberste Verwaltungs- und Regierungsbehörde eines Landes (in der BR Dtl. als föderal organisiertem Staat auf Bundes- und auf Landesebene). Die Aufgabe der verschiedenen M. ist die Mitwirkung an der Regierung durch die Aufstellung von Plänen und den Entwurf von Gesetzen. Zu den klassischen M. gehören u. a. das Außen-, Innen-, Finanz-, Verteidigungs- und Justizministerium. Neuere M. vereinigen oft mehrere zusammenhängende Bereiche in sich (Verbraucherschutz, Ernährung und Landwirtschaft). M. gliedern sich i. d. R. in verschiedene Abteilungen mit einzelnen Sachgebieten, den sog. Referaten. Die Leitung eines M. trägt ein vom Regierungschef berufener →Minister.

Ministerpräsident. 1. Bezeichnung für den Regierungschef (z. B. in Frankreich, Großbritannien, Irland, Polen). 2. In der BR Dtl. (mit Ausnahme der →Stadtstaaten Bremen, Hamburg und Berlin) Begriff für die Regierungschefs der Bundesländer.

Ministerpräsidentenkonferenz (MPK). In der MPK treffen sich die Regierungschefs der deutschen Bundesländer, die Bevollmächtigten der Länder beim Bund und die Leiter der Staatskanzleien zu Arbeitsbesprechungen und zur Jahreskonferenz. Der Vorsitz wechselt turnusmäßig. Ziel der MPK ist es, die gemeinsamen Interessen und Aufgaben der Bundesländer und ihre Position gegenüber dem Bund zu bestimmen.

Ministerrat. 1. Bezeichnung für den →Rat der Europäischen Union. 2. In einigen Staaten Bezeichnung für die Regierung oder das Kabinett (z. B. in Frankreich, Italien). 3. Regierungsorgan der ehemaligen →DDR, das für die Lenkung der sozialistischen Volkswirtschaft zuständig war.

Ministerverantwortlichkeit. Politische Verantwortung, die ein Minister für den Geschäftsbereich seines Ministeriums gegenüber dem Parlament trägt. Die M. ist ein Grundprinzip der konstitutionellen Demokratie, insbesondere der parlamentarischen Demokratie, deren Regierung vom Parlament abberufbar ist. →Minister

Misstrauensvotum. Mehrheitlicher Beschluss des Parlaments, durch den einer →Regierung, einem Regierungschef oder einem →Minister das

Ministerien der BR Dtl.

Auswärtiges Amt (Bundesministerium des Auswärtigen, AA). Das Außenministerium der BR Dtl. ist für die →Außenpolitik und die deutsche EU-Politik zuständig. Leiter ist der Bundesminister des Auswärtigen (Außenminister), der i. d. R. die Position des Vizekanzlers ausfüllt.

Bundesministerium der Finanzen (BMF). Die wichtigste Aufgabe des BMF ist die Planung und Steuerung der →Finanzpolitik. So entwirft das BMF auch den jährlichen Bundeshaushalt. Weitere Zuständigkeitsbereiche sind die Koordinierung der Finanzbeziehungen von Bund, Ländern, Gemeinden und EU, das deutsche Postwertzeichen, die Regelung der Kriegsfolgelasten, das Bundesvermögen und der Zoll.

Bundesministerium der Justiz (BMJ). Zentrale Aufgabe des BMF ist die Sicherung und Fortentwicklung des Rechtsstaats durch seine gesetzgeberische und beratende Arbeit. Das BMJ bereitet neue →Gesetze juristisch vor, ändert Gesetze oder hebt sie auf. Anwendungsbereich ist u. a. das gesamte bürgerliche Recht, das Strafrecht, das Handels- und Gesellschaftsrecht sowie das Urheberrecht. Das Ministerium ist außerdem zuständig für die mit der deutschen Einheit entstandenen Aufgaben im Bereich der strafrechtlichen, verwaltungsrechtlichen und beruflichen Rehabilitierung sowie der offenen Vermögensfragen. Des Weiteren prüft das BMJ, ob gesetzliche Regelungen klar, einfach und verständlich formuliert sowie mit dem →Grundgesetz konform sind, d. h. ob sie die Rechtsform erfüllen. Es bereitet die →Wahl der Richter des →Bundesverfassungsgerichts und der Richter an den obersten Gerichtshöfen des Bundes vor. Das BMJ ist Herausgeber des Bundesgesetzblattes und des →Bundesanzeigers.

Bundesministerium der Verteidigung (BMVg). Hauptsitz des BMVg ist die Hardthöhe in Bonn. Es ist die oberste Bundesbehörde für Verteidigungsfragen und die →Bundeswehr. Zugleich ist sie oberste Kommandobehörde der Streitkräfte, d. h., sie führt Heer, Luftwaffe und Marine, die Streitkräftebasis und den zentralen Sanitätsdienst. Der Verteidigungsminister hat in Friedenszeiten den Oberbefehl über die Streitkräfte, im Verteidigungsfall geht die Befehlsgewalt auf den →Bundeskanzler über.

Bundesministerium des Innern (BMI). Das BMI ist für die Bereiche der →Innenpolitik zuständig. Dazu gehören Bevölkerungsschutz, Katastrophenhilfe, →innere Sicherheit, Schutz der Verfassung (→Verfassungsschutz), Kampf gegen →Terrorismus, Modernisierung der →Verwaltung, Bürokratieabbau, Informationstechnik, Sport, politische Bildung, Migrationspolitik, statistischer Informationsservice, Aussiedlerfragen, nationale Minderheiten sowie der →öffentliche Dienst.

Bundesministerium für Bildung und Forschung (BMBF). Das BMBF hat das Ziel, Innovationen auf dem Gebiet der Forschung zu fördern, Arbeitsplätze über die Förderung der Entwicklung neuer Technologien zu schaffen und die Qualität der Bildung zu erhöhen. In seinen Aufgabenbereich fällt u. a. die Bildungsplanung und Forschungsförderung (zusammen mit den →Ländern), die Richtlinien der Hochschullandschaft, die Gesetzgebung zur →Ausbildungsförderung, die Begabtenförderung und die Förderung des internationalen Austausches im Bereich Bildung, Wissenschaft, Technologie und Forschung.

Bundesministerium für Familie, Senioren, Frauen und Jugend (BMFSFJ). Das BMFSFJ ist in den verschiedenen Politikfeldern hinsichtlich der Themen Familie, Senioren, Frauen und Jugend tätig. Auf dem Gebiet der Familienförderung ist das BMFSFJ u. a. für die Bereitstellung des →Kindergeldes und Erziehungsgeldes sowie für die Berücksichtigung von Familieninteressen innerhalb der →Bundesregierung zuständig. Im Bereich der Seniorenförderung kümmert es sich um die Hilfe älterer Menschen durch Modellprojekte und wissenschaftliche Forschung sowie die Unterstützung von Organisationen, die sich für ältere Menschen engagieren. Auf dem Gebiet der Gleichstellungspolitik betreut es u. a. gesetzgeberische Vorhaben zur Gleichstellung und entwickelt Gleichstellungsprogramme und -initiativen. Die Interessen von Kindern und Jugendlichen im gesetzlichen Bereich betreut das Ministerium in engem Kontakt mit den Bundesressorts, den Länder und Gemeinden sowie den örtlichen Trägern der Jugendhilfe. Auch der Zivildienst, die Wohlfahrtspflege und das bürgerschaftliche Engagement gehören zum Aufgabenbereich dieses Ministeriums.

Bundesministerium für Gesundheit und soziale Sicherung (BMGS). Das vom Bundesgesundheitsminister geleitete BMGS ist für alle gesundheitspolitischen Fragen und Fragen der →sozialen Sicherung zuständig. Zentrale Aufgabenbereiche sind u. a. die Sicherung und Fortentwicklung der Leistungsfähigkeit der gesetzlichen →Kranken-, →Renten- und Pflegeversicherung. In diesen Bereichen konzentriert sich die Arbeit des BMGS auf das Entwerfen von Gesetzesentwürfen, Rechtsverordnungen und Verwaltungsvorschriften.

Bundesministerium für Umwelt, Naturschutz und Reaktorsicherheit (BMU). Das 1986 nach der Umweltkatastrophe in Tschernobyl gegründete Ministerium wird vom Bundesumweltminister geleitet. Zuvor fielen umweltpolitische Themen in die Zuständigkeit des Innen-, des Landwirtschafts- und des Gesundheitsministeriums. Zentrale Aufgaben des BMU sind die →Umweltpolitik und der →Umweltschutz, gegliedert nach zuständigen Abteilungen (u. a. Wasserwirtschaft, Immissionsschutz, Natur- und Artenschutz).

Bundesministerium für Verbraucherschutz, Ernährung und Landwirtschaft (BMVEL). Das 2002 per Organisationserlass des →Bundeskanzlers entstande BMVEL ist Nachfolger des Bundesministeriums für Ernährung, Landwirtschaft und Forsten. Die Belange des →Verbraucherschutzes gingen von dem Bundesministerium für Gesundheit auf das BMVEL über, sowie ihm auch die Zuständigkeiten für die Verbraucherpolitik von dem Bundesminsterium für Wirtschaft und Technologie übertragen wurden. Zu den Aufgaben zählen im Einzelnen: Verbraucherschutz, Qualitätskontrolle, umwelt- und tiergerechte Erzeugung, Entwicklung ländlicher Räume, Forstwirtschaft, Fischereipolitik, Forschung und die Weiterentwicklung der gemeinsamen Agrarpolitik der →Europäischen Union.

Bundesministerium für Verkehr, Bau und Wohnungswesen (BMVBW). 1998 durch die Zusammenlegung des Ministeriums für Verkehr und des Ministeriums für Raumordnung, Bauwesen und Städtebau gebildete Behörde, die für alle infrastrukturellen Maßnahmen in dem Bereich der

Straßen-, Schienen- und Wasserwege zuständig ist. Ferner gehören Luftverkehr, Städtebau, Stadtentwicklung, Bauwirtschaft, Raumordnung und -planung sowie Aufbau Ost in seinen Aufgabenbereich.

Bundesministerium für Wirtschaft und Arbeit (BMWA). Neues, seit 2002 bestehendes Ministerium, das aus dem Bundesministerium für Wirtschaft und Technologie und dem Bundesministerium für Arbeit und Sozialordnung gebildet wurde. Das BMWA gestaltet die Bedingungen für wirtschaftliches Handeln auf der Basis von persönlicher und unternehmerischer →Freiheit, →Wettbewerb und Stabilität. Sein Ziel ist es, einen hohen Beschäftigungsgrad und hohe Wachstums- und Wettbewerbschancen für den Standort Deutschland zu schaffen sowie für sozialen Ausgleich zu sorgen. Zu seinen Aufgaben gehört es ferner, die →Arbeitnehmer zu schützen und sie in ihrer Beschäftigungsfähigkeit zu fördern. Anwendungsbereiche, in denen das BMWA gesetzgeberische, administrative und koordinierende Funktionen wahrnimmt, sind u. a. die Wettbewerbs-, die Regional- und die →Arbeitsmarktpolitik, die Mittelstands-, die Energie- und die Außenwirtschaftspolitik sowie das Arbeitsrecht und der Arbeitsschutz.

Bundesministerium für wirtschaftliche Zusammenarbeit und Entwicklung (BMZ). Zum zentralen Aufgabenbereich des BMZ gehören die →Entwicklungspolitik sowie ihre Konzeptionierung und Leitung. Auf internationaler Ebene werden mit den Partnerländern der →Dritten Welt auf der Basis bilateraler Verträge Förderungsmaßnahmen sowie bestimmte Konzepte zur Zusammenarbeit geplant (u. a. günstige Kredite, Beratungs- und Ausbildungsleistungen, Förderung privatwirtschaftlicher Investitionen, Nothilfeleistungen). Das BMZ beauftragt Organisationen wie z. B. →Nichtregierungsorganisationen zur Durchführung ihrer Aufgaben, die finanziell unterstützt und deren Ergebnisse kontrolliert werden. Des Weiteren steuert das BMZ u. a. die deutschen Beiträge zu folgenden internationalen Organisationen: Europäischer Entwicklungsfonds, →Weltbank, →Internationaler Währungsfonds, →Vereinte Nationen. Das BMZ ist dabei in den Gremien dieser Organisationen vertreten, um die entsprechenden Maßnahmen mit zu koordinieren.

Vertrauen entzogen und somit der Rücktritt erzwungen wird. In der BR Dtl. ist das sog. →konstruktive Misstrauensvotum in Artikel 67 GG verankert: Der Regierungschef (Bundeskanzler) kann nur bei gleichzeitigem Vorschlag und Wahl eines neuen Regierungschefs abgewählt werden, um ein Machtvakuum zu verhindern.

Mitbestimmung (Partizipation). 1. Allgemein die Beteiligung einer Person oder eines Personenkreises an Entscheidungen. 2. Politisch die von den →Gewerkschaften nach 1945 erhobene Forderung, die →Arbeitnehmer am Wirtschaftsgeschehen und den Entscheidungen im Betrieb zu beteiligen. Die betriebliche M. ist im Betriebsverfassungsgesetz (Neufassung 1988) verankert, das die Verhältnisse zwischen Arbeitnehmern und →Arbeitgebern regelt. Ihr Organ ist der →Betriebsrat, den man im öffentlichen Dienst Personalrat nennt. Die Beteiligung der Arbeitnehmer an Entscheidungen in einem Betrieb ist zusätzlich durch die gewählten Vertreter im Aufsichtsrat gewährleistet.

Mittelschicht →Schichtung.

Mittelstand. Bezeichnung für eine Bevölkerungsgruppe, die zwischen den oberen und unteren Gesellschaftsschichten (→Schicht) angesiedelt ist. Der M. und seine Anschauungen, Einstellungen und Werte gelten als prägend für eine Gesellschaft bzw. einen Staat, da er eine die gesellschaftlichen Spannungen mindernde und ausgleichende Bedeutung hat. Man unterscheidet den sog. alten M. (Handwerker, Landwirte, Kaufleute, freiberuflich Tätige) und den sog. neuen M. (Angestellte, Beamte).

Mobilität (von lat. *mobilis* = beweglich). Räumlich-regionale und/oder soziale Bewegungsvorgänge von Individuen oder Gemeinschaften. Unterschieden wird u. a. zwischen vertikaler und horizontaler M., d. h. zwischen Positionswechseln mit bzw. ohne Veränderung des sozialen Status, sowie zwischen intragenerativer und intergenerativer M., d. h. zwischen Bewegungsvorgängen innerhalb einer Generation bzw. in der Generationenfolge. Die M. erlaubt Aussagen über die Geschlossenheit bzw. Offenheit einer Gesellschaft, z. B. in Bezug auf Chancengleichheit. Hohe M. ist ein Kennzeichen moderner Industriegesellschaften.

Mobilmachung. Herstellung der Kriegsbereitschaft der militärischen Streitkräfte (→Militär) eines Staates, v. a. durch Einberufung der Reservisten und Wehrpflichtigen.

Modell. Vereinfachte Nachbildung elementarer Merkmale eines Sachverhalts oder Vorgangs, um deren Grundlagen und Zusammenhänge besser auswerten und die Resultate besser in die Wirklichkeit übertragen zu können.

Modernisierung. Wandel der sozialen, politischen und wirtschaftlichen Vorgänge, der sich besonders in der Industrialisierung, Urbanisierung und →Demokratisierung einer Gesellschaft zeigt.

Monarchie (von griech. *monarchia* = Alleinherrschaft). Staats- und Regierungsform, in der die Herrschaft von einer Person ausgeht, i. d. R. auf Lebenszeit. In der Erbmonarchie wird die Herrschaft an die direkten Nachkommen weitergegeben. In der Wahlmonarchie wird ein neuer Monarch von einem Gremium gewählt. Hat der Monarch ungeschränkte Herrschaftsbefugnisse, spricht man von einer absoluten M. Sind die Befugnisse durch eine Verfassung mit Rechtsgarantien für die Bürger eingeschränkt, nennt man sie konstitutionelle M. Eine Unterform der konstitutionellen M. ist die parlamentarische M. Hier werden die Staatsgeschäfte von einem →Parlament und einer daraus hervorgehenden →Regierung geleitet. Dem Monarchen kommen nur noch repräsentative Aufgaben zu (z. B. in Großbritannien, Schweden). Den Gegensatz zur M. bildet die →Republik.

Monetarismus. Volkswirtschaftliche Theorie, nach der die im Umlauf befindliche Geldmenge als hauptsächlicher Bestimmungsfaktor der gesamtwirtschaftlichen Vorgänge gilt. Staatliche Eingriffe sollen sich allein darauf beschränken, einer Inflation durch Verringerung der Geldmenge entgegenzuwirken. Ansonsten sollen sich die konjunkturellen Schwankungen bei freiem Wettbewerb durch Selbstregulierung des →Marktes ausgleichen; so wird auch auf eine Forderung nach Vollbeschäftigung verzichtet. Der M. gilt als Gegenbewegung zum →Keynesianismus.

Monokratie (von griech. *monos* →allein und *kratein* →herrschen). Herrschaft einer Einzelperson. Es werden zwei Formen der M. unterschieden: die →Tyrannis und die →Monarchie.

Monopol. Marktform, in der es nur einen Anbieter ohne Konkurrenz gibt und der somit uneingeschränkte Preispolitik betreiben kann. Da das M. die Freiheit des Marktes behindert, existiert in der BR Dtl. das Bundeskartellamt (→Kartell), das die Marktsituation beobachtet und Monopolbildungen verhindert.

Montanmitbestimmung. Mitbestimmungsfreundliches Gesetz von 1951, das sich auf Aktiengesellschaften (AG) und Gesellschaften mit beschränkter Haftung (GmbH) bezieht, die überwiegend Kohle und Eisenerze fördern oder Unternehmen der Eisen und Stahl erzeugenden Industrie sind: Ab einer Größe von 1000 Arbeitern müssen solche Gesellschaften ihre Aufsichtsräte und Vorstände zahlenmäßig gleichgewichtig mit Arbeitnehmervertretern besetzen.

Montanunion. →Europäische Gemeinschaft für Kohle und Stahl .

Multikulturalismus. 1. Gesellschaftsform, in der Menschen unterschiedlicher ethnischer oder religiöser Herkunft zusammen leben. 2. Begriff für die Forderung nach der vollständigen Anerkennung der Gleichheit aller Kulturen, besonders die Respektierung und Bewahrung kultureller und ethnischer Besonderheiten. Damit verbunden ist der Abbau gesellschaftlicher Diskriminierungen und die Ablehnung des Gedankens der →Assimilation. Gegner des M. argumentieren dagegen, dass der M. zu einer Zersplitterung der Gesellschaft in zahlreiche Kleingruppen und damit letztlich zum Verlust grundlegender gemeinsamer Wertvorstellungen führt.

Multilateral (von lat. *multus* = viel und *latus* = Seite). Bezeichnung aus der internationalen Politik für ein Beziehungsgeflecht, in das mehr als zwei Parteien (z. B. Staaten) eingebunden sind. Der Gegensatz zu m. ist bilateral.

Multinationaler Konzern. Großes Unternehmen, das in zahlreichen Ländern durch Produktionsstätten oder Tochtergesellschaften vertreten ist. M. K. haben eine bedeutende Marktposition und sind flexibler als nationale Konzerne. Bei unternehmenspolitischen Entscheidungen werden die unterschiedlichen nationalen Rechts- und Wirtschaftsordnungen berücksichtigt, sodass die Unternehmensziele optimal verwirklicht werden können. So haben M. K. durch ihre Internationalität z. B. die Möglichkeit, günstiger Rohstoffe zu besorgen sowie unterschiedliche staatliche Investitionsprogramme oder Steuervorteile zu nutzen, und dadurch ihre Kosten zu senken. Politische Entscheidungen auf staatlicher Ebene wie z. B. Arbeitsschutzmaßnahmen oder Handelsbeschränkungen können sie i. d. R. umgehen.

Musterung. Medizinische Untersuchung zur Feststellung der Wehrfähigkeit der wehrpflichtigen Bevölkerung. Die M. wird von den Kreiswehrersatzämtern durchgeführt

Mutterschutz. In der BR Dtl. gesetzlich verankerter Anspruch (Art. 6 IV GG) jeder Mutter „auf den Schutz und die Fürsorge der Gemeinschaft“. Der M. beinhaltet ein Beschäftigungsverbot für sechs Wochen vor sowie für acht Wochen nach der Geburt. Der M. umfasst des Weiteren den Kündigungsschutz während und für eine befristete Zeit nach der Schwangerschaft und die Zahlung von Mutterschaftsgeld. Außerdem hat jede Mutter die Möglichkeit, in den ersten drei Lebensjahren ihres Kindes →Elternzeit zu beantragen.

N

Nachfrageorientierte Wirtschaftspolitik. In der Steigerung der gesamtwirtschaftlichen Nachfrage innerhalb einer Volkswirtschaft sieht die n. W. die Grundlage zur Steigerung des →Wirtschaftswachstums bzw. zur Senkung der →Arbeitslosigkeit. Diese Nachfrage kann durch staatliche Ausgabenprogramme, Senkung der Steuersätze sowie Steuerung der Zinssätze geschaffen werden (→Keynesianismus). Als Gegensatz gilt die →Angebotsorientierte Wirtschaftspolitik.

Nachhaltige Entwicklung (engl. *sustainable development*). Wirtschaftliche und soziale Entwicklungen, die kommende Generationen nicht oder wenig belasten. Nach dem Prinzip der n. E. sollen die Natur und ihre natürlichen Ressourcen nur in dem Maße ge- und verbraucht werden, wie sie selbst im Stande sind, sich wieder zu regenerieren. Auch in der →Entwicklungspolitik spricht man von n. E. Hier bezeichnet der Begriff Hilfsmaßnahmen und -projekte, die langfristig auch ohne weitere Unterstützung von außen existieren können.

Nachrichtenagenturen (Presseagenturen). Unternehmen, die gegen Bezahlung Nachrichten sammeln, auswählen und mithilfe von Datenverarbeitungssystemen an die →Massenmedien übertragen. Sie sind für Politiker und Parteien insofern von großer Bedeutung, da sie die größtmögliche Verteilung einer Information bieten. Die bekanntesten N. in der BR Dtl. sind die Deutsche Presse Agentur (DPA) und der Deutsche Depeschendienst (DDP).

Nachrichtendienste. Staatliche Geheimdienste. In der BR Dtl. zählen dazu das Bundesamt und die Landesämter für →Verfassungsschutz, der Bundesnachrichtendienst (BND) und der Militärische Abschirmdienst der Bundeswehr (MAD). Verfassungsfeindliche Personen, Parteien und Organisationen zu beobachten, gehört neben der Spionageabwehr zu den Aufgaben des Bundesamtes für Verfassungsschutz (BfV), das dem Bundesinnenminister unterstellt ist. Der BND untersteht dem →Bundeskanzleramt und ist für die Beschaffung von außen- und sicherheitspolitischen Informationen verantwortlich. Der MAD untersteht dem Bundesverteidigungsminister und ist in erster Linie für den Schutz der →Bundeswehr gegen Spionage und Sabotage zuständig. Alle drei N. stehen unter der Aufsicht der →Parlamentarischen Kontrollkommission.

Nachtragshaushalt. Unvorhergesehene Änderungen im laufenden →Haushalt des →Bundes oder der →Länder, die meist deshalb notwendig sind, da die Einnahmen hinter den ursprünglichen Erwartungen zurückgeblieben oder neue, unvorhersehbare Ausgaben entstanden sind.

NAFTA →Nordamerikanische Freihandelszone.

Nahostkonflikt. Allgemein die Auseinandersetzung zwischen Israel und den arabischen Staaten, die Israel umgeben (Ägypten, Syrien, Jordanien, Irak). Im Besonderen der bis heute ungelöste Konflikt zwischen Israel und den Palästinensern, der im Kern darauf beruht, dass beide Volksgruppen dasselbe Territorium für sich beanspruchen. Dieses Gebiet (Palästina) wurde im Ersten Weltkrieg von Großbritannien erobert und auf Antrag des →Völkerbundes treuhänderisch verwaltet. Doch Großbritannien hatte sowohl den Juden das Versprechen eines eigenen Staates gegeben (1917), als auch die Gründung eines palästinensischen Staates in Aussicht gestellt (Balfour-Deklaration). Nach dem Zweiten Weltkrieg und dem →Holocaust übernahmen die →Vereinten Nationen die Verhandlungen. Sie schlugen 1947 vor, Palästina zwischen Juden und Arabern aufzuteilen, wobei Jerusalem internationale Zone werden sollte. Die Juden stimmten diesem Plan zu, die Palästinenser jedoch lehnten entschieden ab. Anfang Mai 1948 endete das britische Mandat über Palästina. Nach Abzug der Briten riefen die Juden sofort die Gründung des Staates Israel aus und besetzten neue Gebiete. Die arabischen Staaten Ägypten, Syrien, Jordanien und der Irak erklärten dem neu gegründeten Staat den →Krieg (Palästinakrieg, 15.5.1948–15.1.1949), erkannten seine Grenzen nicht an und forderten fortan seine Beseitigung. Ca. 700 000 Palästinenser wurden in dieser Zeit in die umliegenden arabischen Staaten vertrieben. In der Folge kam es zu mehreren militärischen Auseinandersetzungen, die zu Zeiten des →Ost-West-Konflikts von weltpolitischer Bedeutung waren. Im Suezkrieg 1956 besetzte Israel mithilfe Frankreichs und Großbritanniens den Gazastreifen und die Sinaihalbinsel und zog seine Truppen erst nach massive Drohungen der beiden Supermächte USA und UdSSR ab. Im sog. Sechstagekrieg (1967) besetzte Israel nach einem Präventivschlag gegen Ägypten, Syrien und Jordanien die Golanhöhen, das Westjordanland, Ostjerusalem und wiederum die Sinaihalbinsel. Im Jom-Kippur-Krieg 1973 attackierten Ägypten und Syrien gemeinsam Israel, wurden aber nach militärischen Anfangserfolgen von Israel zurückgedrängt; auf Druck der USA kam es zu einem Waffenstillstand. 1978 unterzeichneten Israel und Ägypten auf Vermittlung des damaligen US-Präsidenten J. Carter in Camp David ein Friedensabkommen, das 1979 in einem →Friedensvertrag zwischen beiden Staaten mündete. In den besetzten Palästinensergebieten schwelte der Konflikt zwischen der 1964 gegründeten PLO und der israelischen Regierung bzw. Armee allerdings weiter und gipfelte in der Ersten Intifada (Aufstand der Palästinenser), die von 1987 bis 1991 andauerte. Nach zwischenzeitlichen Erfolgen im Friedensprozess zwischen Israel und den Palästinensern (Oslo-Abkommen 1993, Wye-Abkommen 1998) scheiterten die schwierigen Verhandlungen endgültig auf der Camp David Konferenz im Jahr 2000. Die bis heute ungelösten Fragen des N. sind neben der Forderung der Palästinenser nach einem eigenen Staat v. a. die israelische Siedlungspolitik, die Rückkehr der palästinensischen Flüchtlinge und der ungeklärte Status von Ostjerusalem. Nach dem Scheitern des Friedensprozesses verschärfte sich der Konflikt ab 2000 erneut (Zweite Intifada, auch Al-Aksa-Intifada genannt). Während Angehörige radikaler Palästinenserorganisationen (z. B. Hamas) brutale Selbstmordanschläge auf die israelische Zivilbevölkerung verübten, marschierte die israelische Armee in den Palästinensergebieten (Westjordanland, Gazastreifen) ein und ging dort vehement gegen die palästinensische Bevölkerung vor. Seit 2003 baut Israel eine 720 km lange Sperranlage, die das israelische Kernland vom Westjordanland trennen soll. Damit soll verhindert werden, dass palästinensische Selbstmordattentäter nach Israel eindringen können.

Nation (von lat. *natio* = Volk). Eine Gruppe von Personen, die sich durch eine gemeinsame politische und kulturelle Vergangenheit miteinander verbunden fühlt (Schicksalsgemeinschaft) und eine gemeinsame Sprache, Religion, Heimat und/oder Geschichte hat. Oft bildet eine N. die Bevölkerung eines →Nationalstaates, sie kann aber auch auf mehrere Gebiete verteilt leben (z. B. die Deutschen bis zur Wende in BR Dtl. und DDR) bzw. es können in einem Staatsgebiet auch verschiedene N. leben (z. B. in der Schweiz).

Nationaldemokratische Partei Deutschlands. 1. (NPD). Politische →Partei, die vom →Bundesamt für Verfassungsschutz dem →Rechtsextremismus zugerechnet wird. Die NPD wurde 1964 als Sammelbecken des rechten Lagers gegründet und vertritt inhaltlich einen aggressiven →Nationalismus. Sie tritt v. a. für die die Abschaffung des →Asylrechts ein und fordert die Wiedereingliederung von den jenseits der Oder-Neiße-Linie liegenden Regionen, die ehemals zum Deutschen Reich gehörten. Ein Verbot der NPD wegen Verfassungsfeindlichkeit scheiterte 2003 vor dem →Bundesverfassungsgericht wegen formalen Verfahrensfehlern. 2. (NDPD). →Blockpartei in der ehemaligen DDR, die sich 1990 der →FDP anschloss.

Nationale Front (der DDR). 1949 gegründeter Zusammenschluss der →Blockparteien und →Massenorganisationen in der ehemaligen →DDR. Unter Führung der →SED war die N. F. für die ideologisch gefärbten und inszenierten Wahlvorbereitungen in der DDR zuständig, sowie für die Umsetzung der sozialistischen Politik der SED in allen Gesellschaftsbereichen.

Nationale Volksarmee (NVA). Streitkräfte der ehemaligen →DDR (1956–1990), die dem →Warschauer Pakt unterstellt waren. Die allgemeine Wehrpflicht wurde in der DDR 1962 eingeführt; die Möglichkeit zur →Wehrdienstverweigerung und Ableistung eines →Ersatzdienstes gab es nicht. 1990 wurde die NVA endgültig aufgelöst, wobei nur ein kleiner Teil ihres Personals in die →Bundeswehr übernommen wurde. →Militär.

Nationalflagge. Offizielles Symbol und Hoheitszeichen eines →Staates, das meist an öffentlichen Gebäuden gehisst wird. Die Bundesländer der BR Dtl. haben eigene Länderflaggen.

Nationalhymne. Lied zum Lob des eigenen →Staates, die meist bei feierlichen Anlässen (Staatsbesuche, Nationalfeiertage, Siegerehrungen) erklingt. Die Deutsche N. (Deutschlandlied) wurde 1841 von H. von Fallersleben zu einer Melodie von J. Haydn geschrieben. Nach dem Missbrauch dieses Liedes durch die Nationalsozialisten (→Nationalsozialismus) gilt heute nur noch die dritte Strophe als deutsche N.

Nationalisierung. Überführung von privatem oder ausländischem →Eigentum in nationales (staatliches) Eigentum, die mitunter zwangsweise verläuft.

Nationalismus. Politische Bewegung, die sich im 19. Jh. entwickelte und zunächst darauf abzielte, den jeweiligen →Völkern einen eigenen →Nationalstaat zu errichten bzw. diesen zu erhalten. Seit dem 20. Jh. versteht man N. vorwiegend als eine politische Einstellung, die nationale Identität bzw. national geprägte Werte überbetont und sie frei von äußeren Einflüssen halten will. Der N. grenzt sich daher gezielt von anderen Völkern und Staaten ab und geht von einer Überlegenheit der eigenen Nation und Kultur aus.

Nationalität. Bezeichnung für die ethnische (→Ethnie) Herkunft eines Menschen sowie seine Zugehörigkeit zu einer bestimmten Volksgruppe (→Nation). Heute wird N. oft synonym zu dem Begriff der →Staatsangehörigkeit verwendet.

Nationalitätenkonflikt. Auseinandersetzung zwischen verschiedenen Volksgruppen bzw. →Nationalitäten in einem →Staat, die z. T. gewaltsam ablaufen. Oft wird auch der Konflikt zwischen einer kleinen Volksgruppe und der →Regierung eines Staates als N. bezeichnet. Nehmen die gewaltsamen Auseinandersetzungen zu, spricht man von →Bürgerkrieg. Grund für N. sind häufig Autonomiebestrebungen (→Autonomie) der betroffenen Volksgruppen bzw. deren politische oder religiöse Unterdrückung. Beispiele für N. sind der Kurdenkonflikt in der Türkei und die Auseinandersetzungen zwischen Hutu und Tutsi in Ruanda.

Nationalitätenstaat (Vielvölkerstaat). →Staat, der von mehreren unterschiedlichen Volksgruppen bewohnt wird und in dem im Gegensatz zum →Nationalstaat keine Gruppe dominiert. Mitunter wird den unterschiedlichen Gruppen die Möglichkeit der Selbstverwaltung gegeben (Schweiz, Belgien, Dänemark).

Nationalrat. In Österreich und der Schweiz das →Parlament, das die Volksvertretung in einem →Zweikammersystem darstellt. Die jeweils andere →Kammer (in der Schweiz der →Ständerat; in Österreich der →Bundesrat) bildet die Vertretung der →Bundesländer.

Nationalsozialismus. Faschistische →Ideologie, die Elemente des →Nationalismus, →Imperialismus →Rassismus und →Antisemitismus in sich vereint und stark autoritär ausgerichtet ist. Der N. entstand als Bewegung nach dem Ersten Weltkrieg aus der Unzufriedenheit über das Ende der kaiserlichen Monarchie, über die Kriegsniederlage, über die daraus resultierenden, fast unerfüllbaren Friedensbedingungen von Versailles und zusätzlich in Ablehnung der demokratischen Strukturen der →Weimarer Republik. Außerdem wurde die Überlegenheit und Höherwertigkeit des deutschen →Volkes behauptet. Politisch artikulierte sich der N. in der →NSDAP unter der Führung von A. Hitler, der am 30.1.1933 zum Reichskanzler ernannt wurde. Die darauf folgende Gleichschaltung sämtlicher Institutionen und Kontrollmechanismen im Staat ermöglichte es, den N. als totalitäres Herrschaftssystem zu etablieren und den nationalsozialistischen Machtanspruch und das sog. →Führerprinzip in allen staatlichen und gesellschaftlichen Organisationen durchzusetzen. Unter der →Diktatur des N. und der damit verbundenen aggressiven Expansionspolitik begann Deutschland 1939 den Zweiten Weltkrieg. Schreckliche Folgen des N. waren Terror gegen anders Denkende und die systematische Vernichtung von Juden, anderen Volksgruppen und Oppositionellen in Deutschland und den besetzten Gebieten (→Konzentrationslager, →Holocaust). →Faschismus, →Neofaschismus.

Nationalsozialistische Deutsche Arbeiterpartei (NSDAP). Am 5. Januar 1919 von A. Drexler und K. Harrer in München als Deutsche Arbeiterpartei gegründet, wurde sie erst durch die Mitarbeit des berufslosen Gefreiten A. Hitler (seit September 1919) einer breiten Öffentlichkeit bekannt. Mit der Unterstützung von antidemokratischen und antisozialistischen Kräften aus Wirtschaft, Verwaltung und Militär entwickelte sich die →Partei unter Hitler bis 1923 zu einer der bedeutenden Bewegungen, die sich gegen die →Weimarer Republik richtete. Nach kleineren Rückschlägen erhielt die NSDAP bei der Reichstagswahl 1932 37,4 Prozent der abgegebenen Stimmen. Nach der Ernennung Hitlers zum Reichskanzler durch den Reichspräsidenten P. von Hindenburg am 30.1.1933 (sog. Machtergreifung) demontierte die NSDAP den demokratischen Rechtsstaat und verbot alle anderen Parteien. Somit war die NSDAP die einzige zugelassene Partei im →Dritten Reich und hatte 1945 ca. 8 Mio. Mitglieder. Nach dem Ende des Zweiten Weltkriegs verboten die →Alliierten die NSDAP und ihre Organisationen und versuchten mit der →Entnazifizierung zumindest die ehemals aktiven Angehörigen der Partei aus allen öffentlichen →Ämtern zu entfernen.

Nationalstaat. →Staat, dessen Bevölkerung überwiegend demselben Volkstum (durch gemeinsame Abstammung, Sprache, Religion, Kultur, Geschichte) angehört. Der N. steht im Gegensatz zum →Nationalitätenstaat, der aus mehreren Nationen besteht. Der Gedanke des N. entspringt der Französischen Revolution, die die Vorstellung verbreitete, dass jede →Nation das Recht haben sollte, einen Staat für sich zu beanspruchen. Im 21. Jh. wird der Begriff des N. durch →Mobilität, →Immigration und die Prozesse der Globalisierung fragwürdig.

Nationalversammlung. 1. Gewählte Versammlung zur Beratung und Abstimmung über einen Verfassungsentwurf (z. B. die Weimarer N. Im Jahr 1919 oder die Frankfurter N. im Jahre 1848). 2. In Frankreich die erste Kammer des französischen Parlaments.

NATO →Nordatlantikpakt.

Naturrecht. In der Philosophie, Theologie und Rechtslehre versteht man darunter ein ideales Rechtssystem, das mit der Natur des Menschen und der Welt begründet wird. Dieses von der Natur aus gegebene Recht wird als universal angesehen. Das N. unfasst die sog. unveräußerlichen

Menschenrechte, die Maßstab für die Rechtmäßigkeit des vom Menschen geschaffenen Rechts (→positives Recht) sein sollen.

NDPD →Nationaldemokratische Partei Deutschlands.

Negativsteuer. Zahlungen des →Staates an →Bürger, deren Jahreseinkommen unter oder nur wenig über dem Niveau des →Existenzminimums oder des Mindestlohnsatzes liegt.

Neofaschismus. Politische →Ideologie und Bewegung, die versucht, den →Faschismus und →Nationalsozialismus nach 1945 wieder zu beleben. Im Besonderen wird damit eine politische Bewegung in Italien nach dem Sturz von B. Mussolini bezeichnet (Movimento Sociale Italiano bzw. Alleanza Nazionale). N. wird auch synonym zu dem Begriff Neonazismus verwendet.

Neoimperialismus →Imperialismus.

Neokolonialismus. Abhängigkeitsverhältnis zwischen Staaten der →Dritten Welt und den westlichen →Industriestaaten (sog. Erste Welt), das auch nach dem Ende des →Kolonialismus weiterhin besteht. Im Gegensatz zur direkten →Herrschaft des Kolonialismus verweist der Begriff N. kritisch auf die indirekten wirtschaftlichen Abhängigkeiten, die es den Industriestaaten ermöglichen, Einfluss und Druck auf die →Entwicklungsländer auszuüben.

Neoliberalismus. Denkrichtung, die auf den traditionellen Werten des klassischen wirtschaftlichen →Liberalismus aufbaut, aber nicht nur fordert, dass der freie →Markt dem →Laissez-faire-Prinzip überlassen wird, sondern darüber hinaus verlangt, dass der →Staat eine Wettbewerbsordnung für den Markt festlegt. Diese Ordnung soll für die Anbieter gleiche Ausgangsbedingungen schaffen und damit zu einem gerechteren Leistungswettbewerb führen. Weitere staatliche Eingriffe, wie sie z. B. der →Keynesianismus fordert, lehnt der N. jedoch ähnlich dem →Monetarismus strikt ab. Eine Ausprägung des N. ist der →Ordoliberalismus, er diente nach dem Zweiten Weltkrieg als konzeptionelle Grundlage für die →Soziale Marktwirtschaft. Die Kritiker des N. bemängeln, dass das ungehinderte Spiel der wirtschaftlichen Kräfte ausschließlich zu Gunsten der großen Unternehmen und der Bessergestellten in einer Gesellschaft verläuft.

Neomarxismus. Reformerische Denkrichtung, die den als doktrinär (→Doktrin) verstandenen →Marxismus-Leninismus flexibilisieren und neuen wirtschaftlichen, politischen und sozialen Verhältnissen anpassen will. Zu den bedeutendsten Beiträgen des N. zählen Studien von H. Marcuse und der sog. Frankfurter Schule. In der Zeit der →Studentenbewegung ließ man den N. wieder aufleben, was sich auch in verschiedenen Neugründungen neomarxistisch orientierter Gruppen niederschlug.

Neonazismus →Neofaschismus.

Netzwerk. Personen und/oder Organisationen, die aufgrund gemeinsamer Interessen miteinander kooperieren, sich gegenseitig unterstützen und sich untereinander austauschen. Dieses Geflecht sozialer, politischer und ökonomischer Beziehungen basiert auf Freiwilligkeit, Gegenseitigkeit und Dauerhaftigkeit. Die wissenschaftliche Beobachtung von N. und ihren Akteuren sowie die Beziehungen und Verhältnisse untereinander wird Netzwerkanalyse genannt.

Neue Armut →Armut.

Neue Bundesländer →Deutsche Bundesländer.

Neue Linke. Bezeichnung für sozialistische, meist neomarxistische politische Strömungen, die in den 1960er- und 1970er-Jahren durch studentische Proteste gegen das politische und kulturelle Establishment in den westlichen Industrieländern entstanden sind. Die N. L. fordert die →Demokratisierung von Staat und Gesellschaft sowie dessen emanzipatorische und antiautoritäre Entwicklung, um die verdeckten Klassenstrukturen zu entlarven und die →Ausbeutung zu beenden. Darüber hinaus zeichnet sich die N. L. durch eine kritische und distanzierte Haltung zu den traditionellen Linksparteien aus. Mit dem Ende der Studentenbewegung traten viele Anhänger der N. L. der →SPD bei oder gründeten neue maoistische oder leninistische →Parteien. Einige militante Anhänger der N. L. schlossen sich auch in linksradikalen Gruppen zusammen (→RAF, →Terrorismus).

Neue Rechte. Bezeichnung für eine geistig-politische Strömung, die sich als Gegenbewegung zur →Neuen Linken und →Studentenbewegung von 1968 verstand. Ihre Hauptthemen sind nationale Identität und Rassismus, wobei sie sich auf elitäre und autoritäre Denkschulen der Konservativen Revolution in der Weimarer Republik, insbesondere auf C. Schmitt bezieht. Im Gegensatz zu den theoriefeindlichen und rückwärtsgewandten Vertretern der Alten Rechte kennzeichnet sich die N. R. durch ihren intellektuellen Anspruch und den gezielten Versuch, gesellschaftliche Diskussionen zu prägen und somit die öffentliche Meinung langfristig zu dominieren. →Rechtsextremismus.

Neue soziale Bewegungen. Sammelbegriff für politische Gruppierungen, die in Abgrenzung zu der alten sozialen Bewegung, der Arbeiterbewegung, seit Ende der 1960er-Jahre in den Industrieländern entstanden sind. Ihre Hauptthemen sind Ökologie, Emanzipation der Frau, Abrüstung, Frieden, Bürger- und Menschenrechte sowie Hunger und Elend in der Dritten Welt.

Neutralisierung. 1. Aufhebung eines Einflusses bzw. einer Wirkung. 2. Verpflichtung, in Kriegen nicht zugunsten der einen oder anderen Partei einzugreifen. 3. Entmilitarisierte Zonen oder Staaten zur Verhinderung eines militärischen Überraschungsangriffs.

Neutralität. Politische Haltung der Nichteinmischung bzw. Unparteilichkeit. Völkerrechtlich der Zustand eines →Staates, der sich verpflichtet hat, in bewaffneten Konflikten zwischen anderen Staaten die Politik der Unparteilichkeit zu verfolgen, d. h., dass er weder die eine noch die andere Partei unterstützt. Dafür gelten das Territorium und die Souveränität des neutralen Staates als unverletzlich. Eine solche Politik verfolgt z. B. die Schweiz seit 1845.

NGO →Nichtregierungsorganisation.

Nichteinmischung (Nichtintervention). Völkerrechtliches Prinzip, nach dem ein →Staat nicht in die inneren Belange eines anderen Staates eingreift und auch auf dessen Beeinflussung durch z. B. Drohungen verzichtet. Das Prinzip der N. ergibt sich aus dem →Selbstbestimmungsrecht der Völker und der →Souveränität der Staaten. Im Gegensatz zur N. steht die →Intervention.

Nichtregierungsorganisationen (NRO; engl. *Non Governmental Organization,* NGO). Sammelbezeichnung für private, politisch und wirtschaftlich unabhängige Vereinigungen, die staatliche Aufgaben übernehmen, ohne ein politisches Mandat dafür zu haben, wie z. B. im Bereich Umweltschutz, Entwicklungshilfe und Menschenrechte. Zu den bekanntesten NRO zählen z. B. Ärzte ohne Grenzen, Greenpeace und →Amnesty International.

Nichttarifäre Handelshemmnisse. Alle Gesetze, Verwaltungsvorschriften und- praktiken, die neben Zöllen und Abschöpfungen ausländische Anbieter gegenüber inländischen Anbietern auf dem Binnenmarkt zurücksetzen (z. B. durch Mindestpreise, Einfuhrverbote, Ausfuhrkontingente).

Nichtwähler. Teil der Wahlberechtigten, die sich nicht an →Wahlen beteiligen. Die Ursachen dafür sind in der →Politikwissenschaft umstritten. Als Motive der N. werden u. a. allgemeine →Politikverdrossenheit, Unzufriedenheit mit den →Parteien oder die grundsätzliche Ablehnung der demokratischen Spielregeln an sich angeführt. Seit den 1980er-Jahren nimmt der Anteil der N. in der BR Dtl. beständig zu.

Niederlande →Europäische Länder.

Niedersachsen →Bundesländer der BR Dtl.

Nonproliferation. Nichtverbreitung von Atomwaffen. Das Prinzip der N. ist im →Atomwaffensperrvertrag festgehalten.

Nord-Süd-Konflikt. Mehr gedachtes Konfliktpotenzial als tatsächliche Auseinandersetzung zwischen Industrie- und Entwicklungsländern. Der Begriff versucht die Interessengegensätze und die ungleichen Wettbewerbschancen zwischen diesen beiden Ländergruppen nach Beendigung des Kolonialismus zu beschreiben (Neokolonialismus). Seit den 1970er-Jahren fordern die Entwicklungsländer daher den Aufbau einer neuen Wirtschaftsordnung, die dem N.-S.-K. Rechnung trägt. Der Begriff wurde erstmals in den 1970er-Jahren gebraucht im Zusammenhang mit dem Versuch der in der OPEC versammelten Staaten, den Ölpreis zu erhöhen. Die darauf folgenden Ölkrisen in den Industriestaaten, die selbst über keine nennenswerten Ölvorkommen verfügen, führten trotzdem nicht zu einer beständigen politischen Vereinigung der Entwicklungsländer.

Nordamerikanische Freihandelszone (engl. *North American Free Trade Agreement,* NAFTA). Abkommen über den freien Handel zwischen USA, Kanada und Mexiko, das 1992 unterzeichnet wurde und 1994 in Kraft trat. Die Freihandelszone dient dem Abbau von Handelshindernissen und erleichtert den Verkehr von Gütern, Dienstleistungen und Kapital. Die N. ist nach dem →Europäischen Wirtschaftsraum eine der weltweit wichtigsten Freihandelszonen. →Freihandel.

Nordatlantikpakt. Siehe Seite 240.

Norddeutsche Ratsverfassung →Gemeindeverfassung.

Nordirland-Konflikt. Auseinandersetzung zwischen irischen Katholiken und britischen Protestanten in Nordirland. Der N. geht auf die Besetzung des gälischen Irlands durch englische Siedler im 12./13. Jh. zurück. Im Jahr 1921 wurde Irland in zwei Teile geteilt, und zwar in die unabhängige Republik Irland (Hauptstadt Dublin) und in Nordirland (Hauptstadt Belfast), das zum Vereinigten Königreich von Großbritannien und Irland gehört. Seither kommt es in Nordirland zu Konflikten: Auf der einen Seite kämpft die pro-irische katholische Minderheit um die Unabhängigkeit Nordirlands und dessen Wiedervereinigung mit Irland. Auf der anderen Seite kämpft die pro-britische protestantische Mehrheit darum, Teil des Vereinigten Königreichs zu bleiben. Die radikale katholische Irish Republican Army (IRA) machte durch →Terrorismus auf sich aufmerksam und versuchte gewaltsam ihre Ziele zu erreichen. Nach der Stationierung britischer Soldaten in Nordirland ab 1969 nahm

Aufgaben und Struktur der NATO

Mitgliedstaaten

Der Nordatlantikpakt (engl. North Atlantic Treaty Organisation, NATO) ist ein zwischenstaatliches militärisches Verteidigungsbündnis, in dem die Mitglieder ihre volle →Souveränität behalten. Gründungsmitglieder des am 4.4.1949 auf Grundlage des →Nordatlantikpakts geschlossenen Bündnisses sind Belgien, Dänemark, Frankreich, Großbritannien, Island, Kanada, Luxemburg, die Niederlande, Norwegen, Portugal und die USA. Später schlossen sich folgende weitere Staaten der NATO an: Griechenland und Türkei (1952), BR Dtl. (1955), Spanien (1982), Polen, Tschechien, Ungarn (1999), Bulgarien, Estland, Lettland, Litauen, Rumänien, die Slowakische Republik und Slowenien (2004).

Ursprung und aktuelle Aufgaben

Die NATO wurde ursprünglich als westliches Verteidigungsbündnis gegen die Bedrohung durch die Sowjetunion gegründet. Die Kooperation der Mitgliedstaaten umfasst heute aber nicht nur militärische, sondern auch politische, wirtschaftliche und kulturelle Maßnahmen. Zentrales Element der NATO ist jedoch bis heute § 5 des Nordatlantikpakts, der besagt, dass jeder Angriff auf einen der Bündnispartner als Angriff auf alle NATO-Mitglieder anzusehen ist. Daraus ergibt sich jedoch nicht automatisch eine militärische Beistandspflicht, vielmehr kann jeder Mitgliedstaat selbst entscheiden, in welcher Form er Beistand leistet.

Aufbau der NATO

Im Aufbau der NATO sind generell die politische und die militärische Struktur voneinander zu unterscheiden, die jedoch miteinander verwoben sind. **Das oberste politische Gremium** der NATO ist der Nordatlantikrat (auch NATO-Rat). Er kann auf verschiedenen Ebenen zusammenkommen: Es treffen sich z. B. entweder die Staats- und →Regierungschefs, die Außenminister oder die Verteidigungsminister der Mitgliedsländer. Als zwischenzeitlich höchstes Entscheidungsgremium residiert der sog. Ständige Rat in Brüssel. Ihm gehören die NATO-Botschafter der Mitgliedstaaten an. Das Generalsekretariat ist das Exekutivorgan (→Exekutive) der NATO. Es wird von einem internationalen Stab von Mitarbeitern (rund

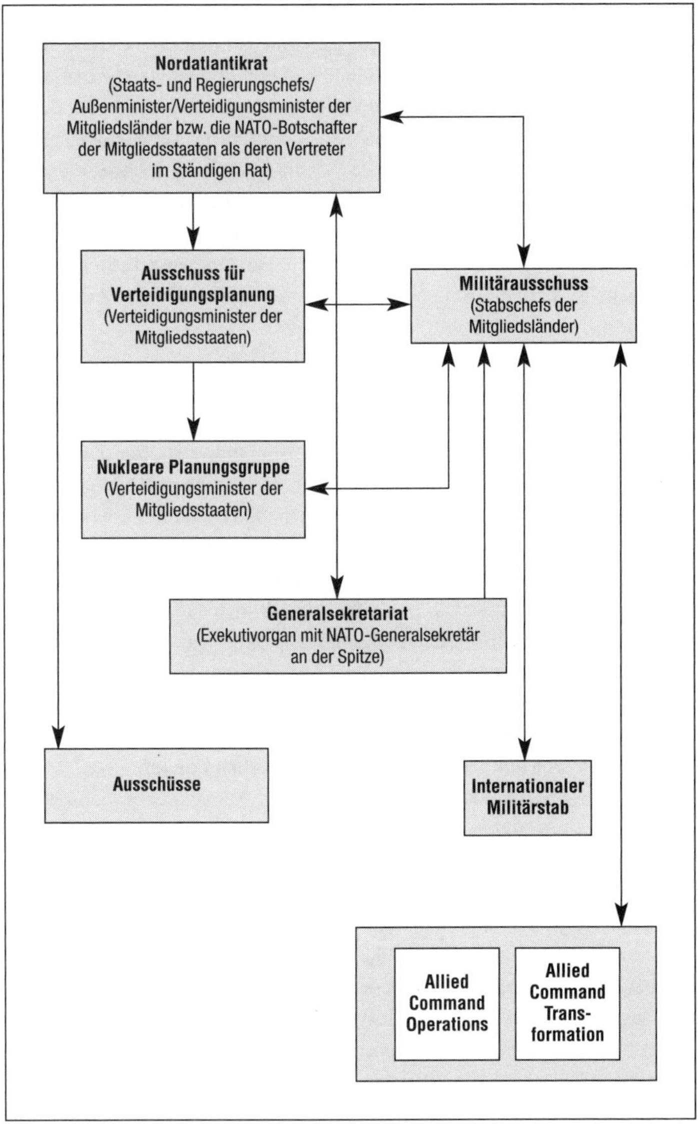

Aufbau und Struktur der NATO

1300 Beschäftigte) gebildet. Ihm steht mit dem Generalsekretär der höchste zivile Repräsentant des Bündnisses vor. Er wird vom Nordatlantikrat in Einstimmigkeit berufen und hat den Vorsitz in den zentralen Entscheidungsgremien. Dem Ständigen Rat untersteht der Verteidigungsplanungsausschuss sowie die nukleare Planungsgruppe, in der über Fragen der Verteidigung und Nuklearplanung diskutiert wird. Beide Ausschüsse beraten die Militärbehörden der NATO. Im NATO-Rat wie auch in den Ausschüssen können Beschlüsse nur nach dem Konsensprinzip gefasst werden, d. h., alle NATO-Mitglieder müssen sich auf einen Vorschlag einigen.

Höchstes →Organ der militärischen Struktur der NATO ist der Militärausschuss. Es setzt sich aus den Stabschefs der Streitkräfte der jeweiligen Mitgliedstaaten zusammen, die sich alle zwei Jahre treffen. Die ständigen militärischen Vertreter unterer Ebenen kommen weit häufiger zusammen. Der Militärausschuss berät den NATO-Rat in militärischen Fragen und erlässt Richtlinien für die integrierten Kommandobereiche. Beschlüsse und Entscheidungen aus dem Militärausschuss werden im Internationalen Militärstab (auch Ständiger Militärstab genannt) umgesetzt. Die konkreten Verteidigungspläne werden wiederum eine Ebene tiefer in den integrierten militärischen Kommandobereichen (Allied Command Operations, Allied Command Transformation) verwirklicht.

Neue Aufgabenstellung nach dem Ende des Kalten Krieges

Mit dem Ende des →Kalten Krieges und dem Wegfall der sowjetischen Bedrohung veränderte sich auch die Aufgabenstellung der NATO. Seit 1991 steht nicht mehr primär der klassische Auftrag der Landesverteidigung im Vordergrund, sondern vielmehr das schnelle und flexible Eingreifen zur Beilegung von lokalen Konflikten oder im Kampf gegen den internationalen →Terrorismus. So übernahm die NATO z. B. 1999 die Führung in der militärischen Friedenstruppe im Kosovo (KFOR) oder das Kommando der ISAF in Afghanistan im Jahr 2003. Die Terroranschläge des 11. September 2001 auf verschiedene Ziele in den USA führten zur ersten und bislang einzigen Erklärung des Bündnisfalls nach § 5 des Nordatlantikpakts.

der Zustand zunehmend den Charakter eines →Bürgerkriegs an. 1998 kam es zur Unterzeichung des Nordirischen Friedensabkommens, das in beiden Teilen Irlands mit deutlicher Mehrheit bestätigt wurde. Seither existiert eine nordirische Regionalregierung mit weit reichenden Entscheidungsbefugnissen.

Nordrhein-Westfalen →Deutsche Bundesländer.

Norm. 1. Allgemein: Regel. 2. Technisch: Durch gesetzliche Regelungen fixierte Standards (z. B. Längen, Gewichte) in einem Wirtschaftsraum (z. B. Deutsche Industrienorm). 3. Sozial: Gesellschaftlich akzeptierte oder erwartete Handlungsweisen, die den Sitten und Gebräuchen zuzurechnen sind. 4. Rechtlich: Verbindliche Rechtsvorschrift, die entweder durch Tradition (Gewohnheitsrecht) oder durch staatliche Verfahren (Gesetzgebung) entstanden ist.

Norm (von lat. *norma* = Vorschrift). Maßstab des Handelns, der sowohl den rechtlichen Bereich als auch den sozialen Bereich des menschlichen Lebens betreffen kann. Als Rechtsnormen gelten allgemein verbindliche Verhaltensregeln, die von staatlichen Instanzen per Gesetz festgelegt werden. Als soziale Normen gelten Handlungsanleitungen, die von einer Gesellschaft erwartet werden, wobei Verletzungen sanktioniert werden.

Normativ-ontologische Theorie. Theorie, die im Glauben an die Existenz einer objektiven Wahrheit versucht, allgemein gültige praktische Anweisungen zu geben. Damit ist sie ein Zugang, der nach dem rechten Verhalten und Handeln als Grundlage für eine gute politische Ordnung sucht. In dieser Ausrichtung an Werten steht sie im Gegensatz zur empirisch-analytischen Theorie.

Normenkontrolle. Überprüfung von Rechtsvorschriften auf Übereinstimmung mit dem Grundgesetz, die vom →Bundesverfassungsgericht durchgeführt wird. In der BR. Dtl. wird zwischen konkreter N. und abstrakter N. unterschieden. Eine konkrete N. wird auf Antrag eines Gerichts durchgeführt, wenn dieses im Zuge eines Verfahrens auf einen mutmaßlichen Widerspruch zwischen Gesetz und Verfassung stößt. Eine abstrakte N. findet auf Antrag der →Bundesregierung, einer Landesregierung oder einem Drittel der Mitglieder des →Bundestages statt, wenn eine dieser Instanzen unabhängig von einem konkreten Verfahren bestimmte Länder- oder Bundesgesetze auf Grundgesetzmäßigkeit prüfen lassen will.

Note. In den internationalen Beziehungen eine schriftlich abgefasste verbindliche Mitteilung im diplomatischen Verkehr zwischen Staaten. Die Übergabe einer Note wird Notifikation genannt.

Notstand. Eine unmittelbare Gefahrensituation, die nur durch schnelles und unter normalen Umständen strafbares Handeln abgewehrt werden kann (z. B. Notwehr). Die Feststellung eines N. kann in einem Gerichtsverfahren einen so Handelnden (Rechtfertigungsgrund) vor Bestrafung schützen. Gerät ein →Staat in eine erhebliche Gefahrensituation, spricht man von →Staatsnotstand.

Notstandsgesetze. Regelungen für den Fall eines →Staatsnotstandes. In der BR Dtl. wurden im Jahre 1949 bei der Verabschiedung des GG keine Regelungen für einen →Ausnahmezustand wegen der Vorbehaltsrechte der alliierten →Besatzungsmächte aufgenommen. Erst im Jahre 1968 wurden die N. nach heftigen öffentlichen Auseinandersetzungen (→Studentenbewegung) von der →Großen Koalition verabschiedet. Die sog. Notstandsverfassung enthält die Ermächtigung für außerordentliche Maßnahmen des Staates im Falle einer inneren oder äußeren Bedrohung, wie z. B. ein verkürztes Gesetzgebungsverfahren, den möglichen Einsatz der Bundeswehr im Inneren, die mögliche Einschränkungen verschiedener Grundrechte und die Zwangsverpflichtung von Bürgern zum Zwecke der Verteidigung.

Notverordnung. Wenn ein →Parlament nicht in der Lage ist, zur Verabschiedung von →Gesetzen zusammenzutreten, oder es aus Gründen der Dringlichkeit geboten scheint, kann eine →Regierung innerhalb eines festgelegten Rahmens N. erlassen, die allerdings nachträglich vom Parlament wieder rückgängig gemacht werden können. Aufgrund des permanenten Missbrauchs dieser für Notsituationen gedachten Gesetzgebung in der →Weimarer Republik ist die Möglichkeit der N. in das GG bewusst nicht aufgenommen worden.

Novelle (ital. *novella* = Neuigkeit). Nachtragsgesetz, mit dem ein anderes, schon bestehendes Gesetz geändert oder erweitert wird.

NPD →Nationaldemokratische Partei Deutschlands.

NSDAP →Nationalsozialistische Deutsche Arbeiterpartei.

Nullifikation (von lat. *nullus* = kein und *facere* = machen). 1. Im Völkerrecht die Erklärung der Ungültigkeit eines Vertrages zwischen Staaten. 2. In den USA die Möglichkeit der Bundesstaaten, Gesetze der Bundesregierung innerhalb ihres Hoheitsgebietes als ungültig zu erklären.

Nutzen. In der →Ökonomie das Maß der Befriedigung, das durch den Konsum eines Gutes entsteht. Der N. kann somit nur nach subjektiven Kriterien gemessen werden. Jedes Wirtschaftssubjekt versucht im Rahmen seiner Möglichkeiten, ein Maximum an Bedürfnisbefriedigung zu erlangen.

NVA →Nationale Volksarmee.

O

OAS →Organisation Amerikanischer Staaten.

OAU →Organisation der Afrikanischen Einheit.

Oberhaus. Allgemein Bezeichnung für die erste Kammer in einem →Zweikammersystem. In Großbritannien ist das O. (House of Lords) die →Kammer, in der ausschließlich adelige Vertreter zusammenkommen. Im Laufe des 19. und 20. Jahrhunderts verlor das O. immer mehr an Einfluss. Außer einem zeitlich befristeten →Veto hat es heute keine politische Machtbefugnisse. Das eigentliche gesetzgebende →Organ ist das →Unterhaus, das direkt vom Volk gewählt wird.

Obrigkeitsstaat. Autoritäre Staatsordnung mit kleiner Führungsschicht, deren Regierungsgewalt der Kontrolle des Volkes entzogen ist. Weitere Kennzeichen sind eine stark ausgeprägte Bürokratie und die Bestimmung des Bürgers als Untertan.

Obstruktion (von lat. *obstruere* = versperren). Taktiken zur Verzögerung oder Verhinderung von Beschlüssen in einem Parlament, die sich aber im Rahmen der zulässigen Mittel der Geschäftsordnung bewegen, wie z. B. die übermäßige Benutzung des Rederechts (→Filibuster). Oft verwendet von →Minderheiten oder Oppositionsparteien (→Opposition).

Ochlokratie (von griech. *ochlos* = Pöbel). →Herrschaft der Masse bzw. des Pöbels, die nicht an Gesetze oder eine Verfassung gebunden ist.

OECD →Organisation für wirtschaftliche Zusammenarbeit und Entwicklung.

Offenmarktpolitik. Instrument der Geldpolitik, mit dem →Zentralbanken über den An- und Verkauf von Wertpapieren den Geldmarkt regulieren. →Geld- und Kreditpolitik.

Öffentlich-rechtlicher Rundfunk. Der ö.-r. R. besteht aus öffentlichen Rundfunk- und Fernsehanstalten, die im Gegensatz zu den privaten Anbietern von Radio- und Fernsehprogrammen stehen. Zu den öffentlich-rechtlichen Sendeanstalten in der BR Dtl. gehören neben →ARD, →ZDF und den Rundfunkanstalten der →Länder auch das Deutschlandradio und die Deutsche Welle. Sie haben den Auftrag, die sog. Grundversorgung zu sichern, d. h. ausgewogene, pluralistische, umfassende und möglichst neutrale Information bereitzustellen; die Privatsender ergänzen lediglich dieses Angebot. Die Sendeanstalten des ö.-r. R. werden von drei →Organen beaufsichtigt und geleitet (Rundfunkrat, Intendant, Verwaltungsrat), die wiederum von den →Landesmedienanstalten kontrolliert werden. Aufgaben, Strukturen und wesentliche Regelungen sind im Rundfunkstaatsvertrag geregelt.

Öffentliche Hand. Öffentlich-rechtliche Verbände (v. a. Bund, Länder, Gemeinden) in ihrer Eigenschaft als Unternehmer. Die Erträge fließen in die öffentlichen Kassen.

Öffentliche Meinung. Vorherrschende Einstellungen und Bewertungen einer Gruppe oder Gesellschaft gegenüber Personen und Fragen des öffentlichen Lebens. In demokratischen Systemen wird die ö. M. von den →Massenmedien beeinflusst und spielt außerdem eine zentrale Rolle bei der politischen Willensbildung. Sie ist Gegenstand von Umfragen der Meinungsforschungsinstitute und zeigt sich sowohl in den allgemeinen Wahlen als auch in Demonstrationen und Kundgebungen. In totalitären Staaten ist die ö. M. meist die offizielle Meinung, d. h., sie ist gleichgeschaltet und der Herrschaftspolitik angepasst.

Öffentliche Sicherheit und Ordnung. Es ist v. a. die Aufgabe der Polizei, die Ö. S. u. O. aufrecht zu erhalten bzw. Bedrohungen dieser abzuwehren. Die Bereiche der Ö. S. u. O. sind äußerst vielfältig. Öffentliche Sicherheit meint den Schutz zentraler Rechtsgüter (Leben, →Freiheit, Eigentum etc.), eine intakte Rechtsordnung und funktionstüchtige staatliche Institutionen. Die öffentliche Ordnung besteht aus allgemeinen Verhaltensregeln für den Einzelnen in der Öffentlichkeit, die für ein friedliches Zusammenleben unerlässlich sind. Nur wenn bereits ein Schaden erfolgt ist oder dieser mit großer Wahrscheinlichkeit bevorsteht, ist es der Polizei erlaubt, einzugreifen.

Öffentliche Verwaltung →Verwaltung.

Öffentlicher Dienst. Bezeichnung für die im Ö. D. beschäftigten Personen, d. h. Beamte, Arbeiter und Angestellten bei →Bund, →Ländern, →Gemeinden und sonstigen →Körperschaften des öffentlichen Rechts, sowie auch für deren Beschäftigungsverhältnis.

Öffentliches Gut (Gemeinschaftsgut, Kollektivgut). Bezeichnung aus den Wirtschaftswissenschaften für Güter, die vom Staat angeboten, gefördert oder beschränkt werden, wie z. B. Luft, nationale Verteidigung oder öffentliche Straßen. Ö. G. sind v. a. dadurch gekennzeichnet, dass kein potenzieller Nutzer vom Konsum ausgeschlossen werden kann und dass der Konsument eines Gutes nicht dadurch beschränkt wird, dass ein zusätzlicher Nutzer dasselbe Gut konsumiert. Die Problematik besteht nun darin, dass mitunter zu wenig

Reize für die Produktion ö. G. bestehen, da aufgrund ihrer Zugänglichkeit für jedermann, die Wahrscheinlichkeit ihrer Nutzung durch Nichtzahler (Trittbrettfahrer) hoch ist.

Öffentliches Recht. Teil der Rechtsordnung, die die Beziehung des →Bürgers zu den unterschiedlichen Ebenen (Bund, Länder und Gemeinden) und Einrichtungen des →Staates sowie die Verhältnisse dieser Ebenen und Gewalten untereinander regelt. Das Ö. R. steht im Gegensatz zum →Privatrecht, das die Verhältnisse zwischen den einzelnen Bürger zum Gegenstand hat. In der BR Dtl. werden dem Ö. R. v. a. das Staats- und Verwaltungsrecht, das Zivil- und Strafprozessrecht und das Strafrecht zugeordnet.

Öffentlichkeit. Allgemein der gesellschaftliche Bereich, der allen zugänglich, d. h. weder privat noch geheim ist. Im Besonderen gilt Ö. als der Kommunikationsraum der Gesellschaft, in dem sich die politische Meinungsbildung des Bürgers vollzieht. Dabei ist die Ö. auf der einen Seite Erzeuger der öffentlichen Meinung und auf der anderen Seite der passive Empfänger von Publikationen/Veröffentlichungen.

Ökologie. Wissenschaftliche Disziplin, die Wechselwirkungen zwischen Lebewesen und ihrer Umwelt bzw. die Wechselwirkungen zwischen dem Menschen und seiner Umwelt beschreibt (Humanökologie). Im Mittelpunkt der ökologischen Diskussionen steht die Bewahrung des ökologischen Gleichgewichts (und damit die Bewahrung der Lebensgrundlagen des Menschen) bei gleichzeitiger Entsprechung der wirtschaftlichen Anforderungen (und der damit einhergehenden Umweltzerstörung). →Umweltschutz.

Ökonomie. Bezeichnung für die Wirtschaftswissenschaft und ihre Teilgebiete (z. B. Betriebswirtschaftslehre, Volkswirtschaftslehre, Wirtschaftsinformatik). In der Alltagssprache wird Ö. oft auch als Synonym für Wirtschaft, Wirtschaftlichkeit und Versorgung von privaten bzw. staatlichen Haushalten verwendet.

Ökosteuer. Seit 1999 erhobene umweltpolitische →Steuer auf den Konsum von Energien (Kraftstoffe, Heizöl, Gas, elektrischer Strom) mit dem Ziel, deren Verbrauch zu senken und damit die Umwelt zu schützen. Unternehmen des produzierenden Gewerbes sind nur teilweise zur Zahlung der Ö. verpflichtet.

Oligarchie (von griech. *oligoi* = wenige). Herrschaftsform, in der wenige Personen die →Macht besitzen. Ihre Machtposition resultieren nicht aus besonderen politischen Fähigkeiten oder Leistungen, sondern beruhen auf Abstammung, Besitz oder der Zugehörigkeit zu einer bestimmten Gruppe. →Herrschaft.

Ombudsmann (schwed. *ombudsman* = Treuhänder). Im staatsrechtlichen Sinn eine vom Parlament beauftragte Vertrauensperson, die staatliche Stellen kontrolliert und die Rechte der Bürger überwacht. Sie wird von Amts wegen oder aufgrund von Beschwerden tätig. Die Funktion eines O. erfüllen in der BR. Dtl. nur der →Wehrbeauftragte, der Datenschutzbeauftragte und der rheinland-pfälzische Bürgerbeauftragte.

OPEC →Organisation Erdöl exportierender Länder.

Operationalisierung. In der Methodenlehre die genaue Angabe der Vorgehensweise, mit der ein Merkmal erhoben wird. In der Forschung z. B. die genaue Frageformulierung, Interviewanweisung und Archivierung des Interviews.

Opportunismus. Begriff, der das prinzipienlose Anpassen der eigenen Meinung an die jeweils vorherrschende Situation zum Zweck der Erzielung eigener Vorteile bezeichnet, auch wenn diese im Widerspruch zur eigenen Überzeugung steht.

Opportunitätsprinzip. Grundsatz, nach dem öffentliche Verwaltungen nach Gesichtspunkten der Zweckmäßigkeit entscheiden können. So ist es z. B. dem Ermessen der Strafverfolgungsbehörden überlassen, ob sie in Bagatellsachen einschreiten. Damit bewahrt das O. den Staat davor, sich mit kleinen Rechtsverstößen beschäftigen zu müssen (z. B. Ordnungswidrigkeiten). Im Gegensatz zum O. steht der Anklagezwang (→Legalitätsprinzip).

Opposition (von lat. *oppositio* = das Entgegengesetzte). Im →Parlament die →Parteien, die nicht an der Regierungsbildung beteiligt sind und somit der Regierung gegenüberstehen. Aufgabe der parlamentarischen O. ist es, die Politik der Regierung zu kontrollieren, zu kritisieren und Alternativen zu entwickeln. Daher verfügt sie über spezielle Kontrollrechte (→Interpellation, Einsetzen von →Untersuchungsausschüssen, →Fragestunde). Es werden verschiedene Formen der O. unterschieden: Die kooperative O. ist grundsätzlich zur Zusammenarbeit mit der Regierung bereit; die kompetitive O. artikuliert ihr eigenes Programm; die obstruktive O. sucht die Regierungsarbeit zu hemmen. Die O. ist ein grundlegender Bestandteil des demokratischen Verfassungsstaates und für die Parteienkonkurrenz in →Demokratien unerlässlich. In →Diktaturen ist die O. unerwünscht.

Ordnungspolitik. Staatliche Maßnahmen, die die Rahmenbedingungen für den Wirtschaftsprozess regeln und v. a. die Eigentumsordnung, die Wettbewerbsordnung (Verbot von Kartellbildungen, Kontrolle der Werbung und der Verkaufspraktiken usw.) und das Vertragsrecht betreffen.

Ordoliberalismus. Im Gegensatz zum wirtschaftlichen →Liberalismus, der dem →Laissez-faire-Prinzip folgend eine komplette Zurückhaltung des →Staates in wirtschaftlichen Fragen fordert, soll der Staat im O. einen rechtlichen Rahmen für die →Wirtschaft bereitstellen und überwachen. Dieses jedoch mit Mitteln, die den freien →Markt sichern, Konjunkturschwankungen ausgleichen und den Wettbewerb fördern (sog. marktkonforme Mittel). Der O. geht davon aus, dass die freie Marktordnung nicht aus sich selbst heraus entsteht und besteht, sondern dass sie durch den Staat geschaffen wie geschützt werden muss. Der erste Bundeswirtschaftsminister, L. Erhard, gilt als Vertreter des O. Für seinen Entwurf der →Sozialen Marktwirtschaft → der Wirtschaftsordnung der BR Dtl. – benutzte er den O. als konzeptionelle Grundlage.

Organ (von griech. *organon* = Werkzeug). In der Politik Bezeichnung für eine Einheit, die in eine Gesamtheit eingebettet ist und für diese wesentliche Funktionen übernimmt. Das politische System der BR Dtl. besteht z. B. aus mehreren →Verfassungsorganen (u. a. Bundestag, Bundesrat, Bundesregierung), die jeweils spezifische, in Verfassung oder Gesetz umschriebene Aufgaben für den ganzen Staat übernehmen und dabei verbindlich handeln dürfen.

Organisation Amerikanischer Staaten (engl. *Organization of American States,* OAS). 1948 in Bogota (Kolumbien) gegründeter Zusammenschluss aller unabhängiger amerikanischen Staaten mit Ausnahme Kubas (dessen Mitarbeit seit dem Jahr 1962 suspendiert ist). Sein Ziel ist die →Friedenssicherung und die Zusammenarbeit in der wirtschaftlichen, sozialen und kulturellen Entwicklung.

Organisation der Afrikanischen Einheit (Organisation für Afrikanische Einheit; engl. *Organization of African Unity,* OAU). 1963 in Addis Abeba (Äthiopien) von allen unabhängigen afrikanischen Staaten mit Ausnahme Marokkos gegründete Organisation. Ihr Hauptziel ist es, die Einheit und Solidarität der Staaten zu fördern und die Entkolonialisierung vorwärts zu treiben. 2002 wurde sie in die bisher wenig bekannte Nachfolgeorganisation der OAU, die Afrikanische Union (engl. African Union; franz. Union Africaine, AU) überführt.

Organisation der Vereinten Nationen für industrielle Entwicklung (engl. *United Nations Industrial Development Organization,* UNIDO). Sonderorganisation der →Vereinten Nationen mit Sitz in Wien, deren Aufgabe es ist, die →Entwicklungsländer bei ihrer industriellen Entwicklung zu unterstützen. Die Tätigkeiten der UNIDO bestehen vornehmlich in der Planung und Durchführung von Industrieprojekten, sowie damit verbundenen Schulungs- und Beratungsmaßnahmen.

Organisation Erdöl exportierender Länder (engl. *Organization of the Petroleum Exporting Countries,* OPEC). 1960 gegründeter Zusammeschluss von 11 Staaten mit Sitz in Wien. Die Mitgliedsländer verfügen über rund drei Viertel der weltweiten Ölreserven und fördern etwa 40 % der Erdölproduktion. Ihr Ziel ist es, durch eine gemeinsame Erdölpolitik und die Kontrolle der Erdölpreise eine Gegenmacht zu den weltmarktbeherrschenden Ölgesellschaften aufzubauen und politischen Druck auszuüben. Ihr Boykott gegen israelfreundliche Staaten führte 1973/74 zu einer Ölkrise in den westlichen →Industrieländern. Zu den Mitgliedstaaten zählen Iran, Irak, Kuwait, Saudi-Arabien, Venezuela, Algerien, Indonesien, Katar, Libyen, Nigeria, Vereinigte Arabische Emirate.

Organisation für Ernährung und Landwirtschaft (engl. *Food and Agriculture Organization of the United Nations,* FAO). 1945 gegründete Landwirtschaftsorganisation der →Vereinten Nationen mit Sitz in Rom. Um in den →Entwicklungsländern Armut und Unterernährung zu bekämpfen, setzt sie sich v. a. für die Erhöhung der landwirtschaftlichen Produktivität in diesen Regionen ein.

Organisation für Sicherheit und Zusammenarbeit in Europa (OSZE). Seit 1995 die Nachfolgeorganisation der Konferenz über Sicherheit und Zusammenarbeit in Europa (KSZE), die wiederum 1973 auf Initiative der UdSSR gegründet wurde. Die OSZE besteht aus 55 Vollmitgliedern (alle europäischen Staaten, die Nachfolgestaaten der Sowjetunion, USA, Kanada). Zentrale Ziele der OSZE sind die friedliche Beilegung von zwischen- wie innerstaatlichen Konflikten, der Schutz der →Menschenrechte, die Aufrechterhaltung der →Demokratie sowie die Kooperation in Wirtschaft, Wissenschaft, Kultur und Umweltschutz. Zu den wichtigsten Institutionen der OSZE zählen u. a. die Gipfelkonferenz der Staats- und Regierungschefs, der Rat der Außenminister, der Höchste Rat in Prag, das Konfliktverhütungszentrum in Wien und das Büro für demokratische Institutionen und Menschenrechte in Warschau.

Organisation für wirtschaftliche Zusammenarbeit und Entwicklung (engl. *Organization for Economic Cooperation and Development,* OECD). Die OECD ist ein Zusammenschluss von 30 Staaten mit Sitz in Paris, die z. T. zu den wichtigsten Industrieländern der Welt zählen. Ihr Ziel ist die Ausweitung des Welthandels sowie die Förderung des Wirtschaftswachstums und damit die Verbesserung des Lebensstandards. Die OECD kann keine verbindlichen Regelungen erlassen, sondern lediglich Berichte und Empfehlungen ausarbeiten. Seit 1961 ist die OECD Nachfolger der Organisation für europäische wirtschaftliche Zusammenarbeit (Organisation for European Economic Cooperation, OEEC), die 1948 zur Durchführung des →Marshallplanes gegründet wurde.

Organisationsgewalt. Berechtigung zur Einrichtung und Veränderung von staatlichen Verwaltungen, die i. d. R. der Regierung zukommt.

Organstreit. Streit über Rechte und Pflichten zwischen Verfassungsorganen. Verfassungsrechtliche Konflikte dieser Art werden vom →Bundesverfassungsgericht entschieden. Meist sieht der Antragssteller in einem O. seinen Einflussbereich als verletzt oder zumindest als gefährdet an.

Ostblock (Sozialistischer Block). Westliche Sammelbezeichnung aus der Zeit des →Ost-West-Konflikts für die sozialistischen Staaten in Mittel- und Osteuropa, die gemeinsam mit der UdSSR eine große politische und militärische Einheit bildeten. Die für Zusammenhalt und Steuerung des O. wichtigste Organisation war das Militärbündnis →Warschauer Pakt. Wirtschaftlich waren die Staaten im →COMECON zusammengeschlossen. Der O. existierte seit Ende des Zweiten Weltkrieges, wurde 1989 durch den Machtwechsel in vielen ehemals sozialistischen Staaten erschüttert und fiel 1991 mit der Auflösung des Warschauer Paktes schließlich gänzlich auseinander.

Österreich. Republik in Mitteleuropa, mit einer Fläche von ca. 84 000 Quadratkilometern und rund 8,1 Mio. Bewohnern. Die Bevölkerung ist sehr ungleichmäßig über das Land verteilt. In der Hauptstadt Wien leben allein 1,5 Mio. der Österreicher, große Flächen der Alpen sind unbewohnt. Als Transitland zwischen Nord und Süd besitzt die Alpenrepublik eine gute Infrastruktur mit rund 129 000 km Straßennetz. Ö. ist seit 1955 →UNO-Mitglied und seit 1995 auch Mitglied der →EU. Die Verfassung Ö. stammt aus den späten 1920er-Jahren und schreibt eine parlamentarisch-demokratische Bundesrepublik vor. Verfassungsänderungen können nur mit →qualifizierter Mehrheit (zwei Drittel der →Abgeordneten) bei Anwesenheit von mindestens der Hälfte der Abgeordneten beschlossen und geändert werden. Sog. Totaländerungen, d. h. substanzielle Umgestaltungen der Verfassung, müssen außerdem durch eine Volksabstimmung bestätigt werden. In der Verfassung ist die Trennung von →Legislative, →Exekutive und →Judikative verankert. Offizielles Staatsoberhaupt ist der direkt vom Volk für sechs Jahre gewählte →Bundespräsident. Er ernennt und entlässt die Regierungen und kann den →Nationalrat auflösen. Außerdem beruft er den →Bundeskanzler, die →Minister und die Staatssekretäre. Der Bundesregierung steht der Bundeskanzler vor. Die Legislative ist in einem →Zweikammersystem geregelt und obliegt dem →Nationalrat sowie dem →Bundesrat, der die Länderinteressen vertritt. Die Abgeordneten des Nationalrates werden nach dem →Verhältniswahlrecht für einen Zeitraum von vier Jahren vom Volk gewählt. Die Mitglieder des Bundesrates werden von den Landtagen für einen Zeitraum zwischen vier und sechs Jahren gewählt; die Anzahl der Sitze je Land ist an die Einwohnerzahlen gekoppelt. Der Bundesrat hat in erster Linie beratende Funktion, er kann in die Gesetzgebung lediglich durch ein aufschiebendes →Veto eingreifen. Die höchste Instanz der ordentlichen Gerichtsbarkeit ist der Oberste Gerichtshof. Zusammen mit dem Verwaltungsgerichtshof nimmt der Verfassungsgerichtshof die außerordentliche Gerichtsbarkeit wahr. Auf den unteren Ebenen gibt es vier Oberlandesgerichte, 17 Kreis- und Landesgerichte und etwa 200 Bezirksgerichte. Ö. ist föderal organisiert und besteht aus neun →Bundesländern (→Österreichische Bundesländer). Verglichen mit der BR Dtl. oder der Schweiz ist der Föderalismus in Ö. jedoch schwächer ausgebildet. In der Gesetzgebung hat der Bund deutliches Übergewicht, in der →Judikative verfügen die Länder über keinerlei Kompetenzen. Die relevanten →Parteien des Landes sind die →Sozialdemokratische Partei Österreichs (SPÖ), die →Österreichische Volkspartei (ÖVP) und die →Freiheitliche Partei Österreichs (FPÖ). Dennoch war der Parteienwettbewerb über Jahrzehnte kaum ausgeprägt, da die Regierung meist aus einer Koalition von SPÖ und ÖVP bestand. Als Reaktion auf diese langjährige Konkordanztheorie wurde 2000 ein Bündnis aus ÖVP und FPÖ gewählt.

Österreichische Bundesländer. Siehe Seite 253.

Österreichische Volkspartei (ÖVP). Am 17.4.1945 gegründete →Volkspartei in Österreich mit konservativchristlicher Ausrichtung. Die ÖVP ist ein Zusammenschluss aus drei großen Bünden: dem Österreichische Arbeiter- und Angestelltenbund (ÖAAB), dem Österreichische Wirtschaftsbund (ÖWB) und dem Österreichische Bauernbund (ÖBB). Die Mitgliedschaft in der ÖVP wird traditionell über die Mitgliedschaft in einem der Bünde erworben. Die ÖVP prägte mit der SPÖ die →Konkor-

Österreichische Bundesländer

Das **Burgenland** ist 3966 km^2 groß und hat 277000 Einwohner. Seine Hauptstadt ist Eisenstadt. Es ist in sieben Bezirke und zwei Statutarstädte unterteilt. Die gesetzgebende Gewalt liegt beim Landtag mit 36 Abgeordneten, der Landeshauptmann und Landesregierung wählt.

Kärnten hat eine Fläche von 9536 km^2, auf der ca. 560000 Menschen leben. Die Hauptstadt ist Klagenfurt. Kärnten ist in 8 Bezirke und Statutarstädte untergliedert. Der →Landtag besteht aus 36 →Abgeordneten, die für fünf Jahre gewählt werden.

Niederösterreich hat eine Fläche von 19 172 km^2 und umschließt Wien (s. u.), die Hauptstadt Österreichs. Hauptstadt von Niederösterreich, das 21 Bezirke und 4 Statutarstädte umfasst, ist St. Pölten. Die Volksvertretung der ca. 1,55 Mio. Einwohner ist der Landtag, der sich aus 56 Abgeordneten zusammensetzt.

Oberösterreich erstreckt sich auf einer Fläche von 11 980 km^2 und hat 1,37 Mio. Einwohner. Es ist in 15 Bezirke und drei Statutarstädte gegliedert. Die Landeshauptstadt von Oberösterreich ist Linz. Im Landtag sind 36 Abgeordnete vertreten.

Das Bundesland **Salzburg** (Salzburger Land) ist 7 154 km^2 groß und hat 521000 Einwohner. Es besteht aus 5 Bezirken und der Statutarstadt Salzburg, die zugleich Landeshauptstadt ist. Der Landtag hat 36 Abgeordnete, die für fünf Jahre gewählt werden.

Die **Steiermark** ist 16392 km^2 groß und gliedert sich in 16 Bezirke sowie eine Statutarstadt. Graz ist die Landeshauptstadt. Die Steiermark hat ca. 1,18 Mio. Einwohner. Die Gesetzgebungskompetenz liegt beim Landtag, für den alle fünf Jahre 56 →Mandate vergeben werden.

Tirol hat eine Fläche von 12648 km^2, auf der ca. 686000 Menschen leben. Die Hauptstadt des Bundeslands, das aus 9 Bezirken und einer Statutarstadt besteht, ist Innsbruck. Dem Landtag gehören 36 Abgeordnete an.

Vorarlberg hat eine Fläche von 2 601 km^2, auf der ca. 360 000 Einwohner leben. Vorarlberg umfasst nur 4 Bezirke, die Landeshauptstadt ist Bregenz. Im Landtag sitzen 36 Abgeordnete.

Die Hauptstadt **Wien** ist auch Bundesland mit 1,62 Mio. Einwohnern und besteht aus 23 Bezirken und einer Statutarstadt. Der Bürgermeister ist Landeshauptmann; der Stadtsenat hat die Funktion der Landesregierung.

danzdemokratie in Ö. und stellte seit 1945 fünf Mal den Bundeskanzler.

Ost-West-Konflikt. Bezeichnung für die Auseinandersetzung, die im Anschluss des →Zweiten Weltkriegs zwischen den Siegermächten ausbrach. Auf der einen Seite standen die östlichen Staaten unter Führung der UdSSR mit kommunistischer Wirtschafts- und Gesellschaftsordnung und sozialistischer Verfassung. Auf der anderen Seite standen die westlichen Staaten unter Führung der USA mit marktwirtschaftlich-kapitalistischer Wirtschafts- und Gesellschaftsordnung und parlamentarisch-demokratischer Verfassung. Entsprechend standen sich auch die militärischen Bündnisse →Warschauer Pakt und →Nato gegenüber. Im Verlauf des O.-W.-K. schwankten die Beziehungen permanent zwischen →Kaltem Krieg und →Entspannungspolitik. Der O.-W.-K. polarisierte fast die gesamte Welt und zwang i. d. R. auch kleinere Staaten, sich auf die Seite einer Konfliktpartei zu schlagen. Zu den Höhepunkten des Konflikts zählten die erzwungene Einbindung der Tschechoslowakei in das sowjetische Herrschaftssystem (1948), die Berliner Blockade (1948/49), der Koreakrieg (1950–53), der Vietnamkrieg (1946–75) der Volksaufstand in Ungarn (1956) und die Berlinkrise (1958–62), die den Bau der Berliner Mauer (1961) beinhaltete. Während der sog. →Kubakrise im Jahre 1962, als die UdSSR versuchte sowjetischer Raketen auf Kuba zu stationieren, stand die Welt kurz vor dem Ausbruch eines →Krieges zwischen beiden Supermächten USA und UdSSR. Durch verschiedene Modelle der gemeinsamen →Abrüstung gelang zwar eine Entspannung zwischen den Blöcken, jedoch keine Beilegung des Konflikts. Erst die sowjetische Politik von →Perestroika und →Glasnost unter M. Gorbatschow, der Zusammenbruch der kommunistischen Staaten in Ost- und Mitteleuropa sowie das Auseinanderbrechen der UdSSR setzte dem O.-W.-K. und dem Wettrüsten ein Ende.

OSZE → Organisation für Sicherheit und Zusammenarbeit in Europa.

Output. 1. In der Politik Begriff aus der Systemtheorie, der das Ergebnis, die Wirkung oder das Produkt eines politischen Prozesses bezeichnet. In einem →politischen System handelt es sich bei O. demnach um politische, verbindliche Regelungen (Gesetze, Vorschriften, Maßnahmen). 2. Begriff aus der Wirtschaft, der das Ergebnis eines Produktionsprozesses bezeichnet. Er gilt als Maß der Produktivität und kann sich auf einzelne Unternehmen oder auch auf die gesamte Volkswirtschaft beziehen. →Input.

ÖVP → Österreichische Volkspartei.

P

Panaschieren. Möglichkeit, bei einer Verhältniswahl (→Wahl) mehrere Teilstimmen auf Kandidaten unterschiedlicher Parteilisten zu verteilen. Ebenso wie das →Kumulieren bietet das P. dem Wähler damit eine begrenzte Möglichkeit, auf die Kandidatenauswahl der →Parteien Einfluss zu nehmen. In der BR Dtl. ist das P. bei den Kommunalwahlen in Hessen, Bayern und Baden-Württemberg und in den fünf neuen Bundesländern möglich.

Papst (von lat. *papa* = Vater). 1. Religiöses Oberhaupt der römisch-katholischen Kirche (→katholische Kirche), das zugleich Bischof von Rom ist. Außerdem ist der P. weltlicher Souverän der Vatikanstadt, die im Nordwesten Roms gelegen ist und eine Fläche von 44 Hektar hat. Damit ist sie der kleinste eigenständige →Staat der Erde. Sie gilt nicht als Subjekt des →Völkerrechts und ist nicht Mitglied der →Vereinten Nationen. Der P. wird im Konklave vom Kardinalskollegium in geheimer →Abstimmung mit →Zweidrittelmehrheit plus einer Stimme auf Lebenszeit gewählt. 2. Amtsbezeichnung der beiden Patriarchen (→Patriarchat) von Alexandria (Oberhaupt der griechisch-orthodoxen und der koptischen Kirche).

Paraphierung. Vorläufige, völkerrechtlich noch nicht bindende Unterzeichnung eines Vertrages zwischen →Staaten durch bevollmächtigte Diplomaten (Paraphieren). In Kraft treten die Verträge erst nach der →Ratifizierung.

Parastaat (von griech. *para* = entlang, neben; ähnlich). Ausdruck für den Teil eines →Staates, in dem nicht staatliche →Organisationen staatliche Aufgaben und Funktionen wahrnehmen. Die Schweiz gilt als klassischer P., da die einzelnen →Verbände großen Einfluss auf die Planung und Umsetzung staatlicher Vorgaben haben und mitunter sogar Verwaltungsaufgaben wahrnehmen. →Korporatismus.

Pariser Verträge. 1954 in Paris zwischen den westeuropäischen Staaten und den USA geschlossene →Abkommen, die den Status der BR Dtl. regelten. Durch die P. V. wurde das Besatzungsregime in der BR Dtl. aufgehoben; die BR Dtl. erhielt ihre →Souveränität weitestgehend zurück (→Deutschlandvertrag). Außerdem wurde in den P. V. die Einbindung der BR Dtl. in die westlichen Organisationen →NATO und →Westeuropäische Union geregelt. Daher können die P. V. auch als Beginn der →Integration der BR Dtl. in das westliche Bündnissystem aufgefasst werden. Die P. V. waren zwar nur als vorübergehende Regelung gedacht, blieben aber bis 1990 die prägenden Vertragswerke für die Außenbeziehungen der BR Dtl. Erst 1990 erhielt Gesamtdeutschland seine uneingeschränkte →Souveränität mit dem →Zwei-plus-vier-Vertrag zurück.

Parität (von lat. *paritas* = Gleichheit). Als P. bezeichnet man die Gleichstellung und →Gleichberechtigung von verschiedenen Akteuren, die sich zumeist auf die Besetzung eines Gremiums beziehen (paritätische Besetzung = Besetzung in gleichen Teilen). Die paritätische Mitbestimmung soll die →Partizipation der Akteure unter gleichberechtigten Voraussetzungen ermöglichen. Ein Beispiel für P. ist die Zusammensetzung der →Organe der →Bundesanstalt für Arbeit; jeweils ein Drittel wird von →Arbeitnehmern, →Arbeitgebern und der →öffentlichen Hand besetzt.

Parlament (von franz. *parler* = reden). Bezeichnung für Volksvertretungen, die meist in einem →Einkammersystem oder →Zweikammersystem organisiert und für jeweils eine administrative Ebene (z. B. →Bundesland, →Staat, →Europäische Union) zuständig sind. In der BR Dtl. ist das P. der →Deutsche Bundestag. In →Demokratien erhalten P. ihre →Legitimation v. a. dadurch, dass ihre Mitglieder (→Abgeordnete) durch direkte Volkswahlen berufen werden und über ein freies Mandat verfügen. Neben der Gesetzgebung hat das P. die Aufgabe, die →Regierung und die →Verwaltung zu kontrollieren. Außerdem übt es das Budgetrecht aus, d. h., es stellt den →Haushaltplan auf. P. sind zudem wichtige Orte zur Sammlung und Artikulation von Interessen und dienen der Herstellung von →Öffentlichkeit im politischen Prozess.

Parlamentarische Demokratie. →Repräsentative Demokratie, die nach den Prinzipien des →Parlamentarismus organisiert ist. Damit bezeichnet die p. D. ein →politisches System, in dem das →Parlament das Zentrum des politischen Willensbildungsprozesses und der Entscheidungsfindung ist. Weitere Kennzeichen sind die Abhängigkeit der →Regierung vom Vertrauen des Parlaments und die teilweise vorhandene Verschränkung von →Exekutive und →Legislative.

Parlamentarische Kontrollkommission. Eine vom →Deutschen Bundestag eingerichtete Kommission, die das →Bundesamt für Verfassungsschutz, den →Militärischen Abschirmdienst, den →Bundesnachrichtendienst sowie die Nutzung dieser Organe (→Nachrichtendienste) durch die →Bundesregierung überwacht. Die Mitglieder der Kommission werden zu Beginn jeder →Legislaturperiode aus dem Kreis der Bundestagsabgeordneten gewählt.

Parlamentarische Monarchie. Form der →konstitutionellen Monarchie, bei der nicht mehr der Monarch die Staatsgeschäfte führt, sondern eine aus dem gewählten →Parlament hervorgegangene →Regierung. Die Rolle des Monarchen ist somit auf rein repräsentative Aufgaben beschränkt. Diesem Typ des →Verfassungsstaates sind in Europa Belgien, Dänemark, Großbritannien, Liechtenstein, Luxemburg, Norwegen, die Niederlande, Schweden und Spanien zuzurechnen.

Parlamentarischer Rat. Parlamentähnliche (→Parlament) Versammlung, die erstmals am 1.9.1948 in Bonn zusammentrat. Ihre Aufgabe lag darin, eine →Verfassung für das westliche Deutschland auszuarbeiten. Die 65 Vertreter wurden aus den 11 westdeutschen Länderparlamenten nach dem Verhältnis der Fraktionsstärke entsandt. Präsident des P. R. war K. Adenauer, der später erster →Bundeskanzler der BR Dtl. wurde. Nach mehrfachen, von den Besatzungsmächten geforderten Nachbesserungen verabschiedete der P. R. das →Grundgesetz am 8.5.1949 mit 53 zu 12 Stimmen.

Parlamentarischer Staatssekretär. Politisches →Amt, das 1967 von der →Großen Koalition eingeführt wurde. P. S. sind keine →Beamte, sondern Mitglieder des →Bundestages, die den Bundesministern zuarbeiten und sie bei bestimmten Regierungsaufgaben unterstützen. Ein P. S. kann einen Minister vertreten und fungiert als Bindeglied zwischen →Regierung und →Parlament. Unter bestimmten Umständen kann ein P. S. auch zum →Staatsminister ernannt werden.

Parlamentarisches Regierungssystem. Regierungssystem, in dem der →Regierungschef und eventuell die gesamte →Regierung nicht direkt vom →Volk gewählt wird, sondern aus dem →Parlament hervorgeht. Die →Wahl des →Parlaments durch die Wahlberechtigten ist daher im P. R. faktisch gleichbedeutend mit der Wahl der Regierung. Die Mitglieder der Regierung sind im P. R. vom Vertrauen der Mehrheit des Parlaments abhängig (→Vertrauensfrage; →konstruktives Misstrauensvotum). Als Gegengewicht hierzu besitzt die Regierung i. d. R. das Recht zur →Parlamentsauflösung. In Abweichung von der klassischen →Gewaltenteilung kommt es im P. R. mitunter zu engen Verschränkungen von →Legislative und →Exekutive. Die gegenseitige Kontrolle verlagert sich hier eher auf das Wechselspiel zwischen Mehrheit (→Regierung) und Minderheit (→Opposition) im Parlament. In einem P. R. hat die Opposition die Möglichkeit, durch Wahlen die Mehrheit im Parlament zu erringen und damit selbst die Regierung zu übernehmen. P. R. gibt es z. B. in der BR Dtl., in Österreich und in Großbritannien.

Parlamentarismus. Prinzip der Staatsorganisation in einer →repräsentativen Demokratie, nach dem das →Volk seinen maßgeblichen Willen durch die allgemeine, freie und gleiche →Wahl eines →Parlaments ausdrückt. Sowohl das →parlamentarische Regierungssystem als auch das →präsidentielle Regierungssystem lassen sich daher im weitesten Sinne als Formen des P. einordnen. Im engeren Sinne umfasst der P. bloß jene Regierungsformen, in denen →Parlamente die zentrale politische Instanz bilden, d. h., sie verfügen über den Großteil der →Macht und üben die direkte oder indirekte Kontrolle über andere staatliche →Organe wie z. B. die →Regierung aus.

Parlamentsauflösung. Möglichkeit der →Regierung, das →Parlament vor der Beendigung der →Wahlperiode aufzulösen. In den meisten →parlamentarischen Regierungssystemen wird dieses Recht der Regierung durch das Recht des →Misstrauensvotums seitens des Parlaments aufgewogen. In →präsidentiellen Regierungssystemen besteht das Recht der P. i. d. R. nicht; in der BR Dtl. nur in Ausnahmefällen. Im GG ist die P. in nur zwei Fällen vorgesehen: Wenn die →Wahl eines →Bundeskanzlers mehrmals ohne Ergebnis verläuft oder wenn die →Vertrauensfrage des Bundeskanzlers von der Mehrheit des Parlaments negativ beantwortete wird. In diesen Fällen steht es allein dem →Bundespräsidenten zu, den →Bundestag auflösen.

Parlamentsausschuss. Aus dem →Parlament hervorgehendes, sich selbst rekrutierendes →Organ, das sich zur vertiefenden Beratung bestimmter Themen zusammensetzt. Ein P. dient dem Interessenaustausch zwischen den →Fraktionen und der konkreten Vorbereitung von Gesetzesvorlagen. In der BR Dtl. übernehmen die P. damit eine zentrale Rolle in der parlamentarischen Sacharbeit. Die Zusammensetzung der P. richtet sich paritätisch (→Parität) nach der Stärke der Fraktionen im Parlament. In der BR Dtl. werden ständige →Ausschüsse (z. B. Ausschuss für auswärtige Angelegenheiten, Verteidigungs- und Petitionsausschuss), →Untersuchungsausschüsse und →Enquete-Kommissionen unterschieden.

Partei (von lat. *pars* = Teil). Eine politische P. ist ein auf Dauer angelegter organisierter Zusammenschluss von Mitgliedern einer →Gesellschaft mit dem Motiv, an der Willensbildung in einem →politischen System teilzuhaben und über →Wahlen politische →Macht oder zumindest Einfluss zu erlangen. Verbunden sind die einzelnen Mitglieder durch ähnliche Interessen und eine gemeinsame politische Zielvorstellung. Der mögliche Handlungsrahmen für eine politische P. wird durch gesellschaftliche und institutionelle Verhältnisse vorgegeben. P. in ihrer heutigen Form entwickelten sich in Europa v. a. im 19. Jh. im Zusammenhang mit dem Siegeszug des →Parlamentarismus. Anfangs waren sie hauptsächlich weltanschaulich geprägt (z. B. liberal, konservativ, sozialistisch und konfessionell) oder formierten sich nach gemeinsamen Interessenslagen (z. B. bürgerlich oder arbeiterfreundlich). Heute versuchen v. a. die weniger ideologisch geprägten →Volksparteien, breite Wählerschichten anzusprechen. In den westlichen →Demokratien gilt der Grundsatz der freien Parteienbildung. Man unterscheidet zwischen einem Einparteiensystem (v. a. in totalitären Staaten), einem Zweiparteiensystem (z. B. in den USA) und einem Mehr- bzw. Vielparteiensystem (z. B. in Deutschland). Als Grundsatzprogramm für eine kommende →Wahl stellt eine P. ein Parteiprogramm auf. Da P. mit der →Gesellschaft wie auch mit der →politischen Kultur in intensiven Wechselbeziehungen stehen, ist die Betrachtung einzelner P. nur aus historischen Gesichtspunkten sinnvoll. Die →Politikwissenschaft konzentriert sich daher eher auf die Betrachtung des →Parteiensystems. Als wichtigste Funktionen von P. gelten: 1. Interessenartikulation: P. formulieren öffentliche Erwartungen und Forderungen gesellschaftlicher Gruppen und Kräfte an das politische System. 2. Personalrekrutierung: P. wählen Personen aus und präsentieren sie bei Wahlen zur Besetzung politischer →Ämter. 3. Programmfunktion: P. integrieren unterschiedliche Interessen in eine Gesamtvorstellung von →Politik. 4. Partizipationsfunktion: P. stellen eine Verbindung zwischen Bürgern und politischem System her und ermöglichen politische Beteiligung. 5. Legitimationsfunktion: Indem P. die Verbindung zwischen Bürgern, gesellschaftlichen Gruppen und dem politischen System herstellen, tragen sie zur Verankerung der politischen Ordnung im Bewusstsein der Bürger bei. In der BR Dtl. sind 4 % der Bevölkerung in P. organisiert. →Parteien in Deutschland.

Partei des Demokratischen Sozialismus (PDS). Politische →Partei, die im Rahmen der sog. sanften Revolution in der DDR als SED/PDS im Dezember 1989 als Nachfolgepartei der →Sozialistischen Einheitspartei Deutschlands (SED) gegründet wurde. Im Februar 1990 wurde sie in

PDS umbenannt. Die PDS tritt für eine moderne Form des →Sozialismus ein, bekennt sich aber zugleich zum →Grundgesetz und akzeptiert das System der →Sozialen Marktwirtschaft. Sie versteht sich als Antikriegspartei. Teile ihres Parteiprogramms werden vom →Verfassungsschutz als linksextremistisch (→Linksextremismus) beurteilt. Die PDS nimmt speziell die Interessen der →Bevölkerung der neuen Bundesländer wahr und erzielt hauptsächlich in diesen Gebieten Wahlerfolge. Sie wird deshalb oftmals als ostdeutsche Regionalpartei bezeichnet. Bei den ersten gesamtdeutschen Wahlen 1990 erhielt sie 11,1 Prozent der Stimmen im Osten und 2,4 Prozent bundesweit. Seither ist sie durchgehend im →Deutschen Bundestag vertreten, wobei der Einzug mehrfach über →Direktmandate erfolgte. 1998 wurde die PDS erstmals in Mecklenburg-Vorpommern an einer →Regierung auf Landesebene beteiligt. Sie hat etwa 70 000 Mitglieder.

Parteien in Deutschland. Siehe Seite 261.

Parteiendemokratie. Demokratisches →System, in dem die politischen →Parteien eine zentrale Rolle bei der politischen Willensbildung und Entscheidung spielen. Der Begriff kann wertneutral sein, aber auch eine Kritik an einer zu starken Rolle der Parteien beinhalten. P. kann auch die innerparteiliche Demokratie bezeichnen.

Parteienfinanzierung. Unterschiedliche Quellen, die →Parteien zur Deckung ihrer Kosten nutzen. Die Parteien finanzieren sich aus öffentlichen Zuschüssen (→Wahlkampfkostenerstattung), Spenden, der sog. Eigenfinanzierung (Beiträge der Parteimitglieder) sowie aus den Gewinnen der parteieigenen Unternehmen. Diese Mittel werden zur Finanzierung von Wahlkämpfen, politischer Werbung und der innerparteilichen Infrastruktur sowie für Personalkosten genutzt. Gemäß Art. 21 I GG sind die Parteien verpflichtet, einen Rechenschaftsbericht über die Herkunft und Verwendung ihrer Mittel und ihres Vermögens abzulegen. Die weiteren gesetzlichen Regelungen zur P. finden sich im Parteiengesetz (z. B. die Verpflichtung, den Rechenschaftsbericht jährlich im →Bundesanzeiger zu veröffentlichen). Bei der Finanzierung durch Spenden droht die Gefahr, dass der Spender möglicherweise auf die Politik der Parteien Einfluss nehmen kann, die gerade in der Regierungsverantwortlichkeit stehen. Um dies zu verhindern, schreibt das neue Parteiengesetz aus dem Jahr 2002 vor, dass Bar-Spenden maximal 1000 Euro betragen dürfen und zugleich alle Spenden, die die Höhe von 10 000

Historische Entwicklung der Parteien in Deutschland

In Deutschland begann die Entstehung politischer Parteien im modernen Sinne erst in der ersten Hälfte des 19. Jh.

Vorgeschichte

Ihre Entwicklung lässt sich bis zur →Nationalversammlung in der Frankfurter Paulskirche 1848 zurückverfolgen, dem ersten deutschen →Parlament. Nach der Märzrevolution 1848 wurden zur Vorbereitung des Deutschen Bundes und zur Erarbeitung einer →Verfassung für →Deutschland 585 Volksvertreter gewählt. Die in der Paulskirche zur verfassungsgebenden Versammlung zusammengekommenen →Fraktionen benannten sich nach den Tagungslokalen, in denen sie sich trafen und diskutierten (z. B. Café Milano). Neben den konservativen Kräften, die überwiegend monarchisch und katholisch geprägte Positionen vertraten, und den liberalen Gruppierungen, sich aus links- und rechtsorientierten Freiheitlichen zusammensetzten, bildete die demokratische Linke, die sich für eine →republikanische Lösung einsetzte, die dritte wichtige Kraft im politischen Spektrum. Kommunisten und Sozialisten waren in der Frankfurter Paulskirche nicht anwesend. Der erarbeitete Verfassungsentwurf der Paulskirchenversammlung wurde von Friedrich Wilhelm IV. jedoch nicht angenommen; die Gründung des deutschen →Nationalstaats war somit vorerst gescheitert.

Erste Parteigründungen

Als Folge der Nationalversammlung kam es dennoch zu den ersten Parteigründungen. 1861 gründete sich die liberale Deutsche Fortschrittspartei, von der sich 1867 die Nationalliberale Partei abspaltete. Die konservativen Kräften des preußischen Volksvereins bildeten 1867 die Freikonservative Partei, die ab 1871 Deutsche Reichspartei hieß und aus der 1876 die Deutsch-Konservative Partei hervorging. 1870 fand sich die bürgerlich-konservative Deutsche Zentrumspartei zusammen, die von katholischen Fraktionen im preußischen Abgeordnetenhaus gegründet wurde. Als offiziell überkonfessionelle Partei entwickelte sich das Zentrum zur ersten deutschen →Volkspartei und blieb bis in die Weimarer Zeit hinein eine wichtige politische Kraft. Der Allgemeine Deutsche Arbeiterverein,

eine Vorläuferorganisation der SPD, wurde 1863 von F. Lasalle gegründet. W. Liebknecht und A. Bebel gründeten sechs Jahre später die Sozialdemokratische Arbeiterpartei (SDAP). 1875 vereinigten sich die beiden Parteien in Gotha zur sozialistischen Arbeiterpartei; 1890 wurde sie zur →Sozialdemokratischen Partei Deutschlands.
Durch die Reichsgründung 1871 waren Parteien im Reichstag notwendig geworden, auch wenn die →Politik ganz wesentlich vom Reichskanzler O. v. Bismarck bestimmt wurde und die parlamentarischen →Rechte der Parteien noch nicht so weit ausgebildet waren wie heute. Da die Regierung um den Reichskanzler dem Einfluss und der Kontrolle durch das Parlament weitest gehend entzogen war, konnten sich unter den Parteien keine dauerhaften →Mehrheiten bilden. Doch insbesondere das allgemeine und freie →Wahlrecht wirkte sich günstig auf die Entwicklung der Parteien aus.

Weimarer Republik und NS-Zeit

In der →Weimarer Republik (1919–33) wurde die Volkssouveränität durch den Reichstag verkörpert, der somit die erste demokratische Grundordnung Deutschlands darstellte. Über dem Reichstag stand der Reichspräsident, ausgestattet mit dem Recht, →Notverordnungen zu erlassen. Er wurde vom →Volk direkt gewählt. Obwohl die Parteien mehr Rechte im Parlament zugestanden bekamen, waren sie nicht offizieller Bestandteil der Weimarer Verfassung. Deshalb spricht man von der Weimarer Republik auch als „Demokratie ohne Demokraten“. Die Parteien der Weimarer Republik ähnelten in ihren Anschauungen größten Teils denen des Kaiserreiches:
Die Deutsche Volkspartei (DVP) vertrat v. a. die Interessen der Unternehmer und war Nachfolger der Nationalliberalen Partei. Nach dem Tod ihres Vorsitzenden G. Stresemann konnten sich die republikfeindlichen Kräfte innerhalb der Partei durchsetzen.
Die Deutsche Demokratische Partei (DDP) war die Partei der Linksliberalen und die Nachfolgepartei der Fortschrittlichen Volkspartei, die 1910 aus der Freisinnigen Volkspartei, der Freisinnigen Vereinigung und der Deutschen Volkspartei entstand. Sie verband sich 1930 mit dem Jungdeutschen Orden zur Deutschen Staatspartei (DStP).

Das Zentrum gehörte mit der DDP und den Sozialdemokraten zur Weimarer →Koalition, die in den Anfangsjahren der Republik maßgeblich zum Aufbau und zur Gestaltung des neuen →Staates beitrugen. Die Zentrumspartei stand weiterhin für den politischen Katholizismus und vertrat eine breit gefächerte Klientel. Vom Zentrum spaltete sich 1920 die Bayerische Volkspartei (BVP) ab.
Die Sozialdemokraten stellten mit F. Ebert den ersten Reichspräsidenten und führten die erste Reichsregierung bis 1920 an.
Bereits 1917 hatte sich als Protest auf die Unterstützung des Ersten →Weltkriegs durch die SPD die Unabhängige Sozialdemokratische Partei Deutschlands (USPD) gegründet, deren Mitglieder sich später zum Teil der 1918 aus dem Spartakusbund entstandenen →Kommunistischen Partei Deutschlands (KPD) anschlossen. Schon kurz nach ihrer Gründung orientierte sie sich stark an Moskau, ab 1925 folgte unter dem Parteivorsitz E. Thälmanns eine zunehmend stalinistische Ausrichtung.
Die Deutschnationale Volkspartei (DNVP) konnte die Anhänger der konservativen Parteien des Kaiserreiches sammeln. Mit ihrer antidemokratischen Haltung und der Zusammenarbeit mit den Nationalsozialisten (→Nationalsozialismus) in der sog. Harzburger Front trug sie dazu bei, den Nationalsozialisten den Weg zur →Macht zu ebnen.
Die NSDAP ging 1920 aus der Deutschen Arbeiterpartei (DAP) hervor und vertrat offen faschistische (→Faschismus), völkisch-nationale, rassistische (→Rassismus) und antisemitische (→Antisemitismus) Positionen. Ihre politischen Feinde waren v. a. die kommunistischen und die liberalen Kräfte.
Die Zersplitterung des →Parteiensystems in viele kleine, z. T. radikale Fraktionen, die mangelnde Unterstützung der Demokratie durch die konservativen Kräfte und die innenpolitischen Spannungen infolge wirtschaftlicher Krisen führten zur politischen Handlungsunfähigkeit des →Parlaments, was die Einsetzung von →Präsidialkabinetten zur Folge hatte. Die radikale NSDAP gewann zunehmend Stimmen und wurde 1932 stärkste Fraktion im Reichstag. Mit der Ernennung von A. Hitler zum Reichskanzler am 30.01.1933 begann die nationalsozialistische →Diktatur. Durch die sog. Gleichschaltung wurden die anderen Parteien entweder verboten oder aufgelöst und ihre Mitglieder z. T. verfolgt.

Die deutschen Parteien nach 1945

Nach der 12jährigen nationalsozialistischen Herrschaft mussten neue Parteien erst durch die →Alliierten zugelassen werden. Die unterschiedliche politische Entwicklung in den →Besatzungszonen beeinflusste auch die sich gründenden Parteien. Im Westen entwickelte sich eine →parlamentarische Demokratie, im Osten eine kommunistische Diktatur sowjetischen Typs.

Im Osten wurden schon im Juni 1945 erste Parteibildungen wieder zugelassen (LDPD, CDU, SPD, KPD). Die KPD hatte dabei durch die Unterstützung der Sowjetunion deutliche Vorteile. 1946 erfolgte der Zwangszusammenschluss von SPD und KPD zur →Sozialistischen Deutschen Einheitspartei (SED). 1948 wurden zudem zwei neue Parteien gegründet: die Demokratische Bauernpartei Deutschlands (DBD) und die →Nationaldemokratische Partei Deutschlands (NDPD). Während die DBD die Bauernschaft in das neue System integrieren sollte, sollten durch die NDPD nationale und nationalsozialistische Kräfte politisch eingebunden werden. Die SED wurde 1968 offizielle Staatspartei der →Deutschen Demokratischen Republik (DDR). Die übrigen Parteien blieben weiterhin als sog. →Blockparteien in der →Volkskammer bestehen, waren aber gegenüber der SED einflusslos. Bei →Wahlen bestanden in der →Nationalen Front →Einheitslisten, auf denen die Parteien mit den →Massenorganisationen (Freier Deutscher Gewerkschaftsbund (FDGB), Freie Deutsche Jugend (FDJ), Demokratischer Frauenbund Deutschlands (DFD), Kulturbund der DDR (KB), Vereinigung der gegenseitigen Bauernhilfe (VdgB)) gemeinsam vertreten waren. Bei den Wahlen zur →Volkskammer wurden die →Mandate nach einem festen Schlüssel verteilt, der die SED und ihre Massenorganisationen massiv begünstigte.

In den westlichen Besatzungszonen gründete sich die →Christlich Demokratische Union Deutschlands (CDU) und in Bayern die →Christlich Soziale Union (CSU) als überkonfessionelle christliche Parteien. Die 1948 gegründete →Freie Demokratische Partei (FDP) integrierte Liberaldemokraten sowie Links- und Nationalliberale. Die SPD wurde im Westen unter K. Schuhmacher neu gegründet. Die →Sozialistische Reichspartei als Nachfolgepartei der NSDAP wurde 1952 vom Bundesverfassungsgericht verboten, ebenso wie die KPD im Jahr 1956. 1968 gründete sich die →Deutsche Kommunistische Partei (DKP) als Quasi-Nachfolgepartei der KPD in Westdeutschland. Die DKP arbeitete eng mit der SED zusammen.

In der Nachkriegszeit dominierte zunächst die christlich-soziale Union unter K. Adenauer das Parteiensystem. Die SPD erreichte erst nach der endgültigen Distanzierung vom →Marxismus durch das →Godesberger Grundsatzprogramm breitere Schichten der Bevölkerung. Bis zur Gründung der Grünen (→Bündnis 90/Die Grünen) 1980 waren CDU/CSU, SPD und FDP die drei wichtigsten Kräfte in der deutschen Parteienlandschaft. Die Partei Die Grünen entwickelte sich aus verschiedenen ökologisch-sozialen Bewegungen und zog 1983 erstmals in den →Deutschen Bundestag ein. Die Entstehung von radikalen Splitterparteien konnte in der BR Dtl. durch die Einführung der →Fünfprozentklausel weit gehend verhindert werden.

Veränderungen in der Parteienlandschaft durch die Wiedervereinigung

Im Zuge der Wende in Ostdeutschland 1989/90 änderte die SED ihren Namen zunächst in SED-PDS um, bevor sie sich ab 1990 nur noch →Partei des demokratischen Sozialismus (PDS) nannte. Seit der ersten gesamtdeutschen →Bundestagswahl 1990 ist sie im Parlament vertreten. Noch vor diesen Wahlen hatten sich die während der Wende gegründeten ostdeutschen Schwesterparteien (z. B. Ost-CDU, Ost-SPD) mit ihren bundesdeutschen Pendants zu gemeinsamen Parteien vereinigt. Das Bündnis 90, das aus den Bürgerrechtsbewegungen Demokratie Jetzt, Neues Forum und Initiative Frieden und Menschenrechte bestand, schloss sich nach der Wiedervereinigung 1993 mit den Grünen unter dem Namen Bündnis 90/Die Grünen zusammen. Aus der ersten gesamtdeutschen Bundestagswahl vom 2.10.1990 ging die CDU/CSU unter H. Kohl als klarer Sieger hervor und stellte gemeinsam mit der FDP die Regierung des wiedervereinigten Deutschlands. 1998 wurde die →Regierung Helmut Kohl durch ein rot-grünes Parteienbündnis unter G. Schröder abgelöst.

Euro überschreiten, veröffentlicht werden müssen. Die Stückelung von Spenden sowie falsche Rechnungslegung ist seither strafbar.

Parteienprivileg. Nach Art. 21 GG nehmen politische →Parteien in der →Demokratie eine besondere Stellung ein (sog. erhöhte Schutz- und Bestandsgarantie), selbst wenn sie in ihren Forderungen und Programmen die →freiheitlich demokratische Grundordnung antasten sollten. Daher fallen sich nicht unter die Verbotsbestimmungen über sog. verfassungsfeindliche Vereinigungen, sondern sie genießen das Privileg, ausschließlich durch das →Bundesverfassungsgericht im Rahmen des Verfahrens des →Parteienverbots verboten werden zu können; Vereinigungen hingegen können auch durch die Innenministerien auf Landes- oder Bundesebene verboten werden.

Parteienstaat. Bezeichnung für ein →politisches System, in dem die →Parteien in den Prozessen der politischen Willensbildung eine dominierende Rolle einnehmen. Wird der Begriff des P. kritisch verwendet, so bemängelt er, dass Willensbildung und Entscheidungsfindung ausschließlich über die Parteien stattfinden, d. h., die Parteien quasi über ein politisches →Monopol verfügen.

Parteiensystem. Unter einem P. versteht man die Gesamtheit aller Parteien in einem →politischen System sowie ihre Wechselbeziehungen und ihren Wettbewerb untereinander. Im Zentrum der Analyse von P. steht die Frage nach dem Wandel sowie nach der Stabilität von P. Merkmale eines P. sind z. B. die Fraktionalisierung (Anzahl der Parteien in einem P.) und die Volatilität (Veränderungen von aufeinander folgenden Wahlergebnissen). Gemäß der Anzahl der für ein politisches System relevanten Parteien unterscheidet man →Einparteiensysteme, Zweiparteiensysteme und Mehrparteiensysteme. Das P. der BR. Dtl. konnte seit den 1950er-Jahren zunächst als Dreiparteiensystem (CDU/CSU, SPD, FDP) charakterisiert werden, bis es sich ab 1983 mit dem Einzug der →Grünen in den →Deutschen Bundestag zum Vierparteiensystem entwickelte. Seit der Wiedervereinigung 1990 wird das deutsche P. i. d R. als zweigeteilt beschrieben. Während sich im westlichen Teil der BR. Dtl. nach wie vor ein Vierparteiensystem (CDU/CSU, SPD, FDP, Bündnis 90/Die Grünen) findet, bilden CDU, SPD und PDS in den neuen Bundesländern ein Dreiparteiensystem.

Parteienverdrossenheit. In Abgrenzung zur →Politikverdrossenheit bezeichnet P. nicht die Unzufriedenheit mit dem gesamten →politischen System, sondern die als gestört empfundene Beziehung zwischen →Bürgern und Akteuren der →Politik. Seit den

1970er-Jahren ist das Vertrauen der Bürger in die sie vertretenden →Parteien kontinuierlich zurückgegangen, d. h., Akzeptanz und Unterstützung der Parteien verminderten sich stark. In den 1990er-Jahren wurde der Begriff des P. zum Schlagwort. Als Gründe für P. gelten neben Skandalen, Korruptionsfällen und Filz v. a. auch die zunehmenden Zweifel an der Problemlösungskompetenz der Parteien, z. B. hinsichtlich der Frage der →Arbeitslosigkeit.

Parteiverbot. Politische →Parteien können aufgrund ihrer Verfassungswidrigkeit auf Antrag des →Bundestages, des →Bundesrates, der →Bundesregierung oder einer Landesregierung ausschließlich durch das →Bundesverfassungsgericht verboten werden (→Parteienprivileg). Die Möglichkeit des P. wurde in Art. 21 II GG aufgrund der Erfahrungen der →Weimarer Republik verankert. Verfassungsfeindliche Parteien hatten damals den jungen →Staat wiederholt in seiner Existenz bedroht und schließlich 1933 nach der Machtergreifung durch die Nationalsozialisten zu seinem Untergang geführt. Den Parteien in der BR Dtl. sollen zwar alle möglichen Freiheiten in ihrer programmatischen Ausgestaltung gegeben werden, der Angriff auf die →freiheitlich demokratische Grundordnung bzw. den Bestand der Bundesrepublik ist jedoch von dieser Freiheit ausgenommen. In der Geschichte der BR Dtl. wurden bisher nur zwei Parteien verboten: 1952 die →Sozialistische Reichspartei (SRP), die dem →Neofaschismus zugerechnet wurde, und 1956 die →Kommunistische Partei Deutschlands (KPD). Ein Verbotsverfahren gegen die →NPD scheiterte 2003 aus verfahrenstechnischen Gründen.

Partikularismus (von. lat. *particularis* = einen Teil betreffend) Bestrebungen von Teilstaaten eines Bundesstaates, souverän zu bleiben und Hoheitsrechte vom Gesamtstaat zu erhalten, was zur Überbetonung der Sonderinteressen einzelner Länder oder Landschaften führen kann.

Partisan. Bezeichnung für einen Kämpfer bzw. Freischärler, der nicht zu den regulären Streitkräften gehört (→Militär), keine Uniform trägt und daher für die gegnerische Seite nicht als Kämpfer zu erkennen ist. P. operieren meist verdeckt in ländlichen Gebieten, um sich schnell wieder zurückziehen zu können. P. kämpfen meist gegen eine feindliche →Besatzung (z. B. während des Zweiten Weltkrieges) oder für die Durchsetzung der →Autonomie einer Region oder einer Volksgruppe. →Guerilla.

Partizipation (von lat. *participare* = teilhaben). Politische Beteiligung. Ausdruck für die Mitbestimmung und Teilhabe der →Bevölkerung an politischen Willensbildungs- und

Entscheidungsprozessen. Typische Formen der P. in →parlamentarischen Systemen sind →Wahlen, →Volksbegehren, →Volksentscheide und →Petitionen. Auch die Mitgliedschaft in →Parteien, →Verbänden, →Interessengruppen und →Bürgerinitiativen ist Ausdruck der P. Des Weiteren ermöglicht die Teilnahme an →Demonstrationen, sich in den politischen Prozess einzubringen. Die P. kann auch als ein Gradmesser für die demokratische →Legitimation eines →Staates verstanden werden: Je höher das Maß an politischer P., desto höher ist auch die Legitimation des politischen Systems.

Passiver Widerstand. Gewaltlose Möglichkeit der Auseinandersetzung oder Auflehnung meist durch Verweigerungen von Tätigkeiten. Zu den Mitteln des p. W. zählen →Boykott, →Streik und Verweigerung der Kooperation (→ziviler Ungehorsam).

Passives Wahlrecht →Wahlrecht.

Paternalismus (von lat. *pater* = Vater). Herrschafts- und Führungsstil, der durch einseitige →Autorität geprägt ist. Als paternalistisch wird eine Handlung bezeichnet, wenn sie in bevormundender Weise auf das Wohl eines Anderen, aber gegen dessen Willen gerichtet ist.

Patriarchat (griech. = Vaterherrschaft). Im ursprünglichen Sinne Bezeichnung für eine Organisationsform in Großfamilien, bei der die Entscheidungsgewalt allein vom männlichen Familienoberhaupt (Stammesvater, Vater, Sippenältester) ausgeübt wird. Diese Position wird in einem P. vom Vater auf den Sohn vererbt. Weiter gefasst bezeichnet P. eine Gesellschaft, in der Männer in den meisten oder allen Bereichen (z. B. Politik, Wirtschaft, Kultur) dominieren. So ist z. B. die →Katholische Kirche ein P., da sie Frauen keine offiziellen Ämter zugesteht. Gegen das P. als Form der Unterdrückung von Frauen wendet sich der →Feminismus. Im Gegensatz zum P. steht das →Matriarchat.

Patriotismus (von lat. *patria* = Vaterland). Haltung oder Gefühlslage, die sich durch eine tief empfundene Verbundenheit und besondere Treue gegenüber der Heimat oder →Nation auszeichnet. P. äußert sich durch eine Bindung an Institutionen, nationale Symbole und →Werte, die diesem Vaterland zugeschrieben werden. Übersteigerter P., der die eigene Nation über andere stellt und seine →Bürger für überlegen hält, bezeichnet man als →Nationalismus oder →Chauvinismus. Unter dem sog. Verfassungspatriotismus wird eine moderne Form des P. verstanden, die ein Verpflichtungsgefühl nicht dem Vaterland, sondern der →Verfassung gegenüber ausdrücken will.

Patronage (von lat. *pater* = Vater). System der Förderung von Personen.

Diese werden jedoch nicht wegen ihrer erbrachten Leistungen begünstigt, sondern aufgrund persönlicher Beziehungen. P. ist z. B. in →Parteien eine Möglichkeit, loyale Mitglieder mit Privilegien oder einem Amtsposten (→Ämterpatronage) zu belohnen.

Patronagepartei. Politische →Partei, in der nicht ideelle oder inhaltliche Zielsetzungen, sondern die Gewährung und Schaffung von materiellen Vorteilen für Mitglieder und Anhänger im Vordergrund steht. Programmatische Aussagen spielen eine geringe Rolle, es geht vorrangig um die Besetzung öffentlicher Positionen und Ämter mit eigenen Parteimitgliedern (→Ämterpatronage). In den USA des 19. Jh. waren P. die typische Form von Parteien.

Patt. Bezeichnung aus dem Schach, bei dem kein Spieler einen Zug tätigen kann, der seine Position verbessern oder die Lage des Gegners verschlechtern könnte. In der →Politik spricht man daher bildlich von einer Pattsituation, wenn z. B. zwei Akteure einen politischen oder militärischen Gleichstand erreicht haben und für keine Seite eine vorteilhafte Aktion möglich ist. Ein P. ist daher in der Politik meist der Beginn einer Konsens- oder Kompromissfindung (→Konsens; →Kompromiss).

Pazifismus. Geistige Grundeinstellung, die jegliche kriegerische Handlung wie auch die Anwendung von →Gewalt prinzipiell ablehnt. Ziel ist es, den Frieden mit allen erdenklichen Mitteln zu erhalten und Krieg gänzlich zu vermeiden. Daher lehnen Pazifisten auch einen Verteidigungskrieg, also einen →Krieg, der auf eine →Aggression von außen zurückgeht, ab. Pazifistische Überzeugungen führten in den frühen 1980er-Jahren zur Entstehung der →Friedensbewegung.

PDS →Partei des Demokratischen Sozialismus.

Perestroika (russ. = Umgestaltung). Schlagwort für die von M. Gorbatschow 1985 ins Leben gerufene Reformpolitik in der Sowjetunion, die sich auf die→Liberalisierung des →Wirtschaftssystems durch die Einführung marktwirtschaftlicher Elemente richtete. Daneben sollte durch die P. auch eine demokratische Modernisierung des politischen Systems eingeleitet werden. Der Reformprozess (→Glasnost) entwickelte eine Eigendynamik, die zu den Unabhängigkeitsbestrebungen einzelner Sowjetrepubliken und der Staaten im →Ostblock und 1991 schließlich zum Zerfall der UdSSR führte.

Permanente Revolution. Theoretisches Konzept von L. Trotzki, das im nachrevolutionären China angewandt (→Kulturrevolution) wurde und nach dem die bürgerliche →Revolution unmittelbar in die proletarische Revolution überführt werden muss. Sofern sie erfolgreich sein will, darf sie dabei weder zeitlich noch örtlich begrenzt sein. Die Rückbildung von Herrschaftsstrukturen nach einer Revolution muss demnach durch permanente Gegenmaßnahmen verhindert werden.

Persona ingrata (Persona non grata). Bezeichnung für eine unerwünschte Person. Im diplomatischen Sprachgebrauch steht der Ausdruck für jemanden, der entweder aufgrund persönlichen Verhaltens oder bilateraler Spannungen im Einsatzland nicht erwünscht ist. →Diplomatie.

Personalisierte Verhältniswahl. Listenwahlverfahren, das in der BR Dtl. bei einigen Landtagswahlen und der →Wahl zum →Deutschen Bundestag angewandt wird. Die p. V. ist eine Kombination aus →Mehrheitswahl und →Verhältniswahl. Hierbei werden die Sitze im Bundestag an die →Parteien nach dem Verhältniswahlrecht verteilt, wofür die →Zweitstimme entscheidend ist. Die →Erststimme bestimmt den Gewinner eines →Wahlkreises nach dem Mehrheitswahlrecht. Dieser zieht mit einem →Direktmandat in den Bundestag ein. Dadurch hat der Wähler Einfluss auf die personelle Zusammensetzung des Bundestags.

Personalitätsprinzip. Grundsatz, nach dem ein →Staat die Straftaten seiner Staatsangehörigen auch verfolgt, wenn diese im Ausland begangen werden. So kann z. B. eine Deutsche, die einen in Deutschland illegalen Schwangerschaftsabbruch vornehmen lässt, auch dann bestraft werden, wenn der Abbruch in dem Land, in dem er vorgenommen wurde, legal ist. Im Gegensatz zum P. steht das →Territorialprinzip.

Personalunion. Übt eine Person mehrere →Ämter in Politik, Wirtschaft oder Gesellschaft (z. B. Parteivorsitzender und Regierungschef) parallel aus oder herrscht gleichzeitig über zwei Völker (v. a. im →Feudalismus), spricht man von P. Als Gegensatz gilt die →Realunion.

Personalvertretung. Vertretung der Beschäftigten (→Beamte, →Angestellte, →Arbeiter) auf einer Ebene der öffentlichen Verwaltung (→Bund, →Länder, →Gemeinden). Damit ist die Rolle der P. in etwa vergleichbar mit dem →Betriebsrat in der Privatwirtschaft. Geregelt wird die P. durch das Bundespersonalvertretungsgesetz von 1974.

Personenkult. Übersteigerte, fast religiöse Verehrung von politischen Führungspersönlichkeiten in einem kommunistischen System (→Kommunismus), die meist mit der völligen Unterordnung der Beherrschten einhergeht. Der Begriff P. wurde von N. S. Chruschtschow in Bezug auf den Herrschaftsstil von J. Stalin (→Stalinismus) verwendet.

Petition (aus lat. *petitio* = Bitte, Ersuchen). Brief an eine →Regierung, ein →Parlament oder eine →Behörde, verbunden mit dem Begehren, einer persönlichen Bitte zu entsprechen oder eine Änderung bestehender Verhältnisse zu veranlassen. Damit ist die P. ein beschreitbarer Weg für →Bürger, um z. B. Gesetzesänderungen vorzuschlagen (→Partizipation). Das Petitionsrecht ist in der BR Dtl. durch Art. 17 GG grundrechtlich geschützt. Der Petitionsausschuss des →Deutschen Bundestages, der für die Bearbeitung von P. zuständig ist, gehört zu den ständigen →Parlamentsausschüssen in der BR Dtl.

Pflegeversicherung. Versicherung, die Kosten decken soll, die bei längeren Krankheiten anfallen. In der BR Dtl. gehört die P. zu den fünf Säulen der →Sozialversicherung. Versicherungspflichtig sind alle Mitglieder der gesetzlichen →Krankenversicherung; Mitglieder der privaten Krankenkassen sind privat versichert. Die Pflegekassen als Träger der P. sind den Krankenkassen angeschlossen. Sie kommen für die Kosten der häuslichen und stationären Pflege auf. Der konkrete Leistungsumfang der P. wird durch die drei Stufen der Pflegebedürftigkeit festgelegt. Die Beiträge werden zu gleichen Teilen von →Arbeitgeber und →Arbeitnehmer getragen, der Beitragssatz betrug im Jahr 2005 1,7 % des Bruttoarbeitsentgelts.

Planwirtschaft →Zentralverwaltungswirtschaft.

Plebiszit. Sammelbezeichnung für Möglichkeiten der unmittelbaren (direktdemokratischen) Mitwirkung der →Bevölkerung an politischen Entscheidungen (→Volksbegehren, →Volksentscheid).

Plebiszitäre Demokratie →direkte Demokratie.

Plenum (aus lat. *plenus* = voll). Allgemein die Bezeichnung für die Vollversammlung eines Gremiums bzw. einer →Körperschaft. Im engeren Sinne der Ausdruck für die Versammlung aller Mitglieder eines →Parlaments.

Pluralismus (von lat. *pluralis* = vielzahlig). In der Politik Bezeichnung für das friedliche Nebeneinander und die gleiche Geltung verschiedener Interessen, Meinungen, Wertvorstellungen und Lebensstile. P. gilt als eines der zentralen Leitbilder moderner →Demokratien, in denen die Koexistenz verschiedenster sozialer Gruppen zugelassen ist bzw. sogar angestrebt wird. Die sog. pluralistische Gesellschaft ist gekennzeichnet durch die →Konkurrenz einer Vielzahl an unterschiedlich ausgerichteten →Parteien, →Verbänden und Interessengruppen. Der Pluralismustheorie zufolge sind die Interessenkonflikte zwischen diesen

Gruppen nicht nur legitim, sondern die Voraussetzung für die Entwicklung von tragfähigen Kompromisslösungen im Sinne der Gesamtgesellschaft. Grundlage einer pluralistischen Ordnung ist dabei aber zunächst die Einigung über die Einhaltung zentraler gesellschaftlicher Spielregeln, wie z. B. die Achtung von →Grund- und →Menschenrechten. In einem →politischen System artikuliert sich der P. durch die Beteiligung einer Vielzahl von unterschiedlichen Akteuren und Institutionen an den Prozessen der politischen Willensbildung bzw. Entscheidungsfindung.

Plutokratie (von griech. *plutokratia* = Herrschaft der Reichen). Herrschaftsform, die durch Vermögen legitimiert (→Legitimation) wird, d. h. entweder geht die Staatsmacht von den Besitzenden aus oder sie werden bevorzugt behandelt (z. B. durch das Zensuswahlrecht in Preußen). →Herrschaft.

Pogrom (russ. = Verwüstung). Gewaltsame Ausschreitung von Massen gegen religiöse oder ethnische →Minderheiten. P. werden oftmals von staatlicher Seite initiiert, gedeckt bzw. ignoriert. Die gewaltsamen Übergriffe und Plünderungen der →Nationalsozialisten gegen die jüdische Bevölkerung in der sog. Reichskristallnacht am 9.11.1938 fallen unter den Begriff des P.

Polarisierung. Prozess des Auseinanderdriftens von Positionen in einer →Partei, →Gesellschaft etc. Meist bezeichnet P. das Entstehen zweier entgegengesetzter Positionen auf Kosten einer gemäßigten Position, die sich in der Mitte eines Meinungsspektrums befindet.

Polen →Europäische Länder.

Policy. Neben →Politics und →Polity derjenige Teil des dreidimensionalen angloamerikanischen Politikbegriffs, der sich auf den Inhalt von politischen Entscheidungen bezieht. Wissenschaftlich analysiert wird P. durch die Policyanalyse bzw. Politikfeldanalyse.

Politbüro (Politisches Büro). Höchstes Führungsgremium der meisten kommunistischen →Parteien (→Kommunismus), das für die politischen Richtungsentscheidungen der Partei zuständig ist. Es wird vom →Zentralkomitee gewählt. In der →DDR war das P. die zentrale Entscheidungsinstanz für alle politischen, wirtschaftlichen und ideologischen Fragen.

Political Correctness (engl. = Politische Korrektheit). Schlagwort für politisch korrekte Sprache, durch die →Diskriminierungen gegenüber →Minderheiten verhindert werden sollen. P. C. entstand in den USA zu Beginn der 1990er-Jahre als Gegenbewegung zur dominanten Kultur der weißen →Mehrheit.

Politics. Neben →Policy und →Polity derjenige Teil des dreigeteilten angloamerikanischen Politikbegriffs, der die prozessuale Dimension von →Politik bezeichnet. Mit P. soll der Entwicklungscharakter von Politik beschrieben werden. Während des politischen Prozesses (→Wahl, →Abstimmung) prallen Interessen, unterschiedliche Meinungen und →Werte aufeinander, werden ausgehandelt und münden über einen →Konsens in einer politischen Entscheidung. Wissenschaftlich analysiert wird die P. durch Prozessanalysen.

Politik (von griech. *politike techne* = Kunst der Staatsführung). Alle Handlungen, die auf die Regelung und Ausgestaltung des staatlichen bzw. des öffentlichen Lebens abzielen. Mögliche Handlungsträger sind der Staat, Parteien und Interessenverbände. Ihre Ziele sind die Erlangung von Macht und die Ausübung bzw. Beeinflussung von staatlicher Herrschaft. Die wissenschaftliche Lehre von P. ist die →Politikwissenschaft. Sie beschäftigt sich mit Regierungssystemen und deren Beziehung untereinander, der Abhängigkeit der P. von Wirtschaft und Gesellschaft sowie mit der politischen Ideengeschichte.

Politikberatung. An der politischen Praxis orientierte Form der Beratung. Den Beteiligten am politischen Prozess werden von der P. Entscheidungshilfen in Form von Informationen, Prognosen und Kosten-Nutzen-Abwägungen zur Verfügung gestellt. Diese Beratung basiert entweder auf wissenschaftlichen Studien oder auf persönlicher Erfahrung.

Politikverdrossenheit. Bisher wenig fundierter Begriff in der →Politikwissenschaft, der die generelle Unzufriedenheit eines Teils der →Bevölkerung mit der Gestaltung und den Ergebnissen der →Politik bzw. dem →politischen System bezeichnet. Als Ausdruck der P. gelten steigende Nichtwählerzahlen, sinkende Mitgliederzahlen der →Parteien und die Wahlerfolge populistischer bzw. extremistischer Protestparteien. Von der P. abzugrenzen ist die →Parteienverdrossenheit.

Politikverflechtung. Verflechtung von unterschiedlichen politischen Ebenen, die die Entscheidungsfindung in einem föderalen →politischen System prägt. Der Begriff wurde vom Politikwissenschaftler F. W. Scharpf geprägt. Horizontale P. bezeichnet dabei die (auch informelle) →Zusammenarbeit der →Bundesländer zur gemeinsamen Entscheidungsfindung, z. B. im Rahmen der →Kultusministerkonferenz. Von vertikaler P. spricht man, wenn zwei unterschiedliche Ebenen miteinander kooperieren müssen (→Kooperation), um verbindliche Regelungen erlassen zu können (z. B. →Bund und Länder oder →EU und Mitgliedstaaten). →Föderalismus.

Politikwissenschaft (Politologie, Politische Wissenschaft). Sozialwissenschaftliche Disziplin, die sich mit →Politik auseinander setzt. Im Vordergrund steht dabei die Frage nach dem Zustandekommen der allgemein verbindlichen Entscheidungen, die das Zusammenleben von Menschen regeln. Bezug nehmend auf den angloamerikanischen Politikbegriff beschäftigt sich die P. mit dem institutionellen Rahmen (→Polity), den Prozessen (→Politics) und Inhalten (→Policy) der Politik. In der P. lassen sich drei grundlegende Herangehensweisen unterscheiden, die →empirisch-analytische Theorie, die →normativ-ontologische Theorie sowie die dialektisch-kritische Theorie. Man unterscheidet außerdem die Teildisziplinen →Internationale Beziehungen, Politische Ideenlehre und Politische Systemlehre.

Politisch Verfolgter. Eine Person, die aufgrund ihrer politischen, religiösen oder weltanschaulichen Einstellung von staatlichen oder nicht staatlichen Akteuren verfolgt wird. Ein p. V. eines anderen Staates kann in der BR Dtl. nach Art. 16a GG das →Asylrecht in Anspruch nehmen.

Politische Anthropologie. Theoretischer Ansatz, der versucht, aus der Natur des Menschen und seinem Verhalten Aussagen über eine richtige oder gute politische Ordnung zu ermitteln.

Politische Beamte. Inhaber einer leitenden Position, der im Unterschied zum normalen →Beamten bei nicht mehr vorhandener politischer Übereinstimmung mit der jeweiligen →Regierung ohne Angabe von Gründen in den Ruhestand versetzt werden kann.

Politische Beteiligung →Partizipation.

Politische Bildung. In der BR Dtl. aus der sog. Reeducation (engl. = Umerziehung) der →Alliierten hervorgegangenes pädagogisches Konzept zur Förderung der politischen Urteilsfähigkeit, des politischen Engagements und der politischen →Partizipation. Neben Schulen, Universitäten und den freien →Massenmedien zählen v. a. die Landes- und Bundeszentralen für p. B. zu den wichtigsten Trägern dieses Konzepts.

Politische Ethik. Philosophische Teildisziplin, die das richtige, gute Handeln in der →Politik untersucht. Die Frage nach ethischen Prinzipien, Tugenden und →Normen steht dabei im Vordergrund.

Politische Kultur. Gesamtheit der Einstellungen und Wertevorstellungen, die die →Bürger eines →Staates, dem →politischen System, den politischen →Institutionen und den politischen Akteuren entgegenbringen. Von dem Maß dieser Zustimmung und der damit verbundenen Unterstützung für die gesamte politische Ordnung hängt langfristig auch die Stabilität eines Staates ab.

Politische Ökonomie. 1. Die Wissenschaft vom Zusammenhang und den Wechselwirkungen zwischen ökonomischen Prozessen und politischen bzw. gesellschaftlichen Verhältnissen (→Produktionsverhältnisse). So ist z. B. der →Marxismus eine Theorie der p. Ö. 2. Die Übertragung von Theorien, Modellen und Analyseverfahren aus den Wirtschaftswissenschaften in den Bereich der →Politik (sog. Neue P. Ö.).

Politische Partei →Partei.

Politische Philosophie →Politische Theorie.

Politische Polizei. Geheimpolizei. Spezielle Polizeiorgane, die politische Straftaten verfolgen und aufklären sollen. In →autoritären Regimen und in →Diktaturen sind sie ein wichtiges Instrument zur Herrschaftssicherung bzw. zur Unterdrückung der →Bevölkerung (z. B. →Staatssicherheitsdienst in der DDR, Gestapo im NS-Regime). Die p. P. agiert oft willkürlich und ohne Rechtsgrundlage und ist daher mit den Prinzipien des →Rechtsstaates i. d. R. nicht vereinbar. Typisches Mittel der p. P. ist systematischer Terror.

Politische Psychologie. Die p. P. beschäftigt sich mit den Zusammenhängen zwischen der Machtausübung eines →politischen Systems einerseits und der Subjektivität des Individuums andererseits. Sie erforscht die Entstehung, Verankerung und Weitergabe von politischen Haltungen, Einstellungen und Entwürfen. Ein Forschungsfeld ist z. B. die Entstehung von Fremdenfeindlichkeit.

Politische Sozialisation →Sozialisation.

Politische Soziologie. Forschungsbereich, in dem sich die beiden Disziplinen Soziologie und →Politikwissenschaft überschneiden. Die p. S. beschäftigt sich mit den Zusammenhängen von gesellschaftlichen Strukturen und politischen Verhältnissen und Prozessen, z. B. mit den →Macht- und Herrschaftsverhältnissen in einer →Gesellschaft. So werden im Rahmen der p. S. z. B. Analysen zum Wahlverhalten von bestimmten gesellschaftlichen Gruppen (→Konfliktlinien) oder zur soziologischen Zusammensetzung von →Parlamenten und Parteien (z. B. nach Geschlecht, →Alter, Berufsgruppen) durchgeführt.

Politische Stiftungen. Gemeinnützige Einrichtungen, die politisch beratend tätig sind, Stipendien vergeben, Programme zur →politischen Bildung auflegen und wissenschaftliche Schriften publizieren. Die p. S. in der BR Dtl. sind meist den →Parteien nahe stehenden Institutionen. Die wichtigsten p. S. sind: die Konrad-Adenauer-Stiftung (CDU), die Hanns-Seidel-Stiftung (CSU), die Friedrich-Ebert-Stiftung (SPD), die Friedrich-Naumann-Stiftung (FDP), die Heinrich-Böll-Stiftung (die Grünen) und die Rosa-Luxemburg-Stiftung (PDS). Die p. S. werden durch Mittel des →Bundes sowie durch Spenden finanziert.

Politische Theorie (Politische Philosophie, Politische Ideenlehre). Teilgebiet der →Politikwissenschaft, das sich mit dem Zustandekommen und der Begründung von Herrschaftsformen (→Herrschaft) sowie mit den damit verbundenen Lehren und Theorien abendländischer Philosophen beschäftigt. In der antiken p. T. geht es vor allem um die Suche nach der rechten Verfasstheit einer politischen Einheit, die die Autoren meist im zugrunde liegenden Menschenbild zu ergründen versuchen. Moderne p. T. versuchen, die Gesetze von →Macht und Herrschaft in einer →Gesellschaft zu erklären bzw. zu begründen, ohne dabei auf normative oder metaphysische Erklärungsmodelle zurückzugreifen.

Politische Wissenschaft →Politikwissenschaft.

Politischer Gefangener (politischer Häftling). Person, die keine Straftat begangen hat, aber wegen ihrer Weltanschauung oder ihrer politische Überzeugung inhaftiert wurde. Oft sind auch Oppositionelle (→Opposition) und Kritiker eines →autoritären Regimes oder einer →Diktatur p. G. In freiheitlich-demokratischen Regierungssystemen ist die Verhaftung von Menschen aus rein politischen Gründen unzulässig.

Politisches System. Sammelbegriff für ein aus mehreren Teilen bestehendes politisches Ganzes, d. h. die Summe der politischen →Institutionen, Akteure, Prozesse und Inhalte in einem zu untersuchenden Raum (z. B. →Staat, →Bundesland). Aufgabe eines p. S. ist die Herstellung von verbindlichen, politischen Entscheidungen und Normen. Die neuere →Politikwissenschaft geht dabei aber nicht nur auf die o. g. formalen Einheiten ein, sondern auch auf die konkrete Machtverteilung (→Macht) und die Wechselwirkungen zwischen den einzelnen Teilen des →Systems. Sie bezieht darüber hinaus auch auf das gesellschaftliche, wirtschaftliche und kulturelle Umfeld des zentralen politischen Entscheidungsapparates. Das Modell des p. S. geht damit über die klassische Lehre von den →Staatsformen hinaus. Siehe auch Seite 277.

Polity. Neben →Policy und →Politics derjenige Teil des dreigeteilten angloamerikanischen Politikbegriffs, der das institutionelle Gefüge der →Politik und die daraus entstehenden normativen Strukturen, Ordnungen

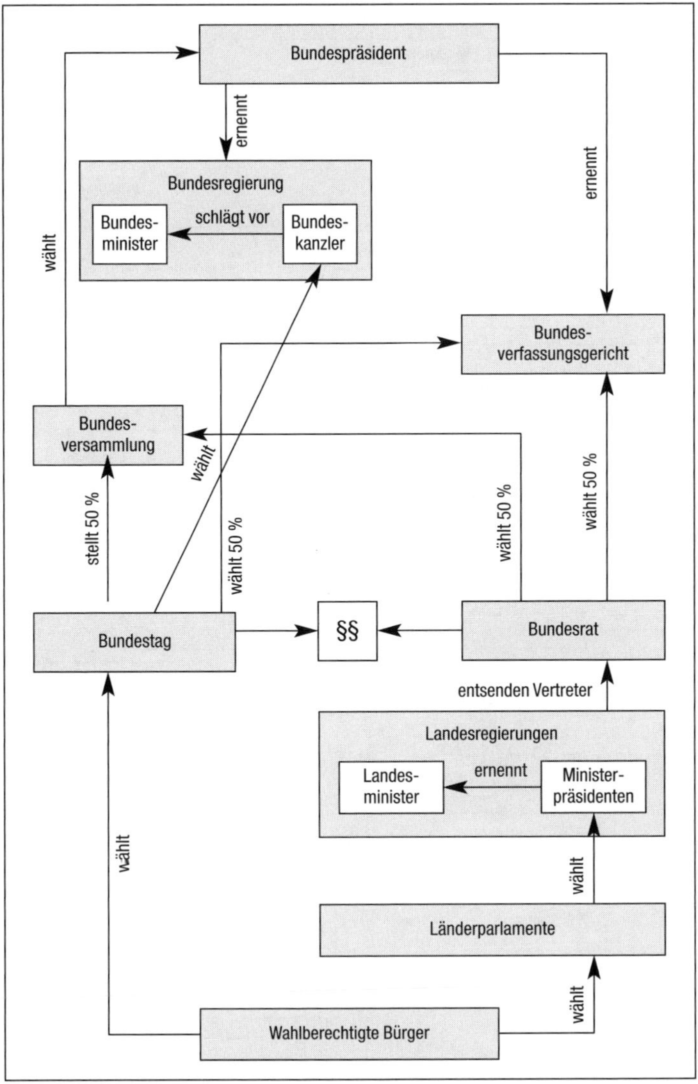

Politisches System der BR Dtl.
Politisches System Österreichs (siehe Seite 53 oben)
Politisches System der Schweiz (siehe Seite 53 unten)

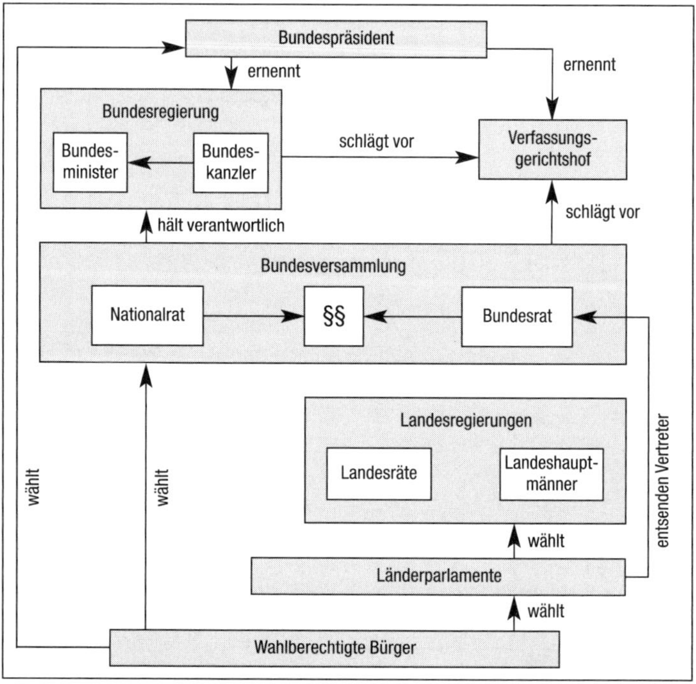
Bundespräsident
ernennt
ernennt
Bundesregierung
Bundes-
minister
Bundes-
kanzler
schlägt vor
Verfassungs-
gerichtshof
hält verantwortlich
schlägt vor
Bundesversammlung
Nationalrat
§§
Bundesrat
Landesregierungen
Landesräte
Landeshaupt-
männer
wählt
wählt
entsenden Vertreter
wählt
Länderparlamente
wählt
Wahlberechtigte Bürger

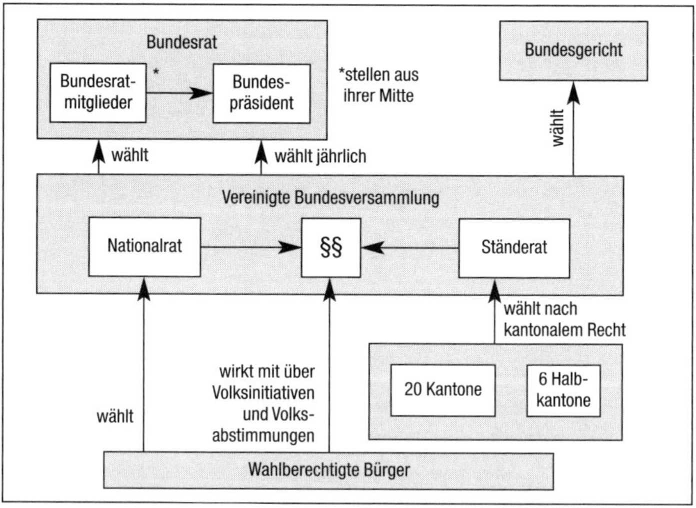
Bundesrat
Bundesrat-
mitglieder
*
Bundes-
präsident
*stellen aus
ihrer Mitte
Bundesgericht
wählt
wählt jährlich
wählt
Vereinigte Bundesversammlung
Nationalrat
§§
Ständerat
wählt nach
kantonalem Recht
wirkt mit über
Volksinitiativen
und Volks-
abstimmungen
wählt
20 Kantone
6 Halb-
kantone
Wahlberechtigte Bürger

und Verfahren bezeichnet. So fallen neben dem Institutionenaufbau auch Verfassungsänderungen, →Geschäftsordnungen und →Gesetze darunter. P. kann damit gleichzeitig Voraussetzung und Ergebnis des politischen Prozesses sein.

Polizei (von griech. *politeia* = Staatsverwaltung). Ausführendes Organ (→Exekutive) eines →Staates sowie Hilfsorgan der Strafverfolgungsbehörde (→Staatsanwaltschaft), das dem →Innenministerium unterstellt ist. Im Inneren von demokratischen Staaten ist die P. die Behörde, die das →Gewaltmonopol des Staates (→Gewalt) umsetzt, d. h., sie darf als einzige Instanz straffrei auf Gewalt zur Durchsetzung ihrer Maßnahmen zurückgreifen. Die P. ist mit der Gefahrenabwehr betraut und soll die →öffentliche Sicherheit und Ordnung gewährleisten, indem sie Straftaten verhindert bzw. verfolgt. Die Maßnahmen der P. sind an die Prinzipien des →Rechtsstaats und den Grundsatz der Verhältnismäßigkeit gebunden. In der BR Dtl. fallen Polizeirecht bzw. -wesen in die Zuständigkeit der →Bundesländer. Während das →Militär den Staat nach außen und an seinen Außengrenzen sichert, sind die Aktivitäten der P. auf das Innere des Staates beschränkt.

Polizeistaat. →Staat, in dem die →Gesellschaft durch die →Polizei kontrolliert und mitunter durch sie eingeschüchtert bzw. unterdrückt wird. Im Gegensatz zum →Rechtsstaat ist der →Bürger in einem P. willkürlichen Eingriffen der →Polizei in seine Privatsphäre und in seine persönlichen Freiheiten ausgeliefert. Eine derartige Kontrolle über die Bürger auszuüben ist v. a. in →autoritären Regimen und im →Totalitarismus üblich.

Polyzentrismus (von griech. *poly* = viel(e) und lat. *centrum* = Mittelpunkt). 1. Allgemein die Bezeichnung für ein →System mit mehreren Zentren oder in dem mehrere Zentren favorisiert werden. 2. Im engeren Sinne ist P. die Bezeichnung für ein bestimmtes Organisationsverhältnis des internationalen →Kommunismus nach der Entstalinisierung in den 1950er-Jahren (→Stalinismus). Da der Kommunismus sich ausgebreitet und die Zahl der sozialistischen Staaten und Parteien zugenommen hatte, differenzierten sich immer mehr unterschiedliche Wege zum →Sozialismus aus. Damit wurde der Führungsanspruch der →KPdSU in Frage gestellt und eine Dezentralisierung im Weltkommunismus festgestellt.

Populismus (nach lat. *populus* = das Volk). Abwertende Bezeichnung für die Vermittlung von Politikinhalten, die sich unmittelbar nach dem Willen des Volkes richten (→Opportunismus) und auf maximale Zustimmung ausgerichtet sind. Der P. stellt sachliche und fundierte Informationen hinten an, um sich der dominierenden Meinung anzupassen, mit dem Ziel, Wählerstimmen zu gewinnen. Dabei werden in dem Moment vorhandene, meist emotional besetzte Strömungen ausgenutzt, was sich z. B. in der politischen Instrumentalisierung von Vorurteilen gegenüber →Minderheiten zeigt (→Demagogie). Als Populist wird ein Politiker bezeichnet, der durch Versprechungen um Wählerstimmen buhlt. Verbunden damit ist die Unterstellung, dass dem Populisten nicht an der Lösung von Problemen gelegen ist.

Portefeuille. In der →Politik Aufgabenbereich eines →Ministers. Ein Minister ohne P. besitzt keinen eigenen Zuständigkeitsbereich, ist aber Teil des →Kabinetts und übernimmt verschiedene Sonderaufgaben.

Portugal →Europäische Länder.

Positives Recht. Begriff aus der Rechtswissenschaft für die Gesamtheit aller in einem Staat geltenden Rechtsnormen. Diese wurden in einem bestimmten Bereich zu einer bestimmten Zeit von Menschen geschaffen und grenzen sich somit vom →Naturrecht (naturgegebenes Recht) ab. Als unvollkommene und veränderbare Rechte unterscheiden sie sich auch von den überpositiven →Menschenrechten. P. R., Naturrechte und Menschenrechte schließlich sich nicht gegenseitig aus, sondern unterscheiden sich v. a. in ihren Begündungen.

Positivismus. Philosophische Strömung, die die Welt und ihren Ursprung mithilfe naturwissenschaftlicher Methoden zu erklären versucht, ohne dabei auf religiöse oder metaphysische Erklärungsmodelle zurückzugreifen. Ausschließlich unmittelbar Wahrgenommenes dient als Erkenntnisgrundlage. In der →Politikwissenschaft bezeichnet P. einen Forschungsstil, der versucht, nur das wirklich Gegebene, empirisch Messbare zu erfassen und dabei auf jegliche Wertung verzichtet.

Postindustrielle Gesellschaft. Gesellschaftliche Entwicklungsphase nach der →Industriegesellschaft. Die p. G. ist weit gehend eine →Dienstleistungsgesellschaft, in der die Weiterentwicklung der Güterversorgung eine untergeordnete Rolle spielt. Darüber hinaus ist die p. G. durch die modernen Formen der →Kommunikation und Informationsübermittlung gekennzeichnet, die in vielen Gesellschaftsbereichen Einzug gehalten haben (→Informationsgesellschaft).

Postmaterialismus. Sozialwissenschaftlicher und kulturtheoretischer Begriff, der die Einstellung impliziert, nicht nach dem Materiellen zu streben, sondern nach →Werten, die als dauerhafter empfunden werden. Im Unterschied zum →Materialismus, dem es v. a. um Versorgung und

Wohlstand geht, spielen im P. Werte wie Selbstverwirklichung, Lebensqualität, Beteiligung und →Meinungsfreiheit eine Rolle. Verschiedene Studien haben jedoch herausgefunden, dass die Werte des P. sich erst etablieren können, wenn ein sicherer materieller Standard bereits erreicht ist. Ansichten des P. werden eher von jüngeren Menschen und gut Ausgebildeten vertreten. Der P. hat sich politisch in den →neuen sozialen Bewegungen niedergeschlagen sowie in einigen Parteineugründungen (z. B. →Die Grünen).

Postmoderne. Kulturtheoretischer Begriff, der die Epoche bezeichnet, die nach der Moderne und in geistiger Abgrenzung zu ihr eingetreten ist. Die P. ist v. a. durch eine starke Tendenz zu Individualisierung, Pluralisierung und →Globalisierung sowie zur Relativierung von Wertmaßstäben und somit von einem gewissen Verfall der →Gemeinschaft geprägt.

Präambel (von lat. *praeambulum* = Einleitung). Einleitung zu Verfassungs-, Gesetzes- oder Vertragstexten, die auf Motivation und Zielsetzung oder auf den historischen Hintergrund verweisen. So enthielt die P. des →Grundgesetzes bis zum Beitritt der →DDR zur BR Dtl. das Gebot, auf die Wiedervereinigung Deutschlands hinzuarbeiten. Die seit dem 3.10.1990 geltende neue P. verpflichtet D., als gleichberechtigtes Glied in einem vereinten Europa dem →Frieden in der Welt zu dienen.

Prager Frühling. Bezeichnung für die Versuche der tschechoslowakischen →Kommunistischen Partei im Frühling 1968, Liberalisierungs- und Demokratisierungsprogramme durchzusetzen (→Liberalismus; →Demokratie), sowie deren Scheitern durch den Einmarsch der Truppen des Warschauer Pakts am 21.8.1968.

Pragmatismus. Philosophische Denkrichtung des Empirismus, nach der Theorie, Erkenntnis und Wissen nur dann Bedeutung haben, soweit sie umsetzbar und von praktischem Nutzen sind.

Prärogative (lat. *praerogativa* = Vorrang, Vorrecht). Entscheidungsvorrecht, das ursprünglich dem Monarchen (→Monarchie) zukam. Nicht gebunden an die Entscheidungen anderer Instanzen (z. B. einer Volksvertretung) übte er u. a. den Oberbefehl über das →Militär aus, begnadigte →Bürger und löste →Parlamente auf. Heute bezeichnet P. die besonderen, aber eingeschränkten Rechte eines →Staatsoberhauptes.

Präsident (von lat. *praesidere* = voransitzen, leiten). Allgemein die Bezeichnung für den Vorsitzenden einer Verwaltung, einer Versammlung, einer Institution, einer Organisation, eines Vereins, eines Verbandes oder eines Gerichts. Im Besonderen ist P. die Bezeichnung für das Staatsoberhaupt einer Republik, z. B. →Bundespräsident.

Präsidentielles Regierungssystem (Präsidialsystem). →Politisches System in dem der direkt vom →Volk gewählte →Präsident zugleich →Staatsoberhaupt und →Regierungschef ist. Im p. R. wird meist auch ein →Parlament gewählt, dem gegenüber der Präsident jedoch nicht verantwortlich ist, d. h., er kann nicht durch das Parlament abgewählt werden, da er nicht aus ihm hervorgeht, sondern eine eigene →Legitimation durch seine Direktwahl besitzt. Im Gegenzug hat der Präsident nicht das Recht der →Parlamentsauflösung. Die →Regierung ist allein dem Präsidenten und nicht dem Parlament gegenüber verantwortlich. →Legislative und →Exekutive sind damit institutionell streng voneinander getrennt. Der Präsident als Spitze der Exekutive hat im p. R. nicht das Recht der →Gesetzesinitiative, sondern kann lediglich ein →Veto gegen die Gesetzentwürfe des Parlaments einlegen. Klassisches Beispiel für ein p. R. ist das politische System der USA.

Präsidialkabinett. Allgemein ein Regierungskollegium, das nicht dem →Parlament, sondern dem →Präsidenten gegenüber verantwortlich ist (→Präsidentielles Regierungssystem). Im engeren Sinne steht P. für die drei Kabinette in der Endzeit (1930–1933) der →Weimarer Republik, als die jeweiligen Reichskanzler ohne feste parlamentarische Mehrheiten mithilfe von →Notverordnungen des Reichspräsidenten regierten.

Präsidialsystem →Präsidentielles Regierungssystem.

Prävention (von lat. *praevenir* = zuvorkommen). Eine Handlung, die eine als gegeben empfundene Gefahr, vorzeitig abwenden soll, um den vermuteten negativen Folgen vorzubeugen. →Präventivkrieg.

Präventivkrieg (Präventivschlag). Militärischer Akt (→Militär), der einem vermuteten Angriff des Gegners zuvorkommen soll. In der Argumentation des Angreifers werden P. als quasi vorweggenommene →Verteidigung gerechtfertigt, da der bevorstehende Angriff des Gegners hochwahrscheinlich sei. Von den Kritikern des P. wird angeführt, dass sich unter diesen Voraussetzungen fast jeder →Angriffskrieg als Verteidigungskrieg umdeuten ließe. So wurde z. B. der dritte Golfkrieg 2003 als P. bezeichnet, da er eine angebliche Bedrohung durch Massenvernichtungswaffen des Irak beseitigen sollte. Mitunter wird auch innenpolitisches, meist polizeiliches Vorgehen gegen die organisierte Kriminalität als Präventivschlag bezeichnet. →Krieg.

Preisindex. Von amtlichen Stellen (z. B. vom Statistischen Bundesamt) errechnete statistische Messzahl, die Auskunft über durchschnittliche

Preisveränderungen in verschiedenen Bereichen der Wirtschaft erlaubt. So gibt z. B. der Preisindex der Lebenshaltung (Index der Verbraucherpreise) die Entwicklung der Preise für Güter und Leistungen des täglichen Bedarfs wieder. Errechnet wird er anhand eines Warenkorbs (der neben Waren auch Dienstleistungen und Nutzungen umfasst) für eine Gruppe von Haushalten, die nach Personenzahl und sozialer Stellung repräsentativ für die Gesamtbevölkerung sind.

Premierminister (Premier). Bezeichnung für den i. d. R. vom →Parlament gewählten führenden →Minister bzw. →Regierungschef, z. B. in Frankreich und Großbritannien.

Premierministersystem. →Regierungssystem, in dem der →Premierminister eine hervorgehobene Stellung innehat.

Presse (von lat. *pressus* = gepresst). Untergruppe der →Massenmedien. Der Begriff der P. umfasst alle periodisch erscheinenden Publikationen, die durch Druckverfahren entstanden sind (Zeitungen und Zeitschriften, die sog. Printmedien), und schließt auch deren Produktion, Distribution und Redaktion mit ein. Die P. entstand Ende des 18. Jh. in Europa. Anfangs war sie v. a. ein politisches Kampfinstrument des →Bürgertums gegen die Herrschaftsform des →Absolutismus. Die →Pressefreiheit wurde in Deutschland bis weit in das 19. Jh. hinein durch staatliche →Zensur behindert. Erst mit der Reichsverfassung von 1871 wurde die Zensur abgeschafft. In der Folgezeit entwickelte sich die P. zu dem hauptsächlichen Medium der →Kommunikation zwischen Politikern und der breiten →Öffentlichkeit; sie wird deshalb auch als sog. vierte Gewalt neben →Exekutive, →Legislative und →Judikative bezeichnet. Mit dem Aufkommen der elektronischen Medien (Hörfunk, Fernsehen) zu Beginn des 20. Jh. erhielt die P. im Sektor der politischen Meinungs- und Willensbildung erstmals Konkurrenz. Seit dem Aufkommen des Internets in den 1990er-Jahren ging das Anzeigenvolumen in der P. stetig zurück und viele Zeitungen müssen seither starke Einschnitte hinnehmen. Dennoch ist die freie P. nach wie vor zugleich wichtige Voraussetzung und Kennzeichen von freiheitlich-demokratischen Regierungssystemen. In der BR Dtl. ist die →Pressefreiheit durch Art. 5 GG grundrechtlich geschützt.

Presse- und Informationsamt der Bundesregierung (Bundespresseamt). Oberste →Bundesbehörde, die die Öffentlichkeit über die Arbeit der →Bundesregierung informiert, aber auch Mitgliedern der →Bundesregierung zur Information über wichtige Ereignisse in der Welt zur Verfügung steht. Das Amt ist dem Bundeskanzler direkt unterstellt und wird von einem Sprecher der Bundesregierung geleitet.

Pressefreiheit. Teilbereich der →Meinungsfreiheit, der sich auf →Presse, Rundfunk und Film bezieht. Die P. schützt dabei nicht nur das Recht der freien Meinungsverbreitung in Wort, Schrift und Bild, sondern auch den Bestand der →Presse bzw. des Pressewesens sowie die Informationsbeschaffung. In der BR Dtl. ist die P. durch Art. 5 GG als →Grundrecht geschützt. Ihre Grenzen findet die P. an den allgemeinen Gesetzen.

Pressuregroup →Interessenverband.

Primaries →Vorwahlen.

Primat der Politik. Schlagwort für die Unterordnung aller anderen Gruppen und Bereiche (z. B. Wirtschaft, Gesellschaft, Militär, Kirchen) unter die →Politik.

Privatisierung. 1. Umwandlung oder Veräußerung öffentlichen Vermögens in Privateigentum, v. a. durch die Überführung von staatlichen Unternehmen in Privatbesitz. P. basiert auf einer Überzeugung des →Liberalismus, nach welcher der Staat zugunsten privater Unternehmen aus der Wirtschaft zurückgedrängt werden soll. Beispiele für die P. öffentlicher Einrichtungen in der BR Dtl. sind die Umwandlung der Deutschen Bundesbahn in die →Deutsche Bahn AG und die Umwandlung der Deutschen Bundespost zur →Deutschen Post AG. Eine außergewöhnlich breite Form der P. vollzog die →Treuhandanstalt, die die volkseigenen Unternehmen der ehemaligen DDR in privatwirtschaftliche Verhältnisse überführte. 2. Übertragung von Tätigkeiten, die ehemals von staatlichen Einrichtungen erfüllt wurden an private Firmen. Hierbei handelt es sich v. a. um Aufgaben wie den Aufbau bzw. Erhalt von Bauwerken oder die Abfallbeseitigung.

Privatrecht (Zivilrecht). Im Gegensatz zum →Öffentlichen Recht derjenige Teil des Rechts, der die Beziehung der einzelnen, gleichberechtigten Mitglieder einer Gesellschaft (→Bürger) untereinander regelt. Auch privatwirtschaftliche Verbände oder Gesellschaften fallen unter das P. Es gilt das Prinzip der Gleichordnung derer, die am Rechtsverhältnis beteiligt sind. Im P. gilt die Privatautonomie, d. h. das Recht des Einzelnen, seine Rechtsverhältnisse durch Verträge frei zu gestalten. Wichtigstes Gesetzeswerk des P. ist in der BR Dtl. das →Bürgerliche Gesetzbuch (BGB). Zum P. gehören neben dem bürgerlichen Recht, dem Arbeits- und dem Handelsrecht auch Gebiete wie das Gesellschafts-, Wertpapier- und Urheberrecht.

Produktionsverhältnisse. Alle Verhältnisse und gesellschaftlichen Beziehungen, die Menschen bei der Produktion, beim Austausch und bei der Verteilung von →Gütern eingehen (→Arbeit). Dabei setzen die P. die →Produktivkräfte innerhalb eines Gemeinwesens frei. Der →Marxismus geht davon aus, dass die P. von den Eigentumsverhältnissen (→Eigentum) geprägt werden, die wiederum durch rechtliche Regelungen fixiert sind, um v. a. das →Kapital zu schützen.

Produktivität. Allgemein Begriff für den Ertrag bzw. das Ergebnis wirtschaftlicher Leistungen. In der Volkswirtschaftslehre bezeichnet P. das Verhältnis zwischen den eingesetzten Produktionsfaktoren (z. B. →Arbeit, →Kapital) und dem Produktionsergebnis. Damit gibt die P. Auskunft über die →Effizienz von Produktionsprozessen. Meist wird die P. als Verhältniszahl ausgedrückt.

Produktivkräfte. Alle einem Gemeinwesen innerhalb ihres Ordnungsrahmens und ihrer →Produktionsverhältnisse zur Verfügung stehenden technischen, organisatorischen wie auch geistig-wissenschaftlichen Ressourcen, die zur Steigerung des →Bruttosozialproduktes verwandt werden können. Denkbare P. sind also z. B. Bodenschätze, Maschinen, v. a. jedoch gut ausgebildete und motivierte Menschen. Im →Marxismus gilt der Konflikt zwischen P. und →Produktionsverhältnissen als Ursache für gesellschaftliche Umbrüche.

Professionalisierung. Allgemein die Entwicklung einer ehemals ehrenamtlich oder privat ausgeübten Tätigkeit zu einem Beruf (Profession). Im politikwissenschaftlichen Gebrauch steht P. für eine Tendenz in der historischen Entwicklung der →Parteien und Politiker: Machten sich früher ehrenamtliche Akteure aufgrund ihres Weltbildes und ihres gesellschaftlichen Standes für eine politische Richtung stark, entwickelte sich im 20 Jh. durch die Vergütung mit →Diäten der sog. Berufspolitiker.

Prognose (von griech. *prognosis* = Vorhersage). In der →Politikwissenschaft Bezeichnung für eine wissenschaftlich gestützte Vorhersage. Sie basiert auf in der Vergangenheit oder in der Gegenwart erhobenen Daten und bedient sich wissenschaftlicher Methoden und Verfahren. Die bekannteste P. ist die Wahlprognose, bei der man anhand von Umfragen unter einem ausgewählten Teil der Wahlberechtigten auf das Verhalten der gesamten Wahlbevölkerung schließen will.

Proklamation (von lat. *proklamare* = ausrufen). Allgemein eine öffentliche Bekanntmachung oder Erklärung. Im engeren Sinne wird von P. gesprochen, wenn es um die Gründung oder Bekräftigung eines neuen →Staates oder um die Einsetzung einer neuen

Regierungsform geht (z. B. P. des Staates Israel oder P. der Weimarer Republik). Im →Völkerrecht bezeichnet P. eine förmliche Erklärung über Absichten oder Auffassungen eines Staates, die sich auf ein zwischenstaatliches Thema bezieht, und nicht unbedingt eines bestimmten Adressaten bedarf, sondern sich generell an die Staatengemeinschaft richtet.

Proletariat (von lat. *pro oles* = diejenigen, die nur Nachkommen hervorbringen). Allgemein die Bezeichnung für die unterste, meist besitzlose →Schicht der →Bevölkerung. Im antiken Rom wurde die nicht steuerpflichtige und nicht wehrdienstfähige Schicht als P. bezeichnet. Mit der →Industrialisierung und dem Aufkommen der Frühsozialisten wird P. zum Begriff für die →Klasse der lohnabhängigen →Arbeiter. Sie sind zwar frei, jedoch darauf angewiesen, ihre Arbeitskraft als Ware anzubieten. Im →Marxismus ist das P. der klassenbewusste Teil der →Arbeiterklasse, dem die führende Rolle im Kampf (→Klassenkampf) gegen den →Kapitalismus zugeschrieben wird. Nach den Vorstellungen des →historischen Materialismus folgt der Überwindung des Kapitalismus die Übergangsphase der „Diktatur des P.", die schließlich in der klassenlosen Gesellschaft mündet. Der Begriff des P. ist heute durch die Entwicklung der →Industriegesellschaften hin zu sozial ausdifferenzierten →Dienstleistungsgesellschaften zunehmend unbrauchbar geworden.

Propaganda (von lat. *propagare* = ausbreiten). Manipulative (→Manipulation) Überzeugungsarbeit mittels Medien o. a. öffentlichkeitswirksamer Mittel zur Verbreitung einer bestimmten politischen, religiösen oder sonstigen Botschaft. Im Unterschied zu kurzfristiger politischer Werbung ist P. auf eine lang anhaltende Bewusstseinsbildung angelegt, um Menschen zu bestimmten Handlungen zu bewegen. P. wird v. a. von →autoritären und totalitären Regimen angewendet, um sich die Unterstützung der →Bevölkerung zu sichern oder Massen zu führen.

Proporz (von lat. *proportio* = Verhältnis). P. bezeichnet das Prinzip der Sitz- und Ämterverteilung nach dem Verhältnis der zahlenmäßigen Stärke von Parteien, Interessen-, Volks- oder Religionsgruppen.

Proporzdemokratie. Form der →Demokratie, in der alle wichtigen politischen sowie gesellschaftlichen Kräfte an der politischen Willensbildung beteiligt sind und die wichtigen öffentlichen Positionen und →Ämter nach der zahlenmäßigen Stärke (→Proporz) der →Parteien bzw. Interessengruppen verteilt werden. Der Weg der Entscheidungsfindung ist in der P. daher nicht nach dem →Mehrheitsprinzip geregelt, sondern wird durch Verhandlungen beschritten. Als Nachteil der P. wird der relativ lange Entscheidungsfindungsprozess angeführt. Durch die Beteiligung aller relevanten Kräfte gelten die getroffenen Entscheidungen jedoch als höchst stabil. Das Gegenteil der P. ist die →Konkurrenzdemokratie.

Protektionismus (von lat. *protegere* = schützen). Gesamtheit der handelspolitischen Maßnahmen, die ein →Staat unternimmt, um einzelne Wirtschaftsbereiche des eigenen inländischen →Marktes vor ausländischen Anbietern zu schützen. Das kann durch die Bevorzugung inländischer bzw. durch die Benachteiligung ausländischer Produkte und Dienstleistungen geschehen (z. B. durch →Zölle, Quoten und →nichttarifäre Handelshemmnisse). Drohen inländische Wirtschaftskrisen wächst die Neigung zum P. Die Gegenposition zum P. bildet die Forderung des →Freihandels. Der Abbau von P. ist ein zentrales Ziel der →WTO.

Protektorat (von lat. *protegere* = schützen). Schutzherrschaft über ein Gebiet oder einen ganzen Staat, der einige Teile seiner →Souveränität nicht mehr ausüben kann oder soll (z. B. Landesverteidigung, Außenvertretung). Daher ist das Protektoratsgebiet selbst nicht mehr vollständig autonom (→Autonomie); Teile der →Außenpolitik des Staates werden von einem anderen Staat bzw. einem Staatenbund übernommen. Im →Kolonialismus wurden Kolonien mitunter beschönigend als P. bezeichnet. Mitunter können neben Staaten auch zwischenstaatliche oder suprastaatliche Organisationen die Verwaltung eines P. annehmen. So gilt der Kosovo momentan als NATO-Protektorat (→Kosovokrieg).

Protokoll. 1. In den →Internationalen Beziehungen bezeichnet das P. die Niederschrift der Ergebnisse von zwischenstaatlichen Verhandlungen oder internationalen Konferenzen. 2. In der →Diplomatie steht P. für die Regeln, die aus Gepflogenheiten und Gewohnheiten entstanden und z. B. während Staatsbesuchen einzuhalten sind (z. B. Kleider- und Tischordnung).

Putsch (schweiz. = Knall, Stoß). Bezeichnung für einen gewaltsamen Umsturz bzw. den Versuch, eine →Regierung zu stürzen mit dem Ziel, selbst die →Macht zu übernehmen. Putschisten kommen meist aus den höheren Kreisen des →Militärs, da sie zur Durchsetzung des P. auch die nötigen Gewaltmittel zur Verfügung haben. In der Unterscheidung zum →Staatsstreich handelt es sich bei Putschisten jedoch um Personen und Gruppen, die vorher nicht an der Ausübung der Staatsmacht beteiligt waren.

Q

Qualifizierte Mehrheit. Eine Form der →Mehrheit, die höhere oder andere Anforderungen erfüllen muss als die →einfache, relative oder →absolute Mehrheit. So fallen z. B. die →Zweidrittelmehrheit oder die besonderen Mehrheitserfordernisse bei einigen Entscheidungen des →Rates der Europäischen Union unter den Begriff der q. M. So gilt seit der →EU-Erweiterung, dass eine q. M. des Rates der Europäischen Union mindestes 232 von 331 Stimmen der Mitgliedsstaaten und zudem der Zustimmung der Mehrheit der Mitgliedsstaaten bedarf. Außerdem kann auf Antrag eines Mitgliedsstaates überprüft werden, ob durch diese q. M. mindestens 62 % der EU-Bürger repräsentiert sind, andernfalls ist der Ratsbeschluss gescheitert.

Quorum. Mindestanzahl oder -prozentsatz von anwesenden Mitgliedern oder abgegebenen Stimmen, die für die Gültigkeit einer →Abstimmung notwendig sind. In den →Landtagen und im →Deutschen Bundestag müssen mindestens 50 % der →Abgeordneten anwesend sein, um wirksame Entscheidungen treffen zu können. Auch bei →Volksentscheiden gibt es i. d. R. ein Q., das eine gewisse Mindestbeteiligung der Wahlberechtigten vorschreibt. Ein Q. wird geschaffen, um zu verhindern, dass sich unter bestimmten Umständen extreme Minderheitenpositionen durchsetzen lassen.

Quote. 1. In der →Statistik eine in Prozent angegebene Beziehungsgröße (z. B. Arbeitslosenquote). 2. Medienwissenschaftlich bezeichnet Q. den Anteil der →Bevölkerung oder Medienbesitzer, die ein bestimmtes Medium zu einer bestimmbaren Zeit wahrgenommen haben (z. B. die sog. Einschaltquote). 3. Politisch steht Q. oftmals für das Ziel, den Anteil einer als unterrepräsentiert geltenden Bevölkerungsgruppe (z. B. Frauen, Jugendliche, ältere Menschen) in einem Entscheidungsgremium (→Quotenregelung) zu erhöhen.

Quotenregelung. Bevorzugte Behandlung von bestimmten gesellschaftlichen Gruppen bei der Verteilung von öffentlichen →Ämtern, Rechten, Funktionen und Sitzen, um eine bestimmte Zusammensetzung von →Institutionen und →Gremien zu erreichen. Die Q. ist der Versuch, das Problem der →Diskriminierung aufgrund bestimmter Merkmale (z. B. Geschlecht, ethnische Herkunft, körperliche Beeinträchtigung) zu verringern. Die bekannteste Q. ist die sog. Frauenquote.

R

Radikalenerlass →Extremistenbeschluss.

Radikalismus (von lat. *radix* = Wurzel). Ursprünglich eine Einstellung, die politische, soziale und wirtschaftliche Probleme von Grund auf (von der Wurzel her) aufarbeiten will. Heute ein kompromiss- und rücksichtsloses Denken, das sich in einer intoleranten, bis zum Äußersten gehenden Einstellung gegenüber anderen (besonders demokratischen) →Werten offenbart und sich in der Befürwortung von Gewalt zeigen kann. Radikalistische Haltungen können sowohl bei politisch rechtsgerichteten als auch bei linksgerichteten Personen, Gruppierungen oder Parteien beobachtet werden. Der Begriff R. wird weitestgehend synonym mit →Extremismus verwandt.

RAF →Rote-Armee-Fraktion.

Rahmengesetzgebung. In der BR Dtl. Bundesgesetze (→Gesetz), die den jeweiligen Rechtsbereich nicht vollständig regeln, sondern nur die Grundzüge bestimmen. Die detaillierten Regelungen sind der Entscheidung der →Bundesländer vorbehalten (→konkurrierende Gesetzgebung). Das Recht zur R. leitet sich aus dem Art. 72 GG her. In den Bereichen →öffentlicher Dienst (Beamtenrechtsrahmengesetz), in grundsätzlichen Fragen der →Hochschulpolitik (Hochschulrahmengesetz) sowie in Fragen des Wasserhaushalts und der →Raumordnung hat der Bund die Rahmenkompetenz.

Rasse. Begriff aus der Biologie für Untergruppen von Arten, die sich anhand vererblicher Merkmale voneinander abgrenzen lassen (Merkmalsdivergenz). Im 19. und frühen 20. Jh. war R. in Bezug auf →Gesellschaften eher ein an Kultur, Lebensraum und Sprache angelehnter Begriff. Politisch problematisch wird die Bezeichnung dann, wenn sich eine ethnische Gruppe (→Ethnie) gegenüber einer anderen kulturell überlegen fühlt, und dies in Unterdrückung und Gewalt offenbart (→Rassismus). Die →UNESCO hat deshalb 1952 empfohlen, den Begriff R. durch „ethnische Gruppe“ zu ersetzen.

Rassentrennung →Segregation.

Rassismus. Ideologisch (→Ideologie) geleitete politische Theorie und Lehre, die die eigene →Rasse als kulturell hochwertiger beurteilt als eine andere oder alle anderen Rassen. Die Unterschiede zwischen den Rassen werden im R. als unveränderbar und angeboren (also auf biologisch-anthropologischen Ursachen beruhend) verstanden. Diese Überzeugung hat politische wie soziale →Diskriminierungen zur Folge. Mitunter dient der R. als vermeintliche →Legitimation von →Herrschaft über andere Menschengruppen, indem diese als minderwertige Rasse bezeichnet werden. So geschehen im →Nationalsozialismus, in dem eine schwere Ausprägung des R. zur Unterdrückung der Juden und letztendlich zum →Holocaust führte. R. wurde auch als Rechtfertigung von →Kolonialismus und →Imperialismus herangezogen.

Rat der Europäischen Union ((Europäischer) Ministerrat). →Organ der →Europäischen Union mit Sitz in Brüssel, in dem jeweils die einzelnen Fachminister (z. B. Finanz-, oder Landwirtschaftsminister) der Mitgliedstaaten zusammenkommen. Der R. d. EU hat gemeinsam mit dem →Europäischen Parlament die →Gesetzgebungskompetenz in der EU und trägt wesentlich dazu bei, die Grundsatzentscheidungen des →Europäischen Rates in konkrete →Politik umzusetzen. Da der R. d. EU dabei nach wie vor das Hauptgewicht der europäischen →Gesetzgebung trägt, ist er neben dem Europäischen Rat das zentrale Organ zur Vertretung der nationalen Interessen der Mitgliedsländer. Er stimmt über die Vorlagen der →Europäischen Kommission ab, setzt →Recht in Form von →EU-Richtlinien und →EU-Verordnungen um und übernimmt die Beschlussfassung im Bereich der →gemeinsamen Außen- und Sicherheitspolitik. Die Entscheidungen des R. d. EU werden je nach Materie entweder nach dem →Einstimmigkeitsprinzip getroffen oder sie bedürfen einer →qualifizierten Mehrheit bzw. einer einfachen Mehrheit unter den Mitgliedstaaten. Der Vorsitz des Rates wird von jeweils einem Mitgliedstaat übernommen und wechselt im halbjährlichen Turnus.

Rat für gegenseitige Wirtschaftshilfe (RGW; engl.: *Council For Mutual Economic Assistance*, COMECON). 1949 als Gegenstück zum Europäischen Wirtschaftsrat (EWR, engl. OEEC) gegründete →Organisation der Ostblockstaaten zur Förderung der wirtschaftlichen Zusammenarbeit. Mitglieder des RGW waren: UdSSR, Bulgarien, DDR, CSSR, Kuba, Mongolei, Polen, Rumänien, Ungarn und Jugoslawien. Der RGW wurde 1991 nach dem Zusammenbruch des →Ostblocks aufgelöst.

Rätedemokratie (Rätesystem). Auf der Idee der →direkten Demokratie basierendes →Regierungssystem, bei dem die →Herrschaft von Räten ausgeübt wird, die unmittelbar vom →Volk gewählt werden. Ziel ist es, dass zuvor unterprivilegierte Schichten wie →Arbeiter und Soldaten als Räte die Macht übernehmen können. Die direkt vom Volk beauftragten Räte wählen wiederum Bevollmächtigte für die nächsthöhere Ebene. An der Spitze des →Staates steht der Zentralrat. Auf jeder Ebene besitzen die weisungsgebundenen Räte richterliche, ausführende und gesetzgebende Gewalt. Eine →Gewaltenteilung ist nicht vorgesehen.

Rathauspartei. Politische Vereinigung, die örtlich stark verwurzelt und deren Wirkungskreis auf eine →Gemeinde beschränkt ist. Kennzeichnend ist ihr orts- und bürgernahes Politikverständnis und die lokale Bekanntheit ihrer Kandidaten. Sie gilt nicht als politische →Partei im Sinne von Art. 21 GG.

Ratifikation (von lat. *ratification* = Bestätigung). Verfahren, das völkerrechtliche Verträge (→Völkerrecht) bestätigt und gültig macht. Ein entsprechender Vertrag wird erst dann wirksam, wenn das →Parlament seine Zustimmung gegeben hat und die verantwortliche →Regierung bzw. das →Staatsoberhaupt den Vertrag durch Unterzeichnung bestätigt hat. Anschließend werden die Ratifikationsurkunden zwischen den →Staaten ausgetauscht und hinterlegt.

Rationalisierung. Umgestaltung eines bestehenden Prozesses bzw. alle Maßnahmen mit dem Ziel, die →Effizienz zu steigern, z. B. durch die Neugestaltung von Arbeitsprozessen, die menschliche Arbeitskräfte durch Maschinen ersetzt. Auf der einen Seite befürworten Unternehmen die Möglichkeit, durch R. ihre →Produktivität zu steigern; auf der anderen Seite kritisiert die Volkswirtschaft die Steigerung der →Arbeitslosigkeit.

Rationalismus (von lat. *ratio* = Vernunft). Philosophische Strömung, die die Vernunft des Menschen und ihren Gebrauch zur Erkenntnis der Wirklichkeit als entscheidendes Kriterium ansieht. Damit steht der R. im Gegensatz zum Empirismus, der sich auf sinnlich wahrnehmbare Erfahrungen stützt. Das Zeitalter der R. war die →Aufklärung.

Raumordnung. Sämtliche Maßnahmen, die der Gestaltung eines Staatsgebietes dienen. Dazu zählt die Erstellung von Plänen, die die Nutzung (z. B. als Industrie- oder Wohngebiet) und die Aufteilung regeln. Ziel der Raumordnungspolitik der BR Dtl. ist es, „eine räumliche Struktur mit überall gleichen Lebens- und Arbeitsbedingungen für die Menschen zu erhalten bzw. zu schaffen“ und außerdem eine sinnvolle →Infrastruktur aufzubauen.

Reaktion. Politische Einstellung, die an vergangenen und überholten politischen, gesellschaftlichen oder wirtschaftlichen Verhältnissen und/ oder Weltanschauungen festhalten möchte. Ein Reaktionär wendet sich bewusst gegen Neuerung und Fortschritt.

Realismus. Theoretische Richtung innerhalb der →Politikwissenschaft, die sich in ihrer klassischen Ausprägung auf die Grundannahme stützt, dass sich →Staaten in einem permanenten Überlebenskampf untereinander befinden und die →Außenpolitik wesentlich durch diesen Faktor bestimmt wird. Die →Internationalen Beziehungen werden demzufolge durch →Anarchie bestimmt, woraus sich wiederum ergibt, dass sich der R. v. a. mit staatlicher →Macht als dem wichtigsten Faktor in der →Politik beschäftigt. Staaten werden dabei als ein einheitliches Gebilde angesehen (vereinfacht gesagt: Alles ist Außenpolitik.). Seit dem Ende des Kalten Krieges ist die Bedeutung dieses Theorieansatzes ein wenig zurückgegangen; mit dem →Neorealismus ist aber eine abgewandelte Form des R. weiter von hoher Bedeutung in der politikwissenschaftlichen Diskussion.

Realpolitik. Politikverständnis, das von den realen Gegebenheiten und den daraus resultierenden Möglichkeiten als Grundlage für politisches Handeln ausgeht (Politik des Möglichen). R. ist auf schnelle Entscheidungen ausgerichtet und strebt eine breite Akzeptanz in der öffentlichen Meinung an.

Realunion. Vereinigung zweier oder mehrerer Länder, die anders als eine →Personalunion nicht nur durch ein gemeinsames →Staatsoberhaupt, sondern auch durch gemeinsame →Institutionen (z. B. →Verwaltung, →Außenpolitik) begründet ist. Die Mitgliedstaaten behalten ihre staats- und völkerrechtliche Selbstständigkeit (→Souveränität). Beispiele für eine R. sind Schweden-Norwegen (1815–1905) und die Monarchie Österreich-Ungarn (1867–1918).

Rebellion. Aufstand oder Widerstand gegen eine bestehende Herrschaftsgewalt (z. B. →Regierung) als Ausdruck der Unzufriedenheit. R. sind häufig gewaltsam, können aber auch ohne Gewaltmittel erfolgen.

Recall →Abberufung.

Rechnungshof. →Organ der Finanzkontrolle, das die Haushalts- und Wirtschaftsführung sowie die →Effizienz der öffentlichen →Verwaltung kontrolliert und nur gegenüber dem →Gesetz verantwortlich ist. In der BR Dtl. gibt es einen →Bundesrechnungshof sowie je einen R. in den jeweiligen →Bundesländern.

Recht. 1. Objektives R.: alle →Normen, die die Ordnung eines →Staates, die Beziehung zwischen Individuen untereinander und zwischen ihnen und den staatlichen →Institutionen regeln. Unterschieden wird dabei das Privatrecht, das den Umgang zwischen Gleichrangigen betrifft (Bürgerliches R., Handelsrrecht- und Arbeitsrecht), das öffentliche R., das das Verhältnis zwischen einzelnen und übergeordneten Institutionen (Staat, Kommune) regelt, sowie das internationale →Völkerrecht. 2. Subjektives R.: die Berechtigung, die das objektive R. einer Person zugesteht (wie z. B. das R., Besitz zu haben). Im Unterschied zu sozialen Normen können R. vom Staat durch Zwangsmittel durchgesetzt werden.

Recht auf Arbeit. Das R. a. A. bezeichnet das allgemeine →Menschenrecht, sich seinen Beruf frei wählen zu dürfen und menschenwürdig arbeiten zu können (Art. 23 der Allgemeinen Erklärung der Menschenrechte); es gilt aber nicht als das individuelle Recht auf einen Arbeitsplatz.

Rechtsaufsicht. Kontrolle, die von übergeordneten →Behörden gegenüber untergeordneten Behörden ausgeführt wird und sich auf die Einhaltung von Rechtsvorschriften beschränkt.

Rechtsbehelf. Sämtliche juristischen Mittel zur Verwirklichung eines →Rechts im Gerichtsverfahren, z. B. →Revision, →Berufung oder Beschwerde. →Rechtsmittel.

Rechtsextremismus. Politisch radikale (→Radikalismus) Richtung von Gruppen und Organisationen, die sich in einer anti-demokratischen, anti-egalitären und anti-pluralistischen Haltung offenbart und sich außerdem in der Gegnerschaft zur Verfassung zeigt. R. ist v. a. durch →Rassismus und Ausländerfeindlichkeit gekennzeichnet, der sich auch in Gewaltanwendungen ausdrücken kann. In diesen Bestrebungen ist der R. vergleichbar mit dem →Neonazismus und →Neofaschismus. Ist eine →Partei nach Einschätzung der Bundesbehörden dem R. zuzurechnen, kann ein Verfahren zum →Parteienverbot gegen sie eingeleitet werden.

Rechtsmittel. →Rechtsbehelf, durch den erreicht werden kann, dass ein gerichtliches Urteil durch eine höhere Instanz überprüft und gegebenenfalls korrigiert wird. Wichtig bei der Einlegung von R. ist die Beachtung von spezifischen Fristen und Formen. Die gängigsten R. sind Beschwerde, →Berufung und →Revision.

Rechtspopulismus. Form des →Populismus, die sich meist in wohlhabenden europäischen Ländern ausgeprägt hat. Rechtspopulistische Parteien verstehen sich als Bewegungen, die angeblich „verkrustete" Strukturen aufbrechen und der „schweigenden Mehrheit" zu einer Stimme verhelfen wollen. Der R. unterscheidet sich vom →Rechtsextremismus dadurch, dass der R. die Existenz, die Verfasstheit und die Regeln des demokratischen Staates zumindest offiziell nicht bekämpfen will oder verneint, sondern versucht, sie für sich nutzbar zu machen. Ein Beispiel für die Partei des R. war die FPÖ (→Freiheitliche Partei Österreichs) in Österreich unter der Führung von J. Haider.

Rechtsprechende Gewalt →Judikative.

Rechtsradikalismus →Rechtsextremismus.

Rechtsstaat. →Staat, im dem alle staatliche →Gewalt an →Recht und →Gesetz gebunden, d. h. in dem die Staatstätigkeit durch die Rechtsidee bestimmt ist. Aus diesem Prinzip zieht der R. seine →Legitimität. Zugleich ist die öffentliche Gewalt in einem R. verpflichtet, die für alle Einwohner geltende Rechtsordnung gemäß den Vorschriften der →Verfassung durchzusetzen. Ein zentrales Element des R. ist daher die Garantie der →Grundrechte, an die alle staatliche →Herrschaft gebunden ist und die die persönlichen →Freiheiten der →Bürger vor ungerechtfertigten staatlichen Eingriffen schützt. Die gesamte Rechtsordnung eines R. gilt für alle Bürger in gleichen Maßen (Rechtsgleichheit). Die sog. Rechtssicherheit garantiert im R. die Vorhersehbarkeit des staatlichen Handelns, so kann der Staat z. B. keine rückwirksamen Gesetze oder Einzelfallgesetze erlassen. Darüber hinaus ist der R. durch das Prinzip der →Gewaltenteilung und die Unabhängigkeit der Gerichte gekennzeichnet. Der Schutz des Bürgers vor staatlicher Willkür im R. zeigt sich auch darin, dass jeder Bürger das Recht hat, den →Rechtsweg zu beschreiten und gegen staatliche Entscheidungen →Rechtsmittel einzulegen, sofern er glaubt, eine staatliche Instanz habe nicht nach den Vorschriften der Verfassung und der Gesetze gehandelt und ihn dadurch in seinen Rechten verletzt. In der BR Dtl. ist das Rechtstaatsprinzip in Art. 20 III GG festgeschrieben. Rechtsstaatlichkeit ist eine unabdingbare Voraussetzung für →Demokratie.

Rechtsverordnung (Verordnung). Eine R. ist eine staatliche Vorschrift, die im Gegensatz zu →Gesetzen nicht von der → Legislative verabschiedet, sondern von der →Exekutive (Regierung, Ministerien, Verwaltung) erlassen wird. Eine R. ergänzt Gesetze, ersetzt sie aber nicht; sie dient meist der akuten oder punktuellen Nachbesserung. Eine R. darf nicht gegen Gesetze verstoßen (sog. Gesetzesvorrang). In der BR Dtl. dürfen gemäß Art. 80 GG die →Bundesregierung, die →Bundesministerien und die Regierungen der Länder nur R. erlassen, sofern sie dazu durch ein Gesetz des →Parlaments ermächtigt worden sind.

Rechtsweg. Zugang der Bürger zur →Gerichtsbarkeit. Nach Art. 19 IV GG steht jedem →Bürger, der sich durch die öffentliche →Gewalt in seinen Rechten (→Recht) verletzt fühlt, der R. offen, um Rechtsschutz zu ersuchen (Rechtsweggarantie). Das Institut der Rechtsweggarantie ist Bestandteil des →Rechtsstaats.

Redefreiheit. Das →Recht, seine Meinung frei und ohne Angst vor Repressalien äußern und verbreiten zu dürfen. Die R. ist Teil der →Meinungsfreiheit.

Redistributivpolitik. Bezeichnung für eine →Politik der Umverteilung von Vermögen, →Einkommen oder Ressourcen. Mittels finanz- bzw. sozialpolitischer Regelungen soll dabei ein Ausgleich von ökonomischen und gesellschaftlichen Ungerechtigkeiten (→Gerechtigkeit) erreicht werden.

Referendum (von lat. *referre* = zurück bringen). Begriff für verschiedene Formen des →Volksentscheids. In einem R. wird im Nachhinein vom →Volk über einen Beschluss des →Parlaments entschieden, z. B. ob ein →Staat der →EU beitritt bzw. die europäische →Verfassung anerkennt. In der BR Dtl. fällt das →Volksbegehren nicht unter den Begriff des R., es ist vielmehr oftmals die Voraussetzung für eine Volksabstimmung. →Direkte Demokratie.

Referendumsdemokratie. Form der →Demokratie, in der die →Bevölkerung an einer Vielzahl der politischen Entscheidungen direkt über →Referenden beteiligt wird, wie z. B. in der Schweiz. →Direkte Demokratie.

Reform (lat. *reformare* = umgestalten). Bezeichnung für die gewaltlose, planvolle Veränderung bzw. die schrittweise Neuordnung in einem oder mehreren Bereichen der →Politik. R. zielen darauf ab, vorhandene gesellschaftliche Missstände zu verbessern oder grundlegende Änderungen einer politischen Ordnung vorzunehmen. Im Gegensatz zur →Revolution bedient sich die R. legaler Mittel, wird i. d. R. aus dem politischen Entscheidungszentrum heraus initiiert und nimmt einen evolutionären Verlauf. Beispiele für R. sind z. B. die berühmten Sozialreformen Bismarcks und die sog. →Agenda 2010.

Reformismus. 1. Im Allgemeinen das politische Vorhaben, die →Gesellschaft durch →Reformen umzugestalten. 2. Im Besonderen die Aktionslinie im demokratischen →Sozialismus, die auf eine →Revolution verzichtet und Veränderungen der kapitalistischen →Wirtschaftsordnung (wie z. B. der →Klassengesellschaft) mittels Reformen erreichen will.

Reformstaaten →Transformationsstaaten.

Regierbarkeit. Terminus aus der →Politikwissenschaft, der nach der generellen Regelbarkeit und Durchsetzbarkeit von getroffenen Entscheidungen in →Gesellschaften fragt. Der Begriff R. untersucht damit z. B. das Maß der Billigung von →Gesetzen in einem →Staat und damit die tatsächliche Leistungsfähigkeit von demokratischen →Regierungen. Die Diskussion um die mögliche oder unmögliche R. von pluralistischen

(→Pluralismus) Gesellschaften führte teilweise zu Forderungen nach →Deregulierung.

Regierung (von lat. *regere* = lenken, herrschen). Oberstes Kollegium eines →Staates, das ihn lenkt und beaufsichtigt. Die R. ist die zentrale Instanz in einem →politischen System und stellt die Spitze der →Exekutive dar. Der Raum, den die R. gestalten kann, sowie der dazu zu beschreitende Weg, hängt von der Form des →Regierungssystems ab. In →Demokratien erhalten R. ihre →Legitimation durch →Wahlen.

Regierungsbezirk. Staatliche Verwaltungsebene, die in den meisten Ländern der BR Dtl. zwischen den →Landkreisen und den →Bundesländern steht. Ihnen steht ein →Regierungspräsident vor. Die Aufgabe der R. sind meist nicht zentral zu steuernde Verwaltungsaufgaben, die von der Landesregierung an die jeweiligen R. übergeben werden. Im Zuge der Gebietsreformen in den 1960er- und 1970er-Jahren sowie seit dem Jahr 2000 wurden in der BR Dtl. immer mehr R. aufgelöst.

Regierungschef. Umgangssprachliche Bezeichnung für den verantwortlichen Leiter einer →Regierung. In der BR Dtl. ist der R. der →Bundeskanzler. In den →Bundesländern wird der R. →Ministerpräsident genannt, in den Stadtstaaten wird er als Regierender Bürgermeister bezeichnet. Der R. ist in vielen →Demokratien vom →Staatsoberhaupt zu unterscheiden, im →präsidentiellen Regierungssystem sind diese beiden Funktionen allerdings in einer Person vereinigt (z. B. →Präsident der USA).

Regierungserklärung. Gewöhnlich eine Darlegung der geplanten →Politik nach der Bildung einer neuen →Regierung am Anfang einer →Legislaturperiode. Die R. wird durch den →Regierungschef vor dem →Parlament abgegeben. An die R. schließt sich eine parlamentarische Aussprache an, die von der →Opposition traditionell zur Kritik der Regierungspolitik genutzt wird. Eine R. kann auch während der Regierungszeit zu besonders wichtigen Ereignissen oder Änderungen der Politik abgegeben werden. R. sind für die Regierung rechtlich nicht bindend.

Regierungspräsident. Der leitende →Beamte eines →Regierungsbezirks. Gleichzeitig ist der R. der Vertreter der Landesregierung im Regierungsbezirk.

Regierungsrat. 1. In der BR Dtl. Amtstitel für einen höheren Verwaltungsbeamten. 2. In der Schweiz Bezeichnung für die →Regierung eines →Kantons.

Regierungssystem (Regierungsform). Begriff aus der →Politikwissenschaft, der die formale Ausgestaltung, die Funktionsweisen und die Beziehungen der staatlichen →Organe beschreibt. Damit ist der Begriff mit dem des →Politischen Systems verwandt. Wichtig für die Einteilung der verschiedenen R. ist die Stellung des →Parlaments sowie die Kompetenzen des →Staatsoberhauptes und des →Regierungschefs. Das R. ist meist in der →Verfassung festgeschrieben. Wichtigste demokratische R. sind das →präsidentielle R., das →semipräsidentielle R. und das →parlamentarische R.

Regime (von franz. *régime* = Herrschaft). Im Allgemeinen eine Regierungs- oder Herrschaftsform (→Regierung; →Herrschaft). Heute wird R. v. a. als abwertende Bezeichnung für nicht legitimierte, diktatorische (→Diktatur) bzw. totalitäre (→Totalitarismus) →Regierungssysteme verwendet.

Regionalismus. 1. Bezeichnung für das Bestreben, eine Region innerhalb eines →Staates zu stärken und ihre Interessen und Eigenarten zu betonen. R. äußerst sich oftmals in Vorstellungen von →Autonomie oder im Ziel der Abspaltung der Region von einem Staat (→Separatismus). Diese Bewegungen sind meist Protestbewegungen und agieren auf subnationaler Ebene. Bestrebungen des R. gibt es u. a. im Baskenland in Spanien, auf Korsika, das politisch zu Frankreich gehört, und in Südtirol. 2. In den →Internationalen Beziehungen ist R. ein Ausdruck für die regionale Zusammenarbeit einzelner Staaten (z. B. →Arabische Liga).

Regionalpolitik. Sammelbezeichnung für alle Maßnahmen der →Raumordnungspolitik, deren Ziel es ist, über finanzielle oder politische Regelungen (Städtebau, Ausbau von Infrastruktur u. a.) die wirtschaftliche Kraft der Regionen untereinander auszugleichen und damit die →Gleichheit der Lebensverhältnisse in der BR Dtl. zu wahren (Art. 72 II GG). Diese Gleichstellung versuchen die verschiedenen Ebenen der bundesdeutschen Politik durch Umverteilung und →Subventionen zu erreichen, um damit strukturschwache Regionen zu stärken. Auch die →EU betreibt in starkem Maße R., in dem sie u. a mithilfe von →EU-Strukturfonds versucht, die ökonomischen Differenzen zwischen den Mitgliedstaaten auszugleichen. R. impliziert immer ein Geflecht von Akteuren auf Bundes-, Länder-, Kommunen- und gegebenenfalls EU-Ebene (→Politikverflechtung).

Regulative Politik. Staatliches Handeln, das wirtschaftliche Akteure durch ordnungspolitische Maßnahmen (→Ordnungspolitik) und Eingriffe in den →Markt gezielt beeinflussen soll. Die r. P. will durch gesetzliche Ge- bzw. Verbote effiziente Märkte schaffen oder einzelne Marktsegmente stärken. Die Kritiker dieser →Politik fordern hingegen einen

Rückzug des →Staates aus der Wirtschaft (→Deregulierung).

Reichstag. 1. Bezeichnung für das →Parlament z. B. in Dänemark, Finnland, Japan und Schweden. 2. Im Heiligen Römischen Reich waren im R. die Vertreter der Reichsstände versammelt, die ihre Interessen gegenüber dem Kaiser bis zum Ende des Heiligen Römischen Reiches (1806) vertraten. 3. Im Norddeutschen Bund (1867–1971), im Deutschen Reich (1871–1918) und in der →Weimarer Republik (1918–1933) repräsentierte der R. das →Volk. In der Weimarer Republik war der R. gesetzgebende Gewalt und kontrollierte die Reichsregierung. Im Dritten Reich (1933–1945) bestand der R. weiter, hatte de facto jedoch keine →Rechte mehr. 4. Das Gebäude in Berlin, in dem der R. des Kaiserreiches und der Weimarer Republik seinen Sitz hatte und das seit 1999 auch wieder der Sitz des →Deutschen Bundestages ist.

Relative Mehrheit. Nach den Erfordernissen der r. M. gewinnt bei →Wahlen mit mehr als zwei Kandidaten oder Anträgen derjenige Wahlvorschlag, der die meisten Stimmen auf sich vereinen kann. Im Gegensatz zur →absoluten Mehrheit müssen dies folglich nicht mindestens 50 % der abgegebenen Stimmen sein. Stehen nur zwei Kandidaten bzw. Anträge zur Wahl, entspricht die r. M. der einfachen Mehrheit.

Religion (von lat. *religio* = Gottesfurcht, Heiligkeit, Gewissenhaftigkeit). Sammelbegriff für verschiedene Arten von Denk- und Glaubenssystemen, die die Grenze des vom Menschen sinnlich Erfahrbaren überschreiten (sog. transzendentale →Systeme). I. d. R. wird eine Beziehung zwischen Mensch und Gott bzw. mehreren Gottheiten gesetzt. Anhänger einer R. gehen davon aus, dass das nicht Erfahrbare als solches nicht wahrgenommen werden kann, es jedoch existent ist und seine Handlungen erfahrbar und auf den Menschen gerichtet sind. R. sind meist mit einem mythologischen Denkgebäude versehen, das den Ursprung der Welt und die Stellung des Menschen in ihr erklärt. Darüber hinaus verfügen R. i. d. R. über organisatorische Strukturen, eigenständige Institutionen und grundlegende Glaubensschriften. Die Berührungspunkte zwischen R. und →Politik sind vielschichtig. →Konflikte gibt es z. B. mit religiösen Gruppen, welche die staatlichen →Autoritäten nicht anerkennen, da sie diese als weltlich verstehen und damit unterhalb der vermuteten göttlichen →Macht ansiedeln. Religiöse Wertvorstellungen, v. a. des Christentums, haben in vielfältiger Form Eingang gefunden in die →Verfassungen und →Gesetze der westlichen →Industriegesellschaften. Mitunter gibt es →Parteiensysteme und →Gewerkschaften, die sich an R. und Konfessionen binden und die jeweiligen Wertevorstellungen (→Wert) vertreten.

Religionsfreiheit →Glaubens-, Gewissens- und Bekenntnisfreiheit.

Rente. Bezüge im Ruhestand aus der gesetzlichen →Rentenversicherung. Neben der Altersrente gibt es in der BR Dtl. auch die Erwerbsminderungs- und die Hinterbliebenenrente. Die Zahlung der R. erfolgt durch den jeweiligen Versicherungsträger. Ihre Höhe bemisst sich nach der →Rentenformel.

Rentenformel. Formel, nach der die Höhe der individuellen →Rente aus der gesetzlichen →Rentenversicherung berechnet wird. Entscheidend sind dabei sind die eingezahlten Beiträge, die Beitragszeit, die Art der Rente sowie der aktuelle Rentenwert. Der aktuelle Rentenwert ist der Betrag, der einer monatlichen Rente eines Durchschnittverdieners für ein Jahr entspricht und der von der →Bundesregierung jährlich neu festgelegt wird. Die R. lautet: persönliche Entgeltpunkte (in welchem Umfang die Person versichert war) mal Rentenartfaktor mal aktueller Rentenwert = Monatsrente brutto.

Rentenversicherung. Eine vom →Staat getragene gesetzliche Pflichtversicherung, die als Teil der →Sozialversicherung die Altersversorgung v. a. für unselbstständig Beschäftigte (→Arbeiter, →Angestellte, Auszubildende, Wehr- und Zivildienstleistende) nach ihrer Erwerbstätigkeit garantieren soll. Sie wird durch die Beiträge der Versicherten und deren →Arbeitgebern, die jeweils für 50 % des Rentenbeitrags aufkommen, und Zuschüsse des →Bundes finanziert. Die Höhe der Rente bemisst sich nach der →Rentenformel. Ziel ist die Sicherung des Lebensstandards, der im Erwerbsleben erreicht wurde. Eine →Rente wird fällig beim Erreichen bestimmter Altersgrenzen sowie bei Invalidität. Allerdings dient sie auch der Existenzsicherung bei Berufsunfähigkeit sowie beim Tod des Versicherten zur Versorgung seiner Hinterbliebenen. Die erste R. wurde in der BR Dtl. bereits 1889 vom deutschen →Reichstag verabschiedet. 1957 wurde das System der Rentenanpassung eingeführt, das die Entwicklung des Lohn- und Preisniveaus zugrunde legt und entsprechend die Erhöhung der Rente festsetzt (sog. dynamische Rente). Träger der gesetzlichen R. (GRV) sind seit 2005 der Deutsche Rentenversicherung Bund, die Deutsche Rentenversicherung Knappschaft-Bahn-See und die 22 Landesversicherungsanstalten. Die R. ist als Teil des →Generationenvertrages gedacht, der beinhaltet, dass die momentan berufstätigen Versicherten die Beiträge für die derzeitigen Rentner aufbringen. Neben den Leistungen der gesetzlichen R. spielen auch die betriebliche und die private R., die eine spezielle Form der Lebensversicherung ist, eine wichtige Rolle im System der Alterssicherung. Da die Bevölkerungsentwicklung in der BR Dtl. jedoch rückläufig ist und dadurch mehr alte Menschen einer beständig kleiner werdenden Zahl von jungen Menschen gegenüberstehen, wird das System der R. in der BR Dtl. in seiner bisherigen Form zunehmend in Frage gestellt.

Reparationen (von lat. *reparare* = wieder herstellen). Bezeichnung für die im Völkerrecht festgelegte finanzielle oder auf Sachleistung beruhende Wiedergutmachung, die ein im →Krieg besiegtes Land für angebliche oder tatsächliche Kriegsschäden an das siegreiche Land zu zahlen hat. R. bieten die Möglichkeit, die Kosten des Krieges dem Verlierer des Krieges aufzuerlegen. Art und Umfang der R. sind meist Gegenstand eines →Friedensvertrages, der den →Konflikt beenden soll. So wurden z. B. von den Siegermächten des Ersten Weltkriegs im Versailler Friedensvertrag von 1919 umfangreiche R. von Deutschland gefordert. Vor dem ersten Weltkrieg wurden R. als Kriegsentscheidungen bezeichnet. Als Rechtsgrund für R. wird die völkerrechtswidrige Kriegseröffnung angegeben.

Repräsentantenhaus. In den USA stellt das R. die zweite Kammer des amerikanischen →Kongresses dar. Es hat 435 Sitze und gehört damit gemessen an der Bevölkerungszahl zu den kleinsten →Parlamenten der Welt. Gewählt wird es in geheimer und gleicher →Wahl nach dem Prinzip der →relativen Mehrheit in Wahlkreisen. Die Amtsdauer der Abgeordneten im R. beträgt zwei Jahre. Alle gewöhnlichen Bundesgesetze der USA müssen vom R. und →Senat gleichlautend verabschiedet werden. Der →Präsident kann diesen →Gesetzen zustimmen. Tut er dies nicht, muss für eine Verabschiedung eines Gesetzes in beiden Kammern eine namentliche →Abstimmung stattfinden, bei der das Veto des Präsidenten mit →Zweidrittelmehrheit überstimmt werden kann. Zu den Aufgaben des R. zählt darüber hinaus auch die Kontrolle der →Regierung und der →Verwaltung.

Repräsentation (von lat. *repraesentare* = darstellen). Bezeichnung für ein Prinzip der Vertretung, das an Verfahren der →Legitimation gekoppelt ist. In der →Politik spricht man von R. bei der rechtlichen bzw. verfassungsmäßig autorisierten Ausübung von Herrschaftsfunktionen durch Volksvertreter, so genannten Repräsentanten oder →Abgeordnete. Durch →Wahl werden sie mit einem freien oder imperativen →Mandat beauftragt. →Repräsentative Demokratie.

Repräsentationspartei. Bezeichnung für einen v. a. im 19. Jh. vorherrschenden Parteientypus (→Partei), der meist nur kurz vor den Wahlen in Erscheinung trat, um v. a. die Wähler zu mobilisieren, ihre Stimme für bestimmte Einzelpersonen abzugeben. R. sind relativ lose zusammengeschlossen, verfügen i. d. R. nicht über einen eigenständigen Parteiapparat und implizieren ein geringes Maß an →Fraktionsdisziplin.

Repräsentative Demokratie. Bezeichnung für eine Form der indirekten →Demokratie, in der die →Volkssouveränität durch die Vergabe von →Mandaten an Volksvertreter (→Abgeordnete) ausgeübt wird. Die Abgeordneten und damit das gesamte →Parlament erhalten ihre →Legitimation durch die direkte →Wahl und treffen ihre Entscheidungen repräsentativ für das ganze →Volk. Die Vertreter sind aber souverän (→Souveränität) und nicht rechtlich an Aufträge der Wähler gebunden. Kritiker der r. D. bemängeln, dass das →Volk nur durch die Wahl der Repräsentanten an den Entscheidungen der →Politik beteiligt ist und fordern mehr Partizipationsmöglichkeiten im Sinne der →direkten Demokratie. Ihre Fürsprecher betonen, dass politische Entscheidungen in der r. D. zügiger und preisgünstiger getroffen werden. Die verbreitetesten Formen der r. D. sind die →parlamentarische Demokratie und das →präsidentielle Regierungssystem. Beispiele für eine r. D. sind die BR Dtl. und die USA.

Repressalie (von lat. *reprimere* = zurückdrängen). 1. Im Allgemeinen das Ausüben von Druck oder die Verneinung bzw. Beugung von bestimmten →Rechten ohne →Legitimation. 2. Im Völkerrecht bezeichnet R. die i. d. R. angemessene Reaktion eines Landes auf ein erlittenes Unrecht, das es durch die rechtswidrige Handlung eines anderen Landes erfahren hat. Als R. gelten z. B. →Boykott, →Embargo, das Einfrieren von Guthaben und die zeitweise Nichterfüllung von Verträgen.

Repression (von lat. *reprimere* = zurückdrängen). 1. Im Allgemeinen Unterdrückung oder Verdrängung ohne moralische Handhabe oder ausreichende →Legitimation. 2. Soziologischer Begriff, der das Unterdrücken eines Individuums durch bestimmte, meist verdeckte Absichten der →Gesellschaft bezeichnet und damit im Gegensatz zur →Emanzipation steht. 3. Im politischen Sinn wird der Begriff zumeist verwendet, um die illegitime, z. T. gewaltsame Unterdrückung der persönlichen →Freiheiten, Interessen und Bedürfnisse durch eine autoritäre Staatsmacht (→autoritärer Staat) zu beschreiben.

Republican Party (Republikanische Partei). Neben der →Democratic Party eine der beiden großen →Parteien in den USA, die 1854 gegründet wurde. Sie vertrat primär das kapitalistische →Bürgertum und setzte sich v. a. für die Abschaffung der Sklaverei ein. Heute rekrutiert sich die Wählerbasis der R. P. v. a. aus dem konservativen Milieu und den besser Verdienenden. Die R. P. steht für Abbau des →Staatsinterventionismus und →Deregulierung sowie für die Stärkung der Verantwortung des Einzelnen. Seit dem Jahr 2000 stellt die R. P. mit G. W. Bush den amerikanischen Präsidenten.

Republik (von lat. *res publica* = öffentliche Angelegenheit, Gemeinwesen). →Regierungssystem, das sich in Abgrenzung zur →Monarchie herausgebildet hat. Grundlegender Gedanke der R. ist, dass die Staatsgewalt vom Volke ausgeht (→Volkssouveränität). In demokratischen R. wählt das Volk seine Vertreter. Allerdings berufen sich auch →Diktaturen auf den Begriff der R. (z. B. Deutsche Demokratische Republik). Als Minimalaussage bezeichnet R. damit nur alle nicht monarchischen Regierungsformen (z. B. →Demokratie; →Aristokratie; →Oligarchie).

Republikaner. 1. Anhänger der Staatsform der →Republik; ehemals wurde der R. damit als Gegensatz zum Monarchisten verstanden. 2. Die politische →Partei Die Republikaner (REP), die 1983 in der BR Dtl. gegründet wurde und als rechtspopulistische Protestpartei Ende der 1980er-Jahre erhebliche Wahlerfolge vor allem in →Landtagswahlen verzeichnen konnte. Sie selbst verwehrt sich gegen den Vorwurf des →Rechtsextremismus; dennoch wurde die mittlerweile in der politischen Bedeutungslosigkeit versunkene Partei Anfang der 1990-Jahre vom →Verfassungsschutz beobachtet. 3. Anhänger der US-amerikanischen Partei →Republican Party.

Resolution (von lat. *resolvere* = wieder lösen, beschließen). Bezeichnung für einen nach einer Debatte oder Verhandlung gefassten Beschluss einer →Gruppe, welcher der → Öffentlichkeit vorgestellt wird. Die bekanntesten R. sind die der →Vereinten Nationen (UN-Resolutionen). Mit einer R. soll eine politische Wirkung erzielt werden; so mahnen z. B. die R. des UN-Sicherheitsrates die Erhaltung des Weltfriedens auf Grundlage der UN-Charta an oder beschließen UN-Missionen in Krisengebieten. R. sind völkerrechtlich bindend.

Ressort (franz. = Bereich). Bestimmte Abteilungen oder Aufgabenbereiche, die meist nach Themen oder Sachgebieten gegliedert sind. In der →Politik wird der Begriff des R. v. a. zur Bezeichnung des Geschäftsbereichs eines →Ministers verwendet.

Ressortprinzip. Regierungsgrundsatz der BR Dtl. (Art. 65 S. 2 GG), gemäß dem die →Minister innerhalb ihres →Ressorts die selbstständigen Leiter und für die von ihnen getroffenen Entscheidungen verantwortlich sind (→Ministerverantwortlichkeit).

Restauration. 1. Allgemeiner Begriff in der Politik für die Wiederherstellung von Grundzügen der alten Herrschaftsordnung und gesellschaftlicher Verhältnisse durch die Wiedereinsetzung alter Machtstrukturen oder -inhaber nach gesellschaftlichen Umwälzungen oder politischen →Revolutionen. 2. Im engeren Sinne bezeichnet R. die Epoche nach dem Wiener Kongress (1814/15), in der in fast allen Ländern Europas versucht wurde, die Resultate der Französischen Revolution wieder rückgängig zu machen und die Kritik am →Feudalismus zu unterdrücken. →Reaktion.

Restriktion. Bezeichnung für Maßnahmen, die bestimmte Personen oder Gruppen in den ihnen eigentlich zustehenden →Rechten beschränken (z. B. Einschränkungen der →Freizügigkeit für Asylbewerber).

Restzahlverfahren →Hare-Niemeyer-Verfahren.

Revanchismus (von franz. *revanche* = Rache). 1. Politik der Vergeltung für tatsächlich oder vermeintlich erlittenes Unrecht. 2. Abfällige Bezeichnung der kommunistischen Propaganda für die Bestrebungen der westlichen Länder, die Folgen des Zweiten Weltkriegs in Europa auf friedliche Weise rückgängig zu machen.

Revision (von lat. *revidere* = wieder sehen; überprüfen). 1. Im Allgemeinen die Änderung eines Vertrages oder einer Verfassung nach eingehender Prüfung. 2. Im Rechtssystem der BR Dtl. bezeichnet R. die Überprüfung eines von einem →Gericht gefällten Urteils durch eine höhere →Instanz. →Rechtsmittel.

Revisionismus. 1. Allgemeine Bezeichnung für das Vorhaben, eine bestehende Rechtsordnung oder einen ausgehandelten völkerrechtlichen Vertrag, der z. B. nach einem Krieg vereinbart wurde, zu ändern oder rückgängig zu machen (v. a. Rückerwerb von Territorium). 2. Im Besonderen die Bezeichnung für eine Strömung des →Marxismus-Leninismus, die im Gegensatz zum revolutionären →Marxismus darauf abzielt, den →Sozialismus auf evolutionärem Wege zu erreichen.

Revolte (engl. *revolt*; franz. *révolte*). Umgangssprachlicher Ausdruck für einen Aufruhr. Im Gegensatz zur →Revolution ist eine kleinere Personengruppe involviert und der Aufstand ist örtlich wie zeitlich meist begrenzt. Die R. richtet sich i. d. R. gegen akute Missstände und setzt Mittel der Gewalt ein. Der Begriff R.

wir oft im Nachhinein für gescheiterte Versuche des politischen Umsturzes oder für den Anfang einer Revolution benutzt.

Revolution (von lat. *revolvere* = zurückwälzen). Radikaler, meist schneller, mitunter gewalttätiger Umsturz der bestehenden politischen und gesellschaftlichen Verhältnisse. Ziel der R. ist es, die politische, wirtschaftliche, gesellschaftliche und kulturelle Ordnung eines →Staates grundlegend umzugestalten, um Missstände und Probleme zu beseitigen. Der Erfolg der R. hängt davon ab, wie viel Unterstützung sie in der →Bevölkerung findet. Politische R. streben v. a. nach der Beseitigung der bisherigen politischen Führer oder Veränderung der bisherigen Machtverhältnisse. Beteiligt sich das →Militär an einer R., spricht man eher von einem →Putsch. Entsteht die R. in Kreisen des Staatsapparates, also unter Personen, die bereits an der →Macht teilhaben konnten, spricht man von →Staatsstreich. Entsteht eine R. aus politischen, wirtschaftlichen oder sozialen Spannungen im →Volk und bricht auch dort aus, wird sie als eine „R. von unten" bezeichnet. Erkennen die Herrschenden diese Spannungen rechtzeitig, kann der R. durch politische Regelungen und Reformen zuvorgekommen werden. Hier spricht man von einer „R. von oben". Im übertragenen Sinn steht der Ausdruck der R. z. T. auch für langwierige und nicht gewaltsame Wandlungsprozesse, die jedoch die Strukturen einer →Gesellschaft ebenfalls tief greifend verändern (z. B. →industrielle Revolution).

Rezession (von lat. *rezessiv* = zurückgehend). R. bezeichnet eine Phase der zurückgehenden Konjunktur, also den Rückgang wirtschaftlicher Aktivität. Kennzeichen der R. sind z. B. steigende →Arbeitslosigkeit und Rückgang der Güterproduktion bzw. des Investitionsumfangs. Im Unterschied zur Depression bezeichnet R. eine kurze überblickbare Phase der Konjunkturabschwächung, die sich meist nur auf bestimmte Bereiche der Wirtschaft erstreckt.

RGW →Rat für gegenseitige Wirtschaftshilfe.

Rheinland-Pfalz →Bundesländer der BR Dtl.

Richter. Unabhängiger Amtsträger bei einem →Gericht, dem die rechtsprechende →Gewalt (→Judikative) anvertraut ist. Als neutrale Person trifft er alleine oder zusammen mit anderen Richtern Entscheidungen über Rechtsstreitigkeiten. Diese juristischen Entscheidungen trifft er anhand von →Gesetzen. Unparteiisch soll der Richter →Gerechtigkeit üben, indem er erkennt, welches Gesetz wie zur Anwendung kommen soll. In diesem Tun ist er an die Gesetze des →Landes, des →Bundes und letztendlich an die →Verfassung gebunden. Die persönliche und sachliche Unabhängigkeit der R. wird durch Art. 97 GG sichergestellt. In der BR Dtl. gibt es hauptberufliche und ehrenamtliche R. Berufsrichter kann nur sein, wer die Befähigung zum Richteramt durch ein rechtswissenschaftliches Studium erworben hat. Ehrenamtliche R. bestücken z. B. das →Schöffengericht.

Richterwahlausschuss. Gremium, das in Zusammenarbeit mit den zuständigen Fachministern der Länder die →Richter der obersten Bundesgerichte beruft. Seine Mitglieder werden vom Bundestag gewählt.

Richtlinienkompetenz. Nach Art. 65 GG das →Recht des →Bundeskanzlers der BR Dtl., die Grundzüge der →Politik verbindlich vorzugeben und die Verantwortung dafür zu tragen. Die konkrete Umgestaltung und Verwirklichung dieser Richtlinien obliegt den →Ministern, die nach dem →Ressortprinzip handeln und an die →Ministerverantwortlichkeit gebunden sind.

Richtungsgewerkschaft. Bezeichnung für →Gewerkschaften mit einer weltanschaulichen oder politischen Motivation. Im Wesentlichen sind kommunistische, sozialistische, christliche und liberale Gewerkschaften zu unterscheiden. Nach dem Zweiten Weltkrieg sind die R. in der BR Dtl. weit gehend den Einheitsgewerkschaften gewichen, die sich an den Berufsgruppen orientieren.

Risikogesellschaft. Vom deutschen Soziologen U. Beck geprägtes Schlagwort. Dem Begriff zufolge ist in der Moderne die Herstellung von Reichtum systematisch mit der Produktion von Risiken für die gesamte →Gesellschaft verknüpft, die nicht mehr durch Sicherheitsvorkehrungen der →Industriegesellschaften kontrolliert werden können. Für Beck zählen zu diesen globalen Risiken u. a. ökologische Gefährdungen (z. B. durch die Risiken der Atomenergie oder globale Umweltverschmutzung) und soziale Risiken (z. B. →Arbeitslosigkeit).

Rotationsprinzip (von lat. *rotare* = drehen). Verfahren, politische Ämter (→Amt) nicht beständig mit derselben Person, sondern in gewissen Zeitabständen neu zu besetzen. Die Idee des R. geht bereits auf die demokratischen Überlegungen der Französischen Revolution zurück. Praktiziert wird das R. in der BR Dtl. von der Partei →Bündnis 90/Die Grünen. Um eine →Ämterhäufung und etwaigen Machtmissbrauch zu verhindern, werden alle Parteiämter in zeitlichen Abständen neu besetzt.

Rote-Armee-Fraktion (RAF). Selbst gewählte Bezeichnung für die linksextremistisch-terroristische (→Linksextremismus; →Terrorismus), aus dem Untergrund operierende Gruppe in der BR Dtl., die sich Ende der 1960er-Jahre innerhalb der →Außerparlamentarischen Opposition um A. Baader und U. Meinhof zusammenfand und sich am 14. Mai 1970 offiziell gründete. Sie wurde in den Medien auch oft als Baader-Meinhof-Bande bezeichnet. Nach dem Vorbild südamerikanischer Widerstandskämpfer (→Guerilla) versuchte die RAF, die politische Grundordnung Nachkriegsdeutschlands durch terroristische Anschläge auf politische und ökonomische Institutionen sowie auf Personen des öffentlichen Lebens zu bekämpfen (Stadtguerilla). Ziel dieser terroristischen Aktivitäten war der Umsturz des herrschenden kapitalistischen Staatssystems. Die RAF warf den kapitalistischen Gesellschaften einen Hang zum →Faschismus, und speziell der bundesdeutschen Regierung einen falschen, ignoranten Umgang mit der nationalsozialistischen Vergangenheit vor. Sie löste dadurch eine breite Diskussion in Deutschland um grundsätzliche Fragen von →Demokratie, Staatsmacht und →Freiheit aus. Man unterscheidet mehrere Generationen der RAF; die Gründungsgeneration war von 1970 bis 1972 terroristisch aktiv; danach wurden die führenden Mitglieder verhaftet. Die zweite Generation steht v. a. für den „Deutschen Herbst" 1977 (z. B. Entführung des Präsidenten des Arbeitgeberverbands, H.-M. Schleyer). Die dritte Generation zeichnete sich bis Mitte der neunziger Jahre für terroristische Taten verantwortlich. 1998 löste sich die RAF endgültig auf. Durch ihre Anschläge und Geiselnahmen wurden 34 Menschen getötet und viele verletzt, auch 20 Mitglieder der RAF starben.

Runder Tisch. 1. Im Allgemeinen die bildliche Bezeichnung für eine Form der Konferenz, in der allen Beteiligten die gleichen →Rechte zukommen und alle gemeinsam über Probleme bzw. die Beilegung von →Konflikten beraten. 2. Im engeren Sinne wurde der Begriff für die Treffen zwischen der Führung der kommunistischen Systeme mit den Regimegegnern bzw. Bürgerrechtlern in der Phase des Zusammenbruchs des →Ostblocks gebraucht (z. B. in Polen und der DDR).

Rundfunk. Bezeichnung für die Verbreitung von Informationen in Form von Bild, Ton oder Text mittels elektromagnetischer Wellen. Der Begriff des R. umschließt also neben Hörfunk u. a. auch Fernsehen, Pay-TV und Videotext. R. ist laut dem Rundfunkstaatsvertrag der Länder für die Allgemeinheit bestimmt. In der BR Dtl. ist der R. seit 1984 als sog. duales System aufgebaut, d. h., es besteht ein Nebeneinander von →öffentlich-rechtlich und privatwirtschaftlich organisierten Programmveranstaltern. →Massenmedien; →Rundfunkpolitik.

Rundfunkpolitik. Teil der →Medienpolitik, der auf den →Öffentlich-Rechtlichen und den privatwirtschaftlichen →Rundfunk ausgerichtet ist. Die R. fällt in den Zuständigkeitsbereich der →Länder.

Rüstung. Alle Mittel, Maßnahmen und Güter, die einen militärischen Zweck erfüllen. So fallen u. a. der Aufbau und der Erhalt von Streitkräften (→Militär) und die Beschaffung von Waffensystemen für den Kriegsfall (→Krieg) unter den Begriff. →Aufrüstung bezeichnet den Ausbau von Streitkräften und Waffen, deren Reduzierung wird dagegen als →Abrüstung bezeichnet.

Rüstungsexport. Bezeichnung für die grenzüberschreitende Lieferung von militärspezifischen Produkten. Hierzu zählen der Export von Uniformen, Transportfahrzeugen, Waffensystemen, Munition und sonstigem militärischem Zubehör. Des Weiteren umfasst der R. die Übermittlung technischer Kenntnisse, z. B. durch entsandte Fachkräfte.

Rüstungskontrolle. Alle Maßnahmen (z. B. Abkommen, Verträge), die dem Ziel der Rüstungsbegrenzung oder der →Abrüstung dienen sollen. →Rüstung; →Rüstungspolitik.

Rüstungspolitik. Staatliche Maßnahmen und Ausgaben, die den angenommenen Bedarf an →Rüstung decken sollen, um so für den Fall eines militärischen →Konflikts gewappnet zu sein. Die eigene R. wird meist als eine Reaktion auf die Rüstung des Gegners verstanden. Gibt es zwei gegeneinander gerichtete →Systeme, kann es zu einem →Rüstungswettlauf kommen. Die R. spielte v. a. im →Ost-West-Konflikt eine bedeutende Rolle.

Rüstungswettlauf (Wettrüsten). Bestrebung von zwei →Staaten, den anderen im Bereich der →Rüstung zu übertreffen mit dem konkreten Ziel, im Falle eines →Krieges auf mehr Ressourcen zurückgreifen zu können oder um potenzielle Angreifer durch das hohe Maß an Rüstung abzuschrecken. Daher wird der R. auch Sicherheitswettlauf genannt. Das permanente Bestreben, die eigene →Sicherheit zu erhöhen, führt jedoch dazu, dass auf die Aufrüstung der einen Seite die Aufrüstung der anderen folgt, sodass beide Systeme sich bildlich in einer sog. Rüstungsspirale befinden. Diese führt i. d. R. auf beiden Seiten zu einer Kostenexplosion in den Verteidigungshaushalten. Die Nato-Staaten, insbesondere die USA, und die sozialistschen Länder des Warschauer Paktes, hier insbesondere die UdSSR, starteten nach dem Ende des Zweiten Weltkrieges einen R. →Rüstungspolitik; →Verteidigungspolitik; →Abrüstung.

S

Saarland →Bundesländer der BR Dtl.

Sachsen →Bundesländer der BR Dtl.

Sachsen-Anhalt →Bundesländer der BR Dtl.

Sachverständigenrat zur Begutachtung der gesamtwirtschaftlichen Entwicklung. Fünf unabhängige Wirtschaftswissenschaftler (auch „die fünf Weisen“ genannt), die jährlich für die →Bundesregierung ein Gutachten über die gesamtwirtschaftliche Entwicklung erstellen. Dabei wird v. a. untersucht, wie die wirtschaftspolitischen Ziele des →Stabilitätspaktes gewährleistet werden können.

Säkularisierung (Säkularisation) (von lat. *saeculum* = Verweltlichung). Übernahme bisher kirchlichen Besitzes durch eine weltliche Macht. Im weiteren Sinne auch die Bezeichnung für die zunehmende Loslösung des Individuums, der →Gesellschaft und des Staates von einem theologisch geprägten Weltbild. Staatstheoretiker haben in diesem Zusammenhang nach einer autonomen Begründung des Staates gesucht (→Legitimation). Der Prozess der S. steht in engem Zusammenhang mit der Betonung der Vernunft des Menschen in der Epoche der →Aufklärung und der →Emanzipation des →Bürgertums.

Sanktion (von lat. *sanctio* = Heilung, Billigung) 1. In der Soziologie Ausdruck für Maßnahmen, die der →Organisation von sozialen Prozessen durch Belohnung (positive S.) oder Bestrafung (negative S.) dienen. Ziel von sozialen S. ist die Einhaltung der gesellschaftlich anerkannten →Normen. 2. Im juristischen Sinn steht S. für die in den →Gesetzen vorgesehenen Maßnahmen, die bei Fehlverhalten des einzelnen →Bürgers ergriffen werden (z. B. Freiheitsstrafe). Sie sollen sowohl als Strafe als auch als abschreckende Wirkung dienen. 3. Im Völkerrecht bezeichnet S. die Maßnahmen eines →Staates bzw. eines Staatenverbundes gegen einen anderen Staat, um diesen zu einer bestimmten Verhaltensweise zu zwingen. Diese S. können politischer (z. B. Nichteinhaltung von Verträgen), wirtschaftlicher (z. B. →Embargo, Einfrieren von Guthaben) oder militärischer Natur (z. B. →Blockade) sein.

Satellitenstaat. Ein kleinerer →Staat, der sich in einem Abhängigkeitsverhältnis (→Abhängigkeit) zu einem größeren Staat befindet. Völkerrechtlich sind S. formal unabhängig (→Unabhängigkeit), de facto werden sie allerdings vom stärkeren Staat, meist einer →Großmacht, dominiert. Als S. wurden v. a. die Staaten des →Warschauer Pakts bezeichnet, da sie politisch, wirtschaftlich und militärisch eng an die Vorgaben und Entscheidungen der UdSSR gebunden waren.

Satzung. Schriftlich fixierte Grundordnung eines Zusammenschlusses. Darin sind die Zuständigkeiten und Angelegenheiten eines öffentlich-rechtlichen oder privatrechtlichen Verbundes rechtlich geregelt. Eine privatrechtliche S. geben sich z. B. →Vereine; öffentlich-rechtliche S. bestehen z. B. in →Gemeinden. Dem Rang nach steht die S. unter dem →Gesetz, d. h., im Zweifelsfall bricht das Gesetz die S.

Schattenkabinett. Eine Gruppe von Politikern, die die →Opposition der Öffentlichkeit im →Wahlkampf präsentiert und die im Fall eines Wahlsiegs das neue bzw. einen Teil des neu zu schaffenden →Kabinetts bildet. Damit soll erstens die Regierungsfähigkeit der Opposition demonstriert und zweitens die Grundzüge der geplanten →Politik in der →Öffentlichkeit vorgestellt werden.

Schattenwirtschaft (Parallelwirtschaft; Untergrundwirtschaft). Umgangssprachlicher Begriff für alle wirtschaftlichen Aktivitäten innerhalb einer Volkswirtschaft, die in keiner Statistik auftauchen. Die S. spielt sich also nicht auf den legalen →Märkten einer Volkswirtschaft ab. Einen großen Teil der S. macht die sog. Schwarzarbeit aus, bei der die Arbeitskräfte von ihren →Arbeitgebern nicht angemeldet werden und damit keine Beiträge zur →Sozialversicherung und keine →Lohnsteuer bezahlen. Aber auch Tätigkeiten im informellen Sektor wie z. B. ehrenamtliche Tätigkeiten, Nachbarschaftshilfe oder selbst geleistete Heimwerkerarbeiten sind der S. im weiteren Sinne zuzurechnen. Durch die S. entstehen jährlich volkswirtschaftliche Schäden in Milliardenhöhe; so wurde das Volumen der S. in der BR Dtl. allein im Jahr 2003 auf ca. 370 Mrd. geschätzt.

Schengener Abkommen. Am 14.6.1985 in Schengen (Luxemburg) geschlossenes internationales Abkommen, dessen Regelungen mit Abschluss des →Amsterdamer Vertrages in das Vertragswerk über die →EU eingingen. Ziele waren der Abbau von Grenzkontrollen sowie eine gemeinsame Sicherheits- und Asylpolitik. Ursprüngliche Mitgliedstaaten waren Belgien, die BR Dtl. Frankreich, Luxemburg und die Niederlande. Ab dem 19.6.1990 kamen Griechenland, Italien, Österreich, Portugal, Schweden und Spanien dazu.

Schichtung (Stratifikation). In der Soziologie bezeichnet S. die vertikale Untergliederung der Mitglieder einer →Gesellschaft nach bestimmten strukturellen Merkmalen (z. B. →Einkommen, Beruf, Bildung, Lebensstil). Die Mitglieder einer Schicht (z. B. Mittelschicht) haben einen ähnlichen gesellschaftlichen →Status. Zwischen den Schichten besteht nach wie vor eine soziale Distanz, die durch bestimmte Denk- und Verhaltensweisen definiert ist und durch diese fortbestehen bleibt. In Gesellschaften, die dem →Leistungsprinzip folgen, kann das Individuum mehr Einfluss darauf nehmen, welcher Schicht es angehört, als in einer Ständegesellschaft (→Feudalismus). →Bevölkerung; →Sozialstruktur.

Schleswig-Holstein →Bundesländer der BR Dtl.

Schlichtung. 1. Einigungsverfahren zwischen →Gewerkschaften und →Arbeitgebern, um ungelöste Tarifverhandlungen zum Ende zu bringen. Wenn mindestens eine Partei die Tarifverhandlungen für gescheitert erklärt, entsenden die beiden Tarifpartner Vertreter in eine Schlichtungskommission. Ein neutraler Vermittler trifft dann einen Schlichtungsspruch, der als Grundlage für einen Kompromiss der Tarifparteien dienen soll (→Tarifautonomie, →Tarifvertrag). 2. Im Völkerrecht bezeichnet S. Maßnahmen, Verfahren und →Institutionen, die der Beilegung von internationalen Konflikten dienen (z. B. →Internationaler Gerichtshof).

Schöffengericht. Ein Gericht, in dem Laienrichter, die sog. Schöffen, allein oder gemeinsam mit Berufsrichtern eine Straftat beurteilen. Schöffen werden auf Vorschlag der Gemeindebehörde berufen. Die Berufung kann nur in wenigen begründeten Fällen abgelehnt werden. Der Schöffe darf bestimmte Berufe nicht ausüben (wie z. B. Polizeivollzugsbeamter), er muss die deutsche →Staatsangehörigkeit besitzen und sollte im Alter von 25 bis 70 Jahren sein. Das S. ist zuständig für Verbrechen und Vergehen, die nicht in den Zuständigkeitsbereich der Land- oder Oberlandesgerichte fallen. Es darf keine höhere Freiheitsstrafe als drei Jahre, keine Sicherungsverwahrung und keine Unterbringung in einer psychiatrischen oder sozialtherapeutischen Einrichtung verhängen.

Schulpflicht. Verpflichtung aller Kinder zu einem Mindestschulbesuch ab einem bestimmten Alter (in der BR Dtl. spätestens nach dem vollendeten sechsten Lebensjahr). Die S. endet mit der Volljährigkeit (18. Lebensjahr). Die allgemeine S. dauert neun bis zehn Jahre. Daran schließt sich bis zur Vollendung des 18. Lebensjahres die Berufsschulpflicht oder der Besuch der gymnasialen Oberstufe an. In der BR Dtl. ist die S. nicht im GG verankert, da sie aufgrund der →Kulturhoheit der Länder in deren Zuständigkeitsbereich fällt (Schulgesetze der Länder). Für die Einhaltung der S. sind die Erziehungsberechtigten verantwortlich.

Schutzzoll. Alle →Zölle, die auf aus dem Ausland eingeführte Waren erhoben werden und das Ziel haben, inländische Produzenten zu schützen. Durch S. soll die Einfuhr von Waren ausländischer Konkurrenzunternehmen zumindest teilweise verringert werden. Die heimischen Produzenten werden dadurch vor einem freien →Wettbewerb geschützt und so in gewisser Weise mit indirekten →Subventionen unterstützt. Das Erheben von Schutzzöllen gehört zur Poitik des →Protektionismus und widerspricht dem Gedanken des →Freihandels.

Schwangerschaftsabbruch (Abtreibung). Bewusster Abbruch einer intakten Schwangerschaft mittels eines ärztlichen Eingriffs. Die Frage nach der Beurteilung und Regelung des S. ist in den meisten →Gesellschaften ein höchst umstrittenes und viel diskutiertes Thema. Im Zentrum der Debatte steht die Frage, wann menschliches Leben beginnt und damit den allgemeinen, unveräußerlichen →Menschenrechten folgend unbedingt geschützt werden muss. Umstritten ist auch, welches Maß an →Selbstbestimmungsrechten und Entscheidungsfreiheit den schwangeren Frauen zusteht bzw. zugestanden werden muss. Die rechtliche Situation in der BR Dtl. gestaltet sich wie folgt: Nach § 218 Strafgesetzbuch ist der S. generell rechtswidrig. Er ist nur unter bestimmten Umständen und sog. Indikationen straffrei. Wird der S. innerhalb der ersten zwölf Wochen der Schwangerschaft verlangt und kann die Schwangere nachweisen, dass sie mindestens drei Tage vor dem Eingriff an einer Schwangerschaftskonfliktberatung teilgenommen hat, ist der Eingriff straffrei (sog. Fristenregelung). Die Schwangerschaftskonfliktberatung, die im Zentrum der Fristenregelung steht, muss staatlich anerkannt sein. Außerdem darf sie nicht von Kliniken vorgenommen werden, in denen S. durchgeführt werden, damit es zu keiner Verquickung von Beratung und finanziellem Interesse kommen kann. Diese Beratung muss grundsätzlich ergebnisoffen geführt werden, soll dabei aber zugleich darauf ausgerichtet sein, die Frau zur Austragung des Kindes zu ermutigen, um das ungeborene Leben zu schützen. Bis zur Geburt ist der S. rechtskonform, wenn Gefahr für das Leben oder eine schwer wiegende körperliche Beeinträchtigung der Mutter besteht (medizinische Indikation), wenn die Schwangerschaft auf ein Sexualdelikt zurückzuführen ist (kriminologische Indikation), wenn die Gefahr einer nicht behebbaren Schädigung des Gesundheitszustandes des Kindes gegeben ist (eugenische Indikation) oder wenn die Schwangere durch die Geburt des Kindes in eine schwerwiegende, nicht zumutbare Notlage gerät (soziale Indikation).

Schweden →Europäische Länder.

Schweiz (offizielle Bezeichnung: Schweizer Eidgenossenschaft; franz. *Confédération suisse;* ital. *Confederazione Svizzera;* lat. *Confoederatio Helvetica).* 1848 gegründeter →Bundesstaat in Mitteleuropa, der sich aus einem Verbund von 20 →Kantonen und sechs Halbkantonen bildet. Auf einer Fläche von 41 285 Quadratkilometern mit Grenzen zu Deutschland, Liechtenstein, Österreich, Italien und Frankreich wohnen etwa 7,3 Mio. Einwohner; die Hauptstadt ist Bern. Die Amtssprachen der Schweiz sind Deutsch, Französisch, Italienisch und Retroromanisch. Die Kantone sind politisch in hohem Maße unabhängig und können viele ihrer Angelegeheiten eigenverantwortlich regeln (ausgeprägter →Föderalismus). Dem →Bund stehen nur die Kompetenzen zu, die ihm in der Bundesverfassung ausdrücklich zugeschrieben sind bzw. die ihm von den Kantonen ausdrücklich übertragen wurden. Die S. unterscheidet sich hinsichtlich ihres →politischen Systems von anderen Staaten v. a. durch den großen Anteil der →direkten Demokratie. Im schweizerischen Gesetzgebungsverfahren spielt das →Referendum eine wichtige Rolle. Verfassungsänderungen und neue Gesetze können durch ein →Volksbegehren bei Zustimmung von mindestens 100000 stimmberechtigten →Bürgern auf den Weg gebracht werden (sog. Volksinitiative). Jede Verfassungsänderung muss grundsätzlich durch einen →Volksentscheid bestätigt werden, ebenso ein Teil der Gesetze. Aufgrund des hohen Maßes an direkter Demokratie wird die S. auch als →Referendumsdemokratie bezeichnet. →Staatsoberhaupt und zugleich Leiter der →Regierung, auch →Bundesrat genannt, ist der →Bundespräsident. Er wird jährlich von der →Bundesversammlung aus der Mitte des →Bundesrates gewählt. Seine Aufgaben als Regierungschef sind vornehmlich repräsentativer Natur; die Regierung ist nach dem →Kollegialprinzip organisiert. Eine Wiederwahl des Bundespräsidenten für aufeinander folgende →Amtsperioden ist ausdrücklich verhindert. Der Bundesrat wird alle vier Jahre von der Bundesversammlung gewählt und besteht aus sieben gleichberechtigten Mitgliedern, die in ihrer Stellung mit den →Ministern in der BR Dtl. vergleichbar sind. Die Bundesversammlung ist das →Parlament der S. und das gesetzgebende Organ. Sie besteht aus zwei Kammern (→Zweikammernsystem), dem →Ständerat und dem →Nationalrat. Der Ständerat umfasst 46 →Abgeordnete, die nach dem →Mehrheitswahlrecht in den Kantonen für vier Jahre gewählt werden. Der Nationalrat setzt sich aus 200 Abgeordneten zusammen, die nach dem →Verhältniswahlrecht ebenfalls für vier Jahre gewählt werden. Das →Parteiensystem der S. ist im wesentlichen von vier →Parteien geprägt: der →Schweizerischen Volkspartei (SVP) mit mittelständischer und bäuerlicher Ausrichtung, der →Sozialdemokratischen Partei der Schweiz (SPS) mit politisch linksgerichteter Ausrichtung, der →Christlich-demokratischen Volkspartei (CVP) mit bürgerlich-konservativer Ausrichtung und der →Freisinnig-demokratischen Partei (FDP) mit liberaler Ausrichtung. Sie stellen traditionell gemeinsam die Regierung (→Konkordanzdemokratie). Die →Judikative auf Bundesebene besteht aus dem Bundesgericht und dem Bundesstrafgericht. Auf internationalem Parkett betont die S. ihre →Neutralität. So gehört sie auch internationalen Zusammenschlüssen wie der →EU nicht an.

Schweizer Kantone. Siehe Seite 314.

Schwellenländer. Bezeichnung für →Staaten, die zwar noch zu den →Entwicklungsländern gehören, sich aber hinsichtlich ihrer Wirtschaftsstruktur von ihnen unterscheiden. Durch wirtschaftlichen Umbau befinden sich die S. in einem Stadium, das sich von der Agrargesellschaft zur →Industrialisierung hinbewegt. Die dadurch entstehenden Spannungen zwischen traditionellen und modernen Parteien können zu politischen Unruhen führen. Der Gegensatz von Arm und Reich ist in S. extrem stark ausgeprägt, außerdem hinkt die soziale Entwicklung dem wirtschaftlichen Fortschritt oftmals hinterher. Als S. werden derzeit u. a. Brasilien, Mexiko, Malaysia und China eingestuft.

Schweizerische Volkspartei (SVP). Seit 1971 Bezeichnung für die Nachfolgeorganisation der Schweizerischen Bauern-, Gewerbe- und Bürgerpartei. Sie ist eine konservative Partei, die der →direkten Demokratie, dem zeitgemäßen →Föderalismus und der sozial-verpflichtenden →Marktwirtschaft anhängt.

SDI →Strategische Verteidigungsinitiative.

SED →Sozialistische Einheitspartei Deutschlands.

Segregation (von lat. *segregare* = absondern). In der →Politik ist mit dem Begriff v. a. die räumliche und soziale Trennung von unterschiedlichen →Gruppen in einer →Gesellschaft gemeint. Dieser Vorgang der S. kann durch den →Staat gefördert oder erzwungen oder von einer Gruppe freiwillig angestrebt werden. S. kann aber auch eine unwillkürliche Ent-

Schweizer Kantone

Verfassung und Zuständigkeitsbereiche der Kantone

Die →Schweiz besteht aus 26 Kantonen, (23 Voll- und 6 Halbkantonen), die Gliedstaaten der Schweizerischen Eidgenossenschaft sind. Der Wille zur regionalen Eigenständigkeit ist in der Schweiz relativ hoch. Alle Kantone besitzen eine eigene →Verfassung, ein eigenständiges Einkammer-Parlament (mit unterschiedlichen Bezeichnungen: Großer Rat, Kantonsrat, →Landrat, →Parlament), das je nach Größe des Kantons 58 bis 200 Sitze hat. Aus ihm geht die jeweilige Kantonsregierung (Regierungsrat, →Regierung, Staatsrat) hervor, die nach Aufgaben, und nicht nach bestimmten →Ressorts gegliedert ist. Die Kantone verfügen darüber hinaus über ein eigenes Gerichtswesen und sind für viele Politikbereiche selbst zuständig, so z. B. für das Schul- und Sozialwesen, das Steuerrecht und den Straßenbau. Die einzelnen K. sind wiederum in →Gemeinden untergliedert (insgesamt: 2 773).

Das Prinzip der direkten Demokratie

Im K. Appenzell Innerrhoden gibt es mit der sog. Landsgemeinde eine Form der →direkten Demokratie, in der sich alle wahl- und stimmberechtigten →Bürger in großen Versammlungen zusammenfinden, um über Änderungen der Verfassung, neue →Gesetze oder Haushaltsausgaben unmittelbar abzustimmen. Auch auf Gemeindeebene ist die direkte Demokratie durch die sog. Gemeindeversammlungen relativ weit verbreitet.

Die einzelnen Kantone

Als die sog. Urkantone werden die Schwyz, Unterwalden und Uri bezeichnet, die sich durch den Rütlischwur 1291 zum sog. Ewigen Bund zusammenschlossen und damit den Grundstein für die Schweizer Eidgenossenschaft legten. Diese besteht heute aus folgenden K.: Aargau, Appenzell (mit den Halbkantonen Appenzell Ausserrhoden und Appenzell Innerrhoden), Basel (mit den Halbkantonen Basel-Land und Basel-Stadt), Bern, Freiburg, Genf, Glarus, Graubünden, Jura, Luzern, Neuenburg, Schaffhausen, Schwyz, Solothurn, St. Gallen, Tessin, Thurgau, Unterwalden (mit den Halbkantonen Nidwalden und Obwalden), Uri, Waadt, Wallis, Zug und Zürich.

wicklung bezeichnen, die durch keine →Institution forciert wird. Ein Beispiel für S. ist die Rassentrennung in den USA, die bis in die 1950er-Jahre die Gesellschaft prägte, bis sie vom Obersten Gerichtshof verboten wurde. Seiher gibt es in den USA →Gesetze, die die →Diskriminierung von afroamerikanischen Bürgern verhindern sollen.

Selbstbestimmungsrecht. 1. Teil der →Menschenrechte, dem zufolge jedem Menschen das →Recht zusteht, sein Leben in eigener Verantwortung und ohne →Interventionen des →Staates frei zu gestalten. In der BR Dtl. ist das S. durch Art. 2 I GG garantiert. Darin wird jedem Menschen das Recht auf die freie Entfaltung seiner Persönlichkeit zugesichert, sofern er dabei nicht die Rechte Anderer, das Sittengesetz oder die Vorschriften der →Verfassung verletzt. In dieser Formel wird das grundsätzliche Spannungsverhältnis zwischen individueller Selbstbestimmung und gesellschaftlicher Verpflichtung zum Ausdruck gebracht. 2. Im Völkerrecht steht der Ausdruck für das in der →Charta der →Vereinten Nationen verankerte Recht von Völkern bzw. Volksgruppen, ihren politischen, wirtschaftlichen, sozialen und kulturellen Status selbst zu bestimmen. Dies beinhaltet u. a. das Recht von Völkern und →Nationen, souveräne Staaten zu gründen, über ihre jeweiligen Territorien frei zu bestimmen und die inneren Angelegenheiten eigenverantwortlich zu regeln. So konnte das S. u. a. zum Ausgangspunkt für zahlreiche Unabhängigkeitsbewegungen bzw. -prozesse werden (→Dekolonisation).

Selbstständiger. Im Unterschied zu →Arbeitern, →Angestellten und →Beamten sind S. nicht-(lohn-)abhängige Erwerbstätige, die ihre Berufstätigkeit auf eigenes finanzielles und soziales Risiko ausüben.

Selbstverwaltung. 1. Im Allgemeinen eine Bezeichnung für die v. a. ehrenamtliche Beteiligung von →Bürgern bei der Erfüllung öffentlicher Aufgaben. 2. Im Staats- und Verwaltungsrecht ist S. ein Ausdruck für die eigenverantwortliche Erledigung öffentlicher Aufgaben durch öffentlich-rechtliche →Körperschaften. Die S. steht damit im Gegensatz zur unmittelbaren Staatsverwaltung durch die staatlichen →Behörden. Das Recht der S. genießen in der BR Dtl. u. a. die Hochschulen, einige Berufs- und →Handwerkskammern sowie die →Industrie- und Handelskammern. Das Recht der →Gemeinden auf kommunale S. ist im GG in Art. 28 II GG garantiert und stellt eine wichtige Voraussetzung für die Verwirklichung des →Subsidiaritätsprinzips dar. Die S. ist ein wichtiges Element der Dezentralisierung (→Dezentralisation) der →Verwaltung.

Selektivität. In der Politikwissenschaft die Bevorzugung oder Benachteiligung eines Teils einer Menge, so werden z. B. die Anhänger der Regierungsparteien in der Regierungspolitik bevorzugt.

Semipräsidentielles Regierungssystem. →Regierungssystem, das sowohl Züge des →parlamentarischen als auch des →präsidentiellen Regierungssystems trägt. Im s. R. ist die Spitze der →Exekutive zweiköpfig: Neben dem vom →Parlament gewählten →Regierungschef hat auch der vom →Volk direkt gewählte →Präsident politische Machtmittel zur Verfügung. Daher treten Präsident und Regierungschef im s. R. in politische Konkurrenz zueinander, insbesondere wenn sie unterschiedlichen →Parteien angehören. Dieser Fall wird in dem s. R. Frankreichs als Kohabitation bezeichnet.

Senat (von lat. *senatus* = Rat der Ältesten). 1. Allgemein eine Versammlung von erfahrenen, älteren →Bürgern. So war der erste S. in der Römischen Republik mit ehemaligen Amtsträgern besetzt, die beratend tätig wurden. 2. Bezeichnung für die →Regierung der Stadtstaaten Berlin, Bremen und Hamburg. 3. In Ländern mit →Zweikammersystem wird z. T. eine →Kammer des →Parlaments als S. bezeichnet, der zumeist eine Volksvertretung gegenübergestellt ist. 4. Im juristischen Sprachgebrauch bezeichnet S. die höheren und obersten Instanzen eines →Gerichts, z. B. die zwei S. des →Bundesverfassungsgerichts. 5. In den USA ist der S. neben dem →Repräsentantenhaus die zweite Kammer des →Kongresses und damit maßgeblich an der →Gesetzgebung beteiligt. Die Mitglieder des S. (Senatoren) werden in den Bundesstaaten direkt für eine Amtszeit von sechs Jahren gewählt. Jeder Bundesstaat der USA entsendet zwei Senatoren.

Senioritätsprinzip (von lat. *senior* = der Ältere). Prinzip, das als Maßstab für Beförderungen und Rangfolgen allein das →Alter heranzieht. Es steht im Kontrast zum →Leistungsprinzip.

Separatismus. Sammelbezeichnung für alle Bestrebungen, die auf die Loslösung eines Gebiets oder einer Teilbevölkerung aus einem Gesamtstaat gerichtet sind. Die Ursache für S. liegt oftmals in der politischen Unterdrückung von Völkern bzw. Volksgruppen und manifestiert sich im Ziel der →Autonomie.

Sicherheit. Zustand, der als gefahrenfrei angesehen wird. S. lässt sich auf einzelne Personen oder auf ganze →Gesellschaften beziehen. Um den Zustand der S. zu schützen oder zu erreichen, werden Sicherheitskonzepte oder Sicherheitspläne erstellt. Der Zustand der S. ist jedoch nur als relativer Zustand denkbar, der immer an einen bestimmten Zeitpunkt und einen bestimmten Ort gekoppelt ist. Wichtig für das Vorhanden- oder Nichtvorhandensein von S. ist die Wahrnehmung von Gefahren. Politisch ist daher die Suggestion von Gefahr eine Möglichkeit, weitere Maßnahmen des →Staates zur Erlangung von S. zu rechtfertigen. →Sicherheitspolitik.

Sicherheitspolitik. Gesamtheit der Maßnahmen eines →Staates oder von einem Zusammenschluss von Staaten, die zur Aufrechterhaltung der →Sicherheit dienen oder zur Abwehr von Gefahren ergriffen werden. Innerhalb der S. wird zwischen innerer und äußerer Sicherheit unterschieden. Innere S. bezeichnet Bestimmungen und Handlungen innerhalb eines Staates, die die →öffentliche S. und Ordnung garantieren sollen (z. B. durch polizeiliche Maßnahmen). In der BR Dtl. fallen diese Maßnahmen in den Zuständigkeitsbereich des →Innenministeriums. Äußere Sicherheit bezeichnet die Verteidigungsfähigkeit eines Staates nach außen, z. B. im Fall einer →Aggression. In der BR Dtl. fallen diesbezügliche Maßnahmen in den Zuständigkeitsbereich des Außen- bzw. Verteidigungsministeriums. Zu den Instrumenten der S. zählt v. a. die bi- und multipolare →Diplomatie. Damit verbunden ist die Mitgliedschaft in Systemen →kollektiver Sicherheit und militärischen →Allianzen. Nach Ende des Zweiten Weltkriegs wurden z. B. die →Vereinten Nationen als globales kollektives Sicherheitssystem geschaffen; dennoch war die S. der meisten Staaten maßgeblich von der feindlichen Bipolarität der beiden →Supermächte USA und UdSSR und deren Allianzen →NATO bzw. →Warschauer Pakt geprägt. Seit Ende des →Kalten Krieges gilt in der BR Dtl. der sog. erweiterte Sicherheitsbegriff. Er hebt darauf ab, dass die S. der Zukunft vermutlich mehrere, vermeintlich kleinere und recht unbekannte Gefahrenquellen (z. B. internationaler →Terrorismus, organisierte Kriminalität) beobachten und bewältigen muss. →Organisation für Sicherheit und Zusammenarbeit in Europa.

Slowakei →Europäische Länder.

Slowenien →Europäische Länder.

Solidargemeinschaft (Solidaritätsprinzip). Gedanke der →Solidarität, der sich im System der →Sozialversicherungen der BR Dtl. niedergeschlagen hat. In einer S. werden die Lasten, unter denen einzelne Personen oder →Gruppen zu leiden haben (z. B. Alter, Krankheitsfall, Not), auf die gesamte →Gesellschaft verteilt. Die S. wird damit durch die Prinzipien des sozialen Ausgleichs und der Umverteilung charakterisiert. Die Bildung von S. ist die Grundlage für alle Systeme der sozialen Sicherung.

Solidarität. Grundprinzip des menschlichen Zusammenlebens, das sich in gegenseitiger Unterstützung und Hilfe äußert. Es wird unterschieden zwischen S. der Gesinnung, S. des Handelns und Interessensolidarität. Die S. der Gesinnung bezeichnet eine unterschwellig vorhandene Form der S., die erst im Falle eines Angriffs zutage tritt. Die S. des Handelns äußert sich in gegenseitiger Hilfsbereitschaft, z. B. in Notsituationen. Interessensolidarität verbindet die Menschen zwar kurzfristig durch eine gemeinsame Motivation, die aber nach dem Erreichen des gemeinsamen Ziels endet. In der →Arbeiterbewegung wurde S. als das gemeinsame Bewusstsein der →Arbeiter verstanden, Akteure einer bestimmten Klasse mit speziellen, zu vertretenden Interessen zu sein.

Spanien →Europäische Länder.

Souveränität (von lat. *superanus* = überlegen). Höchste unabhängige und uneingeschränkte Herrschafts- und Entscheidungsgewalt eines →Staates in der →Innen- und →Außenpolitik. Die innere S. geht in den modernen →Demokratien vom →Volke aus (→Volkssouveränität). Sie wird durch Verfahren der →Legitimation (z. B. Wahl) auf staatliche →Organe übertragen. Zugleich wird die staatliche Machtanwendung insbesondere durch die Grundrechte begrenzt. Im Gegensatz dazu steht die uneingeschränkte S. der Herrscher im Zeitalter des →Absolutismus. Die äußere S. bezeichnet im Völkerrecht die Unabhängigkeit eines Staates von anderen Staaten. Sein Recht zur Selbstbestimmung und eigenverantwortlichen Regelung seiner äußeren und inneren Angelegenheiten wird Staatssouveränität genannt. Die äußere S. eines Staates ist durch das →Völkerrecht und die Übertragung von Hoheitsrechten auf →supranationale Organisationen (z. B. →EU) beschränkt.

Sowjetkommunismus. Besondere Form des →Kommunismus, die von W. I. Lenin geprägt wurde. Im S. wurde mithilfe von →Einheitsparteien sowie →Massenorganisationen die →Herrschaft der →Regierung untermauert.

Sozialabgaben (Sozialbeiträge). Zahlungen, die entweder von →Arbeitnehmern, →Arbeitgebern oder beiden anteilig an die Einrichtungen der →Sozialversicherung zu verrichten sind.

Sozialcharta →Europäische Sozialcharta.

Sozialdemokratie. Internationale politische Strömung, die sich für eine demokratische →Politik einsetzt und diese mit sozialen Zielvorstellungen verbindet, um die Auswirkungen des →Kapitalismus zu vermindern. Die S. wurde daher seit Anfang an vornehmlich von der Arbeiterschaft getragen. Als revolutionäre Bewegung stand die S. im 19 Jh. zunächst dem →Kommunismus nahe. Inhaltlich gab es auch Überschneidungen mit dem →Liberalismus: insbesondere die Forderung nach Freiheitsrechten für den Einzelnen. Dazu kamen soziale Forderungen, die der Verbesserung der Lebenssituation der →Arbeiter dienen sollten. Durch die Prozesse und Folgen der →Industrialisierung, der damit verbundenen Herausbildung einer eigenständigen →Arbeiterklasse und der immer brennender werdenden →sozialen Frage fand die S. in der zweiten Hälfte des 19. Jh. verstärkten Zulauf. Die S. verabschiedete sich zu Beginn des 20. Jh. zunehmend von revolutionären Vorstellungen und wollte soziale Verbesserungen von diesem Zeitpunkt an v. a. mittels legaler →Reformen erreichen. Zugleich entwickelten sich im Laufe des 20. Jh. die sozialdemokratischen Parteien in vielen europäischen Staaten von reinen →Arbeiterbewegungen zu linken →Volksparteien. Diese Entwicklung spiegelt sich auch in den →Parteiensystemen fast aller europäischer Demokratien wieder. Wichtige sozialdemokratische Parteien sind u. a. die →Sozialdemokratische Partei Deutschlands, die britische →Labour Party und die →Sozialdemokratische Partei Österreichs; sie alle werden v. a. von →Arbeitnehmern unterstützt.

Sozialdemokratische Partei der Schweiz (SPS). 1988 gegründete Partei, die sich nach Abspaltung eines radikalen linken Flügels 1921 zu einer sozialreformerischen Partei mit Mitte-Links-Ausrichtung entwickelt hat. Seit 1959 ist sie stärkste Partei im →Parlament.

Sozialdemokratische Partei Deutschlands (SPD). Älteste deutsche →Partei, die aus der →Arbeiterbewegung hervorgegangen ist. 1863 gründete F. Lassalle den Allgemeinen Deutschen Arbeiterverein, aus dem später die Sozialistische Arbeiterpartei Deutschlands (SAP) hervorging. Die SAP gründete sich 1890 neu und nannte sich fortan Sozialdemokratische Partei Deutschlands. Anfangs waren die Zielsetzungen der Partei v. a. von marxistischen (→Marxismus) und sozialistischen (→Sozialismus) Vorstellungen geprägt. Mit der Gründung der →KPD 1919 spalte sich die deutsche Arbeiterbewegung allerdings endgültig in einen revolutionär-kommunistischen (KPD) und einen sozialreformischen, demokratischen Teil (SPD). Nach dem Ersten Weltkrieg wurde die SPD zeitweise stärkste Partei der Weimarer Republik. Unter der Diktatur der →Nationalsozialisten von 1933–45 war die SPD verboten; der Parteivorstand musste sich ins Exil begeben. 1945 wurde die Partei unmittelbar nach dem Zusammenbruch Deutschlands in allen vier →Besatzungszonen neu gegründet. In der sowjetischen Besatzungszone wurde die SPD jedoch 1946 mit der KPD zur →SED zwangsvereinigt und bestand fortan nicht mehr. 1959 erarbeitete die SPD das →Godesberger Grundsatzprogramm, in dem sie sich auch programmatisch endgültig von allen marxistischen Vorstellungen abwandte und sich verstärkt in Richtung einer gemäßigten →Sozialdemokratie orientierte. 1966–69 war die SPD erstmals in der →Großen Koalition an der →Regierung beteiligt. 1969–74 stellte die SPD mit W. Brandt in einer →Koalition mit der →FDP erstmals den →Bundeskanzler. Nach der sog. Guillaume-Affäre übernahm 1975 H. Schmidt das Amt des Kanzlers; er wurde 1982 durch ein →konstruktives Misstrauensvotum gestürzt. Nach 16 Jahren in der →Opposition erlangte die SPD 1998 in einer Koalition mit →Bündnis 90/Die Grünen unter dem Kanzler G. Schröder erneut die Regierungsverantwortung. Die programmatische Ausrichtung der SPD ist heute geprägt von sozialen und ökologischen Zielsetzungen und dem Festhalten an den Prinzipien der →Sozialen Marktwirtschaft.

Sozialdemokratische Partei Österreichs (SPÖ). Zusammen mit der →Österreichischen Volkspartei (ÖVP) eine der beiden relevantesten →Parteien Österreichs. Die SPÖ wurde 1945 als Nachfolgepartei der von den →Nationalsozialisten 1934 zerschlagenen und verbotenen Sozialdemokratischen Arbeiterpartei Österreichs (SDAP) gegründet. Die SPÖ vertritt in ihrem Programm die Ziele der →Sozialdemokratie.

Soziale Bewegungen. Sammelbezeichnung für Aktivitäten, die ein gemeinsames weltanschauliches oder politisches Ziel haben oder Missstände in einer →Gesellschaft beheben wollen. Kennzeichnend für s. B. ist, dass sie nicht zwingend einer Organisationsform bedürfen und spontan zu mobilisieren sind. Jedoch haben sich viele s. B. letztlich doch organisatorisch verselbstständigt (z. B. →Arbeiterbewegung) und sich in Form von →Parteien in →politischen Systemen wiedergefunden.

Soziale Frage. Begriff, der die mit der →Industrialisierung entstandenen Probleme und Nöte v. a der →Arbeitnehmer im 19. Jh. bezeichnet. Die raschen Veränderungen in den sozialen Strukturen dieser Zeit durch die Folgen der Industrialisierung (wie z. B. Landflucht, Bevölkerungsexplosion) führten zu grundlegend veränderten Arbeits- und Lebensbedingungen für die unteren gesellschaftlichen Schichten (→Schichtung). Der Arbeitskräfteüberschuss in den Städten ermöglichte es der Industrie, die Löhne zu drücken, die Arbeitszeiten auszudehnen und die Arbeitsbedingungen zu vernachlässigen. Dies führte zu Frauen- und Kinderarbeit, hohen Zahlen an Arbeitsunfähigen und einer generellen Verarmung und Verelendung der →Arbeiterklasse (sog. Arbeiterfrage). Die Suche nach einer Lösung der s. F. mündete in der Sozialgesetzgebung von O. v. Bismarck, die zum Ausgangspunkt für die Entwicklung des →Sozialstaates werden sollte. Auch die politische →Gleichberechtigung der →Arbeiter (z. B. durch Änderung des Wahlrechts) trug zum Lösen der s. F. bei.

Soziale Marktwirtschaft. Begriff, der seit den späten 1940er-Jahren die Form der →Marktwirtschaft in der BR Dtl. bezeichnet (mitunter auch als „Rheinischer Kapitalismus" bezeichnet). Das wirtschaftspolitische Konzept impliziert die Idee, die freie Marktwirtschaft mit den Prinzipien des →Sozialstaates in Einklang zu bringen. In der s. M. ist zwar die →Freiheit des →Marktes garantiert, jedoch kann der →Staat auf unerwünschte Entwicklungen mit gezielten Eingriffen in den Markt reagieren. In der s. M. legt der Staat gewisse Rahmenbedingungen für die Wirtschaft fest (→Ordnungspolitik). Dadurch versucht er z. B., die Bildung von →Monopolen zu verhindern und die →Chancengleichheit auf dem Markt zu gewährleisten. Durch das in der s. M. wirksame Prinzip des →Sozialstaates werden ungleiche Einkommensverhältnisse zugunsten der sozial Schwachen durch die Systeme der →sozialen Sicherheit auszugleichen versucht. Außerdem steuert der Staat extremen Schwankungen der Konjunktur durch →antizyklische Wirtschaftspolitik entgegen. Durch →Subventionen kann er die extreme Benachteiligung einzelner Wirtschaftszweige oder Regionen mildern und →Arbeitsplätze sichern. Als Vater der s. M. in der BR Dtl. gilt der ehemalige Wirtschaftsminister L. Erhard. →Liberalismus.

Soziale Sicherheit (Soziale Sicherung). →System, das den Menschen in einer →Gesellschaft das →Recht auf ein menschenwürdiges Dasein sichern soll. Dieses System ergibt sich aus Maßnahmen und Regelungen, die Nachteile abfedern sollen, die sich aus →Alter, Unfall, Krankheit, Pflegebedürftigkeit oder →Arbeitslosigkeit ergeben. In der BR Dtl. ist das Ziel der s. S. Teil der →Sozialpolitik und gründet auf dem Prinzip der →Solidargemeinschaft. Die Forderung nach s. S. ist darüber hinaus auch in der UN-Menschenrechtserklärung von 1948 verankert.

Soziale Verteidigung. Schlagwort aus den 1960er- und 1970er-Jahren, das eine Alternative zu →Krieg und militärischen Auseinandersetzungen bezeichnen soll. In den 1980er-Jahren wurden Elemente der s. V. in die →Friedensbewegung integriert. So stellt z. B. →gewaltloser Widerstand oder →ziviler Ungehorsam eine Möglichkeit der s. V. dar. Als eine erfolgreiche s. V. gilt der Widerstand in Norwegen und Dänemark gegen die deutschen Besatzer im Zweiten Weltkrieg sowie der Kampf um die →Autonomie Indiens unter M. Gandhi.

Sozialer Wohnungsbau. Staatlich geförderter Bau von Wohnungen in wirtschaftlich schwachen Gebieten für kinderreiche oder junge Familien, Alte, Alleinstehende und Schwerstbehinderte. Um Missbrauch vorzubeugen, wurde eine Einkommenshöchstgrenze festgelegt. Die dazugehörige gesetzliche Grundlage wurde im zweiten Wohnungsbaugesetz und in den Wohnungsbauförderungsbestimmungen der Länder geschaffen. →Sozialpolitik.

Sozialgerichtsbarkeit. Gerichtsbarkeit, die bei Streitigkeiten auf dem Gebiet des Sozialrechts (Arbeitslosen- und →Sozialversicherung, Kriegsopferversorgung, Kindergeld) zuständig ist. Die erste →Instanz besteht aus 68 Sozialgerichten, die Berufungsinstanz aus 15 Landessozialgerichten. Letztmögliche Instanz zur →Revision ist das →Bundessozialgericht.

Sozialhilfe. Staatliche Hilfeleistung für bedürftige Bewohner in der BR Dtl., die nach dem Bundessozialhilfegesetz geregelt ist. Dem Empfänger soll durch die S. möglich werden, ein menschenwürdiges Leben zu führen (→soziale Sicherheit). Die S. kann als Geld-, Sach- oder Dienstleistung in Anspruch genommen werden; Regelfall ist die Geldleistung. Für die Erteilung der S. ist der Maßstab der Bedürftigkeit von Belang. Hierbei werden Haushalte immer als Einheit betrachtet, unabhängig davon, ob und wie die Haushaltsmitglieder miteinander verwandt sind. Bis Ende 2004 lag der Sozialhilfesatz zwischen ca. 280 und 300 Euro pro Monat, dazu kamen Erstattungen für Kinder und Miete. Seit dem 1.1.2005 sind die S. und die →Arbeitslosenhilfe in der Grundsicherung für Arbeitssuchende (sog. →Arbeitslosengeld II) zusammengefasst.

Sozialisation. Sozial- und verhaltenswissenschaftlicher Begriff, der die gesamte Entwicklung des Individuums durch den Kontakt mit seiner spezifischen sozialen Umwelt bezeichnet (→Interaktion). Am Ende der S., die in der Wissenschaft als Prozess begriffen wird, steht i. d. R. eine Persönlichkeit, die die sozialen →Normen und →Werte der betreffenden →Gesellschaft verinnerlicht hat und ihr Handeln danach ausrichtet. Als politische S. bezeichnet man die persönliche Verarbeitung aller greifbaren oder ideellen Erscheinungsformen von →Politik während der S.

Sozialisierung (Vergesellschaftung, Verstaatlichung). Bezeichnung für die Überführung von Gütern und Produktionsmitteln aus Privatbesitz in das →Eigentum kollektiver gesellschaftlicher Instanzen, zumeist des →Staates. Die S. von Produktionsmitteln wurde v. a. in den kommunistischen Staaten (→Kommunismus) verwirklicht. In der BR Dtl. ist die S. in Art. 15 GG geregelt, die aber nur zum Wohle der Allgemeinheit und gegen Entschädigung möglich ist; ansonsten herrscht Eigentumsgarantie.

Sozialismus. →Politische Theorie, die im 19. Jh. mit dem Auftauchen der →sozialen Frage entstand. Zunächst wurde die Bewegung des S. v. a. von der →Arbeiterbewegung getragen. Die wesentlichen Ziele des S. sind →Gerechtigkeit, →Gleichheit, →soziale Sicherheit, →Solidarität und letztlich die Überwindung oder zumindest die Veränderung des →Kapitalismus. Damit verbunden ist die Forderung des S., den privaten Besitz von Produktionsmitteln in staatliche Hände zu überführen, um so eine gerechte Verteilung des Kapitals und der Erträge zu erreichen (→Sozialisierung). Im →Marxismus wird der S. als eine Übergangsphase zwischen Kapitalismus und →Kommunismus gedeutet. Als „real existierender S." werden die größtenteils diktatorischen Herrschafts- und Regierungssysteme in den ehemaligen Staaten des →Ostblocks nach dem Zweiten Weltkrieg bezeichnet. Diese Bezeichnung sollte die Diskrepanz zwischen der politischen Wirklichkeit in den sozialistischen Ländern und den theoretischen Vorstellungen (→Utopie) des S. zum Ausdruck bringen.

Sozialistische Einheitspartei Deutschlands (SED). Die herrschende →Partei im →Einparteiensystem der ehemaligen →DDR. Sie ging 1946 aus der erzwungenen Vereinigung von →SPD und der →KPD in der sowjetischen Besatzungszone hervor. Ihr Führungsanspruch in Staat, Wirtschaft und Gesellschaft wurde 1968 sogar in der →Verfassung der DDR verankert. Oberstes Gremium der →Kaderpartei SED waren der Parteitag und das →Zentralkomitee, aus dem wiederum das Sekretariat und das →Politbüro hervorgingen. Bis zum politischen Umbruch 1989, auf den die →Wiedervereinigung folgte, beherrschte die SED alle Bereiche des öffentlichen Lebens im östlichen Teil Deutschlands. So war auch der Zugang zum höheren Bildungs- bzw. Berufsausbildungssystem in der DDR an die Mitgliedschaft der Partei gebunden. 1990 benannten die verbleibenden Mitglieder der SED die Partei in SED – Partei des Demokratischen Sozialismus (SED-PDS) um, bevor sie dann als →PDS tituliert wurde.

Sozialistische Internationale (SI). 1951 gegründeter internationaler Zusammenschluss von sozialdemokratischen und sozialistischen →Parteien und →Gewerkschaften. Auf der ganzen Welt gehören ihr 168 Parteien und →Organisationen an. Die SI ging aus den beiden Konferenzen Erste Internationale (1864–72) und Zweite Internationale (1889–1914) hervor. Der größte Erfolg der SI ist die Durchsetzung des ersten Mai als internationaler Tag der →Arbeit.

Sozialistische Reichspartei (SRP). 1949 gegründete Partei, deren Mitglieder größtenteils ehemalige Angehörige der →NSDAP waren. Auch das Parteiprogramm basierte in relevanten Teilen auf dem der NSDAP. Die Parteimitglieder lehnen u. a. die BR Dtl. als Nachfolgestaat des Deutschen Reiches ab. 1951 leitete die →Bundesregierung ein Verfahren des →Parteiverbots gegen die SRP ein. Ein Jahr später wurde sie wegen offener Bezugnahme auf die NSDAP vom →Bundesverfassungsgericht verboten.

Sozialleistungen. Die Gesamtheit der öffentlichen Zuwendungen (Finanz- wie Sach- und Dienstleistungen) an Personen oder private Haushalte zur Beseitigung von →Armut oder sozialer Ungerechtigkeit. →Soziale Sicherheit; →Sozialpolitik.

Sozialpartnerschaft. Organisierte Zusammenarbeit zwischen →Arbeitgebern und →Arbeitnehmern in Österreich. Die S. dient der außerparlamentarischen Konsensbildung zwischen beiden Mitgliedergruppen. Damit ist die S. ein ausgeprägtes Beispiel für die →Konkordanzdemokratie Österreichs.

Sozialpolitik. Sämtliche Maßnahmen der →Politik, die auf →soziale Sicherheit und soziale Gerechtigkeit abzielen. Neben dem →Staat sind auch →Verbände und private →Institutionen wichtige Akteure der S. Konkret geht es der S. um die Verbesserung der Lebens- und Arbeitsbedingungen bis hin zu einem Minimum an →sozialer Sicherheit sowie der Angleichung der Lebenschancen, um so dem Trend zu sozialer Ungleichheit in den →Industriegesellschaften entgegenzuwirken. Instrument der S. sind u. a. die →Renten-, →Kranken- und →Arbeitslosenversicherung sowie die →Sozialhilfe. Darüber hinaus umfasst die S. u. a. auch Ge- bzw. Verbote des Arbeits- und Familienrechts und die Errichtung und den Erhalt von sozialen Einrichtungen.

Sozialprodukt →Bruttoinlandsprodukt.

Sozialstaat. Bezeichnung für einen →Staat, der Institutionen und Strukturen schafft, die soziale Unterschiede in der →Bevölkerung bis zu einem gewissen Grad ausgleichen und für →soziale Sicherheit sorgen. Nach

Art. 20 I und 28 I GG ist die BR Dtl. ein sozialer →Rechtsstaat. Ziel ist die Schaffung sozialer →Gleichheit, um alle →Bürger an gesellschaftlichen und politischen Entwicklungen teilhaben zu lassen. Das Sozialstaatsprinzip beinhaltet die Herstellung und Wahrung der sozialen Sicherheit und der →Chancengleichheit. Daher werden im S. einzelne Personen vor den Folgen von →Arbeitslosigkeit oder -unfähigkeit, Krankheit und Alter geschützt. In vielen westeuropäischen Staaten wurden die sozialstaatlichen Leistungen in den Nachkriegsjahren weit über die Grundsicherung hinaus ausgebaut (→Wohlfahrtsstaat). Aufgrund der zurückgehenden Einnahmen der Staatskassen werden die Leistungen des S. seit den 1990er-Jahren mitunter erheblich beschnitten. →Sozialpolitik; →Staatsziel.

Sozialstruktur (Gesellschaftsstruktur). Soziologischer Grundbegriff, der den inneren und relativ dauerhaften Aufbau einer →Gesellschaft bezeichnet (→Schichtung) und die sozialen →Institutionen, die diesen Aufbau sichern (Familie, Medien, Schulen, Betriebe). In der Untersuchung der S. stehen also eher statische und unveränderliche Aspekte im Mittelpunkt. Im Gegensatz dazu steht der Begriff des sozialen Wandels, der auf die Veränderbarkeit gesellschaftlicher Verhältnisse abzielt.

Sozialversicherung. Sammelbezeichnung für die gesetzlichen Pflichtversicherungen in der BR Dtl., die v. a. zum Schutz der →Arbeitnehmer vor existenzgefährdenden Schäden und Bedrohungen geschaffen wurden. Der Grundstein für die S. in Deutschland wurde bereits in den 1880er-Jahren durch die Bismarck'sche Sozialgesetzgebung gelegt. Heute besteht die S. in der BR Dtl. aus insgesamt fünf Säulen: →Renten-, →Unfall-, →Kranken-, →Arbeitslosen- und →Pflegeversicherung. Im Unterschied zu privaten Versicherungen beruht die S. auf den Gedanken der →Solidargemeinschaft und des →Generationenvertrages. Geschützt werden durch die S. alle →Bürger, die in einem ordentlichen Arbeitsverhältnis stehen, sowie deren Familienangehörige. →Selbstständige und →Beamte werden i. d. R. nicht von der S. erfasst. Der Anspruch auf Leistungen der S. ergibt sich aus den Zahlungen von Versicherungsbeiträgen, die sich →Arbeitnehmer und →Arbeitgeber teilen; manche Leistungen werden jedoch auch unabhängig von den jeweiligen Beiträgen gewährt (Prinzip der →Solidarität). Die Anteile der Arbeitgeber an der S. werden als →Lohnnebenkosten bezeichnet.

Sozialwahl. →Wahl der Selbstverwaltungsorgane von →Sozialversicherungsträgern. Alle sechs Jahre sind die Versicherten zur S. und damit zur →Mitbestimmung über die Arbeit der Sozialversicherung aufgerufen. Die Wahl ist frei und geheim und erfolgt nach den Grundsätzen der →Verhältniswahl.

Sozialwissenschaften (Gesellschaftswissenschaften). Sammelbezeichnung für die Wissenschaften, die die Regeln und Formen des Zusammenlebens der Menschen untersuchen, erklären und theoretisch einordnen. Zu den S. gezählt werden z. B. die →Politikwissenschaft, die Soziologie und die Kommunikationswissenschaft.

Spanien →Europäische Länder.

Spätaussiedler →Aussiedler.

Spätkapitalismus. Kampfbegriff des →Neomarxismus, der die politische und wirtschaftliche Struktur der →bürgerlichen Gesellschaft in ihrem Endstadium benennen soll. Kennzeichen des S. sind zunehmende staatliche →Interventionen und eine wachsende Kapitalkonzentration. →Kapitalismus.

SPD → Sozialdemokratische Partei Deutschlands.

Speaker (engl. = Sprecher). 1. Bezeichnung für den höchsten Parlamentarier und Sprecher des →Repräsentantenhauses in den USA. 2. In Großbritannien der unparteiische →Präsident des englischen →Unterhauses (House of Commons).

Splitterpartei. Eine →Partei, die aufgrund der geringen Zahl ihrer Mitglieder und Wähler kaum eine Rolle in einem →politischen System spielt. Sie ist meist nicht oder nur mit wenigen Sitzen im →Parlament vertreten. Der Einzug von S. ins Parlament wird durch die →Verhältniswahl begünstigt. Eine hohe Anzahl von S. im Parlament können wiederum die Regierungsbildung erschweren. In der BR Dtl. verhindert die →Fünfprozentklausel weitgehend den Einzug von S. in die Parlamente.

Splitting (engl. = Aufteilung). Möglichkeit für den Wähler, seine Stimme auf mehrere vorhandene Optionen aufzuteilen. In der →personalisierten Verhältniswahl spricht man z. B. von S., wenn die Erst- und Zweitstimme für zwei unterschiedliche →Parteien abgegeben werden. →Wahl.

SPÖ →Sozialdemokratische Partei Österreichs.

SPS →Sozialdemokratische Partei der Schweiz.

Staat (von lat. *status* = Zustand, Verfassung). Durch Grenzen bestimmter Raum, in dem Menschen zusammenleben und in dem eine Herrschaftsordnung (→Herrschaft) besteht. Als Begriff der →Politikwissenschaft steht S. für ein verfasstes Gemeinwesen, das über eine souveräne Hoheitsgewalt verfügt, welche das Zusammenleben der →Staatsangehörigen verbindlich über →Gesetze regelt. Zu den konstituierenden Elementen eines S. gehören die →Staatsgewalt, das Staatsvolk (→Staatsangehörigkeit) und das →Staatsgebiet. Weiteres Kennzeichen eines S. ist sein Dasein als Völkerrechtssubjekt, d. h. als Träger von Rechten und Pflichten, die sich aus dem →Völkerrecht ergeben. Im →Rechtsstaat, der heute häufigsten Form des S., ist die staatliche →Macht durch die →Gewaltenteilung auf unterschiedliche Instanzen aufgeteilt.

Staatenbund (Konföderation). Lose Verbindung von Staaten (→Staat), die in bestimmten Politikfeldern (meist →Außen- und →Verteidigungspolitik) zusammenarbeiten und gemeinsame →Organe unterhalten; allerdings bleiben sie unabhängig und bewahren ihre volle →Souveränität. Streng zu unterscheiden ist der S. vom →Bundesstaat. Im Bundesstaat können sich Entscheidungen des →Bundes unmittelbar auf jeden einzelnen →Bürger auswirken. (z. B. in der BR Dtl. eine Entscheidung der →Bundesregierung). Im S. hingegen sind solche Entscheidungen nur rechtlich unverbindliche Vorgaben für die Politik des →Gliedstaates. Beispiele für einen S. sind die →Arabische Liga und die Afrikanische Union (→Organisation der Afrikanischen Einheit).

Staatenlosigkeit →Staatsangehörigkeit.

Staatenverbindung. Sammelbezeichnung für die rechtlich geordnete Verbindung von mindestens zwei oder mehreren →Staaten. Formen der S. sind der →Bundesstaat oder der →Staatenbund.

Staatsakt. 1. Besonders feierliche Veranstaltung, die vom →Staatsoberhaupt oder der →Regierung eines →Staates geleitet wird. Ein S. wird z. B. bei einem Besuch eines hohen ausländischen Gastes gegeben oder bei der Beerdigung einer hohen oder durch Angelegenheiten des Staates umgekommene Person. 2. Bezeichnung für Entscheidungen und Handlungen des Staates, die rechtliche Wirkung entfalten.

Staatsangehörigkeit (Staatsbürgerschaft). Rechtliche Zugehörigkeit einer einzelnen Person zu einem Staat. →Die S. hat bestimmte →Rechte (z. B. →Wahlrecht) und Pflichten (z. B. →Wehrpflicht) zur Folge. Meist wird die S. durch Abstammung erworben; durch Geburt bekommt das Kind die S. der Eltern. Eine andere Regelung für den Erwerb der S. sieht das sog. →Territorialprinzip vor, hierbei ist der Geburtsort für die S. entscheidend (z. B. in Frankreich). In der BR Dtl. galt bis Ende 1999 das Reichs- und Staatsangehörigkeitsgesetz von 1913. Reformiert wurde es v. a., um der →Zuwanderung Rechnung zu tragen. Seither gilt, dass ein Kind ausländischer Eltern, die länger als acht Jahre eine →Aufenthaltserlaubnis besitzen, die deutsche S. durch Geburt in der BR Dtl. erwerben kann. Nach dem neuen Staatsangehörigkeitsrecht besteht für Kinder ausländischer Eltern bis zum 18. Lebensjahr die Möglichkeit einer doppelten S. Erwachsene müssen, um die S. der BR Dtl. erwerben zu können, mindestens acht Jahre legal in Deutschland gelebt haben. In Härtefällen ist auch für sie die doppelte S. zulässig; i. d. R. muss die alte S. allerdings aufgegeben werden. Durch Heirat, wie z. B. in den USA, wird die deutsche S. nicht verliehen. Die →Ausbürgerung (wie in der ehemaligen →DDR) ist in der BR Dtl. verboten. Staatenlos sind Personen, die nicht über die S. eines Staates verfügen. Sie unterliegen dem Ausländerrecht des Staates, in dem sie sich aufhalten. Um eine Staatenlosigkeit von Personen zu vermeiden, wird die deutsche S. erst aberkannt, wenn die Person eine andere S. angenommen hat.

Staatsanleihen. Verschuldung, die der →Staat oder ein →Bundesland aufnimmt, um den →Haushalt zu finanzieren.

Staatsanwaltschaft. Staatliche →Behörde zur Strafverfolgung. Sie führt Ermittlungen gegen vermutete und tatsächliche strafbare Handlungen, erhebt Anklage und vertritt sie vor →Gericht. In die Zuständigkeit der S. fällt auch die Strafvollstreckung. Die S. ist unabhängig von den Gerichten und zur Objektivität verpflichtet. Das →Amt der S. wird durch Staatsanwälte wahrgenommen.

Staatsaufsicht. Durch den Staat ausgeführte Kontrolle von →Organen, die öffentliche Verwaltungsaufgaben erfüllen. Die S. untergliedert sich in die Rechtsaufsicht und in die Fachaufsicht. Bei der Rechtsaufsicht soll der Staat die von den Organen getroffene Entscheidungen nicht inhaltlich kontrollieren, sondern nur deren Rechtmäßigkeit überprüfen, d. h. ihre Vereinbarkeit mit →Gesetzen und →Verfassung. Bei der Fachaufsicht wird auch die Zweckmäßigkeit des Verwaltungshandelns kontrolliert. Die Aufsicht über die →Bundesländer heißt →Bundesaufsicht, die über die →Gemeinden wird Kommunalaufsicht genannt.

Staatsausgaben →Haushalt; →Steuern.

Staatsbürger. Inhaber einer →Staatsangehörigkeit.

Staatsbürgerschaft →Staatsangehörigkeit.

Staatsfinanzen →Haushalt; →Steuern.

Staatsgebiet (Territorium). Gebiet, das innerhalb der Staatsgrenzen liegt (abgesehen von →Exklaven) und auf das sich die Gebietshoheit des →Staates erstreckt. Dazu zählen auch der Luftraum, die Binnengewässer und das →Küstenmeer. Ausgenommen hiervor sind Gelände ausländischer Botschaften (→Diplomatie), auf denen die entsendenden Länder die Hoheit ausüben.

Staatsgeheimnis. Informationen über einen →Staat, seine →Institutionen und Amtsträger, die hinsichtlich der Handlungsfähigkeit des Staates besonders schützenswürdig sind. Dazu zählen insbesondere militärische Gegenstände und Informationen, die sich auf die Landesverteidigung beziehen, nur wenigen Personen zugänglich sind und bei Bekanntwerden Nachteile für die äußere →Sicherheit eines Staates bedeuten könnten. Der Verrat von S. kann als sog. Landesverrat strafrechtlich verfolgt werden.

Staatsgewalt. Ausübung des staatlichen →Gewaltmonopols. Die S. beinhaltet den Gebrauch von herrschaftlicher →Macht über die Angehörigen eines Staates und alle anderen Personen, die sich im →Staatsgebiet befinden (→Gebietshoheit). In →Demokratien geht die S. vom →Volke aus (→Volkssouveränität). Durch die Formen der →repräsentativen Demokratie wird sie jedoch nicht vom Volk direkt ausgeübt, sondern über die vom Volk direkt oder indirekt legitimierten Staatsorgane. Die S. ist in ihren Handlungen an →Recht und →Gesetz sowie an den Grundsatz der Verhältnismäßigkeit gebunden. Nach dem Prinzip der →Gewaltenteilung wird die S. von →Legislative, →Exekutive und →Judikative ausgeübt. Nach innen wird die S. durch die →Grundrechte begrenzt, nach außen durch das Völkerrecht oder internationale Verträge. Die Ausübung von. S. ist ein wesentliches Merkmal eines →Staates.

Staatshaushalt →Bundeshaushalt.

Staatsinterventionismus (von. lat. *intervenire* = dazwischentreten). Bezeichnung für staatliche Maßnahmen (→Intervention), die in die Abläufe und Strukturen der Wirtschaft eines Landes eingreifen. Gründe für den seit Anfang des 20. Jh. immer stärker werdenden S. waren die Unzulänglichkeit des →Liberalismus und die Ansprüche der Verteilungsgerechtigkeit. S. bezieht sich zumeist auf Eingriffe in die wirtschaftliche und soziale Infrastruktur, aber auch auf Maßnahmen zum Erhalt der Daseinsvorsorge. Die Gefahr des S. liegt in der sog. Interventionsspirale, d. h., dass Interventionen immer wieder neue Interventionen nötig machen.

Staatskanzlei. 1. In den meisten deutschen →Bundesländern der Amtssitz des →Ministerpräsidenten. Die Mitglieder der S. sollen dem →Ministerpräsidenten zuarbeiten und die Landesregierung unterstützen. 2. In der →Schweiz werden die obersten →Behörden der einzelnen →Kantone als S. bezeichnet.

Staatskapitalismus (Staatsmonopolitischer Kapitalismus). Wirtschafts-Mischform aus →Kapitalismus und

→Sozialismus. Wesentliche Kennzeichen des kapitalistischen Wirtschaftssystems bleiben erhalten, wie z. B. der freie Wettbewerb sowie die Preisregulierung nach Angebot und Nachfrage. Gleichzeitig sieht der S. vor, dass sich ein großer Teil der →Produktionsmittel im Besitz des →Staates befindet.

Staatskirchenrecht. Alle rechtlichen Regelungen, die das Verhältnis zwischen einem →Staat und den in ihm vorhandenen →Kirchen bzw. Religionsgemeinschaften betreffen. In der BR Dtl. sind Staat und Kirche grundsätzlich voneinander getrennt (→Säkularisierung). Die Kirchen haben jedoch z. B. das →Recht, im Rahmen gewisser Vorschriften →Steuern zu erheben (→Kirchensteuer), die durch den Staat eingetrieben werden.

Staatsminister. In der BR Dtl. Bezeichnung für die →Minister der Bundesländer Bayern und Sachsen; auf Bundesebene der Name von den parlamentarischen Staatssekretären des Auswärtigen Amtes oder des Bundeskanzleramtes. In Dänemark, Finnland, Island, Norwegen und Schweden bezeichnet S. den →Ministerpräsidenten.

Staatsmonopol. Wirtschaftliches →Monopol in Händen des →Staates, das mit dem Ausschluss privater Unternehmen vom →Wettbewerb verbunden ist. So war in der BR Dtl. z. B. die Briefbeförderung ehemals einzig der Deutschen Bundespost gestattet, die als →Behörde dem →Bund unterstand. 1995 wurde dieses S. allerdings durch die →Privatisierung der Bundespost abgeschafft.

Staatsmonopolistischer Kapitalismus (Stamokap). →Staatskapitalismus.

Staatsnotstand. Bezeichnung für den Zustand der akuten Gefährdung des Bestands eines →Staates oder seiner politischen Ordnung. Je nachdem, wo die Gefährdung lokalisiert werden kann, spricht man von innerem oder äußerem S. Die besonderen Maßnahmen, die ein Staat im Falle des S. ergreifen kann, sind in der BR Dtl. in den →Notstandsgesetzen festgelegt.

Staatsoberhaupt. Ursprünglich war S. die Bezeichnung für einen Monarchen, der als alleiniger Inhaber der →Staatsgewalt auftrat (→Monarchie). Heutzutage steht der Ausdruck S. für den obersten Repräsentanten (→Repräsentation) eines Staates. Je nach →Regierungssystem kann das S. mit dem →Regierungschef identisch sein (z. B. in den USA) und unterschiedlich breite Aufgabenbereiche übernehmen. In der BR Dtl. und in Österreich fungiert der →Bundespräsident als S.

Staatsquote. Verhältnis zwischen den gesamten Staatsausgaben und dem →Bruttosozialprodukt. Die S. gilt als grobes Maß für den Anteil der staatlichen wirtschaftlichen Aktivität an der wirtschaftlichen Gesamtleistung einer Volkswirtschaft.

Staatsräson (von ital. *ragione di stato* = Staatsvernunft). Begriff, der auf den ital. Staatsmann und Geschichtsschreiber N. Machiavelli zurückgehet und die Priorität der Interessen des →Staates vor den Interessen des Einzelnen bezeichnet. Demnach gelten das Fortbestehen und das Wohl des Staates als höchste Güter, die dem individuellen Wohl erst seine Existenzmöglichkeit schaffen. Im →Absolutismus führte diese Einstellung jedoch dazu, dass die →Rechte des Individuums z. T. erheblich verletzt wurden. Diese Form der S. ist durch die Einführung des →Rechtsstaats nahezu komplett eingeschränkt worden.

Staatsrat. 1. Oberstes Gremium in der ehem. →DDR, das ab 1960 als kollektives →Staatsoberhaupt verstanden und von der →SED dominiert wurde. Der S. wurde durch die →Volkskammer für jeweils fünf Jahre gewählt. 2. Bezeichnung für die →Regierung der →Kantone in der →Schweiz. 3. Ausdruck für ein Kollegialorgan zur Beratung des →Staatsoberhaupts oder der →Regierung in Angelegenheiten der →Gesetzgebung und →Verwaltung.

Staatsrecht →Verfassungsrecht.

Staatsschutz. Maßnahmen und Einrichtungen eines Staates zum Schutz vor Straftaten, die seine Existenz, Verfassung oder Sicherheit bedrohen. In der BR Dtl. wird der S. durch folgende Organe wahrgenommen: →Bundesnachrichtendienst, →Militärischer Abschirmdienst, →Bundesamt für Verfassungsschutz, Landesämter für Verfassungsschutz, örtlich übergeordnete Polizeidienststellen der Kriminalpolizei. →Sicherheitspolitik.

Staatssekretär →Minister.

Staatssicherheitsdienst (SSD, Stasi). Das Ministerium für Staatssicherheit (MfS) wurde 1950 gegründet und vereinte den In- und Auslandsgeheimdienst sowie die →Geheimpolizei der DDR. Damit war es das zentrale Instrument zur Überwachung der →Bevölkerung sowie der Nachrichtenbeschaffung aus dem Ausland. Es diente der Einheitspartei →SED zur Verfolgung und Unterdrückung von nicht systemkonformen politischen Meinungen, Aktionen und Akteuren und sicherte damit die →Herrschaft der →Partei im →Staat. Durch den Einsatz von offiziellen und inoffiziellen Mitarbeitern beschaffte der S. Informationen aus allen Bereichen der →Gesellschaft. Durch seine weit verzweigte Organisation wurde so ein Großteil der →Bevölkerung meist unwissentlich beobachtet und bespitzelt. Nach der →Wiedervereinigung schuf die →Bundesregierung der BR Dtl. eine Behörde, die die entstandenen Daten verwaltet und der Öffentlichkeit zugänglich macht (→Bundesbeauftragter für die Unterlagen des ehemaligen Staatssicherheitsdienstes der ehemaligen DDR). →Stasi.

Staatssozialismus. Maßnahmen des Staates, um soziale Schwächen zu beseitigen. Der S. betont die von oben nach unten erfolgende Reform im Gegensatz zur revolutionären Umwälzung des →Proletariats (→Marxismus). Die Theorie des S. geht davon aus, dass die Arbeiterschaft alleine nicht zur Umsetzung des Sozialismus fähig ist und es deshalb eine vom →Staat gesteuerte Reform von oben geben muss, um die Ziele des Sozialismus zu verwirklichen.

Staatsstreich →Putsch, →Revolution.

Staatsunternehmen. Wirtschaftsunternehmen, die dem →Staat gehören und von ihm betrieben werden. In der BR Dtl. gehörten dazu die Deutsche Bundesbahn (→Deutsche Bahn) und die Deutsche Bundespost, (→Deutsche Post AG), die jedoch in den 1990er-Jahren privatisiert worden sind (→Privatisierung).

Staatsversagen. Schlagwort, das benutzt wird, um die Leistungsmängel bzw. das Versagen eines →Staates zu brandmarken. S. soll zum Ausdruck bringen, dass ein Staat seine Aufgaben und Funktionen nicht in der vorgesehenen Weise erfüllt hat, d. h. seine Steuerungs- und Verteilungsaufgaben nicht ordentlich oder ausreichend wahrgenommen hat.

Staatsverschuldung. Alle von einem →Staat zur Finanzierung von Haushaltsdefiziten (→Haushalt) aufgenommenen Kredite. Die Gesamtverschuldung bezeichnet die Summe der Schulden, die sich in den vergangenen Jahrzehnten angesammelt hat. Die Neuverschuldung bezeichnet den Betrag, der in einem Haushaltsjahr an neuen Schulden aufgenommen wird. Um diesen erhöht sich die Gesamtverschuldung. Beide Formen der Staatsverschuldung waren für den Beitritt zur Europäischen Währungsunion relevant: Die Gesamtverschuldung durfte nicht höher als 60 % sein, die Neuverschuldung nicht höher als 3 % des Bruttoinlandsproduktes. Die S. der BR Dtl. betrug zu Beginn des Jahres 2005 1418 Milliarden Euro.

Staatsvertrag. 1. Im Völkerrecht die Bezeichnung für einen rechtlich bindenden Vertrag zwischen zwei oder mehreren →Staaten (z. B. Nichtangriffspakt, →Friedensvertrag, Neutralitätsvertrag, Vereinbarung eines Staatenbündnisses). Wird der S. gebrochen, können Entschädigungen gefordert und/oder der →Internationale Gerichtshof angerufen werden. 2. Auf der innerstaatlichen Ebene bezeichnet S. einen zwischen den →Bundesländern geschlossenen Vertrag. Dieser bezieht sich zumeist auf Inhalte, die nur länderübergreifend zu regeln sind (z. B. →Rundfunk).

Staatsziel (Staatszweck). Zielvorstellung, die ein →Staat zu erreichen sucht. Die S. werden in der →Verfassung (→Präambel) formuliert, bedürfen aber der Umsetzung durch konkreten →Gesetze. S. der BR Dtl. sind z. B. das Sozialstaatsprinzip, die Rechtsstaatlichkeit, der Umwelt- und Tierschutz, der Minderheitenschutz, die Kulturstaatlichkeit und die Europäische Integration.

Stabilitätsgesetz. Abkürzende Bezeichnung für das Gesetz zur Förderung der Stabilität und des Wachstums der Wirtschaft (StWG).

Stabilitätspolitik. Bestrebungen, die die Stabilität und das Gleichgewicht der wirtschaftlichen Kräfte und ihrer Auswirkungen in einem →Staat zu erreichen suchen, z. B. Preisstabilität und außenwirtschaftliches Gleichgewicht. →Stabilitätsgesetz.

Stadt. Große Ansiedlung von Menschen, die sich durch eine hohe Bevölkerungsdichte auszeichnet, d. h., viele Menschen leben auf engem Raum zusammen. Im Gegensatz zu ländlichen Siedlungen ist die Wirtschaftlichkeit von Städten primär durch Industrie, Handel und Gewerbe geprägt. Weitere Kennzeichen sind eine hohe Arbeitsteilung und eine starke soziale →Schichtung. In Deutschland entwickelten sich die ersten Städte zwischen dem 10. und 12. Jh. als befestigte Marktorte und Sitz von Handel und Gewerbe. Heute unterscheidet man zwischen Kleinstädten (5000–20000 Einwohner), Mittelstädten (20000–100000 Einwohner) und Großstädten (mehr als 100 000 Einwohner).

Städtebaupolitik. Maßnahmen zur Regelung der Aufgliederung und Nutzung von Raum in →Städten. Im Gegensatz zur Planung von einzelnen Gebäuden (Architektur) geht es der S. also quasi um die →Raumordnung einer Stadt.

Stadtrat. Bezeichnung für die Gemeindevertretung in →Städten oder für ein Mitglied dieses Gremiums.

Stadtstaat. Eine →Stadt, die gleichzeitig ein eigener →Staat ist und deshalb i. d. R. auch eine eigene →Verfassung und eigene Hoheitsrechte hat. Historisch wird der Begriff S. auf die griechische Polis und die S. in Italien (Venedig, Florenz, Genua) angewandt. In der BR Dtl. werden die drei Städte, die gleichzeitig den Status eines →Bundeslandes haben (Berlin, Bremen und Hamburg), als S. bezeichnet.

Stalinismus. Form der totalitären →Herrschaft (→Totalitarismus), die von J. W. Stalin geprägt wurde und in deren Mittelpunkt der Aufbau des →Sozialismus stand, sowie die Kollektivierung der Landwirtschaft.

Der S. in der UdSSR war außerdem durch die →Einparteienherrschaft der KPdSU, den staatlichen Terror gegenüber der eigenen →Bevölkerung und den Personenkult um den Generalsekretär und Ministerpräsidenten Stalin geprägt. Während der Epoche des S. (1924–53) fielen in den russischen Straflagern (sog. Gulags) ethnische →Minderheiten, gesellschaftliche →Eliten, politische Gegner und unschuldige Personen staatlich organisierten Massenermordungen zum Opfer.

Stammwähler. Begriff aus der Wahlforschung, der einen →Bürger bezeichnet, der sich langfristig an einer →Partei orientiert und sie in mehreren aufeinander folgenden →Wahlen wählt. Das unterscheidet ihn vom →Wechselwähler.

Stand. Bevölkerungsgruppe, die in sich geschlossen ist und sich durch bestimmte Merkmale auszeichnet. In einem Ständesystem sind die unterschiedlichen S. hierarchisch angeordnet (→Hierarchie). Die Zugehörigkeit zu einem S. bestimmt die Geburt. Der Wechsel zwischen den S. ist nicht möglich. Demnach widerspricht der Gedanke des Ständesystems dem heutigen →Leistungsprinzip. In der Soziologie spricht man heute nicht mehr von Ständen, sondern von Schichten, die im Gegensatz zu S. allerdings als durchlässig definiert sind (→Schichtung; →Mobilität). →Ständestaaten gab es in Europa etwa bis zur →Französischen Revolution; in ihnen waren die drei S. →Adel, Geistlichkeit und Bürgertum vertreten.

Ständerat. Neben dem →Nationalrat die zweite →Kammer des Schweizer →Parlaments, bestehend aus 46 gleichberechtigten Mitgliedern, die aus den 23 →Kantonen entsandt werden. Die von ihnen repräsentierte Zahl an →Bürgern ist sehr unterschiedlich. So hat der Kanton Zürich mit mehr als einer Mio. Einwohnern das gleiche Gewicht wie der Kanton Uri mit 35000 Einwohnern. Ein Beschluss ist nur möglich, wenn er von beiden Kammern in derselben Fassung verabschiedet wurde. Geschieht dies nicht, kommt es zum sog. Differenzbereinigungsverfahren, d. h. zu einem komplizierten Vermittlungsverfahren zwischen beiden Kammern.

Ständestaat. Zwischen dem 13. und 17. Jh. vorherrschende Staatsform in Europa, in der die drei Stände Adel, Geistlichkeit und Bürgertum (→Stand) weitgehende politische Mitwirkungsrechte besaßen. Diese wurden über Ständevertretungen wahrgenommen.

START →Verhandlungen über die Verringerung strategischer Waffen.

Stasi →Staatssicherheitsdienst.

Statistik. Bereich der Mathematik, der durch die Sammlung und Zusammenstellung von Daten über bestimmte Zusammenhänge Auskunft geben soll. S. soll dabei wertfrei sein, d. h. ohne Berücksichtigung des Inhalts. In der →Politik werden S. oft benutzt, um politisches Handeln zu fordern oder zu rechtfertigen.

Status (lat. = Rang, Stellung). In der Soziologie steht S. als Bezeichnung für die Position einer Person innerhalb einer →Gruppe oder in der →Gesellschaft. Der S. einer Person wird i. d. R. durch Kennzeichen wie Bildung, Herkunft, Beruf, Besitz und Abstammung bestimmt, und in den modernen →Industriegesellschaften v. a. durch das →Einkommen. In diesem Zusammenhang versteht man unter Statussymbolen Objekte (z. B. Auto, Kleidung), die den S. der Person nach außen als Zeichen vergegenwärtigen soll.

Steuern. Finanzielle Abgaben, die natürliche oder juristische Personen an den →Staat zu entrichten haben, obwohl sie dadurch keinen Anspruch auf eine konkrete Gegenleistung erwerben. Die Eintreibung von S. kann aufgrund der Finanzhoheit der unterschiedlichen →Gebietskörperschaften (→Bund, →Länder und →Gemeinden) auch unter Zwang geschehen. Durch S. versuchen Bund, Länder und Gemeinden v. a. ihre Ausgaben zu decken, die durch gemeinnützige Aufgaben entstehen. Diese Staatsausgaben umfassen u. a. Zahlungen für die →soziale Sicherheit (z. B. →Kindergeld), den Bau und Unterhalt von Straßen, das Bau- und Wohnungswesen (→sozialer Wohnungsbau), die Wirtschaftsförderung (→Subventionen), den Betrieb von Bildungseinrichtungen und die Landesverteidigung. Man unterscheidet direkte und indirekte S. Direkte S. werden unmittelbar vom Bürger erhoben. Zu ihnen gehört die Einkommenssteuer, die von →Arbeitnehmern und →Selbstständigen bezahlt werden muss. Von allen S. stellt sie größte Einnahmequelle für den Staat dar; so hat die BR Dtl. im Jahr 2004 durch sie rund 146 Mrd. Euro, d. h. etwa 33 % des gesamten Steueraufkommens eingenommen. Allerdings ist der staatliche Ertrag aus der Einkommensbesteuerung durch die hohe →Arbeitslosigkeit derzeit stark rückläufig. Weitere direkte S. sind die Körperschafts-, Vermögens-, Gewerbe- und Erbschaftssteuer. Indirekte S. werden diejenigen S. genannt, die der Staat nicht direkt, sondern über Umwege vom Bürger erhält. Sie sind meist mit Handel (z. B. die Umsatz- und Mehrwertsteuer) oder bestimmten Gütern (sog. Verbrauchssteuern: Mineralölsteuer, Tabaksteuer u. a.) verknüpft. Die verschiedenen Steuerarten werden von den unterschiedlichen →Körperschaften erhoben und kommen diesen zugute: So fließen z. B.

die Grund- und Gewerbesteuer den Gemeinden zu, wohingegen fast alle Verbrauchssteuern und →Zölle der Bund bekommt. Die Entscheidungen der →Regierung über die Erhebung, Höhe, Zusammensetzung und Verteilung von S. wird Steuerpolitik genannt.

Steuerpolitik →Steuern.

Stichwahl. Zweiter Wahlgang bei einer →Wahl, die eine →absolute Mehrheit für einen der Kandidaten erfordert. Eine S. muss immer dann ausgeführt werden, wenn beim ersten Wahlgang keiner der Wahlalternativen mehr als die Hälfte der gültigen Stimmen erreicht hat. Meist treten bei S. nur noch die beiden Kandidaten gegeneinander an, die im vorhergehenden Wahlgang die meisten Stimmen auf sich vereinigt hatten.

Stimmensplitting →Splitting.

Stimmrecht. Befugnis an einer →Abstimmung oder →Wahl teilzunehmen, z. B. das S. von Mitgliedern in einem Verein oder das S. von Staatsbürgern bei politischen Wahlen.

Strategie. Plan zur Erlangung eines bestimmten Ziels. Die langfristig angelegte S. steht im Gegensatz zur kurzfristig angelegten Taktik, die ein Teil der S. ist.

Strategische Verteidigungsinitiative (engl. *Strategic Defense Initiative*, SDI). Von US-Präsident Ronald Reagan gegründetes Forschungsprojekt zur Zeit des →Kalten Krieges. Es sollte die →Staaten der →Nato und v. a. die USA selbst durch ein satellitengestütztes Raketenabwehrsystem gegen einen denkbaren atomaren Erstschlag der UdSSR schützen. Das SDI wurde 1993 eingestellt.

Streik. Form des Protests von →Arbeitnehmern, die durch gemeinsame Arbeitsniederlegung oder -verweigerung versuchen, bestimmte Forderungen durchzusetzen. Ein S. als Maßnahme des →Arbeitskampfes kann unterschiedliche Ziele verfolgen (z. B. Verbesserungen der Arbeitsbedingungen), meist zielt er jedoch auf Lohnerhöhungen ab und kommt daher i. d. R. während der Aushandlung von →Tarifverträgen zum Tragen. Das →Recht auf S. ist in der sog. →Koalitionsfreiheit des GG verankert. Voraussetzungen für die Rechtmäßigkeit eines S. sind ihre Durchführung von tariffähigen Vereinigungen (Gewerkschaften) und die Beschränkung auf tarifvertraglich mögliche Ziele. Außerdem dürfen die →Arbeitgeber nicht über Gebühr geschädigt werden. Sog. wilde oder spontane S., die ohne die Organisation einer Gewerkschaft vonstatten gehen, sind in der BR Dtl. rechtswidrig. Den Arbeitgebern steht im Arbeitskampf gegen die Streikenden das Mittel der →Aussperrung zur Verfügung. S., an denen alle Beschäftigten eines Wirtschaftszweiges beteiligt sind, nennt man Voll- oder Flächenstreiks. S., die nur in bestimmten Abteilungen oder in einzelnen Unternehmen stattfinden, werden Schwerpunktstreiks genannt. →Beamte (z. B. Polizisten) haben als besondere →Angestellte des →Staates kein Recht auf S.

Streitkräfte →Militär.

Struktur (von lat.: *structura* = Zusammenfügung, Aufbau). Gefüge, das den inneren Aufbau einer Sache oder eines Systems beschreibt. Die S. bezeichnet die Stellung von Elementen in einer Einheit, ihre Aufgabe für das Ganze und die Beziehungen der Elemente untereinander. Gezielte Änderungen des Wirtschaftsbereichs sind Gegenstand der →Strukturpolitik.

Strukturelle Gewalt (indirekte Gewalt). S. G. wird im Gegensatz zur direkten →Gewalt von den Betroffenen nicht unmittelbar als Gewaltanwendung empfunden. Sie ist eine Form der Unterdrückung, die von sozialen oder globalen Strukturen ausgeht. S. G. drückt sich in einer Beziehungsstruktur aus, die von einem Oben und Unten geprägt ist. So wird z. B. die ökonomische Ungleichheit zwischen →Entwicklungs- und Industrieländern als Quelle der s. G. verstanden. Da s. G. in gewaltsame →Konflikte münden kann, wird in der →Friedensforschung davon ausgegangen, dass die Beseitigung s. G. mit der Verhütung von →Kriegen gleichzusetzen ist.

Strukturpolitik. Sammelbegriff für alle wirtschaftspolitischen Maßnahmen eines →Bundeslandes, eines →Staates oder einer →supranationalen Organisation, die auf die Förderung bestimmter Regionen oder Industriebranchen abzielen (→Raumordnung). Zu den Mitteln der S. zählen u. a. die Steuer- und Abgabepolitik, die Vergabe von →Subventionen und die Bereitstellung einer funktionierenden →Infrastruktur.

Studentenbewegung. Bezeichnung für die politisch links gerichteten Strömungen und die damit verbundenen Unruhen, die in den 1960er- und 1970er-Jahren in Europa und den USA zu verzeichnen waren. Zunächst forderten die Studenten eine Hochschulreform und später eine Umstrukturierung des gesellschaftlichen Lebens. Generell ging es den Studenten in ihrem Protest darum, die veralteten, überkommenen sozialen und kulturellen Verhältnisse und →Normen aufzubrechen. →APO

Subsidiaritätsprinzip. Prinzip, nach dem Aufgaben so weit wie möglich in der untersten politischen Einheit oder Ebene erfüllt werden. Nur wenn Probleme diese Einheiten überfordern, soll eine höher liegende Ebene tätig werden. Das S. ist in der BR Dtl. v. a. prägend für das Verhältnis zwischen →Staat und →Kommunen (→Selbstverwaltung) sowie tragender Gedanke des Zusammenspiels zwischen →Bund und →Ländern im →Föderalismus. Der Gedanke, der dem S. zugrunde liegt, ist, dass Regelungen und Entscheidungen, die orts- und personennah getroffen werden, höhere Stabilität aufweisen und höhere Akzeptanz erwarten können.

Subventionen (von lat. *subvenire* = zu Hilfe kommen). Finanzielle Hilfen eines →Staates, die an private →Haushalte oder Wirtschaftsunternehmen vergeben werden. Die sog. direkten S. werden in Form von finanziellen Leistungen oder staatlich begünstigten Krediten gewährt. Als indirekte S. werden hingegen steuerliche Vergünstigungen für ganze Wirtschaftszweige, Unternehmen oder Regionen bezeichnet. S. sind damit ein Mittel des Staates, z. B. Wirtschaftsbereiche, die nicht wettbewerbsfähig wären, zu stützen, um Arbeitsplätze zu erhalten (→Strukturpolitik).

Süddeutsche Ratsverfassung →Gemeindeverfassung.

Südschleswiger Wählerverband →Schleswig-Holstein.

Suffragetten (von lat. *suffragium* = Stimmrecht). Bezeichnung für radikale Anhängerinnen der Frauenbewegung in den USA und Großbritannien zu Beginn des 20. Jh. Die S. kämpften für das →Wahlrecht für Frauen und für die gesetzliche und gesellschaftliche →Gleichstellung der Frau (→Emanzipation).

Supermacht →Weltmacht.

Supranationale Organisationen →Supranationalismus.

Supranationalismus (Supranationalität). Prinzip aus den →Internationalen Beziehungen, das übernationale, überstaatliche Organisationen anwenden, wenn sie Vereinbarungen treffen. Im Gegensatz zu →internationalen Organisationen haben supranationale Organisationen Befugnis zu Entscheidungen, die für Ihre Mitglieder bindend sind. Diese Regelungen sind dem nationalen Recht übergeordnet. Bekanntestes Beispiel für eine supranationale Organisation ist die EU.

SVP →Schweizerische Volkspartei.

Syndikalismus. Radikale Form des →Sozialismus, die Ende des 19 Jh. hauptsächlich in Frankreich Anhänger fand. Der S. setzt sich für eine →Revolution und die gewaltsame Aneignung von Produktionsmitteln durch die →Gewerkschaften ein. Als Folge sollen Betriebe von den →Arbeitern oder deren Vertretern (Syndikate) geleitet werden.

System (von griech. *sístima* = das Gebilde). Ganzes, das sich aus unterschiedlichen Teilen zusammensetzt, wobei die einzelnen Teile in Wechselwirkung zueinander stehen (→Interaktion). Je nach Sinnzusammenhang können ökonomische, soziale, kulturelle und politische S. unterschieden werden.

T

Tarifautonomie. Das →Recht der Tarifpartner (→Gewerkschaften und →Arbeitgeberverbände), den →Tarifvertrag autonom, d. h. frei von staatlichen Eingriffen (→Autonomie), auszuhandeln und abzuschließen. Die T. ist ein zentrales Element der →Koalitionsfreiheit.

Tarifvertrag. Schriftliche Vereinbarung zwischen den →Gewerkschaften und den →Arbeitgeberverbänden, die die →Rechte und Pflichten der beiden Vertragsparteien regelt. Der T. umfasst neben der Festlegung von Löhnen und Gehältern auch Bestimmungen über die Wochenarbeitszeiten, Urlaubsansprüche und Arbeitsschutzmaßnahmen. Der T. ist ein Kollektivvertrag und unmittelbar bindend. Er ist jedoch nur dann auf ein Arbeitsverhältnis anwendbar, wenn →Arbeitnehmer und →Arbeitgeber Mitglied eines tarifschließenden Verbandes sind, d. h., der Arbeitnehmer also in der entsprechenden →Gewerkschaft Mitglied ist und der Arbeitgeber sich dem entsprechenden Arbeitgeberverband angeschlossen hat. Abweichungen vom T. sind nur zugunsten des Arbeitnehmers zulässig. Die allgemeinen Grundsätze des Arbeitsverhältnisses an sich sind im →Manteltarifvertrag geregelt. Hauptkonfliktpunkt zwischen den beiden Tarifvertragsparteien ist meist der sog. Entgelt- bzw. Lohntarifvertrag, in dem es um die Entlohnung der Arbeiternehmer geht. Können sich die beiden Tarifpartner nicht auf einen T. einigen, kommt es meist zu →Streiks, auf die in der Regel eine →Schlichtung folgt.

Tausch. Alte Form des Handels, bei der Güter oder Dienstleistungen gegeneinander ausgetauscht wurden, ohne dabei ein genormtes Wertübertragungsmittel (z. B. Geld) zu verwenden.

Technikfolgenabschätzung. Wissenschaftsgebiet mit dem Ziel, die Folgen technischer →Innovationen für Umwelt und Gesellschaft im Vorhinein auszuloten, um mögliche negative Folgen auszuschließen oder zu minimieren. Der T. geht es dabei nicht um die Wirtschaftlichkeit, sondern um die positive →Nachhaltigkeit einer geplanten Neuerung. T. werden in der →Politik in Beratungsphasen der →Exekutive und →Legislative in Auftrag gegeben, um die Auswirkungen einer möglichen Entscheidung abzuschätzen. Seit den 1990er-Jahren gibt es im →Deutschen Bundestag auch einen parlamentarischen →Ausschuss für Bildung, Forschung und T.

Technokratie. Bezeichnung für eine moderne Herrschaftsform (→Herrschaft), in der politische Entscheidungen rational und von Sachzwängen abhängig entschieden werden. Die T. fordert damit, politische Entscheidungen nicht aufgrund von →Werten oder wegen politischer Mehrheitsverhältnisse zu treffen, sondern rein anhand von sachbezogenen Argumenten. Darüber hinaus ist die technokratische Herrschaft dadurch gekennzeichnet, dass die politischen Entscheidungen zunehmend von Experten (sog. Technokraten) bzw. Experten-Kommissionen anstatt von den klassischen →Institutionen eines →politischen Systems getroffen werden. Die T. versteht sich damit als zwar sehr rationales, aber hocheffektives (→Effektivität) Herrschaftssystem zur Lösung von Sachfragen. Umgangssprachlich wird der Begriff der T. allerdings auch kritisch verwendet, um eine einseitige, technologische und wissenschaftliche Herangehensweise an politische Fragestellungen zu beanstanden.

Technologiepolitik. Sammelbezeichnung für alle politischen Maßnahmen und Aktivitäten, die auf technische und wissenschaftliche Entwicklungen bzw. die Beschleunigung des technischen Fortschritts in einem →Staat abzielen und die dazu dienen sollen, die Wettbewerbssituation einer Volkswirtschaft zu verbessern.

Territorialprinzip (Territorialitätsprinzip). Rechtsgrundsatz, nach dem alle Personen, die sich auf einem Staatsgebiet (Territorium) befinden, der jeweiligen Staatsmacht und ihren →Gesetzen unterstehen. Dabei ist es irrelevant, ob die Personen die →Staatsbürgerschaft des jeweiligen →Staates besitzen; auch →Ausländer fallen somit unter das T. Ausgenommen sind lediglich von fremden Ländern entsandte Botschafter oder bestimmte Würdenträger, die →Immunität besitzen. Im Gegensatz zum T. steht das →Personalitätsprinzip.

Terrorismus (von lat. *terror* = Furcht, Schrecken). Politisch motivierte Ausübung von Gräuel- und Gewalttaten von Einzelpersonen oder →Organisationen, die im Untergrund agieren. Begründet werden terroristische Anschläge mit einer zugrunde liegenden →Ideologie und revolutionären Bestrebungen oder einem politischen Ziel (z. B. →Autonomie), das durch die Attentate erreicht werden soll. Der T. richtet sich zwar gegen (meist zivile) Personen, getroffen werden soll aber der →Staat oder das →System. So steigen durch T. Angst und Schrecken in der Bevölkerung und damit der politische Druck auf die →Regierung zu handeln. Die konkreten Formen des T. sind je nach Motivation und Gegner sehr unterschiedlich (z. B. Bombenanschläge, Geiselnahmen, Flugzeugentführungen und Selbstmordattentate). Seit den 1990er-Jahren ist zunehmend das Phänomen des grenzübergreifenden, internationalen T. zu beobachten (z. B. die Attentate in New York und Washington D.C. am 11. September 2001), dessen Aktionsgebiete und politische Zielsetzungen sich auf Staatengruppen oder ganze Weltregionen erstrecken.

Theokratie (von griech. *theokratia* = Gottesherrschaft). Bezeichnung für eine Staatsform, die als Gottesherrschaft verstanden wird. Die Staatsgewalt wird in einer T. i. d. R. von einer oder wenigen Personen ausgeübt, die meist weltliche und religiöse Ämter (→Amt) in sich vereinigen und dadurch für eine Deckungsgleichheit zwischen weltlicher und religiöser Ordnung sorgen.

Theorie (von griech. *theorein* = erstaunt betrachten). Gedankenmodell, das in einem bestimmten Gebiet die jeweiligen Erscheinungen erklärt. →Politische Theorie.

Thüringen. →Bundesländer der BR Dtl.

Timokratie (griech. = Herrschaft der Ehre). →Staatsform, in der die politischen →Rechte bzw. Pflichten der →Bürger nach ihrem Ansehen bzw. Vermögen verliehen werden.

Tobin-Steuer. Nach dem amerik. Nobelpreisträger für Wirtschaftswissenschaften J. Tobin benannte Idee einer Steuer auf Devisengeschäfte.

Tocqueville-Effekt. Nach dem franz. Historiker und Politiker A. de Tocqueville benannte These, derzufolge die Beseitigung von bestehender Ungleichheit (→Gleichheit) das Bewusstsein und die Feinfühligkeit für die weiterhin vorhandenen Ungleichheiten steigert.

Todesstrafe. Bezeichnung für die gesetzlich legitimierte Tötung eines Menschen. Die T. ist als schwerst mögliche Strafe für ein besonders schweres Verbrechen gedacht, für das ein Mensch nach Ansicht eines →Gerichtes verantwortlich ist. Das Urteil der T. soll neben der Bestrafung des Täters auch als Abschreckung dienen. Aufgrund des Umgangs mit menschlichem Leben im →Nationalsozialismus wurde die T. im GG der BR Dtl. durch Art. 102 GG ausdrücklich verboten. Auch aus der im →Grundgesetz garantierten →Menschenwürde und dem dort verankerten →Selbstbestimmungsrecht ergibt sich ein Verbot der T., da die Tötung eines Menschen von staatlicher Seite entsprechenden Prinzipien grundsätzlich zuwiderlaufen würde. Die T. ist heute in nahezu allen westeuropäischen Staaten abgeschafft. Dort, wo sie noch verhängt wird, z. B. in einigen Bundesstaaten der USA, ist ihr Vollzug immer von intensiven öffentlichen Auseinandersetzungen zwischen Befürwortern und Gegnern der T. geprägt.

Totalitarismus. Autoritäre Herrschaftsform in der →Politik, Wirtschaft und Kultur völlig den Herrschenden und ihren Zielen untergeordnet sind. Totalitäre →Systeme sind v. a. dadurch gekennzeichnet, dass die staatliche →Macht alle gesellschaftlichen Lebensbereiche durchdringt, also auch die privaten Lebenssphären der →Bürger kontrolliert. Eine derartige Herrschaftsform ist meist mit einer weltanschaulichen →Ideologie verflochten, die der →Bürger teilen soll; was mitunter auch unter Verwendung von direkter oder indirekter →Gewalt versucht wird. Totalitäre Systeme zeigen sich in der Monopolisierung der Macht durch eine Einzelperson oder eine Kleingruppe, der Ausschaltung von jeglicher Form von →Opposition und Gewaltenteilung, der Nichtbeachtung von Bürger-, →Grund- und →Menschenrechten und der Verbreitung staatlicher →Propaganda. Als klassische Beispiele für Formen des T. gelten der →Nationalsozialismus und der →Stalinismus.

Tradition. Unter dem Wort T. versteht man die Überlieferung und Weitergabe von Wissen, Fähigkeiten, Sitten und Gebräuchen sowie den Vorgang dieser Überlieferung selbst. Die Jüngeren übernehmen während der →Sozialisation Teile der T. von den Älteren. Zentrale Instanz bei der Weitergabe von T. ist die Familie. Der Begriff des Traditionalismus bezeichnet eine Geisteshaltung, die bewusst an T. festhält (→Konservatismus).

Transferzahlungen (von engl. *transfer* = Übertragung). Leistungen des →Staates (Bund, Länder, Gemeinden) an Unternehmen oder private Haushalte ohne Verpflichtung zu einer Gegenleistung. T. sind demnach: →Arbeitslosengeld, →Rente, Wohngeld und →Sozialhilfe. Der Staat versucht, über diese Zahlungen die Ziele des →Sozialstaates umzusetzen und die Lebensverhältnisse der Bürger einander anzugleichen. Auch die Zahlungen im Rahmen des →Finanzausgleichs werden z. T. als T. bezeichnet.

Transformationsstaaten (Reformstaaten). →Staaten, die zum ehemaligen →Ostblock gehörten und in denen seither gesellschaftliche und wirtschaftliche Veränderungen vonstatten gehen. Durch eine Vielzahl von →Reformen haben sich die T. ein neues, meist demokratisches →Regierungssystem gegeben (sog. Systemwechsel). Die wirtschaftlichen →Reformen waren geprägt vom Umbau der früheren →Zentralverwaltungswirtschaften zu kapitalistischen Wirtschaftssystemen. Damit einher gingen z. B. umfangreiche →Privatisierungen von staatlichen Betrieben. Dass die politischen und ökonomischen Transformationsprozesse in den ehemals kommunistischen Staaten weit gehend erfolgreich verlaufen sind, zeigt sich u. a. darin, dass acht dieser Länder (Estland, Lettland, Litauen, Polen, Slowakei, Slowenien, Tschechische Republik, Ungarn) die Aufnahmekriterien der →EU erfüllt haben und dieser am 01.05.2004 offiziell beigetreten sind (→EU-Erweiterung).

Transit (von lat. *transire* = durchgehen). Durchquerung eines fremden →Staates mit dem Ziel, einen anderen Staat zu erreichen. Auch der Verkehr aus der BR Dtl. durch die DDR nach Westberlin vor der Wiedervereinigung wurde Transitverkehr genannt.

Transition. Im politikwissenschaftlichen Gebrauch steht der Begriff für den Übergang bzw. die Veränderungsprozesse, die ein →politisches System durchläuft, wenn es von einer Regierungsform in eine andere übergeht. So haben z. B. die →Transformationsstaaten Prozesse der T. durchlaufen.

Transnationale Politik. 1. Im Allgemeinen eine Form der →Politik, die die Grenzen der →Nationalstaaten überschreitet. 2. In der →Politikwissenschaft wird der Terminus t. P. v. a. benutzt, um die politischen Aktivitäten internationaler, aber nicht staatlicher Akteure (z. B. Umweltschutzorganisationen, multinationale Unternehmen) zu kennzeichnen. T. P. steht damit in Abgrenzung zum Begriff der →Internationalen Politik.

Treuhandanstalt. 1990 gegründete Anstalt, die einen Großteil der verstaatlichten Betriebe der ehemaligen →DDR in Privateigentum überführen sollte (→Privatisierung), um damit ihre Wettbewerbsfähigkeit wiederherzustellen. Besonders leistungsstarke Betriebe sollten mithilfe öffentlicher Gelder saniert werden; Betriebe, die keine Aussicht auf Wirtschaftlichkeit hatten, wurden durch die T. stillgelegt. Die T. wurde Ende 1994 offiziell aufgelöst und ihre Aufgaben z. T. auf Nachfolgeorganisationen (u. a. die Bundesanstalt für vereinigungsbedingte Sonderaufgaben) übertragen.

Trizone. Wirtschafts- und Verwaltungsgebiet, das in Deutschland aus der →Bizone und der französischen →Besatzungszone 1949 nach dem Zweiten Weltkrieg gebildet wurde. Aus der T. ging das Staatsgebiet der BR Dtl. bis zur →Wiedervereinigung hervor.

Trotzkismus. Strömung des →Marxismus, die auf L. D. Trotzki zurückgeht. Kerngedanke des T. ist, dass die Verwirklichung des →Sozialismus auf nationaler Ebene nur schwer vonstatten gehen kann. Deshalb hält der T. einen internationalen Zusammenschluss des →Proletariats und eine weltweite →Revolution der →Arbeiterklasse zur Durchsetzung des Sozialismus für notwendig (→permanente Revolution).

Truman-Doktrin. Teil der Eindämmungspolitik der USA (→Containment), die 1947 vom damaligen US-Präsidenten H. S. Truman formuliert wurde. Die T. sicherte allen freien →Staaten, die von der Sowjetunion bedroht wurden, wirtschaftliche und militärische Hilfe durch die USA zu.

Tschechien →Europäische Länder.

Tschetschenienkriege. Bezeichnung für die militärischen Konflikte zwischen der Kaukasusrepublik Tschetschenien und Russland. Hintergrund der Auseinandersetzung ist die Unterdrückung der tschetschenischen →Bevölkerung im 20. Jh. durch die Sowjetunion. Nach Autonomiebestrebungen (→Autonomie) Tschetscheniens und der Erklärung der Unabhängigkeit (→Unabhängigkeitserklärung) des Landes im Jahr 1991, verhängte die russische Regierung den Ausnahmezustand über das Gebiet. 1994 rückten russische Truppen ein, um die Unabhängigkeitsbestrebungen endgültig niederzuschlagen (Erster Tschetschenienkrieg). Nach Vermittlung durch die →OSZE unterschrieben die Kriegsparteien 1996 ein Friedensabkommen, fanden aber nach wie vor keine politische Lösung für die Frage der Autonomie. Durch den Einmarsch tschetschenischer Freischärler in das Nachbarland Dagestan 1999 und terroristischen Angriffen in Russland eskalierte die Lage jedoch erneut und russische Truppen besetzen wiederum die tschetschenischen Gebiete und schlugen die Widerstandsbewegungen mit teilweise brutalem Vorgehen nieder (Zweiter Tschetschenienkrieg, 2001–03). Die tschetschenische Freiheitsbewegung radikalisierte sich daraufhin weiter und setzte verstärkt auf Guerillakrieg (→Guerilla) und rücksichtslose Terroranschläge (→Terrorismus). So starben im Oktober 2002 bei einer gewaltsamen Befreiungsaktion nach einer Geiselnahme in einem Moskauer Theater ungefähr 700 Menschen. Eine weitere brutale Geiselnahme tschetschenischer Rebellen in einer Schule in Beslan kostete im September 2004 mindesten 400 Menschen das Leben. Seit August 2004 ist der pro-russische Alu Alachnow offizieller tschetschenischer Präsident. Der Konflikt zwischen Unabhängigkeitsgegnern und -befürwortern schwelt jedoch weiter und auch der politische Status der Kaukasusrepublik (offiziell: autonome Republik in Rußlannd) ist nach wie vor ungeklärt.

Typologie. In der Wissenschaft bezeichnet die T. eine Gruppenzuordnung von Objekten nach den ihnen zukommenden Eigenschaften.

Tyrannis (griech. = unbeschränkte Herrschaft). T. bezeichnet die unrechtmäßige, gewaltsame und willkürliche Herrschaft eines Alleinherrschers.

U

Überbau →Basis-Überbau-Theorie.

Überflussgesellschaft. Eine →Gesellschaft, die in weiten Teilen von materiellem Überfluss geprägt ist. Die generelle Versorgung mit Gütern ist gesichert und die Waren und Dienstleistungen sind von den Menschen bezahlbar. In den 1950er- und 1960er-Jahren wurde der Begriff zum politischen Schlagwort für die westlichen →Industriestaaten und Japan, als die Produktivität ihrer Volkswirtschaften stark anstieg. Es wurde angenommen, dass sich der Überfluss überall ausbreiten würde. Heute wird der Begriff meist verwandt, um die Auswüchse moderner Gesellschaften (z. B. die Überproduktion von Lebensmitteln) zu kritisieren.

Überhangmandat. Zusätzliches →Mandat, das in der BR Dtl. durch das spezielle Wahlrecht der →personalisierten Verhältniswahl entsteht. Ü. entstehen, wenn eine →Partei durch die →Erststimme mehr →Direktmandate erringt, als ihr durch ihren prozentualen Anteil der →Zweitstimmen eigentlich zustünden. Dadurch müssen mehr als die übliche Anzahl der →Mandate vergeben werden, denn die durch Direktmandate gewählten Politiker haben auf jeden Fall ein Anrecht auf einen Sitz im →Parlament. Daher hat der →Deutsche Bundestag auch je nach Wahlausgang eine unterschiedliche Anzahl an Sitzen. Für einen per Ü. ins →Parlament eingezogenen →Abgeordneten, der aus dem Bundestag ausscheidet, wird kein Nachrücker eingesetzt. Als Ursache von Ü. gilt v. a. das sog. →Splitting.

Ultimatum (von lat. *ultimus* = letzter). Zeitliche Frist, innerhalb der eine gewisse Forderung erfüllt werden soll. Bei Nichterfüllung des U. werden Konsequenzen angedroht. Das U. ist v. a. ein Mittel der →Internationalen Politik, um →Staaten zu Handlungen zu bewegen (z. B. Kampfhandlungen einstellen, Rückzug aus besetzten Gebieten).

Umsatzsteuer →Mehrwertsteuer.

Umweltpolitik. Sammelbegriff für alle Maßnahmen der →Politik, die zur Umsetzung der Ziele des →Umweltschutzes dienen. Zur U. zählen u. a. die Verabschiedung gesetzlicher Regelungen zur Festsetzung von Höchstgrenzen für den Ausstoß umweltgefährdender Stoffe, die Steuerung der Umweltbelastung durch →Steuern (z. B. →Ökosteuer) und die Vergabe von →Subventionen für umweltfreundliche Unternehmen bzw. Technologien. Als eigenständiger Bereich der Politik hat sich die U. erst im Verlauf der 1970er-Jahre in Verknüpfung mit den sog. →Neuen Sozialen Bewegungen etabliert. Seit den 1980er-Jahren finden sich infolge einer wachsenden Sensibilität gegenüber ökologischen Themen umweltpolitische Forderungen in allen Parteiprogrammen der bundesdeutschen →Parteien. Die Verpflichtung zur einer vernünftigen U. ergibt sich seit 1994 auch aus der Staatszielbestimmung (→Staatsziel) des Art. 20a GG, laut der in der Verantwortung für die künftigen →Generationen die natürlichen Lebensgrundlagen und Tiere zu schützen sind. Angesichts der globalen Dimensionen von Umweltverschmutzung bzw. -zerstörung hat sich die U. in den letzten Jahren in zunehmendem Maße auf die internationale Ebene verlagert.

Umweltschutz. Das Bestreben, die natürliche Umwelt für Mensch und Tier zu erhalten bzw. wieder herzustellen. Die Umwelt soll als funktionierendes →System vor unnötigen Eingriffen und störenden Einflüssen bewahrt werden. Konkrete Ziele des U. sind v. a. Abfallbeseitigung, Luftreinigung und Lärmbekämpfung. →Umweltpolitik.

UN →Vereinte Nationen.

UN-Friedenstruppen (UN-Blauhelme). Bewaffnete, multinationale Truppen (→Blauhelme), die von den →Vereinten Nationen entsandt werden, um in bestimmten Gebieten →Frieden zu sichern oder herbeizuführen. UN-F. können in zwei Arten von Missionen tätig werden. Entweder spricht man von Einsätzen zur Friedenserhaltung (sog. Peacekeeping) oder von Einsätzen zur Friedenserzwingung (sog. Peace-Enforcement). Friedenserhaltende Missionen sind nur dann möglich, wenn alle Konfliktparteien dem Einsatz der Truppen zugestimmt haben. Diese Regelung wurde eingeführt, um die UN-F. zu schützen. Um kenntlich zu machen, dass es sich nicht um reguläre →Streitkräfte handelt, verzichten die UN-F. auf militärübliche Tarnungen; sie tragen blaue Helme und ihre Fahrzeuge sind weiß gestrichen. Friedenserzwingende Aktionen hingegen können auch unter der Verwendung von militärischer Gewalt und ohne das Einverständnis der Konfliktparteien vorgenommen werden. Für einen Einsatz der UN-F. muss ein →Mandat des UN-Sicherheitsrates vorliegen. 1998 erhielten die UN-F. den Friedensnobelpreis für ihre Verdienste zur Erlangung des Weltfriedens.

Unabhängigkeitserklärung (engl. *Declaration of Independence*). 1. Im Allgemeinen völkerrechtliche Erklärung über die Loslösung eines Gebietes (oft einer →Kolonie) aus einem bestehenden →Staatsgebiet und die Gründung eines neuen souveränen

→Staates. 2. Im engeren Sinne bezeichnet der Begriff speziell das am 4.7.1776 verabschiedete Dokument, in dem die 13 ehemals britischen Kolonien Nordamerikas ihre Unabhängigkeit (→Autonomie) vom Mutterland und den daraus resultierenden Zusammenschluss als Vereinigte Staaten von Amerika erklären. Die U. ist das erste vertragsrechtliche Dokument, das allen →Bürgern ungeachtet ihres →Standes →Freiheit und →Gleichheit zusichert.

UNCTAD →Welthandels- und Entwicklungskonferenz der Vereinten Nationen.

Underdog-Effekt (von engl. *underdog* = der Unterlegene, der Benachteiligte). In der Wahlforschung ein Effekt, der die Einstellungen von wahlberechtigten →Bürgern gegenüber →Parteien beschreibt, die aus einer →Wahl voraussichtlich als Verlierer hervorgehen werden (→Prognose). Bestimmte Wählergruppen wollen in ihrer Wahlentscheidung nicht aufseiten der Unterlegenen stehen und wählen deshalb diese Parteien nicht. Der U.-E. steht in enger Verbindung zum →Bandwagon-Effekt.

UNESCO →Erziehungs-, Wissenschafts- und Kulturorganisation der →Vereinten Nationen.

Unfallversicherung. Teil der gesetzlichen →Sozialversicherung, der →Arbeitnehmer gegen Arbeitsunfälle und durch die Berufsausübung entstehende Krankheiten absichert. Voraussetzung für die Leistung der U. ist, dass der Unfall nicht grob fahrlässig verursacht wurde.

UNHCR →Hoher Flüchtlingskommissar der Vereinten Nationen.

UNICEF →Kinderhilfswerk der Vereinten Nationen.

UNIDO →Organisation der Vereinten Nationen für industrielle Entwicklung.

Ungarn →Europäische Länder.

Unilateralismus (lat. = Einseitigkeit). Im Allgemeinen eine Bezeichnung für Handlungen, die nur von einer Seite durchgeführt werden, insbesondere im Rahmen der Konfliktlösung. In den →Internationalen Beziehungen wird der Begriff z. B. verwandt, um die →Außenpolitik eines Landes zu beschreiben, die ohne Rücksichtnahme auf die Interessen anderer →Staaten oder →internationaler Organisationen handelt. Von Kritikern wird u. a. die Außenpolitik der USA unter George W. Bush als unilateral bezeichnet. Im Gegensatz zum U. steht der →Multilateralismus.

Union. Allgemeine Bezeichnung für einen Verband bzw. eine →Allianz aus mehreren Einheiten. Eine U. kann z. B. eine Verbindung von →Staaten sein (z. B. →EU), die meist auf bestimmte Bereiche beschränkt ist und in der die Unabhängigkeit der

Staaten erhalten bleibt. Die Fraktionsgemeinschaft von →CDU und →CSU auf Bundesebene wird ebenfalls als U. bezeichnet.

Unitarismus (von lat. *unitas* = Einheit). Bezeichnung für das Streben nach Vereinheitlichung durch die Zusammenlegung mehrerer Einheiten zu einem Ganzen. In der Politik steht U. insbesondere für das Streben nach einer starken staatlichen Zentralgewalt und für die Ablehnung der föderalistischen (→Föderalismus) oder dezentralen Verteilung (→Dezentralisation) von →Macht und →Gewalt.

United Nations →Vereinte Nationen.

UNO →Vereinte Nationen.

Unterentwicklung. Bezeichnung für die Mangelzustände in →Entwicklungsländern, die aus einer ausbleibenden bzw. rückständigen →Entwicklung resultieren. U. zeigt sich v. a. durch die geringe eigenständige Entfaltung der sozioökonomischen Ressourcen eines Landes, sodass die Bevölkerung nicht ausreichend mit Gütern und Dienstleistungen versorgt werden kann, die lebensnotwendig sind und die Lebensqualität sicher stellen. Die Folge ist, dass nicht alle Mitglieder der Gesellschaft an politischen Entscheidungen und am erwirtschafteten wirtschaftlichen Wohlstand teilhaben.

Unterhaus. 1. Im Allgemeinen ist das U. das vom →Volk direkt gewählte →Organ in einem →Zweikammersystem. Im Unterschied zum →Oberhaus ist das U. damit heute auch die eigentliche gesetzgebende →Kammer (→Gesetzgebung). 2. Im Speziellen bezeichnet der Begriff die gewählte Kammer des →Parlaments in Großbritannien (House of Commons). Das U. wird nach den Grundsätzen der →relativen Mehrheitswahl gewählt.

Unternehmerverbände. Sammelbezeichnung für die →Interessenverbände und Organisationen, die die Interessen der Unternehmer vertreten. Es lassen sich unterschiedliche Verbände anhand ihrer verschiedenen Aufgaben unterscheiden. Die →Arbeitgeberverbände sind hauptsächlich gemeinsam mit den →Gewerkschaften für die Abschlüsse der →Tarifverträge zuständig und nehmen außerdem die Vertretung der →Lobby der →Arbeitgeber wahr. Die →Industrie- und Handelskammern sind i. d. R. nach Branchen getrennt und vertreten die Unternehmen. Sog. Wirtschaftsverbände nehmen die Interessen der Unternehmer auf höheren Ebenen (→Bund, →EU) wahr und versuchen, durch Lobbyarbeit die →Politik zu beeinflussen.

Unterschicht. In der →Schichtung einer →Gesellschaft die unterste Schicht, in der gesellschaftliche Probleme (z. B. →Arbeitslosigkeit) besonders häufig anzutreffen sind.

Untersuchungsausschuss. Bezeichnung für einen meist vom →Parlament eingesetzten →Ausschuss zur Kontrolle von Sachverhalten oder zur Untersuchung von Missständen. Der U. dient meist der Kontrolle der →Regierung und ihrer →Politik. Dadurch wird er oft von der →Opposition politisch instrumentalisiert, um die Politik der Regierung zu kritisieren oder anzugreifen. Nach Art. 44 GG wird ein U. auf Antrag eines Viertels der Mitglieder des →Deutschen Bundestages eingesetzt. Mitglieder eines U. können nur aus Reihen der →Abgeordneten kommen. Die Besetzung des U. richtet sich paritätisch (→Parität) nach den Fraktionsstärken (→Fraktion) im →Parlament. Der U. tagt öffentlich.

Unverletzlichkeit der Wohnung. Bezeichnung für den Teil der →Grundrechte (Art. 13 GG), der private Räume dem Zugriff des →Staates entzieht. Demnach dürfen Privat- und Geschäftsräume nicht gegen den Willen des Besitzers betreten werden, es sei denn, es besteht ein dringender Tatverdacht gegen den Besitzer. Dann kann auf richterliche Anordnung die U. d. W. durch einen Hausdurchsuchungsbefehl aufgehoben werden. Eingeschränkt werden kann sie außerdem im Rahmen des sog. →Lauschangriffs.

Urabstimmung. 1. Im Allgemeinen bezeichnet U. in der Politik die →Abstimmung aller Parteimitglieder über bestimmte Sach- oder Personalfragen. 2. Im Besonderen die Entscheidung der betroffenen Gewerkschaftsmitglieder über den Beginn eines →Streiks. Die U. gehört in der Regel zu den Voraussetzungen eines rechtmäßigen →Arbeitskampfes. Die jeweilige →Gewerkschaft findet dadurch heraus, ob ihre Mitglieder zur Durchsetzung ihrer Forderungen mittels eines Streiks bereit sind. Im Regelfall müssen bei einer U. mindestens 75 % der Gewerkschaftsmitglieder ihre Zustimmung bekunden.

Utilitarismus (von lat. *utilis* = nützlich). Philosophische Strömung, die den Begriff des Guten mit dem Begriff des Nützlichen verbindet. Demnach sollen menschliche Handlungen nicht an zugrunde liegenden →Werten oder Motivationen gemessen werden, sondern schlicht an dem durch sie erreichten Nutzen. Ziel des U. ist ein möglichst großes Maß an Glück für eine möglichst große Anzahl von Menschen.

Utopie (griech. = Nirgendwo). Bezeichnung für Entwürfe einer Gemeinschaftsordnung in einer fiktiven Welt. Oft ausgehend von der Kritik der jeweiligen gegenwärtigen gesellschaftlichen Zustände wird gedanklich bzw. literarisch eine →Gemeinschaft konstruiert, in der Ideale das Handeln bestimmen (z. B. „Utopia“ von T. Morus).

V

Verantwortungsethik. Von M. Weber geprägte Bezeichnung für eine Art des ethisch durchdachten politischen Handelns, die die vorhersehbaren Folgen menschlichen Handels in das Zentrum einer Entscheidung stellt und nicht die Motivationen oder Werte, die zu diesen Handlungen geführt haben (→Gesinnungsethik). Der aus der →Umweltpolitik stammende Gedanke der →Nachhaltigkeit sowie die daraus resultierende →Technikfolgenabschätzung können als konkrete politische Umsetzung der V. verstanden werden.

Verband →Interessenverband.

Verbändestaat. Bezeichnung für einen →Staat, in dem →Interessenverbände und →Lobbyisten einen großen Einfluss auf die Gestaltung der →Politik besitzen. Der Begriff wird meist kritisch verwendet, um die Vernachlässigung des Gemeinwohlgedankens durch diese übersteigerte Form der verbandlichen Interessenpolitik zum Ausdruck zu bringen.

Verbraucherpolitik (Verbraucherschutz). Alle Maßnahmen des →Staates, die die Position des einzelnen Kunden gegenüber den produzierenden Unternehmen oder den Anbietern von Dienstleistungen stärken sollen. So umfassen die Regelungen der V. z. B. die Schaffung und Überprüfung von Qualitätsstandards für bestimmte (v. a. verderbliche) Waren und das Verbot von Preisabsprachen zum Schutz des Kunden. Auch die Errichtung und der Unterhalt von Verbraucherzentralen zählen zur V. Ein weiterer wichtiger Bereich ist die Verbraucherinformation, die dem Verbraucher einen Über- und Einblick in bestimmte Produktgruppen geben soll. Aus dieser Motivation heraus wurde 1964 von der BR Dtl. die Stiftung Warentest gegründet, deren Ziel es ist, durch Publikationen die Mündigkeit es Verbrauchers in seiner Kaufentscheidung zu fördern. Weiterhin gehören die rechtlichen Bestimmungen über den →Wettbewerb zur V. (z. B. Gesetze gegen unlauteren Wettbewerb und Bundeseichgesetz).

Verbrechen gegen die Menschlichkeit. Straftatbestand aus dem Völkerrecht. Unter den Terminus fallen Verbrechen, die sich durch Ausnutzung staatlicher Willkürherrschaft gegen Leben, →Freiheit und Ehre von Menschen richten und dabei die menschliche Würde missachten. Zum ersten Mal wurde der Terminus in den Nürnberger Prozessen (1945–49) benutzt, um den Völkermord an den Juden (→Holocaust) als einzigartiges Verbrechen zu brandmarkten und zu ahnden. Der Prozess wie auch der Begriff waren damals umstritten, da sich beide nicht direkt auf ein bereits vorhandenes →Gesetz beziehen konnten. Der juristische Tatbestand wurde erst nachträglich von den Siegermächten konstruiert, um die Verbrecher des Nazi-Regimes zur Verantwortung zu ziehen. Zu den V. g. d. M. zählen u. a. die Vertreibung, Ermordung oder Ausrottung von Zivilbevölkerungen, gezielte Kriegsverbrechen und andere schwer wiegende Verletzungen der →Menschenrechte (z. B. Menschenhandel, Folter). In der BR Dtl. ist der Straftatbestand der V. g. d. M. seit 2002 im sog. Völkerstrafgesetzbuch verankert. Auf internationaler Ebene ist der →Internationale Strafgerichtshof für die Verfolgung dieser Verbrechen verantwortlich.

Verein. Eine dauerhafte Organisation, in der sich freiwillig →Bürger zusammenschließen mit der Absicht, einen bestimmten Zweck zu erfüllen oder ein gemeinsames Ziel zu erreichen. Diese Ziele können gemeinnütziger, religiöser, wissenschaftlicher, wirtschaftlicher oder kultureller Natur sein. V., die in ihren Zielsetzungen und Handlungen gegen die →Verfassung verstoßen, können allerdings von den Innenministerien der →Länder verboten werden. Sind bestimmte formale Voraussetzungen erfüllt, kann sich der V. in das Vereinsregister beim →Amtsgericht eintragen lassen und ab dann den Zusatz e. V. (eingetragener Verein) führen. V., die anerkanntermaßen der →Gemeinnützigkeit dienen, genießen bestimmte Vorteile. Zur inneren Organisation gibt sich der V. eine →Satzung. V. übernehmen wichtige Aufgaben in einem →Staat und sind Teil der →Zivilgesellschaft. In der BR Dtl. herrscht →Vereinigungsfreiheit.

Vereinigung Südostasiatischer Staaten (engl. *Association of South East Asian Nations,* ASEAN). 1967 gegründete Gemeinschaft der Staaten Thailand, Indonesien, Malaysia, Singapur und den Philippinen, weitere Mitglieder sind Brunei (seit 1984), Vietnam (seit 1995), Myanmar (Burma) und Laos (seit 1997) sowie Kambodscha (seit 1999). Ziel ist die Förderung wirtschaftlicher und politischer Zusammenarbeit durch z. B. Abbau von Zollschranken, Abschaffung von Handelshemmnissen und außenpolitische Koordination. Eine asiatische Freihandelszone, die AFTA, trat 1994 in Kraft. Durch ihre Maßnahmen, ihren Rohstoffreichtum und ihre strategisch wichtige Lage ist ASEAN einer der erfolgreichsten internationalen Organisationen von Dritte-Welt-Staaten und Schwellenländern.

Vereinigungsfreiheit. Die V. gehört in der BR Dtl. zu den →Bürgerrechten und bezeichnet die →Freiheit der

→Bürger, sich in →Vereinen oder anderen Organisationen zusammenzuschließen und sich dort für bestimmte Ziele einsetzen zu können.

Vereinte Nationen. Siehe Seite 353.

Verfassung (Konstitution). Bezeichnung für die rechtliche Grundordnung eines →Staates. Die V. regelt fast alle relevanten Rechtsbereiche und Rechtsbeziehungen und kann daher als die Organisations- und Wertebasis für einen Staat und sein →politisches System verstanden werden. Die Regelungen der →Verfassung sind zugleich die höchsten Rechtsnormen. In der V. sind die Zuständigkeiten der Staatsorgane (→Organ) sowie ihre Beziehungen und Zusammenarbeit geregelt. Wichtiger Teil der V. sind die →Grundrechte, von denen einige schwer, andere gar nicht veränderlich sind (→Verfassungsänderung). Die Grundrechte dienen der Regelung des Verhältnisses zwischen Staatsgewalt und Bürgern. In der BR Dtl. liegt eine schriftlich fixierte V. vor (sog. geschriebene V.). Sie trägt den Namen →Grundgesetz. Es gibt aber auch ungeschriebene Verfassungen wie z. B. in Großbritannien. Hier liegt kein zusammenhängender Verfassungstext vor. Stattdessen bezieht die →Politik ihre Ordnungsprinzipien aus den historischen Überlieferungen der Customs and Conventions, dazu gehört z. B. die →Magna Charta. Außerdem bilden die Regeln des Common Law einen Teil der ungeschriebenen V.

Verfassungsänderung. Änderung der →Verfassung, die in den Rahmen der →Gesetzgebung eingebunden ist. Von der regulären Gesetzgebung unterscheidet sich die V. dadurch, dass sie höhere Hürden überwinden muss. In der BR Dtl. ist für die Verabschiedung einer V. eine Zweidrittelmehrheit im →Bundesrat wie im →Bundestag notwendig. Einige grundlegende Verfassungsbestimmungen können jedoch gar nicht geändert oder gestrichen werden. So sind z. B. alle V., die die Mitwirkung der →Länder bei der Gesetzgebung betreffen, grundsätzlich unzulässig. Außerdem dürfen der sog. Ewigkeitsgarantie des Art. 79 III GG zufolge die →Menschenwürde und die Prinzipien des Staatsaufbaus (u. a. →Rechtsstaatlichkeit, →Volkssouveränität, →Gewaltenteilung, demokratische Strukturen) nicht geändert werden. Diese besonderen Anforderungen und Bestimmungen an eine V. sollen eine Aushöhlung der Verfassungsvorschriften verhindern.

Verfassungsbeschwerde. Anrufung des →Verfassungsgerichts mit dem Ziel, ein →Gesetz oder das darauf zurückgehende staatliche Handeln auf Verfassungsmäßigkeit überprüfen zu lassen. Das Verfassungsgericht kontrolliert also, ob die Maßnahmen bzw. die Handlungen von →Legisla-

Struktur und Arbeitsweise der UN

Ausgehend von den Erfahrungen des Zweiten →Weltkrieges wurden am 24.10.1945 die →Vereinten Nationen (engl. United Nations, UN) als Nachfolgeorganisation des Völkerbundes gegründet. Die UN hat ihren Hauptsitz in New York (daneben gibt es auch Sitze in Genf, Nairobi und Wien) und derzeit 191 Mitglieder, also fast alle →Staaten der Welt.

Aufgaben und Ziele

Ziel der UN ist es, internationale Konflikte auf Basis des →Völkerrechts und durch kollektives Handeln der Staatengemeinschaft beizulegen. Die UN-Charta (→Charta) vom 26.6.1945 definiert als Hauptziele die Wahrung des Weltfriedens, die freundschaftliche Zusammenarbeit der Staaten auf Grundlage von →Selbstbestimmung, →Gleichberechtigung und →Gewaltverzicht sowie die Durchsetzung bzw. den Schutz der →Menschenrechte. Allerdings verbietet das Prinzip der Nichteinmischung der UN, in die inneren Angelegenheiten der Mitgliedstaaten einzugreifen.

Organe

Die UN ist unterteilt in Haupt-, Spezial- und Hilfsorgane. Ihnen beiseite gestellt sind sog. Sonderorganisationen. Zu den Hauptorganen der UN zählen die Generalversammlung, der Sicherheitsrat, das Sekretariat des Generalsekretärs, der Wirtschafts- und Sozialrat, der Treuhandrat und der →Internationale Gerichtshof. Die Generalversammlung ist das zentrale Gremium der UN, in dem jedes Mitgliedsland mit einem Sitz vertreten ist. Die Generalversammlung tagt mindestens ein Mal pro Jahr. Sie berät die wichtigsten aktuellen Fragen der →Internationalen Politik und ist für die Verabschiedung des →Haushalts zuständig. Allerdings kann sie nur nichtbindende Empfehlungen an die Mitgliedstaaten abgeben. Der UN-Sicherheitsrat ist das einzige →Organ, das verbindliche Entscheidungen für die Mitglieder treffen kann. Er ist zuständig für die Einleitung wie die Überwachung der Maßnahmen zur Beilegung internationaler Konflikte. In seinen Zuständigkeitsbereich fällt auch die Entsendung von →UN-Friedenstruppen. Er wird gebildet aus fünf ständigen Mitgliedern (Frankreich, Großbritannien, Russland, USA, VR China) und zehn nicht ständigen Mitgliedern, die von der Generalversammlung mit Zweidrittelmehr-

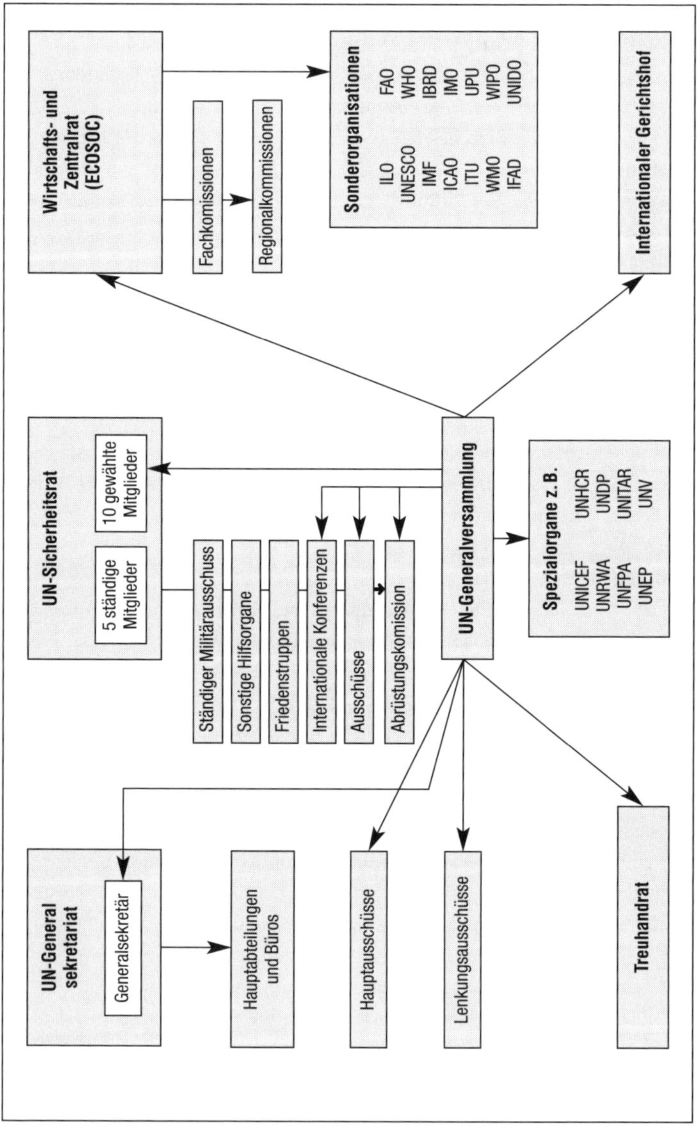

Aufbau und Organisation der Vereinten Nationen

heit für zwei Jahre gewählt werden. Entscheidungen bedürfen der Zustimmung von neun Mitgliedern; die fünf ständigen Mitglieder haben in den meisten Fragen ein Vetorecht (→Veto). Zur Zeit des Ost-West-Konflikts führte das dazu, dass die beiden Weltmächte sich oft gegenseitig blockierten und der Sicherheitsrat so zu keiner Entscheidung kam. Der Wirtschafts- und Sozialrat (ECOSOC) ist eine Dachorganisation, die aus der Generalversammlung hervorgeht und der zahlreiche Sonderorganisationen zur Förderung der wirtschaftlichen und sozialen Entwicklung unterstehen. Das Generalsekretariat ist das zentrale Verwaltungsorgan der UN. Es koordiniert die Konferenzen, verfasst Studien und Berichte. Der UN-Generalsekretär wird auf Vorschlag des Sicherheitsrates von der Generalversammlung für fünf Jahre gewählt. Er ist der höchste Repräsentant der UN, leitet das Generalsekretariat und kann einzelne Fälle in den Sicherheitsrat einbringen. Der Treuhandrat, der die Aufsicht über die Treuhandgebiete der UN übernahm, ist seit 1994 nicht mehr aktiv.

Neuere Entwicklungen in der UN

Nachdem die Blockadepolitik, die durch die Konkurrenz der zwei Supermächte im Sicherheitsrat verursacht wurde, mit dem Ende des Ost-West-Konflikts überwunden werden konnte, rückte die militärische →Friedenssicherung bzw. -schaffung stärker in den Vordergrund der →Sicherheitspolitik der UN. Trotz des Grundsatzes der Nichteinmischung sah sich die UN vermehrt zu aktiven militärischen Maßnahmen gezwungen, um der wachsenden Zahl an lokalen und regionalen Konflikten gerecht werden zu können. Mitte der 1990er-Jahre scheiterten drei dieser sog. →humanitären Interventionen in Somalia, Ruanda und Bosnien-Herzegowina und führten zur Forderung nach neuen Konzepten und Strategien. Die Reformprozesse innerhalb der Vereinten Nationen sind nach wie vor im Gang, u. a. wird derzeit auch die Frage nach einer Ausweitung der ständigen Sitze im Sicherheitsrat diskutiert. Allerdings sind auch durchaus Erfolge der UN zu verzeichnen, v. a. im Bereich der friedenserhaltenden Missionen, der Wiederaufbaumaßnahmen nach Konflikten und bei der Stabilisierung von Krisenregionen. Dies kam 2001 auch in der Verleihung des Friedensnobelpreises an die UN und ihren Generalsekretär zum Ausdruck.

tive, →Exekutive oder →Judikative mit den Bestimmungen der →Verfassung in Einklang stehen. V. werden v. a. dann eingelegt, wenn →Bürger oder Gruppen das Gefühl haben, vom →Staat in unzulässiger Weise in ihren →Grundrechten eingeschränkt worden zu sein. Eine V. darf von jedermann eingereicht werden, wenn der vorgeschriebene →Rechtsweg bereits erschöpft ist (Rechtsschutzmittel). Allerdings liegt die Erfolgsquote von V. in der BR Dtl. nur bei ca. 1 %; viele Verfahren werden nach einer Vorprüfung durch das →Bundesverfassungsgericht gar nicht erst zur Entscheidung angenommen.

Verfassungseid. Ein →Amtseid, den der →Bundespräsident, der →Bundeskanzler und die Bundesminister vor Antritt des →Amtes leisten müssen. Damit soll bildlich ausgedrückt werden, dass die →Verfassung geachtet wird, der Schwörende sie als hohes Gut schätzt und gewillt ist, sie zu verteidigen. In der politischen Diskussion, um die Erlangung der Staatsbürgerschaft (→Staatsangehörigkeit) wurde mehrmals der Vorschlag gemacht, →Ausländer sollten zur →Einbürgerung in die BR Dtl. einen V. leisten.

Verfassungsfeindlichkeit. Meinungen oder Handlungen einer Person oder einer Gruppe, die darauf ausgerichtet sind, die in der →Verfassung vorgeschriebene Ordnung eines →Staates zu gefährden oder zu beseitigen. Sie sind gegen den Bestand des Staates an sich gerichtet oder gegen seine innere oder äußere →Sicherheit. So fallen z. B. Aktionen gegen die →freiheitlich-demokratische Grundordnung in der BR Dtl. unter den Tatbestand der V. →Parteien, →Vereine und Organisationen, denen V. nachgewiesen wird, können verboten werden (→Parteienverbot). Von dem Begriff der V. unterscheidet sich der Begriff der Verfassungswidrigkeit. V. bezeichnet die willentliche Verletzung der Verfassung. Verfassungswidrigkeit hingegen beschreibt die die weniger zielgerichtete Unvereinbarkeit einer Handlung mit der Verfassung.

Verfassungsgebung. Prozess der Ausarbeitung und Inkraftsetzung einer →Verfassung. Die V. in der BR Dtl. wurde 1948 durch den →Parlamentarischen Rat durchgeführt. Die Wahl der verfassungsgebenden Versammlung erfolgte indirekt durch das Volk, sodass die Volkssouveränität gewahrt blieb und die Verfassung entsprechend legitimiert ist.

Verfassungsgericht. Höchstes →Gericht eines →Staates zur Entscheidung verfassungsrechtlicher Streitfragen (→Verfassung). In den USA heißt das V. z. B. Supreme Court. In der BR Dtl. gibt es neben dem →Bundesverfassungsgericht in Karlsruhe die sog. Landesverfassungs- bzw.

Staatsgerichtshöfe. Letztere überprüfen die Einhaltung der jeweiligen Landesverfassung.

Verfassungsgerichtsbarkeit. Bezeichnung für diejenige Gerichtsbarkeit, die für verfassungsrechtliche Streitigkeiten (z. B. für Verfassungsbeschwerden) zuständig ist. Ausgeführt wird sie in der BR Dtl. durch das →Bundesverfassungsgericht bzw. durch die Staatsgerichts- bzw. Landesverfassungshöfe. Die V. ist eine der kennzeichnenden Institutionen des Verfassungsstaates, insbesondere des demokratischen Rechtsstaats.

Verfassungsorgan. Staatsorgan, dessen Aufgaben durch die →Verfassung besonders herausgestellt und begründet werden. Verfassungsorgane sind selbstständig, handeln eigenverantwortlich und sind keinem anderen Organ untergeordnet. Zu den V. der BR Dtl. zählen der →Bundespräsident, die →Bundesregierung, das →Bundesverfassungsgericht, der →Bundestag, der →Bundesrat, die Bundesversammlung und der Bundesrechnungshof.

Verfassungspatriotismus →Patriotismus.

Verfassungsrecht (Staatsrecht). In der →Verfassung festgelegte Regelungen über die rechtliche Gestaltung der Staatsgrundlagen, den Aufbau und die Funktion der Staatsorgane und die Rechtsstellung der Bürger im Staat.

Verfassungsschutz. Im Allgemeinen steht der Begriff für alle staatlichen Maßnahmen und Einrichtungen zum Schutz der →Verfassung und der aus ihr hervorgehenden Ordnung. So können z. B. die sog. Ewigkeitsgarantie des Art. 79 III GG und die weit reichenden Kontrollbefugnisse des →Bundesverfassungsgerichts als V. aufgefasst werden. 2. Im engeren Sinne werden speziell die den →Innenministerien (→Bund und →Land) unterstehenden Behörden als V. bezeichnet: →Bundesnachrichtendienst, →Bundesamt für V., →Militärischer Abschirmdienst, Verfassungsschutzbehörden der Länder. Sie beschäftigen sich mit vorbeugenden Maßnahmen gegen verfassungsfeindliche Bestrebungen von Personen oder Gruppen sowie mit der Strafverfolgung von bereits begangenen Taten.

Verfassungsstaat (Rechtsstaat). Bezeichnung für einen →Staat, dessen →Souveränität auf Verfahren beruht, die in einer →Verfassung geregelt sind. Im V. ist alles staatliche Handeln an die Vorschriften der Verfassung und →Gesetze gebunden, sodass die Staatsmacht nicht willkürlich gegen einzelne →Bürger vorgehen kann. Alles staatliche Handeln wiederum kann im V. von jedermann vor →Gerichten auf die Rechtmäßigkeit überprüft werden (→Verfassungsbeschwerde).

Verfassungswidrigkeit →Verfassungsfeindlichkeit.

Verfassungswirklichkeit. Begriff aus der →Politikwissenschaft, der den Unterschied zwischen der rechtlichen, niedergeschriebenen →Verfassung und der in Wirklichkeit bestehenden politischen Ordnung bezeichnet. Die V. kann das Verfassungsrecht ergänzen oder ihm widersprechen. In letzter Instanz ist das →Bundesverfassungsgericht dafür zuständig, Verfassungsnorm und Wirklichkeit in Einklang zu bringen.

Vergesellschaftung →Sozialisierung.

Vergleich. In der →Politikwissenschaft zentrale Technik, um Aussagen über →politische Systeme zu erlangen. So werden ähnliche Institutionen oder Verfahren miteinander in Bezug gesetzt, um Gemeinsamkeiten, Unterschiede und Wechselbeziehungen zu entdecken und zu analysieren.

Verhältniswahlrecht. Wahlverfahren, bei dem alle Stimmen zählen und nicht nur die Stimmen, die für den Gewinner abgegeben werden wie beim →Mehrheitswahlrecht. Der durch die →Wahlen artikulierte →Volkswille soll im Wahlergebnis quasi spiegelbildlich wiedergegeben werden. Dementsprechend wird im V. ein Auszählungsverfahren benutzt, das die Proportionen der abgegeben Stimmen zueinander berücksichtigt. In der BR Dtl. besteht das spezielle →personalisierte Verhältniswahlrecht bei der Bundestagswahl.

Verhandlungen über die Verringerung strategischer Waffen (engl. *Strategic Arms Reduction Talks*, START). 1982 aufgenommene Verhandlungen zwischen den USA und der UdSSR zur Begrenzung der strategischen Atomwaffen. Sie führten 1991 zur Unterzeichnung des START-I-Vertrags, der eine 20-prozentige Reduzierung der nuklearen Sprengköpfe bis 1999 vorsah und 1994 in Kraft trat. 1993 folgte die Unterzeichnung des START-II-Vertrags, der eine 75-prozentige Verringerung der nuklearen Gefechtsköpfe bis 2003 vorsah und im Jahr 2000 in Kraft trat. START-III ist in der Vorbereitungsphase.

Verkehrspolitik. Gesamtheit aller Maßnahmen eines →Staates zur Förderung und Regelung der räumlichen →Mobilität. Zur V. zählen insbesondere der infrastrukturelle Auf- und Ausbau des Verkehrswesens, der Erlass von Regelungen zur Steuerung des Verkehrsaufkommens (z. B. Maut) und zur Regulierung der einzelnen Verkehrsmittel. V. beschäftigt sich auch mit dem Verhältnis von öffentlichen Verkehrsmitteln und Privatverkehr. Damit grenzt oder überschneidet sich die V. teilweise mit der →Ordnungspolitik und der →Strukturpolitik. Zu grundlegenden Interessenskonflikten kommt es meist mit der →Umweltpolitik. In der BR Dtl. fällt die V. in die Zuständigkeit des Ministeriums für Verkehr, Bau und Wohnungswesen.

Vermittlungsausschuss. Gemeinsames, nicht öffentliches Gremium, das zu gleichen Teilen aus →Bundestag und →Bundesrat hervorgeht, die jeweils 16 Mitglieder entsenden. Aufgabe des V. ist die Ausarbeitung eines →Kompromisses, wenn im Prozess der →Gesetzgebung ein vom Bundestag angenommener Gesetzentwurf der Zustimmung des Bundesrates bedarf und dieser den Entwurf mehrheitlich ablehnt hat. Dieser Fall trifft meist bei sog. gegenläufigen →Mehrheiten auf, d. h., wenn der Bundestag von einer →Partei (oder einer →Koalition) dominiert wird und der Bundesrat von einer anderen. In diesen Fällen nutzen die Parteien den V., um ihre unterschiedlichen Zielvorstellungen zum Ausdruck zu bringen und erheben ihn so zu einem zentralen Organ der →Gesetzgebung. Allerdings kann der V. eben auch zur Verzögerung bzw. Blockade der Gesetzgebung genützt werden.

Vermögenspolitik. Staatliche Maßnahmen, die die Vermögensbildung der privaten Haushalte fördern und schützen sollen. Ziel der V. ist es, die Ungleichheiten der Vermögensverteilung auszugleichen. So sollen z. B. zinsgünstige Kredite oder staatliche Hilfen positiv auf den Wohnungsbau einwirken.

Versammlungsfreiheit. In Art. 8 I GG allen Staatsbürgern gewährtes →Recht, sich ohne Erlaubnis und Anmeldung frei versammeln zu dürfen. Es wird betont, dass dies mit friedlicher Absicht und ohne das Tragen von Waffen zu erfolgen hat. Aus der V. geht z. B. das Recht auf →Demonstrationen hervor. Dieses Recht kann allerdings durch das Gesetz über Versammlungen und Aufzüge beschränkt werden.

Verschuldung →Staatsverschuldung.

Versicherung →Sozialversicherung.

Verstaatlichung →Sozialisierung.

Verteidigungsfall. Im →Grundgesetz geregelte Situation für den Fall eines militärischen Angriffs auf die BR Dtl. von außen. Der V. muss in der BR Dtl. auf Antrag der →Bundesregierung mit Zweidrittelmehrheit des →Bundestags bzw. mit →absoluter Mehrheit der Bundestagsmitglieder festgestellt werden. Der →Bundesrat muss ebenfalls mit absoluter Mehrheit zustimmen. Folgen der Feststellung des V. sind u. a. der Übergang der Kommandogewalt über die →Bundeswehr auf den →Bundeskanzler, die Vereinfachung und Verkürzung des →Gesetzgebungsverfahrens und die Einsetzung des →Gemeinsamen Ausschusses als Notparlament der BR Dtl.

Verteidigungspolitik. Sammelbezeichnung für alle Regelungen, Maßnahmen und Institutionen, die die militärische Landesverteidigung gegenüber gewaltsamen Angriffen von außen sicherstellen bzw. durch →Abschreckung solche Aggression von vorherein verhindern sollen. Kernelemente der V. sind der Aufbau und Unterhalt von →Streitkräften, Waffensystemen (→Rüstung), einer militärischen Infrastruktur und die Bildung von militärischen Bündnissen.

Verteilungsgerechtigkeit. Die Verteilung materieller und immaterialer Güter in einer →Bevölkerung nach den Grundsätzen der →Gerechtigkeit. Nachdem es aber verschiedene Konzeptionen von Gerechtigkeit gibt, wird folglich auch der Begriff der V. unterschiedlich definiert. So kann die V. z. B. auf Leistung beruhen, d. h., die Güter werden so verteilt, dass jedes Gesellschaftsmitglied in dem Maße Güter erhält, in dem es seinen Beitrag zur gesamtgesellschaftlichen Gütererzeugung geleistet hat. Beruht die V. dagegen auf absoluter →Gleichheit, erhalten alle Gesellschaftsmitglieder grundsätzlich genau den gleichen Anteil an Gütern.

Verteilungskonflikt. Konflikt über die Verteilung von Gütern meist materieller Natur in einer →Gesellschaft. V. könne zwischen →Gruppen oder →Schichten einer Gesellschaft auftreten, aber auch zwischen Regionen. Die Auseinandersetzungen über den →Länderfinanzausgleich sind z. B. ein V.

Vertrauensfrage. Antrag des →Regierungschefs in einer →parlamentarischen Demokratie an das →Parlament, ihm das Vertrauen auszusprechen. Damit kann er überprüfen, ob die →Regierung noch von der →Mehrheit des →Parlaments unterstützt wird; eine Verneinung der V. kommt meist einem →Misstrauensvotum gleich und führt oft zum Rücktritt der Regierung oder zumindest des Regierungschefs. In der BR Dtl. kann nach einer negativen Beantwortung der V. der →Bundespräsident das Parlament auflösen (Art. 68 GG). Die V. wurde in der Geschichte der BR Dtl. bislang viermal gestellt und zweimal negativ beantwortet. Wobei die vorzeitige →Parlamentsauflösung beide Male beabsichtigt war, um Neuwahlen herbeizuführen.

Vertriebene (Heimatvertriebene). Bezeichnung für aus ihrer Heimat ausgewiesene Personen. In Deutschland versteht man unter V. insbesondere diejenigen Deutschen bzw. Deutschstämmigen, die während und nach dem Zweiten →Weltkrieg aus den Gebieten östlich der Oder-Neiße-Linie sowie aus der Tschechoslowakei und Ungarn ausgewiesen wurden. Personen, die in diesem Zusammenhang der Vertreibung durch Flucht zuvor kamen, werden →Flüchtlinge genannt. Die durch die Widereingliederung der V. entstandenen Spannungen in Deutschland versuchte das Bundesvertriebenengesetz vom 3.09.1971 zu entschärfen und zu regeln. Hierzu gehörten etwa steuerliche Vergünstigungen und Überbrückungsgeld. Bis 1950 wurden ca. 12 Millionen V. in beiden Teilen Deutschlands registriert. Ungefähr zwei Millionen Menschen starben an den Folgen von Vertreibung und Flucht. Als V. werden z. T. auch Personen bezeichnet, die wegen der nationalsozialistischen Verfolgung Deutschland verlassen mussten.

Verursacherprinzip. Grundsatz, wonach derjenige die Verantwortung für die Folgen seines Verhaltens zu tragen hat, der sie verursacht hat. Das V. ist v. a. im Bereich des →Umweltschutzes von Belang. Hier geht es darum, dass Produzenten für ihre Produkte Haftungen übernehmen und bestimmte, von ihnen hergestellten Produkte nach z. B. Benutzung oder bei Defekt wieder zurücknehmen müssen. So sind z. B. Verkäufer von Batterien verpflichtet, sie in leerem Zustand zurückzunehmen und sie der fachgerechten Entsorgung zuzuführen.

Verwaltung. Organisation, die mit der Umsetzung von konkreten Aufgaben betraut ist. Hierbei geht es um das Organisieren, Ausführen und Kontrollieren von Tätigkeiten, die vorher von einer Instanz (→Politik, Religion, Kultur) beschlossen wurden. Der Begriff Öffentliche V. bezeichnet die V. eines →Staates auf allen Ebenen und mit all seinen →Organen. Neben der Staatsverwaltung ist die öffentliche V. mit dem Vollzug von →Gesetzen und →Verordnungen betraut und daher Teil der exekutiven Gewalt (→Exekutive). Sie kann z. B. untergliedert werden in →Eingriffs- und →Leistungsverwaltung oder Staats- und →Selbstverwaltung.

Verwaltungsgerichtsbarkeit. Die V. ist zuständig für Auseinandersetzungen, die aus dem →Verwaltungsrecht entstehen oder es betreffen. Sie kontrolliert die Übereinstimmung des Handelns der →Verwaltung mit den bestehenden →Gesetzen und kann eventuell rechtswidrige Verwaltungsakte rückgängig machen. Die V. wird durch unabhängige Verwaltungsgerichte ausgeübt; oberste →Instanz ist das →Bundesverwaltungsgericht.

Verwaltungsrecht. Teilbereich des →öffentlichen Rechts, der die Regelungen umfasst, an denen das Handeln der öffentlichen →Verwaltung auszurichten ist. Es lässt sich in das allgemeine V. und das besondere V. untergliedern. Das allgemeine V. beinhaltet Vorschriften, die für alle Verwaltungstätigkeiten gelten. Das besondere V. besteht aus den Regelungen, die nur für einzelne Sachgebiete gelten (z. B. Polizei-, Ausländer- und Gewerberecht).

Verwirkung. V. bezeichnet im →Verfassungsrecht den Verlust eines dem →Bürger eigentlich zustehenden →Rechtes, das aufgrund eines bestimmten Verhaltens oder Versäumnisses nicht mehr besteht. Häufigster Grund für die V. eines Rechtes ist schlicht die verspätete Einreichung eines Anspruchs an die entsprechende →Behörde. Die V. von bestimmten →Grundrechten (z. B. →Meinungs- oder →Versammlungsfreiheit) für Personen oder Gruppen, die diese Rechte zum Kampf gegen die →freiheitlich-demokratische Grundordnung missbrauchen, kann vom →Bundesverfassungsgericht ausgesprochen werden.

Veto (von lat. *veto* = ich verbiete). Einspruch, der Entscheidungen aufschieben, blockieren oder gänzlich nichtig machen kann. So wird zwischen suspensivem (aufschiebendem) V. und absolutem V. unterschieden. Ein suspensives V. kann eine Entscheidung nur vorübergehend aufschieben und ist damit eher eine Möglichkeit, Änderungen vornehmen zu lassen oder Zeit zu gewinnen. Das absolute V. ist ein starkes Machtmittel, das eine Entscheidung in Gänze zurückweist; sie kommt dann nicht mehr zu Stande. In der BR Dtl. hat der Bundesrat bei →Zustimmungsgesetzen ein absolutes Vetorecht. Auf internationaler Ebene ist v. a. das absolute Vetorecht der fünf ständigen Mitglieder des UN-Sicherheitsrates (→Vereinte Nationen) von besonderer Bedeutung.

Vielvölkerstaat →Nationalitätenstaat.

Viermächteabkommen (Berlinabkommen). Vertrag zwischen den vier Siegermächten des Zweiten →Weltkrieges (USA, UdSSR, Großbritannien und Frankreich) über den Status der ehemaligen Hauptstadt des Deutschen Reiches, Berlin. Er wurde 1971 unter der Regierung Brandt verabschiedet und sollte die Lebensfähigkeit Westberlin sichern, das als kleines territoriales Gebiet inmitten des →Ostblocks als bedroht empfunden wurde. Die UdSSR erkannte im V. die besondere Bindung von Westberlin an die BR Dtl. an, versprach ungehinderten Transitverkehr zwischen Westberlin und BR Dtl. und sicherte Reiseerleichterungen zu.

Vierte Welt. Bezeichnung für jene →Staaten, die in ihrer politischen, wirtschaftlichen und sozialen →Entwicklung am weitesten zurückgeblieben sind (engl. Least Developed Countries). Kennzeichen sind u. a. Rohstoffmangel, ein extrem niedriges Pro-Kopf-Einkommen und eine hohe Analphabetenquote. Außerdem sind diese Länder durch eine extrem hohe Auslandsverschuldung und Armut geprägt.

Vietnamkrieg. Bezeichnung der vielfältigen Auseinandersetzungen in Vietnam von 1946 bis 1975 um die Unabhängigkeit, die Einheit und die Vorherrschaft im Lande. Der →Krieg verlief in mehreren Phasen. Der erste Konflikt, in dem Vietnam die Unabhängigkeit von der Kolonialmacht (→Kolonialismus) Frankreich erringen konnte (1946–54), wird auch als Indochinakrieg bezeichnet. Dieser führte zu einer Teilung des Landes in ein kommunistisch regiertes Nordvietnam (Hauptstadt: Hanoi) und einer gemäßigten →Militärdiktatur in Südvietnam (Hauptstadt: Saigon). Die Eindämmungspolitik der USA (→Containment; →Truman-Doktrin) führte zu einer wirtschaftlichen und militärischen Unterstützung des südlichen Teils. Durch dieses Engagement wurde der V. zu einem der wichtigsten Konfliktfelder im Rahmen des →Ost-West-Konflikts. Seit 1962 unterstützten die USA das militärische Vorgehen der Südvietnamesen gegen die Nordvietnamesen z. B. durch Bombardements und schließlich ab 1964 auch durch die Entsendung von Interventionstruppen. Ein Sieg gegen Nordvietnam konnte jeodch trotz scheinbarer Übermacht nicht errungen werden. Der kommunistische Nordteil konnte sich zudem auf die militärische Unterstützung der UdSSR und China verlassen. 1969 begannen die USA, sich aus dem Krieg zurückzuziehen und überließen ihn in zunehmendem Maße den Vietnamesen selbst. Ein Waffenstillstandsabkommen vom 27.1.1973 beendete die Kämpfe nur kurzfristig. Nach dem endgültigen Rückzug der USA flammten die Kämpfe zwischen Nord- und Südteil wieder auf. Der Krieg endete 1975 mit der →Kapitulation Südvietnams. Der V. wurde v. a. aufgrund seiner Brutalität international äußerst kontrovers diskutiert und rief weltweit Protestbewegungen hervor. Der V. kostete 1 Mio. vietnamesische Kämpfern, 53 000 US-Soldaten und bis zu 4 Mio. Zivilsten das Leben.

Visegrád-Staaten. Staatengruppe, die sich 1993 zusammenschloss, um für ihren Eintritt in die westlichen Bündnisse →Europäische Union und →NATO zusammenzuarbeiten. Zu den V.-S. gehörten Polen, die Tschechische Republik, die Slowakei und Ungarn. Die Gruppe hat ihre Ziele mittlerweile erreicht: Ihre Mitglieder sind inzwischen sowohl NATO-, als auch EU-Mitglieder.

Volatilität →Wählerverhalten.

Volk. 1. Im Allgemeinen die →Bevölkerung eines abgrenzbaren Gebietes von Menschen mit einem oder mehreren gemeinsamen Merkmalen, z. B. Kultur oder Sprache. Gelegentlich spricht man auch von historischer Schicksalsgemeinschaft, womit ausgedrückt werden soll, dass diese

→Gruppe von Menschen eine gemeinsame Historie durchlaufen hat. Ein moderner Begriff für dieses Verständnis von V. ist →Ethnie. 2. Der Begriff V. kann sich auch auf das Staatsvolk beziehen, d. h., er steht für all die Menschen, die gemeinsam in einem →Staat wohnen und die Staatsbürgerschaft (→Staatsangehörigkeit) dieses Staates besitzen. In →Demokratien geht von ihnen die →Volkssouveränität aus. Allerdings bezeichnet man V. in diesem Zusammenhang eher als →Nation. 3. In der →Schichtung oder in der →Sozialstruktur eines Staates die breite Masse, d. h. die „normalen Mitglieder" der →Gesellschaft, in Abgrenzung zur →Elite.

Völkerrecht (Internationales Recht). Gesamtheit aller Rechtsnormen, die die Beziehungen von Völkerrechtssubjekten, d. h. v. a. von →Staaten, aber auch von internationale Organisationen untereinander regeln. Ein Großteil des V. entstand aus dem internationalen Gewohnheitsrecht, also althergebrachten und verfestigen Gepflogenheiten im Umgang von Staaten untereinander, und aus schon bestehenden Verträgen zwischen einzelnen Staaten. Bildlich gesprochen lässt sich die →Charta der →Vereinten Nationen als →Verfassung des V. bezeichnen; so versuchen die meisten Staaten ihr internationales Handeln nach den Vorschriften der Charta auszurichten. Das V. kann nicht durch einzelne Verträge zwischen Staaten angetastet oder negiert werden.

Völkerrechtssubjekt →Völkerrecht.

Volksabstimmung →Volksentscheid.

Volksbegehren (Volksinitiative). Das den →Bürgern zugestandene →Recht, entweder selbstständig einen Gesetzentwurf auszuarbeiten oder den Erlass eines bestimmten →Gesetzes zu verlangen. Damit zählt das V. zu den Mitteln der →direkten Demokratie. Für den Erfolg eines V. ist i. d. R. die Erfüllung eines meist in der →Verfassung geregelten bestimmten →Quorums notwendig. Auf Bundesebene ist das V. in der Verfassung der BR Dtl. nicht vorgesehen, allerdings ist es z. T. auf Länder- und Gemeindeebene möglich.

Volksdemokratie. In der Terminologie des →Marxismus-Leninismus Bezeichnung für den →Staat in der Übergangsphase zwischen kapitalistischer (→Kapitalismus) und sozialistischer (→Sozialismus) →Gesellschaft.

Volkseigentum. Besondere Form des →Eigentums im →Sozialismus, das nicht verkäuflich und in besonderer Weise durch den →Staat geschützt ist. Die zugrunde liegende Idee war, dass gesellschaftlich nützliche Dinge (z. B. →Produktionsmittel) nicht dem Wohle einzelner Personen, sondern dem Wohle der Allgemeinheit dienen sollten. V. entstand v. a. durch →Enteignung bzw. →Verstaatlichung.

Volkseinkommen. Gesamtbetrag aller Erwerbs- und Vermögenseinkommen von Inländern einer Volkswirtschaft, der das Einkommen aus unselbstständiger →Arbeit sowie das Einkommen aus Unternehmertätigkeit und Vermögen beinhaltet. Das V. ist Basis für die Errechnung der volkswirtschaftlichen Lohn- und Gewinnquoten.

Volksentscheid (Volksabstimmung). Form der →direkten Demokratie, in der die →Bürger direkt an einer politischen Entscheidung teilnehmen dürfen. Bei dem V. geht es im Gegensatz zur Volksbefragung oder zum →Volksbegehren um das Treffen einer verbindlichen Entscheidung, i. d. R. um die Annahme oder Ablehnung eines →Gesetzes. Die Stimmberechtigten erhalten beim V. zwei oder mehr Möglichkeiten, für die sie sich entscheiden können. In der BR Dtl. ist der V. auf Bundesebenen nur bei der Neugliederung des Bundesgebietes vorgesehen (Art. 29 II 66). In vielen →Bundesländern sehen die →Verfassungen allerdings V. vor. Am häufigsten finden sie auf kommunaler Ebene Anwendung. Der Verein Mehr Demokratie e. V. setzt sich seit Jahren für die Einführung von V. auf Bundesebene ein.

Volksinitiative →Volksbegehren.

Volkskammer. Nationales →Parlament der ehemaligen →DDR, wobei umstritten ist, ob die V. überhaupt als Parlament bezeichnet werden kann, da sie die einem Parlament eigentlich zukommenden →Rechte nicht innehatte. So fanden die Kontrolle der →Regierung und die Umsetzung des Volkswillens in der V. faktisch nicht statt. Darüber hinaus ging sie – bis auf die →Wahl 1990 – nie aus freien Wahlen hervor und war damit letztlich ein Spielball der →SED.

Volkspartei. Politische →Partei, die gemäß ihrem Parteiprogramm und ihrer Ausrichtung versucht, möglichst viele Interessenströmungen zu integrieren und alle Teile der Bevölkerung zu erreichen. So versuchen V. z. B. auch in ihrer personalen Zusammensetzung, alle →Gruppen innerhalb einer →Gesellschaft zu vertreten. Die V. grenzen sich damit von Interessenparteien oder sog. Klientelparteien ab, die nur bestimmte Gruppen vertreten. V. sind i. d. R. wenig ideologisch geprägt, stehen politisch in der Mitte des Parteienspektrums und treten relativ oft in Regierungsverantwortung.

Volksrepublik. Offizielle Bezeichnung der Staatsform der meisten sozialistischen (→Sozialismus) →Staaten, die nach ihrem Selbstverständnis Volksdemokratien sind. De facto handelt es sich jedoch meist um →Diktaturen.

Volkssouveränität. Bezeichnung für das →Recht eines →Volkes, die eigenen Angelegenheiten selbst und souverän (→Souveränität) zu regeln. In der →Politikwissenschaft bezieht sich der Begriff v. a. auf das Prinzip der →Legitimation in demokratischen Staaten (→Demokratie). In ihnen soll alle →Macht vom →Volk ausgehen, dementsprechend liegt die Souveränität beim Volk und nicht bei Einzelpersonen wie z. B. in der →Monarchie. Da das Volk in seiner Gesamtheit allerdings nicht herrschen kann, gibt es in der Form der →repräsentativen Demokratie Personen (→Abgeordnete, Delegierte), die es an ihrer Stelle tun. Ihre →Legitimation erhalten sie durch →Wahlen. Letztlich muss nach dem Grundsatz der V. also alles staatliche Handeln direkt oder indirekt auf den Willen des Volkes zurückgeführt werden können. In der BR Dtl. ist die V. in Art. 20 II GG festgeschrieben.

Volkswille. Heutzutage steht V. für einen messbaren Ausdruck der →Volkssouveränität durch →Wahlen, bei denen jeder →Bürger aufgerufen ist, seine Stimme abzugeben. Von dieser empirisch messbareren Größe weicht das Verständnis des V. in der →politischen Theorie ab. Nach dem französischen Philosophen J. J. Rousseau ist der V. der sog. volonté de tous, der sich aus der Summe aller Einzelwillen der Gesellschaftsmitglieder zusammensetzt. Im Gegensatz dazu steht der →Gemeinwille (volonté générale), der sich nur am →Gemeinwohl orientiert und in dem sich die Einzelinteressen aufheben.

Vollbeschäftigung. Bezeichnung für eine Situation auf dem →Arbeitsmarkt, in der alle Arbeitswilligen auch eine Anstellung erhalten bzw. beim Wechsel ohne große Wartezeiten wieder einen Arbeitsplatz finden.

Vollziehende Gewalt. Begriff für die ausführende →Gewalt im →Staat; daher oft synonym mit →Exekutive verwandt.

Volonté de tous →Volkswille.

Volonté générale →Gemeinwille.

Vorruhestand. Vorzeitiges Ausscheiden älterer Arbeitnehmer aus der Berufstätigkeit. Bis zum regulären Eintritt in die gesetzliche →Rente erhält der →Arbeitnehmer weiterhin finanzielle Leistungen vom Arbeitgeber. Der V. wird z. T. staatlich gefördert, um auf dem Arbeitsmarkt mehr Arbeitsplätze für jüngere Menschen zur Verfügung zu stellen.

Vorsorgestaat →Wohlfahrtsstaat.

Vorwahlen. Wahlvorgang (→Wahl), mit dem die Wahlberechtigten bereits auf die Nominierung der Bewerber und Bewerberinnen für öffentliche Wahlämter Einfluss nehmen. Die wichtigsten V. betreffen die Kandidatenauswahl im Vorfeld der Präsidentschaftswahlen in den USA (primaries).

Votum. Stimmabgabe eines an einer Abstimmung oder Wahl teilnehmenden Individuums.

W

Wahl. Eine Abstimmung über Personen oder Entscheidungsoptionen. In einem demokratischen politischen System dienen W. der Umsetzung der →Volkssouveränität und somit der Herstellung der →Legitimation einer →Regierung und damit letztlich auch allen Formen von staatlicher →Gewalt. W. kommen in →Demokratien besondere Eigenschaften zu. So sollten sie allgemein, frei, gleich, geheim und wiederkehrend sein. Die Grundtypen der W. sind die →Verhältnis- und die →Mehrheitswahl. Die W. dient in einem politischen System der Berufung von Personen in ein →Amt. Außerdem haben die Wählenden durch die periodisch wiederkehrende W. die Möglichkeit, Kontrolle auszuüben. Voraussetzung für eine echte W. sollte das Vorhandensein von mehreren Wahlalternativen, andernfalls spricht man von sog. Scheinwahlen, die i. d. R. bloß der →Akklamation eines →autoritären Regimes dienen.

Wählbarkeit. W. bezeichnet das passive →Wahlrecht, also das →Recht, sich zu einer →Wahl zu stellen und gewählt zu werden. Voraussetzung ist, dass man das 18. Lebensjahr vollendet hat sowie die deutsche →Staatsangehörigkeit besitzt (§ 15 Bundeswahlgesetz).

Wahlbeteiligung. Die W. gibt den Anteil der Wahlberechtigten an, die tatsächlich bei einer →Wahl von ihrem →Wahlrecht Gebrauch gemacht haben. Der Gebrauch oder Nichtgebrauch dieses →Rechts hängt von mehreren Faktoren ab. Ältere Menschen wählen z. B. häufiger als jüngere Personen und Menschen mit höherem sozialem →Status wählen öfter als Personen mit niedrigem Status. Generell ist die W. eine Aussage darüber, wie politisch interessiert ein Staatsvolk ist oder in welchem Maß das →politische System an sich akzeptiert wird. Die W. in der BR Dtl. lag bei den Wahlen zum →Deutschen Bundestag immer um die 80 %; in den letzten Jahren ist jedoch eine sinkende W. zu verzeichnen. Bei den Wahlen zum →Europaparlament sank die W. sogar auf unter 50 %. In der BR Dtl. existiert keine Mindestwahlbeteiligung.

Wählervereinigungen. Bezeichnung für politische aktive →Bürger, die nur vorübergehend zusammentreten und gemeinsame Kandidaten für eine →Wahl aufstellen. Im Gegensatz zu →Parteien sind sie i. d. R. nicht auf Dauer angelegt und haben eine wesentlich weniger ausgeprägte Programmatik. In der BR Dtl. finden sich W. v. a. auf kommunaler Ebene (→Kommunalpolitik).

Wählerverhalten. Sammelbegriff für die Bereitschaft bestimmter Bevölkerungsgruppen, sich an →Wahlen zu beteiligen. Der Begriff beinhaltet außerdem die Wahlentscheidungen selbst sowie die Gründe, die zu ihnen geführt haben. Das W. zu erforschen ist Aufgabe der Wahlforschung. Sie nimmt v. a. Umfragen vor, um zu Aussagen zu kommen. Diese wiederum sind Grundlagen für →Prognosen. Ein Effekt, der sich bei Wahlen beobachten lässt, ist die sog. Volatilität (Flüchtigkeit) der Wahlentscheidung. Sie hängt davon ab, ob es eine →Partei vermag, Wähler langfristig an sich zu binden.

Wahlkampf. Das Werben der →Parteien bzw. ihrer Kandidaten um Stimmen kurz vor einer →Wahl. Im W. kommt den →Massenmedien und der →Öffentlichkeit eine besondere Rolle zu, da die Kandidaten über sie versuchen, den Wähler zu erreichen.

Wahlkampfkostenerstattung. Staatliche Zahlungen, die →Parteien erhalten, um ihren →Wahlkampf zu finanzieren. Die W. erfolgt erst nach der →Wahl gemäß eines bestimmten Schlüssels. Kriterium ist der Anteil an den Stimmen, die eine Partei errungen hat, unabhängig von dem tatsächlichen Aufwand, den sie betrieben hat. Die W. ist Teil der →Parteienfinanzierung.

Wahlkreis. Eine kleine Einheit innerhalb eines Wahlgebietes, die meist einen →Abgeordneten in ein zu wählendes Gremium entsendet. Die BR Dtl. ist nach einer Reform aus dem Jahr 1998 in 299 W. untergliedert, die bei der →Bundestagswahl je einen Abgeordneten nach Berlin entsenden.

Wahlmänner. Form der indirekten →Wahl, bei der das Wahlvolk nur die W. wählt und diese (stellvertretend für das sie entsendende →Volk) wiederum den Amtsträger wählen. Der →Präsident der USA wird über W. gewählt.

Wahlmonarchie. Eine →Monarchie, in der die Staatssouveränität (→Souveränität) nicht durch Erbfolge von dem herrschenden Monarchen auf seine Nachfahren übergeht, sondern der neue Monarch gewählt wird.

Wahlperiode →Legislaturperiode.

Wahlrecht. 1. Alle gesetzlichen Regelungen, die die →Wahl betreffen. Das W. der BR Dtl. ergibt sich aus der →Verfassung, dem Bundeswahlgesetz und den Wahlgesetzen der →Länder. Darin sind die konkrete Umsetzung des Wahlverfahrens und die allgemeinen Grundsätze für Wahlen festgelegt: Das W. in der BR Dtl. ist allgemein, gleich, direkt, geheim und frei. 2. Die Berechtigung des →Bürgers, an einer Wahl teilzunehmen und seine Stimme abzugeben (aktives W.). 3. Das →Recht für politische Ämter gewählt zu werden (passives W., →Wählbarkeit).

Wahlsystem der BR Dtl. Siehe Seite 370.

Währungspolitik. Maßnahmen eines →Staates oder eines →Organs (insbesondere der →Zentralbank) zur Schaffung einer Währungsordnung und deren Stabilisierung, zur Versorgung der →Wirtschaft mit Zahlungsmitteln und zur Beeinflussung der →Wechselkurse. Seit der Einführung des →Euro hat die →Europäische Zentralbank die →Deutsche Bundesbank als wichtigsten Akteur in der W. der BR Dtl. abgelöst.

Währungsunion. Zusammenschluss mehrerer →Nationen mit dem Ziel, eine einheitliche →Währungspolitik zu betreiben, i. d. R. durch Schaffung einer gemeinsamen Währung. Die W. zwischen der BR Dtl. und der ehemaligen →DDR im Jahre 1990 war ein wichtiger Schritt auf dem Weg zur →Wiedervereinigung. Die →Europäische Wirtschafts- und Währungsunion führte 1999 zur Einführung des →Euro als Gemeinschaftswährung und der Einsetzung der →Europäischen Zentralbank als Instanz zur Steuerung der gemeinsamen Währungspolitik.

Waldsterben. Großflächiges Schädigen oder Abtöten des Baumbestands durch negative Umwelteinflüsse. Zu den Ursachen des W. zählen u. a. saurer Regen, erhöhte Ozonwerte sowie Schwermetalle in Luft und Boden. Maßnahmen gegen W. sind Teil der →Umweltpolitik bzw. des →Umweltschutzes.

Warschauer Pakt. Militärbündnis, das unter dem offiziellen Namen Vertrag über Freundschaft, Zusammenarbeit und gegenseitigen Beistand 1955 in Warschau gegründet wurde. Die Bezeichnung W. P. ist nur im Westen für dieses Bündnis geprägt worden. Der W. P. wurde als Reaktion der kommunistischen Staaten (→Kommunismus) unter der Führung der UdSSR auf die →NATO gegründet. Mitglieder waren: UdSSR, Bulgarien, CSSR, →DDR, Polen, Rumänien und Ungarn. Neben dem →Rat für gegenseitige Wirtschaftshilfe war der W. P. eine der wichtigsten gemeinsamen →Organisationen der europäischen kommunistischen Staaten. Infolge der politischen Umbrüche in den Staaten des ehemaligen →Ostblocks wurde er W. P. 1991 aufgelöst.

Wechselkurs. Der W. gibt den Kauf- und Verkaufspreis einer Währung im Verhältnis zu einer anderen Währung an.

Wechselwähler. Im Gegensatz zum Stammwähler ist der W. ein →Bürger, der sich in seiner Wahlentscheidung nicht beständig auf eine →Partei festlegt, sondern bei verschiedenen →Wahlen die Partei wechselt. Der Anteil der W. nahm seit den 1980er-Jahren beständig zu. Schätzungen ge-

Wahlsystem der BR Dtl.

Im →Grundgesetz (GG) der BR Dtl. ist das **Prinzip der →Volkssouveränität** verankert. In Art. 20 II GG heißt es: „Alle Staatsgewalt geht vom Volke aus. Sie wird vom Volke in Wahlen und Abstimmungen (...) ausgeübt." Praktisch ist eine →Regierung durch das ganze Volk jedoch nicht realisierbar. Es muss ein →System geschaffen werden, das der Volksouveränität Rechnung trägt, also den Willen des Volkes auf arbeitsfähige →Institutionen überträgt. Dieses Prinzip ist das der →Repräsentation, d. h., ein Kandidat wird gewählt, um einen gewissen Teil der →Bevölkerung zu repräsentieren. Um die Volksvertretungen für die einzelnen politischen Ebenen (→Gemeinden, →Kreise, →Bundesländer und →Bund) zu bestimmen, wird in der BR Dtl. in regelmäßigem Abstand gewählt (→Wahl).

Nach Art. 28 GG, Art. 38 GG und den nachfolgenden Wahlgesetzen sind die **Wahlgrundsätze** festgelegt. Demnach wählt jeder Stimmberechtigte in: geheimer Wahl (die Wahl findet verdeckt statt, niemand kann gezwungen werden, seine Wahlentscheidung preiszugeben), freier Wahl (der Wähler fällt seine Entscheidung ohne Beeinflussung von außen), gleicher Wahl (jede Stimme zählt gleich viel) und unmittelbarer Wahl (die Stimme geht nicht auf einen Wahlmann (→Wahlmänner) über, der dann den Kandidaten bestimmt).

Das Wahlsystem der BR Dtl. zur **Wahl des →Deutschen Bundestages** basiert auf den Prinzipien der →personalisierten Verhältniswahl. Das ist eine Mischform der Verhältnis- und →Mehrheitswahl. Die →Erststimme des Wählers entscheidet darüber, welcher Kandidat das →Mandat in einem →Wahlkreis gewinnt. Diese Wahl entscheidet sich nach der →einfachen Mehrheit in einem der 299 Wahlkreise. Wer dort die meisten Stimmen erringt, bekommt das Mandat und zieht in den Bundestag ein. Die →Zweitstimme wird nach dem reinen →Verhältniswahlrecht gewichtet. Sie entscheidet über die Gesamtzahl der Mandate jeder →Partei. Nach Abzug der gewonnenen Wahlkreismandate werden die restlichen Mandate an die Kandidaten der →Landeslisten nach Reihenfolge vergeben. Für die Gewichtung der Zweitstimme ist jedoch eine Hürde, die Fünfprozentklausel, eingebaut: Erringt eine Partei bundesweit nicht mehr als fünf Prozent der abgegebenen Stimmen, werden diese nicht gewichtet. Eine Ausnahme hierbei bilden die sog. →Direktmandate. Sie werden, dem Prinzip der Erststimme folgend, an die Gewinner der Wahlkreise vergeben. Hierbei spielt es keine Rolle, ob die Partei bundesweit über fünf Prozent der Stimmen errungen hat. Jeder Kandidat, der ein Direktmandat gewinnt, ist als →Abgeordneter gewählt.

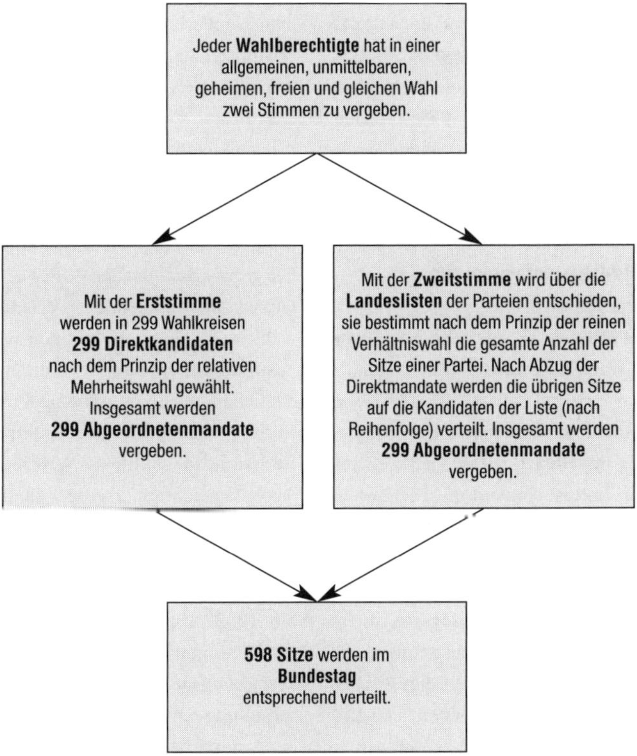

Wahlsystem der BR Dtl.

hen davon aus, dass der Anteil der W. ca. 20 % der Wahlberechtigten beträgt. Aufgrund der steigenden Zahl an W. ist auch die Bedeutung des →Wahlkampfs in den letzten Jahren deutlich gewachsen.

Wehrbeauftragter. Vom →Deutschen Bundestag 1957 eingesetzter →Ombudsmann, der für die Kontrolle der →Bundeswehr zuständig ist. So achtet der W. z. B. darauf, dass die →Grundrechte der Soldaten und die Grundsätze des demokratischen Aufbaus auch in der hierarchischen Struktur der Bundeswehr Bestand haben. Der W. wird vom Bundestag für fünf Jahre gewählt und erstattet ihm einmal pro Jahr Bericht. Jeder Soldat kann sich direkt an den W. wenden.

Wehrdienstverweigerung. →Kriegsdienstverweigerung.

Wehrpflicht. Gesetzliche Verpflichtung eines jeden volljährigen männlichen →Bürgers der BR Dtl., den Wehrdienst abzuleisten. Die W. wurde in der BR Dtl. 1956 wieder eingeführt und ist seitdem in Art. 12a GG festgeschrieben, sie gilt normalerweise vom 18. bis zum 45. Lebensjahr. Die Umgehung des Wehrdienstes ist nur durch →Kriegsdienstverweigerung oder Ausmusterung möglich. Die Länge des Wehrdienstes beträgt momentan neun Monate. Es gibt politische Bestrebungen, die allgemeine W. abzuschaffen und stattdessen eine Berufsarmee einzurichten.

Weimarer Reichsverfassung. Die →Verfassung der →Weimarer Republik und damit die erste demokratische Verfassung →Deutschlands. Sie trat am 14. August 1919 in Kraft und knüpfte an die demokratischen Traditionen der Frankfurter Paulskirchenversammlung (1848) an. Oberstes Staatsprinzip der W. R. war die →Volkssouveränität. Gewählt wurde ein →Parlament (→Reichstag), aus dem wiederum Reichskanzler und →Minister hervorgingen. Allerdings war ihre →Abberufung durch den Reichstag relativ leicht möglich. →Staatsoberhaupt war der direkt gewählte Reichspräsident, der den Reichstag auflösen und mit Hilfe von →Notverordnungen regieren konnte. Ein großer Nachteil der W. R. war das aus ihr hervorgehende →Verhältniswahlrecht. Dadurch konnten viele →Splitterparteien in das Parlament einziehen, was eine extreme Polarisierung des politischen Spektrums förderte. 1933 wurde die W. R. durch das →Ermächtigungsgesetz faktisch außer Kraft gesetzt.

Weimarer Republik. Bezeichnung für den deutschen →Staat von 1919 bis 1933. Den Namen erhielt die W. R. wegen des Tagungsortes der verfassungsgebenden →Nationalversammlung. Die W. R. war ein demokratisch-parlamentarischer →Bundesstaat und gilt als die erste verwirklichte →Demokratie auf deutschem Boden. Die junge Demokratie hatte von Beginn an mit erheblichen ökonomischen und sozialen Problemen zu kämpfen, z. B. mit dem Versailler Vertrag, durch den das Deutsche Reich nicht nur beträchtliche Gebietsverluste hinnehmen, sondern auch die Verpflichtung zur Abgabe hoher →Reparationen erfüllen musste. Dazu kam eine beständige →Inflation. In Zusammenhang mit bestimmten Prinzipien der →Weimarer Reichsverfassung (z. B. dem →Verhältniswahlrecht) führte das zu einer Polarisierung und Radikalisierung des politischen Spektrums und destabilisierte das →politische System der W. R. Die daraus resultierenden innenpolitischen Krisen, die mangelnde Identifikation der gesellschaftlichen →Eliten mit dem demokratischen System und die wirtschaftlichen Nöte begünstigten den Aufstieg des →Nationalsozialismus. Mit der Ernennung von A. Hitler zum Reichskanzler am 30. Januar 1933 und dem Beginn des Dritten Reichs endete die W. R.

Weißes Haus (engl. *White House*). Amts- und Wohnsitz des →Präsidenten der USA. Bildlich verwendet, bezeichnet das W. H. auch die gesamte →Regierung der USA.

Weltanschauungspartei. Politische →Partei, die sich vollständig oder zumindest in großen Teilen an einer →Ideologie oder →Religion orientiert. Konfessionell gebundene Parteien sind W.; aber auch Parteien mit z. B. sozialistischen Wertevorstellungen können als W. bezeichnet werden. Die W. steht im. Gegensatz zur →Patronagepartei.

Weltbank (Kurzbezeichnung für: Internationale Bank für Wiederaufbau und Entwicklung). Internationale Bankgruppe, die 1945 ursprünglich zu dem Zweck gegründet wurde, den Wiederaufbau der vom Zweiten →Weltkrieg betroffenen →Staaten zu finanzieren. Die W. hat ihren Sitz in Washington D. C. und ist eine Sonderorganisation der →Vereinten Nationen. Heute ist ihre Kernaufgabe, die wirtschaftliche Entwicklung von weniger entwickelten Ländern (→Entwicklungsländer) durch Beratung, technische Hilfe und v. a. finanzielle Hilfen zu fördern. Nach eigenen Angaben ist das Ziel der W., den Anteil der Armen (→Armut) an der →Bevölkerung der Welt bis 2015 um die Hälfte zu reduzieren.

Weltgesundheitsorganisation (engl. *World Health Organization,* WHO). 1948 gegründeter internationaler Zusammenschluss mit dem Ziel, das internationale öffentliche Gesundheitswesen zu koordinieren. Die WHO bekämpft als Sonderorganisation der →Vereinten Nationen weltweit Seuchen und Epidemien. Parallel vergibt sie diesbezügliche Forschungsprojekte und stellt weltweites Informationsmaterial zusammen (z. B. jährlich eine neue Malaria-Karte).

Welthandels- und Entwicklungskonferenz der Vereinten Nationen (engl. *United Nations Conference on Trade and Development,* UNCTAD). Ständige Einrichtung der →Vereinten Nationen zur Förderung des Handels zwischen den →Entwicklungsländern und den →Industriegesellschaften. Außerdem soll durch die UNCTAD die Verständigung zwischen Süd und Nord verbessert werden, um dem →Nord-Süd-Konflikt entgegenzuarbeiten.

Welthandelsorganisation (engl. *World Trade Organization,* WTO). →Internationale Organisation, die seit 1995 das →Allgemeine Zoll- und Handelsabkommen (GATT) ersetzt. Die WTO setzt sich mit der Regelung von internationalen Handels- und Wirtschaftsbeziehungen auseinander; ihr Ziel ist der Abbau von Handelshemmnissen. Den Kern dieser Anstrengungen bilden die WTO-Verträge, die von den handelsstärksten Nationen erarbeitet und unterzeichnet wurden. Gemeinsam mit dem →Internationalen Währungsfond und der →Weltbank ist die WTO die dritte wichtige Sonderorganisation der →Vereinten Nationen zur Koordinierung der internationalen →Wirtschafts- und Handelspolitik.

Weltkinderhilfswerk →Kinderhilfswerk der Vereinten Nationen.

Weltkrieg. Unter W. wird ein weltumspannender bzw. viele Länder der Erde involvierender →Krieg verstanden. Daher sind in ihm meist auch die →Weltmächte engagiert. Man unterscheidet den →Ersten und den →Zweiten W. Der Erste W. (1914–18) entstand aufgrund eines übersteigerten →Nationalismus, aus gegenseitigen Bündnisverpflichtungen, wirtschaftlicher Rivalität und militärischem Wettrüsten der fünf europäischen Mächte (Großbritannien, Frankreich, Deutsches Reich, Österreich-Ungarn und Russland). Schlussendlich waren in den militärischen Konflikt 32 Nationen involviert. Insgesamt starben ca. 10 Mio. Menschen. Der Zweite Weltkrieg (1939–45) war eine globale kriegerische Auseinandersetzung und das zentrale Ereignis des 20. Jh. in der westlichen Welt. Der Krieg ging von →Deutschland aus, das unter der →Herrschaft der Nationalsozialisten (→Nationalsozialismus) stand. Mit dem Überfall auf Polen am 1.9.1939 begann der Zweite W., in dessen Verlauf etwa 60 Mio. Menschen durch Kampfhandlungen und in →Konzentrationslagern starben, darunter mindestens 25 bis 30 Mio. Zivilisten. Der Zweite W. endete am 8.5.1945 mit der bedingungslosen →Kapitulation Deutschlands. Der deutsche Staat wurde geteilt und die Epoche des →Ost-West-Konflikts begann.

Weltmacht (Supermacht). →Staat, der in der →Internationalen Politik eine Vormachtstellung genießt (→Hegemonie). Diese resultiert i. d. R. aus einer besonderen wirtschaftlichen und v. a. militärischen Stärke und der damit einhergehenden politischen Bedeutung. Ehemalige W. aus dem Zeitalter des →Kolonialismus waren Großbritannien, Frankreich, Russland, Österreich und Preußen. Nach dem Zweiten →Weltkrieg wurden diese traditionellen Mächte durch den →Ost-West-Konflikt zurückgedrängt. Die Zeit des →Kalten Krieges war durch zwei Pole geprägt: die beiden W. USA und UdSSR. Die Systemgrenze zwischen den beiden wurde als der →Eiserne Vorhang bezeichnet. Seit dem Zusammenbruch der UdSSR fehlt der Supermacht USA ein Gegenüber. Momentan ist sie die einzige existierende W.

Weltrevolution. Begriff aus dem →Marxismus-Leninismus, der eine →Revolution bezeichnet, die in einer →Nation startet, sich ausbreitet und schlussendlich zur Einführung des →Sozialismus auf der ganzen Welt führen soll (→Permanente Revolution).

Weltwirtschaftsgipfel. Internationale Treffen, die seit 1975 jährlich stattfinden. An ihnen nehmen die →Regierungschefs der führenden Industrienationen (→Industriegesellschaft) Frankreich, Großbritannien, Italien, BR Dtl., USA, Kanada und Japan teil. Daher wurden die W. auch G-7-Treffen genannt. Seit dem Ende des →Ost-West-Konflikts ist auch Russland am W. beteiligt, man spricht daher inzwischen von einem Treffen der →G-8.

Wert. 1. Die Bedeutung, die Wichtigkeit oder der →Nutzen, den eine Sache hat oder den man aus ihr ziehen kann. Hier ist zwischen subjektivem W., der nicht messbar ist, da er meist mit Emotionen besetzt ist, und einem empirisch messbaren objektiven Wert zu entscheiden. 2. In der Soziologie sind W. Qualitäten, die Individuen oder →Gruppen bestimmten Ideen und Dingen zusprechen, wenn ihnen diese Dinge oder Ideen wichtig erscheinen. Mit W. wird also eine normative Einstellung einer bestimmten Gruppe bezeichnet, die sie einem bestimmten Gegenstand gegenüber hat.

Wertewandel. Die prozessuale Veränderung der →Werte in einer →Gesellschaft. Die Soziologie beobachtet das Phänomen des W. seit den 1960er-Jahren, in denen die Abkehr vom →Materialismus zu Veränderungen des Denkens und Verhaltens der jüngeren Generation geführt hat (→Postmaterialismus).

Westeuropäische Union (WEU). Gemeinsamer militärischer Beistandspakt der westeuropäischen Staaten, der eng mit der →NATO verknüpft ist. Die WEU besteht aus zehn Vollmitgliedern, sechs assoziierten Mitgliedern, sieben assoziierten Partnern und fünf →Staaten mit Beobachterstatus. Die Mitglieder kommen zum Rat der zehn Außenminister zusammen, dem ein ständiger Rat als Unterorgan beigeordnet ist. Die WEU wurde 1954 durch die →Pariser Verträge zum Schutz vor der Bedrohung durch die UdSSR gegründet und trug zur Westintegration der BR Dtl. bei. Weiteres Ziel war die wirtschaftliche, soziale und kulturelle Zusammenarbeit. 1992 änderte die die WEU ihr Aufgabenspektrum und widmete sich verstärkt humanitären Einsätzen und regional begrenzten Kampfeinsätzen zur Krisenbewältigung. Inzwischen sind ihre Kompetenzen weitest gehend auf die →Europäische Union übertragen worden, sodass die WEU, die ohnehin immer im Schatten der NATO stand, weiter an Bedeutung verloren hat.

Wettbewerb (Konkurrenz). 1. In der →Politik versteht man unter W. die Konkurrenz zwischen →Parteien bzw. Kandidaten, die um die Stimme oder die Zustimmung des Wählers kämpfen (Parteienwettbewerb). 2. In der →Wirtschaft bezeichnet W. das Bestreben der Unternehmer, auf dem →Markt Kunden für ihre Produkte zu gewinnen und dabei in Konkurrenz zu Mitbewerbern zu treten. In der freien →Marktwirtschaft wird der Wirtschaftsprozess durch den freien W. gesteuert. Beschränkungen des W. werden z. B. durch →Kartelle gesetzt. →Wettbewerbspolitik.

Wettbewerbspolitik. Politische Maßnahmen, die in einem freien →Markt einen funktionierenden freien →Wettbewerb garantieren sollen. In der BR Dtl. ist die →Freiheit des Wettbewerbs durch das →Gesetz gegen Wettbewerbsbeschränkungen garantiert. Dadurch sollen →Kartelle, Preisabsprachen und Konzentrationen in bestimmten Wirtschaftsbereichen verhindert werden.

WEU →Westeuropäische Union.

Whip →Einpeitscher.

WHO →Weltgesundheitsorganisation.

Widerstandsrecht. Das →Recht jeder Person oder auch eines ganzen →Volkes, der →Regierung und den ihr unterstehenden →Behörden den Gehorsam zu verweigern und Gegenmaßnahmen zu ergreifen, wenn die staatlichen →Institutionen ihre Kompetenzen und Machtbefugnisse (→Macht) missbrauchen und dadurch die Rechte der →Bürger verletzen. Im →Grundgesetz ist das W. in Art. 20 IV verankert: Alle Deutschen haben nach Ausschöpfung der legalen Mittel das Recht, Widerstand zu leisten gegen Kräfte, die versuchen, die →freiheitlich demokratische Grundordnung zu beseitigen.

Wiedergutmachung. Bestrebungen der BR Dtl., das durch den →Nationalsozialismus begangene Unrecht zumindest finanziell zu entschädigen; so werden z. B. verlorene Vermögenswerte erstattet. Personen, die aus politischen, rassistischen oder religiösen Gründen unter der NS-Diktatur verfolgt wurden und Schäden erlitten, wird individuelle W. zugesprochen. Eine Form der W., die erst sehr spät geregelt wurde, ist die Entschädigung für Zwangsarbeiter. Seit 1999 gibt es einen Stiftungsfonds, der von der →Bundesregierung mit einem Teil der Unternehmen gegründete wurde, die oder deren Vorgängerunternehmen Zwangsarbeiter beschäftigten. Im Zuge der →Wiedervereinigung wurden auch Gesetze zur W. für das durch die →SED erlittene Unrecht verabschiedet.

Wiedervereinigung. Auf →Deutschland bezogen ist mit dem Begriff der W. die Wiederzusammenführung der beiden Teile Deutschlands nach der Trennung durch den Zweiten →Weltkrieg und den →Ost-West-Konflikt gemeint. Die W. war in der →Präambel der →Verfassung der BR Dtl. als →Staatsziel festgeschrieben und wurde durch den →Zwei-plus-vier-Vertrag, der am 12.9.1990 in Moskau unterzeichnet wurde, ermöglicht. Nach 45 Jahren gaben die vier Siegermächte des Zweiten Weltkrieges ihre Ansprüche auf und die BR Dtl. erkannte ihrerseits die Oder-Neiße-Linie als ihre definitive Ostgrenze an. Am 3.10.1990 wurde die W. durch den Beitritt der →DDR zur BR Dtl. vollzogen; seitdem ist dieser Tag als Tag der Deutschen Einheit gesetzlicher Feiertag.

Willensbildung. In der →Politik bezeichnet W. den Prozess, in dem eine Gemeinschaft ihren politischen Willen findet. In der BR Dtl. wirken die →Parteien wesentlich an der politischen W. mit, da sie die im Volk vorhandenen Meinungen, Interessen und Bedürfnisse zur Geltung bringen. Außerdem spielt auch die →Öffentlichkeit eine bedeutende Rolle.

Wirtschaft. Der Begriff W. beschreibt alle Einrichtungen und Handlungen von Menschen mit dem Ziel, ihre Bedürfnisse durch Güter und Dienstleistungen zu befriedigen. Den Rahmen, in dem sich die W. eines →Staates bewegt, nennt man →Wirtschaftsordnung.

Wirtschafts- und Sozialrat (engl. *Economic and Social Council,* ECOSOC). Ein →Organ der →Vereinten Nationen, das die Arbeit von mehreren anderen Unterorganisationen der UN koordiniert. Gemeinsam mit der Generalversammlung setzt sich der W. u. S. für wirtschaftliche und soziale Belange ein, wie z. B. die weltweite Anhebung des Lebensstandards und die Durchsetzung der →Menschenrechte.

Wirtschaftsdemokratie. Unter W. werden verschiedene, meist historische Konzepte verstanden, welche die →Mitbestimmung der →Arbeiter und →Arbeitnehmer an unternehmerischen Entscheidungen anstreben.

Wirtschaftskrise. Vorübergehende oder dauerhafte Schwächung des →Wirtschaftswachstums in einer oder mehreren Volkswirtschaften. Die Ursachen für eine W. können sehr unterschiedlich sein und sind nicht immer klar zu fassen. Als mögliche Gründe gelten u. a. Rohstoffverknappung, Katastrophen, soziale Unruhen, →Revolutionen und →Kriege. Kennzeichen einer W. sind hohe →Arbeitslosigkeit, sinkende Produktion und Zusammenbrüche von Unternehmen.

Wirtschaftsordnung. Gesamtheit der Prinzipien, nach denen sich der Ablauf der →Wirtschaft innerhalb eines →Staates richtet. Die W. orientiert sich meist an der intendierten →Finanz- und →Sozialpolitik einer →Regierung. Man unterscheidet allgemein die Grundformen →Merkantilismus, →Liberalismus und →Sozialismus. Sie kommen selten in Reinform vor. Das 20. Jh. wurde im Wesentlichen von den W. der →Zentralverwaltungswirtschaft und v. a. der →Marktwirtschaft geprägt.

Wirtschaftspolitik. Maßnahmen, die ein →Staat trifft, um die →Wirtschaft zu beeinflussen (→Ordnungs- und →Strukturpolitik). Grundlage der W. ist die Entscheidung für eine bestimmte →Wirtschaftsordnung. Je nach Ausrichtung kann man zwischen →angebotsorientierter, →nachfrageorientierter und →antizyklischer W. unterscheiden. Ziele der W. sind generell Preisstabilität, Vollbeschäftigung und →Wirtschaftswachstum. Teilbereiche der W. sind u. a. →Finanz-, →Konjunktur, →Arbeitsmarkt- und →Währungspolitik.

Wirtschaftsverwaltung. Die W. basiert auf der →Wirtschaftsordnung, der Wirtschaftslenkung und der Politik der Wirtschaftsförderung. Sie wird vom Wirtschaftsministerium und der untergeordneten Verwaltung (z. B. Gewerbeaufsichtsamt (→Gewerbeaufsicht), →Bundeskartellamt) wahrgenommen.

Wirtschaftswachstum. Das an einer Messzahl festzumachende Anwachsen einer →Wirtschaft in einem →Staat. Als Maßstab dienen dafür in der BR Dtl. die Veränderungen des →Bruttosozialprodukts. Das W. ist verbunden mit einer Verbesserung der Versorgung der →Bevölkerung und einer Mehrung ihres Besitzes. Daher ist W. immer auch ein Ziel der →Wirtschaftspolitik.

Wissenschaftspolitik. →Technologiepolitik eines Landes, zu der auch die Maßnahmen der Studentenausbildung und -förderung zählen (z. B. Bafög, →Ausbildungsförderung). Die Wissenschaftspolitik wird von →Bund und →Ländern gemeinsam betrieben; die →Rahmengesetzgebung liegt beim Bund. →Wissenschaftsfreiheit.

Wissenschaftsfreiheit. In der BR Dtl. in Art. 5 III GG garantiertes →Grundrecht der →Freiheit von Forschung (Forschungsfreiheit) und Lehre (→Lehrfreiheit). Die Beeinflussung der →Wissenschaft durch direkte staatliche Eingriffe ist damit ausgeschlossen.

Wissensgesellschaft. Bezeichnung für eine →Gesellschaft, in der Wissen zum entscheidenden gesellschaftlichen Entwicklungsfaktor wird und maßgeblichen Einfluss auf die Lebensgestaltung der Gesellschaftsmitglieder nimmt. Im Unterschied zur →Informationsgesellschaft impliziert der Begriff der W., dass es nicht nur um Erzeugung und Verbreitung von Information geht, sondern auch um den bewussten und gezielten Umgang damit.

Wohlfahrtsstaat (Vorsorgestaat). Ausdruck für einen →Staat, der auf die ökonomische, soziale und gesundheitliche Wohlfahrt seiner Bürger gerichtet ist. Im Mittelpunkt steht die Absicherung gegen Risiken, die durch Alter, Invalidität oder Krankheit entstehen. Auf der einen Seite nimmt der W. seinen Bürgern die Sorge um die Existenzsicherung, auf der anderen Seite lähmt die W. die Eigeninitiative seiner Bürger. Durch die hohe Finanzkraft, die ein W. benötigt, besteht allerdings die Gefahr, dass die folgenden Generationen unter einen enormer →Staatsverschuldung zu leiden haben. Im Unterschied zum →Sozialstaat steht der Begriff des W. für eine umfassendere, z. T. auch bevormundende Sorge des Staates für das Wohlergehen seiner Bürger.

Wohlfahrtsverbände. →Interessenverbände mit sozialpolitischen und gemeinnützigen Zielsetzungen. Einige der wichtigsten W. haben einen kirchlichen Hintergrund. Die W. in der BR Dtl. zählen zu den bedeutendsten Trägern der öffentlichen Sozial-, Kranken- und Pflegeeinrichtungen. Die wichtigen W. in der BR Dtl. sind der Deutsche Caritasverband e. V., das Diakonische Werk der Evangelischen Kirche in Deutschland, der Deutsche Paritätische Wohlfahrtsverband e.V. und das Deutsche Rote Kreuz e. V. Sie alle sind in der Bundesarbeitsgemeinschaft der Freien Wohlfahrtspflege zusammengeschlossen. →Wohlfahrtsstaat.

Wohlstandsgesellschaft. Eine →Gesellschaft, in der der überwiegende Teil der →Bevölkerung über wirtschaftlichen Wohlstand verfügt, weitestgehend kein Hunger und keine →Armut mehr vorhanden sind und das Pro-Kopf-Einkommen der Bevölkerung eindeutig über dem →Existenzminimum liegt.

WTO →Welthandelsorganisation.

Z

Zahlungsbilanz. Systematische Zusammenstellung aller finanziellen Bewegungen einer Volkswirtschaft zwischen In- und Ausland in einem bestimmten Zeitraum. Hierbei stehen sich die Einnahmen bzw. Zahlungseingänge und die Ausgaben bzw. Zahlungsausgänge gegenüber. Sind diese Bewegungen in etwa gleich, besteht eine ausgeglichene Z.; das bedeutet gleichzeitig, dass die inländische Währung stabil bleibt und damit keine →Inflation zu befürchten ist. Da die BR Dtl. ein exportstarkes Land ist, weist die Z. i. d. R. stärkere Einnahmen aus dem Ausland aus.

ZDF →Zweites Deutsches Fernsehen.

Zensur. Staatliche Kontrolle und Überwachung von →Presse, Rundfunk und Kunst. Meist von einer staatlichen Stelle ausgeführt, dient die Z. der Überprüfung von politischer, sittlicher, religiöser und/oder gesetzlicher Konformität. Ziel der Z. ist i. d. R. die Unterdrückung von unerwünschten Meinungen und von Kritik an den staatlichen →Organen. Die Z. verstößt daher gegen den Grundsatz der →Meinungsfreiheit. Die Anwendung von Z. ist v. a. ein Kennzeichen autoritärer (→Autoritäter Staat) und totalitärer (→Totalitarismus) →Systeme. So erstellten die →Nationalsozialisten (→Nationalsozialismus) z. B. eine Liste mit verbotenen Büchern. In der BR Dtl. ist die staatliche Z. durch Art. 5 I GG verboten; sie widerspricht der →Presse- und →Meinungsfreiheit.

Zensuswahlrecht. Wahlsystem (→Wahl), das die Gewichtung der Stimmen der Wähler von deren Besitz oder deren Steueraufkommen abhängig macht. Beispiel für ein Z. ist das Dreiklassenwahlrecht.

Zentralbank (Notenbank). Institution, die für die Notenausgabe und die Umsetzung der →Währungspolitik zuständig ist. Bis 1999 war die →Deutsche Bundesbank die Z. in der BR Dtl., im Rahmen der Einführung des Euro gingen ihre Kompetenzen weitestgehend auf die →Europäische Zentralbank über.

Zentralisation (Zentralismus). Organisationsprinzip in einem →Staat mit dem Ziel, möglichst viele Entscheidungen oder Kompetenzen auf eine zentrale Institution zu konzentrieren. In einem zentralistischen →System ist die Hauptstadt mit dem Regierungssitz das einzige politische Machtzentrum. Z. erhöht generell die Steuerbarkeit eines Staates, allerdings auch die Konzentration von →Macht und damit die Gefahr des Machtmissbrauchs. Daher ist von den

Siegermächten des Zweiten Weltkrieges die BR Dtl. bewusst als föderativer Staat geplant worden (→Föderalismus).

Zentralkomitee (ZK). Höchstes →Organ kommunistischer →Parteien (→KPdSU, →SED), das meist durch →Wahl aus Parteitagen hervorgeht. Das Z. ist für die Wahl des →Politbüros und des Sekretariats zuständig.

Zentralstaat →Einheitsstaat.

Zentralverwaltungswirtschaft (Planwirtschaft). Wirtschaftsordnung, die im Gegensatz zur →Marktwirtschaft steht. In der Z. werden wesentliche Entscheidungen über die Wirtschaft vom →Staat getroffen. So können die Unternehmen in der Z. z. B. nicht selbst entscheiden, was und wie viel sie produzieren, sondern müssen sich an zu erfüllende Pläne halten, die von einer zentralen Planungsbehörde vorgegeben werden. Demnach werden in der Z. die Mechanismen des freien →Marktes, wie z. B. die Regulation des Marktes durch Angebot und Nachfrage, ausgeschaltet. In der Z. sind die Produktionsmittel fast gänzlich verstaatlicht; private Produktionsmöglichkeiten gibt es nur beschränkt in der Landwirtschaft. Die praktische Umsetzung dieser Wirtschaftsordnung in den Staaten des ehemaligen →Ostblocks schlug jedoch weitestgehend fehl und hatte u. a. Produktionsengpässe und wirtschaftliche Ineffizienz zur Folge.

Zentrum-Peripherie-Modell. Bildliches Modell aus der Wissenschaft zur Erklärung der unterschiedlichen Rollenverteilung zwischen →Entwicklungsländern und Industriestaaten. Demnach besetzen die Industriestaaten das Zentrum der politischen und ökonomischen Weltordnung. Die in den Randbereichen (sog. Peripherie) befindlichen Entwicklungsländer haben dagegen keine Möglichkeit, an der politischen Entscheidungsfindung teilzunehmen und werden somit von den Industriegesellschaften dominiert.

Zinspolitik. Möglichkeit der →Zentralbanken, über die Regulierung des Zinses Einfluss auf die nationalen Wirtschaften auszuüben. Ein niedriger Zinssatz regt z. B. die →Bevölkerung dazu an, größere Anschaffungen zu tätigen (z. B. Hausbau) und wirkt sich so wiederum positiv auf die Konjunktur aus. →Wirtschaftspolitik.

Zionismus. National-religiöse Bewegung, die im 19. Jh. mit dem Ziel entstand, einen jüdischen →Nationalstaat zu errichten. Der Z. entwickelte sich in Europa, wo die dort lebenden Juden mit alltäglichem →Antisemitismus konfrontiert wurden und nach einer gesicherten Heimstätte suchten. Anfang des 20. Jh. kam es zu großen Auswanderungswellen der Juden nach Palästina v. a. wegen des →Holocausts. Das Ziel der Staatsgründung hatte die zionistische Bewegung 1948 mit der Gründung Israels erreicht.

Zivildienst. Häufigste Form des Ersatzdienstes. Der Zivildienstleistende (umgangssprachlich Zivi) hat aus Gewissensgründen den Dienst an der Waffe im Rahmen der →Wehrpflicht abgelehnt (→Kriegsdienstverweigerung). Stattdessen leistet er meist Tätigkeiten im sozialen Umfeld wie etwa in Altenheimen, Krankenhäusern oder in der Behindertenarbeit.

Ziviler Ungehorsam. Der bewusste gewaltfreie Verstoß gegen ein →Gesetz oder eine Anordnung des →Staates, der nicht (wie z. B. der Streik) konventionalisiert ist. Die Motivationen für z. U. stehen meist in Zusammenhang mit einer auf →Werten beruhenden Gewissensentscheidung. Mittel des z. U. ist u. a. der →passive Widerstand.

Zivilgesellschaft. Gesellschaftliches Konzept, dem zufolge verschiedene, netzwerkartig organisierte Akteure soziale Verantwortung übernehmen, ohne dabei direkt im Bereich des Politischen tätig zu sein. Die Kräfte der Z. zeichnen sich durch aktive Beteiligung an gesellschaftlichen Fragen und durch eigenverantwortliches soziales Engagement aus. Sie handeln dabei nicht im Eigeninteresse, sondern orientieren sich am →Gemeinwohl. Zur Z. zählen Netzwerke wie z. B. Stiftungen, Vereine oder die Nachbarschaftshilfe.

Zivilschutz. Alle nicht militärischen Maßnahmen innerhalb eines →Staates zum Schutz der Zivilbevölkerung. In der BR Dtl. sind dazu z. B. das Technische Hilfswerk (THW), das Deutsche Rote Kreuz (DRK) sowie die örtlichen Feuerwehren zu zählen.

Zölle. Abgaben, die von →Staaten bei der Einfuhr (Einfuhr-Zölle) oder bei der Ausfuhr (Ausfuhr-Zölle) von Waren erhoben werden. Das Erheben von Z. ist ein Mittel der protektionistischen Politik (→Protektionismus).

Zollunion. Zusammenschluss von Staaten mit dem Ziel, die →Zölle für den internen Warenverkehr abzuschaffen (z. B. →EU). Gegenüber →Staaten, die nicht zu dieser Z. gehören (sog. Drittstaaten), werden allerdings weiterhin Zölle erhoben.

Zustimmungsgesetz. Bezeichnung für ein →Gesetz, das im →Zweikammernsystem der BR Dtl. nach der Verabschiedung im →Bundestag auch noch der Zustimmung des →Bundesrates bedarf (→Gesetzgebung). Im Gegensatz zum →Einspruchsgesetz kann der Bundestag den Bundesrat bei einem Z. nicht überstimmen. Z. sind v. a. jene Gesetze, die die Zuständigkeiten der →Länder betreffen.

Zuwanderungspolitik. Alle Maßnahmen, die den Zustrom von ausländischen Menschen (→Ausländer) in einem →Staat regulieren sollen. Mittel dieser →Politik sind u. a. das Gewähren von Visa oder Aufenthaltsgenehmigungen (→Green Card) sowie das →Asylrecht. →Ausländerpolitik.

Zwangsarbeiter →Wiedergutmachung.

Zweidrittelgesellschaft. Das Schlagwort der Z. wurde erstmals Mitte der 1970er-Jahre verwendet, um zum Ausdruck zu bringen, dass am wirtschaftlichen Aufschwung in der BR Dtl. nicht alle →Bürger gleichsam teilhaben. Dem Begriff der Z. zufolge verfügen zwei Drittel der →Gesellschaft über gut bezahlte, relativ sichere →Arbeit, dem letzten Drittel hingegen ist der Zugang zu diesen Arbeitsplätzen aus unterschiedlichen Gründen nicht möglich. Dieses Drittel ist von den gesamtgesellschaftlichen Wohlfahrtsgewinnen dauerhaft ausgeschlossen, entwickelt sich zu einer sozialen Unterschicht (→Schichtung) und erzeugt so eine tiefe soziale Kluft in der Gesellschaft. →Sozialstruktur.

Zweikammersystem. →Politisches System, in dem die →Legislative aus zwei voneinander unabhängigen und unterschiedlich bestellten Häusern (→Kammern) gebildet wird. In der BR Dtl. gibt es mit →Bundestag und →Bundesrat ebenso ein Z. wie in Großbritannien mit →Oberhaus und →Unterhaus.

Zwei-plus-vier-Vertrag. Am 12.9. 1990 in Moskau unterzeichneter Staatsvertrag zwischen der ehemaligen →DDR und der BR Dtl. auf der einen Seite (zwei) und den Siegermächten des Zweiten Weltkrieges USA, UdSSR, Frankreich und Großbritannien (vier) auf der anderen Seite. Er machte den Weg für die deutsche →Wiedervereinigung frei, da die ehemaligen Siegermächte komplett auf ihre Ansprüche bezüglich →Deutschlands verzichteten. Die BR Dtl. erkannte zugleich die Außengrenzen des heutigen Deutschland als endgültig und verbindlich an und verpflichtete sich zum Verzicht auf →ABC-Waffen. Durch den Z. erlangte Deutschland seine volle →Souveränität zurück.

Zweites Deutsches Fernsehen (ZDF). Neben der →ARD die zweite öffentlich-rechtliche Fernsehanstalt der BR Dtl. mit Sitz in Mainz. Das ZDF wurde 1961 durch einen Staatsvertrag der →Länder gegründet und strahlt seit 1963 ein Fernsehprogramm aus. Es stellte den politischen Versuch dar, der eher länderzentrierten ARD eine Fernsehanstalt gegenüberzustellen, die in den Händen des →Bundes liegt.

Zweitstimme. Bezeichnung für diejenige Stimme, mit der bei →Bundestagswahlen für die →Landesliste einer →Partei votiert wird. Die Anzahl der Z. ist entscheidend für die Gesamtzahl der Bundestagsmandate (→Mandat), die eine Partei erhält.

Zypern →Europäische Länder.

Abkürzungsverzeichnis

ahd.	althochdeutsch
Art.	Artikel
BR Dtl.	Bundesrepublik Deutschland
brit.	britisch
bzw.	beziehungsweise
ca.	circa
d. h.	das heißt
e. V.	eingetragener Verein
engl.	englisch
etc.	et cetera
evtl.	eventuell
franz.	französisch
GG	Grundgesetz
griech.	griechisch
i. d. R.	in der Regel
ital.	italienisch
Jh.	Jahrhundert
lat.	lateinisch
Mio.	Million
Mrd.	Milliarde
ndrl.	niederländisch
port.	portugiesisch
o. Ä.	oder Ähnliches
o. g.	oben genannt
russ.	russisch
schweiz.	schweizerisch
sog.	so genannt
StGB	Strafgesetzbuch
u. a.	und andere(s) / unter anderem
u. Ä.	und Ähnliches
u. U.	unter Umständen
UdSSR	Union der Sozialistischen Sowjetrepubliken
USA	Vereinigte Staaten von Amerika
usw.	und so weiter
v. a.	vor allem
z. B.	zum Beispiel
z. T.	zum Teil
z. Z.	zur Zeit